작가와비평 02

비공감의 미학

Aesthetics Of Un-sympathy

지은이 최강민(崔康民, Kang-Min Choi)
1966년 서울 출생. 소설을 쓰려고 중앙대 국문과에 들어왔으나 정작 많이 썼던 것은 시였다. 하지만 시의 재능은 신통치 않았다. 대학원 박사 과정부터 본격적으로 문학평론 공부를 시작했으나 신춘문예와 신인상에서 무수히 떨어졌다. ≪조선일보≫ 신춘문예 문학평론이 2002년에 당선 되어 비로소 문단에 발을 들여놓을 수 있었다. 비평전문지 ≪작가와비평≫을 2004년에 창간하여 현재까지 편집동인으로 활동하고 있다. 첫 평론집 『문학 제국』을 야심차게 세상에 내놓았으나 제국의 역습(?) 속에 궁지에 몰렸다. 이 상황을 타개하기 위해 필요했던 119구조대가 『비공감의 미학』이다. 두 번째 평론집이 나를 과연 구출해줄 수 있을지는 여전히 미지수이다. 현재 비정규직인 경희대 학술연구 교수로 재직중이다. 앞으로 먹고 살 길을 찾느라 고심하고 있다. 이런 와중에도 비평은 내 실존의 몸부림이다. 내 글쓰기의 좌우명은 '초심을 갖고 독하게 쓰자'이다.

비공감의 미학

Aesthetics Of Un-sympathy

1판 1쇄 인쇄_2010년 11월 05일
1판 1쇄 발행_2010년 11월 15일

지은이_최 강 민
펴낸이_양 정 섭
기획·마케팅_노경민 김현아 주재명
디자인_김 미 미
경영지원_조 기 호

펴낸곳_작가와비평
등 록_제2010-000013호
주 소_경기도 광명시 소하동 1272번지 우림필유 101-212
블로그_http://kyungjinmunhwa.tistory.com
이메일_wekorea@paran.com

공급처_(주)글로벌콘텐츠출판그룹
대 표_홍 정 표
주 소_서울특별시 강동구 길동 349-6 정일빌딩 401호
전 화_02-488-3280
팩 스_02-488-3281
홈페이지_http://www.gcbook.co.kr

값 18,000원
ISBN 978-89-955934-0-0 93810

최강민 평론집

비공감의 미학

작가와비평

책을 내며

두 번째 평론집을 낸다. 작년에 낸 첫 번째 평론집이 메타비평과 주제비평이 중심이었다면, 이번 평론집은 주제비평, 작가론, 작품론, 메타비평 등이 골고루 섞인 비빔밥이다. 이 비빔밥이 과연 독자들에게 전주비빔밥 같은 맛과 향취를 줄 수 있을지 걱정이 먼저 앞선다.

나는 아마추어 문청으로 오랫동안 재야에 있었다. 신춘문예나 문예지에 투고를 했지만 낙방도 참 많이 했다. 그러다가 2002년에 늦깎이로 등단해 평론 활동을 시작했다. 그 무렵 내 평론은 치기, 방황, 열정, 반항 등의 항목들로 가득했고, 가야 할 문학적 목적지는 안개에 휩싸여 있었다. 이 시기에 비평의 동지들을 만나 2004년에 비평전문지 ≪작가와비평≫을 창간했던 것은 내가 한 일 중에서 가장 값진 추억이 되었다. 가진 것이 없었던 비주류의 30대 평론가들이 카페와 술집에 모여 새로운 문학의 미래를 꿈꾸었던 그 무렵은 지금 생각해보면 나의 가장 빛나는 시절이었다.

현재 나는 어느덧 40대 중반이 되었다. 그래서일까? 요즘 나는 평론 활동을 시작하던 초년 시절이 자꾸만 떠오른다. 새로운 문학의 미래를 꿈꿨던 ≪작가와비평≫ 편집동인들은 30대에서 모두 40대가 되었다. 시간은 강물과 같이 덧없다고 한다. 그럼에도 불구하고 인간들은 그 덧없음을 의미 있는 활동을 통해 메우고자 몸부림친다. 그것이 인간의 실존 방식이다. 나는 두 번째 평론집을 묶으면서 지난 시절 써왔던 내 비평의 언어들과 만났다. 그것은 낯설었고, 한편으로 익숙한 흔적들이기도 했다. 나는 매 순간 최선을 다해 비평의 언어들을 써왔던 것일까. 그 당시에는 내 온 에너지를 바쳐서 썼다고 했는데, 지금 읽어보면 서툰 문장들이 많이 눈에 밟힌다. 나는 두 번째 평론집을 내기 위해 어쩔 수 없이 그 문장들을, 언어들을 수정하는 '개칠'을 감행했다. 글의 말미에 출처를 밝혔지만 원문 그대로인 글보다 조금씩이나마 수정한 글들이 많다. 아무래도 내 글이 많이 부족했던 것 같다. 과거에 내 미흡했던 글을 읽었던 많은 독자들에게 먼저 사과의 말씀을 전한다. 두 번째 평론집을 낸다고 나름대로 고친다고 했지만 시간상의 부족과 내 능력의 미흡 속에 많이 수정하지 못했다. 독자들께서는 이것을 감안해 이 책을 읽어주셨으면 좋겠다.

이 시대에 비평의 자리는 무엇일까? 2010년 신춘문예에서 두 개의 신문사에서 문학평론 당선작이 없었다. 문예지 공모에서도 문학평론 당선자가 없는 경우가 심심치 않게 눈에 띈다. 이것들은 무엇을 말해주는 것인가. 단순하게 평론 응모자의 역량이 떨어진 탓일까? 만약 그렇다면 문제는 간단하다. 능력이 있는 문학평론 지망자의 글을 기다리면 될 것이다. 그러나 내가 생각하건대 기다려도 기다려도 심사자의 기대 욕망을 충족시켜 줄 문학평론 지망자가 지속적으로 공급될 가망성은 없어 보인다. 2000년대 들어 문학평론을 꼼꼼하게 읽어주는 독자들은 거의 사라졌고, 문학평론에 자신의 삶을 걸고 현장 평론 글쓰기에 매달리는 문청이나 평론가들도 많이 사라졌다. 아직까지 문학제도는 생존해 있어 문학평론은 생산되고 있지만 문학평론이 생산 유통되는 거대 시장은 어디에도 찾을 수 없다. 게토화된 영토 내에서 구멍가게 수준으로 추락한 것이 문학평론의 현주소이다. 신문 방송매체 등에서 문학평론가보다 다양한 직종에 종사하는 사람들이 문학평론가들을 대신해 문학 책을 논하고 있는 실정이다. 이것은 문학 책과 독자를 연결시키는 역할을 했던 문학평론가들이 더 이상 필요 없다는 문학 시장의 냉정한 평가로도 해석할 수 있다.

어쩌다가 이 지경이 되었을까? 나는 그 원인에 대한 다양한 진단을 여러 글에서 언급한 바 있다. 그 원인 중에서 가장 핵심적인 것은 비평이 비평으로서 제 역할을 못했기 때문이다. 물론 외부적 요인도 무시할 수 없다. 하지만 남 탓만 해서 나올 수 있는 것은 복지부동의 보신주의와 환멸로 가득한 허무주의밖에 없다. 비평이 비평답지 않은 상황에서 초래된 시장의, 독자의 처절한 복수. 나는 그 복수를 정당하다고 생각한다. 1990년대 이후에 현장 평론이 당대 역사와 현실에 대한 고민을 축소시키고 미시적 텍스트주의 내지 문학주의에 감금되었을 때 비평은 사망하기 시작했던 것이다. 현장평론은 비평의 진정성 대신에 출판 자본과 결합한 주례사 비평을 생산했고, 대학이라는 제도에 종속된 아카데믹한 강단평론으로 변신해 구차한 생존을 도모했다. 그 결과 비평은 갱생이 아니라 자살로 치달았다. 가라타니 고진이 언급한 '근대문학의 종언'이라는 언급은 남의 이야기가 아니라 바로 우리 비평계가 직면한 현실이다. 주례사 비평과 아카데믹한 비평의 전성시대는 엘리트적 문학주의와 식민성의 서구콤플렉스를 대량 번식시켰다. 그래서 비평은 없고 이론의 소비만이 있었던 것이 2000년대 비평의 현주소이다. 그래서 나는 2000년대의 비평을 '유령의 비평'이라고 생각한다. 불행하게도 이렇게 죽어버린 비평을 위해 애도의 묵념을 던지는 애독자도 별로 없었다. 자업자득이라는 4자 성어는 현장평론에 바쳐진 유일한 애도의 조사였다.

문학평론 독자도 응모자도 격감한 상황에서 문학평론은 대체 어디로 가야 할까? 이런 추세가 계속된다면 신춘문예나 문예지에서 문학제도로서 존속하고 있는 문학평론이라는 응모 부문도 머지않아 없어질 것이다. 이렇게 문제가 심각함에도 불구하고 문단의, 비평계의 주류는 이런 현실을 외면한다. 아니, 비평의 종언론을 사기라고 매도한다. 문단의, 비평계의 주류라는 문학계의 재벌은 출판 자본, 문예지, 대학을 매개로 여전히 생존할 수 있다고 생각하고 있기 때문이다. 하지만 그 생존은 대다수의 중소기업인 비주류 문예지와 소규모 출판사가 도산한 상황에서 이루어지는 독과점의 생산 유통이 될 것이다. 문학평론가 김현은 주체와 타자의 수평적 교감을 통한 공감의 비평을 지향했다. 군사정권이 지배하던 암울한 현실 속에서 문학만의 세계를 구축하고 텍스트와 공감적 교감을 꿈꿨던 김현. 그가 주장한 공감의 비평은 역사와 현실이라는 세계를 소거시키고 문학만의 공감의 세계를 지향했다는 점에서 문제점을 안고 있다. 그렇지만 적어도 김현은 문학을 통해 공감의 세계에 일부 도달할 수 있었다. 그러나 나는 2000년대 이후 문단 주류의 문학과 적자생존의 신자유주의 체제에 공감할 수 없었다. 결국 나의 글은 그런 것들과 대립각을 세우며 불화하는 비공감의 비평이었다. 그래서 나는 내 두 번째 평론집의 제목을 '비공감의 미학'이라고 정했다.

내게 있어 문학은 당대 현실의 도피처가 아니다. 문학은 내 삶의 현실이다. 나는 문학을 통해 당대 현실과 연결되었고, 당대 현실은 문학을 통해 내게 신호를 보냈다. 내가 바라본 현실은 어떠한 것이었나. 한국사회는 신자유주의 체제의 포로가 되어 자본주의적 가속도에 감금된 세계이다. 자본주의의 교활한 책동 속에 노동자들은 다양한 계급의 분화가 이루어지며 찢겨졌다. 우리는 그것을 흔히 정규직과 비정규직이라고 호명한다. 정규직과 비정규직의 갈등은 신자유주의 체제가 만들어낸 서글픈 풍경이다. 후기 자본주의가 변신한 신자유주의 체제라는 거대 괴물은 계급적 연대의 해체와 내부의 분열을 통해 세계를 교묘하게 지배한다. 그 결과 사용가치는 폐기되었고, 이윤의 극대화라는 미명 아래 무한경쟁은 합리화되었다. 강자만이 살아남고, 약자는 죽을 수밖에 없는 적자생존의 사이비 유토피아 세계. 사람들은 이곳에서 살아남기 위해 스펙의 노예가 되어야 했다. 문제는 그렇게 발버둥쳐도 사회 양극화로 대변되는 그 간격을 극복하기 쉽지 않다는 것이다. 약자의 대물림 현상은 이 시대의 보편적 법칙인 양 위세를 부리고 있다. 한국의 자살률이 세계 최고라는 금메달 수치는 이 땅을 짓누르고 있는 신자유주의 체제의 강압적 폭력성을 말해주는 것이다. 거대한 착취 구조가 작동하는 후기 자본주의 시대는 절망적 자살을 꿈꾸게 한다. 이 사회는 분명 병든 사회이다.

나는 내 글이 병든 문학과 병든 사회를 고치는 불온한 백신이 되기를 열망한다. 1990년대 이후 현장평론은 불온함을 상당 부분 상실하거나 거세당했다. 불온함이 사라진 비평. 2000년대 들어 불온함의 글쓰기를 선도적으로 보여주었던 것은 문인보다 비문인들이었다. 대표적으로 올해에 베스트셀러가 된 김용철의 『삼성을 생각한다』는 어느 문인보다도 더 높은 불온함의 경지를 보여준다. 나는 그 책을 읽으면서 문학평론가로서 자괴감을 느끼며 '문학을, 평론을 생각하고 생각했다.' 생각은 생각만으로 그쳐서는 안 된다. 생각은 김용철처럼 구체적 행동으로 나타났을 때 비로소 열매를 맺을 수 있다. 그래서 나의 평론은 생각이자 행동이다.

세월은 무심히 흘러간다. 나는 40대 중반이 되었음에도 불구하고 여전히 안정적인 자리를 잡지 못하고 있다. 대학이라는 제도와 내가 특별한 인연(?)이 없는 것 같다는 생각이 자꾸만 든다. 대학에서 전임으로 자리 잡으려면 학벌이 좋거나 논문 업적과 강의 평가가 무척 좋은 슈퍼맨이 되어야 한다. 그렇지 않으면 간과 쓸개가 없어야 한다. 그러나 나는 SKY 출신도 아니었고, 슈퍼맨도 아니었고, 간과 쓸개가 있는 무능력한 인간이었다. 그러니 어쩌겠는가! 나는 주변에서 생활고로 인해 자신의 소신을 접고 무난한 글쓰기를 하거나 평론 활동을 중지한 평론가들을 여러 보아 왔다. 나도 그러한 사람 중의 하나가 될 것 같아 솔직히 두려운 것이 사실이다. 20, 30대의 불온함은 멋있어 보일지도 모르겠다. 그러나 40대 들어서도 이 불온함을 유지한다는 것은 힘겨움 그 자체이다. 애라도 적었으면 어떻게 버티어볼 텐데……. 어떻게 하다 보니 세 아이의 아빠이다. 결혼과 다산은 글쓰기의 최대 적일지도 모르겠다. 그럼에도 불구하고 아내와 세 아이들은 역설적으로 내 글쓰기를 지탱하는 원동력이기도 하다. 이들에게 먼저 두 번째 평론집의 발간 소식을 전한다.

끝으로 마땅한 직장을 얻지 못해 곤경에 처했던 내게 비정규직 일자리를 준 경희대 이선이 교수, 강의 자리가 없는 후배를 위해 선뜻 강의할 공간을 마련해준 선문대의 손종업 선배에게 감사의 말을 전한다. ≪작가와비평≫ 편집동인들은 글쓰기에 있어 언제나 내 든든한 배경이었다. 요즘 몸이 좀 아픈 ≪작가와비평≫의 이경수 씨에게 이 자리를 빌어 힘내라는 말을 전하고 싶다. 내 부족한 글을 출판해주는 '작가와비평'의 양정섭 사장을 비롯한 출판사 분들에게 감사의 말을 드린다. 내 글쓰기가 아직도 초심을 잃지 않고 쓰고 있다면 이것들은 내 능력보다 나를 도와주는 분들이 있었기 때문이라고 생각한다. 이러한 분들에게 보답하려면 아직 나는 조로할 수 없다. 앞으로도 더욱, 더욱 독하게 평론을 써야 할 것이다. 나는 두 번째 평론집을 내면서 글쓰기의 좌우명으로 '**초심을 갖고 독하게 쓰자**'로 정했다. 아무래도 이 좌우명은 나를 매번 시험하는 족쇄가 될 것이라는 예감에 휩싸인다.

나는 비평이 비평답지 않은 유령의 시대에 비공감으로 실존한다. 그러나 나는 언젠가는 이 비공감이 공감으로 변신할 것을 굳게 믿는다, 아니 간절히 열망한다.

목차

3. 네 명의 여성작가를 만나다

4. 텍스트를 가로지르다

1. 문학 키워드를 호출하다

칙릿소설은 폼생폼사의 프라다를 입는다

1. 칙릿소설의 열풍과 출판 자본

2008년도 문학계의 기상도는 칙릿소설의 열풍으로 요약된다. 언뜻 들으면 이름도 생소한 칙릿소설. 그것은 이국적 향기를 사방으로 발산하면서 2008년도 문학의 새로운 패션으로 호명되어 대량 판매되고 있다. 5천만원 고료인 제1회 ≪문학의 문학≫ 소설 공모 당선작인 우영창의 『하늘 다리』, '창비장편소설상' 제1회 당선작인 서유미의 『쿨하게 한걸음』, 1억원 고료인 제4회 '세계문학상' 수상작인 백영옥의 『스타일』 등은 한국형 칙릭소설들이다. 이들 칙릿소설들은 권위 있는 문학상 수상, 중앙 일간지의 집중적 소개, 상업 광고 등을 통해 새로운 문학 경향으로 소개되고 있다. 이러한 칙릿소설의 유행은 문학계의 내적 요구보다 문학시장의 위기를 타개하고 수익을 창출하려는 출판 자본, 끊임없이 새로운 문학상품을 찾고자 하는 대중매체, 가벼운 읽을거리를 선호하는 소비층의 욕망이 합작해 만들어낸 문화적 현상이다.

1990년대 중반 영국에서 등장한 칙릿소설chick-lit novel은 젊은 여성을 뜻하는 속어 chick과 문학을 뜻하는 literature의 합성어다. 칙릿소설은 20~30대의 도시여성을 중요 작중인물로 삼아 중산층 도시 여성들의 일, 사랑, 취향 등을 가볍게 형상화한다. 로렌 와이스버거의 『악마는 프라다를 입는다』(2003)는 영화로, 진 캔디스 부쉬넬의 『섹스앤더시티』(1994)는 미국 드라마로 제작되어 인기를 끌면서 한국형 칙릿소설을 탄생시키는 산파 역할을 했다. 이외에도 샤론 맥과이어 감독의 〈브리짓 존스의 일기〉(2001), 김윤철 감독의 드라마 〈내 이름은 김삼순〉(2005), 자기계발서의 일종인 안은영의 『여자 생활 백서』(2006) 등도 한국형 칙릿소설의 유행에 일조했다. 한국에서 칙릿소설의 유행은 출판 자본의 위기, 칙릿소설풍인 상업적 영화와 드라마의 성공에 자극받아 형성되었다. 이것은 칙릿소설이 당대의 대중문화 산업과 긴밀한 유착관계에 있음을 보여준다. 여성 전용 버전이 칙릿소설이라면, 남성 전용 버전은 래드릿소설lad lit novel 또는 dick-lit novel이다. 래드릿소설의 원조는 1957년생 영국 작가인 닉혼비로서 그의 소설 『하이 피델리티』(1995), 『어바웃 어 보이』(2002) 등의 래드릿소설은 영화화되어 서구에서 큰 성공을 얻었다. 칙릿소설이 세련된 도시 여성의 자신감 넘치는 삶을 주로 보여준다면, 래드릿소설은 현대사회에 적응하지 못하고 낙오한 남성의 삶이 주로 등장한다. 한국에서 한국형 래드릿소설은 아직 출현하지 않았다. 한국형 칙릿소설은 앞에서 언급한 것 외에도 정이현의 『달콤한 나의 도시』, 정수현의 『압구정 다이어리』 등이 있다.

1980년대 이후 한국문학은 문화계의 왕좌에서 내려온 후 문학의 위기 담론에 줄곧 시달려왔다. 일본의 문학평론가 가라타니 고진은 『근대문학의 종언』(2006)에서 계몽적 운동으로서의 근대문학이 생명을 다했다고 선언하면서 근대문학의 종언을 선언한 바 있다. 고진의 언급 이후 문학계에서는 한국문학의 현상황에 대한 비판적 진단 속에 문학의 종언을 옹호하는 측과 그렇지 않은 측과의 열띤 논쟁이 벌어지기도 했다. 나는 이 자리에서 문학의 종언과 관련한 논쟁에 뒤늦게 끼어들 생각은 없다. 다만 문학의 진정성을 추구했던 본격문학의 판매량이 부진하고, 반면에 대중들의 욕망에 부응하는 대중소설(또는 중간소설)은 호황을 누리고 있다는 사실을 지적하고 싶다. 이것은 기존의 본격문학 위주로 운영된 전반적 시스템이 붕괴되었음을 의미한다. 본격 문예지의 침체와 본격문학 독자의 감소는 이것을 보여주는 단적인 증거이다. 작가들의 대중적 영향력 급감과 문학평론가의 역할 추락도 이제는 낯익은 풍경이 되었다. 이런 상황에서 자본주의의 법칙에 종속된 출판자본은 도태되지 않기 위해 대중들의 욕망에 부응하는 구원투수로 '칙릿소설'을 내세웠던 것이다. '칙릿소설'은 위기에 봉착한 출판 자본과 작가의 공모에 의해 탄생한 신종 문화상품이다.

문학상은 전통적으로 문학의 권위를 주기적으로 생산하는 주요 문학제도이다. 문학상의 권위는 해당 수상작에게 막대한 문학적 권위를 부여하는 일종에 후광 효과를 생산한다. 일반 독자들은 이 후광 효과로 인해 해당 텍스트를 루이뷔통 가방같은 명품으로 인식하면서 구입해왔다. 그 동안 문학상 수상작들은 대개 본격문학을 추구했던 작품들이 수상의 영예를 차지했다. 하지만 문학의 위기가 만연되는 상황 속에서 문학상의 시상 주체이기도 한 출판 자본은 칙릿소설을 수상작으로 밀어 칙릿소설의 품질을 보증시키는 고급 상술을 펼친다. 표면적으로 보면 수상작은 작가와 문학평론가가 함께 구성된 심사위원회에서 결정되지만 그들의 결정에 암묵적인 영향력을 행사하는 것은 출판 자본이다. 출판 자본은 자신의 욕망을 만족시켜 주지 못하는 심사위원을 배제함으로써 출판 자본의 욕망을 극대화시킨다. 심사위원들은 출판 자본의 이해타산적 욕망을 문학상의 고품격 이미지로 은폐시키는 데에 봉사하는 거수기(?) 역할을 수행한다. 후대의 문학사가들은 칙릿소설이 문학상을 휩쓸기 시작한 2008년을 대중문학이 새로운 주류가 된 기점으로 평할지도 모르겠다. 칙릿소설의 열풍은 한국의 문단 지형도를 급격하게 변혁시키는 뇌관이 될 것인가, 아니면 일과성의 사건으로 끝날 것인가? 나는 그 의문의 해답을 찾아 칙릿소설을 쇼핑한다.

2. 쿨한 사랑과 쿨한 섹스

칙릿소설의 중심적 서사구조는 사랑과 일이다. 양자는 부딪치며 갈등하며 화해하며 떠들면서 칙릿소설의 서사를 수다스럽게 전개시킨다. 둘 중에 어느 하나라도 없으면 맹탕이 되는 것이 칙릿소설이다. 칙릿소설의 주요 독자는 대학을 졸업하거나 재학 중인 20~30대의 미혼 직장여성과 취업 준비생들이다. 이들은 취업(또는 직장 일)과 사랑에 무엇보다 고민이 많은 세대이다. 특히 결혼 적령기에 도달한 한국의 싱글 직장여성들은 사랑의 배우자를 찾는 데에 도움이 된다면 기꺼이 돈을 지불하고 책을 구입할 용의가 있다. 칙릿소설은 이러한 여성 독자층을 만족시키기 위해 낭만적 사랑과 현실적 직장 일을 상호 결합시켜 서사를 전개한다. 칙릿소설의 여성 주인공들은 원룸이나 아파트에서 혼자 생활하거나 친구와 함께 산다. 부모에게서 독립한 칙릿소설의 여성인물들은 느낌이 오는 남성이 있다면 뜨거운 밤을 멋있게 보낸다. 칙릿소설의 주요 작중인물과 소비자층은 20대 중반에서 30대 초반의 연령으로 사회와 남성에 대해 어느 정도 지식을 가진 세대이다. 이들은 소녀 취향의 낭만적 사랑보다 차라리 멋진 섹스를 꿈꾼다. 소설은 어차피 현실에서 가능하지 못하는 것들을 할 수 있게 하는 음란한 욕망의 해방구 아니었던가. 쉽게 만나고, 쉽게 섹스하고, 쉽게 헤어지는 칙릿소설의 남녀 방정식은 후기 자본주의의 교환가치적 사랑과 삶에 대한 보고서이다.

구질구질한 사랑이 아니라 쿨한 사랑을 지향하는 칙릿소설은 하룻밤 섹스를 의미하는 원 나잇 스탠드One Night Stand를 소비한다. 칙릿소설에서 사랑과 섹스는 대개 술을 매개로 이루어진다. 칙릿소설에서 술은 웬수가 아니라 큐피드가 쏘는 에로틱한 사랑의 화살이다. 칙릿소설의 여성인물들은 이홍의 『걸프렌즈』와 정이현의 『달콤한 나의 도시』에서처럼 술기운에 육체적 접촉을 하여 관계를 형성한다. 이들 여성인물들에게 도덕적 잣대를 들이거나 순결이데올로기를 강요하는 것은 칙릿소설의 에티켓에 어긋난다. 칙릿소설에서 여성의 순결성은 박물관에나 가야 볼 수 있는 희귀한 존재이다. 칙릿소설에서 20대 후반이나 30대 초반이 되어서도 순결을 지닌 직장여성은 오히려 남성에게 전혀 인기 없는 무능력한 여성으로 통용된다. 이처럼 한국형 칙릿소설에서 남녀의 연애는 쉽게 만나 섹스하고 상대방이 마음에 들지 않으면 쿨하게 안녕을 고한다. 이때 칙릿소설의 여성인물들은 섹스와 결혼을 철저하게 구분하는 고감도 센스를 자랑한다. 섹스와 결혼을 꼭 함께 있어야 세트 메뉴로 생각하는 것은 쌍팔년도에 있을법한 구닥다리 촌티로 취급된다. 칙릿소설에서 양다리 관계는 선택 사항이 아니라 급작스런 이별을 대비하기 위한 보장성 보험이다. 이렇게 자유로운 남녀 연애관을 표출하는 칙릿소설은 사회 통념보다 많이 앞서 있다는 점에서 상당히 진보적인 외모를 드러낸다. 그렇다면 칙릿소설은 기존의 낡은 관습과 제도를 파괴하고 새로운 도덕관과 윤리관을 제시하는 불온한 전위적 실험 소설인가? 쿨하게 답변하겠다. 아니다. 결코 아니다.

칙릿소설에서 자유로운 연애와 섹스는 독자의 관심을 끌기 위한 눈요깃감의 성격이 강하다. 칙릿소설은 도덕적 일탈을 하는 것처럼 언뜻 보이지만 당대 사회가 금지하는 최종적 도덕선을 결코 넘지 않는다. 제31회 '오늘의 작가상' 수상작인 이홍의 『걸프렌즈』(2007)를 보자. 29살의 직장인 나(한송이)는 술이 취한 상태에서 동료직원인 유진호 대리의 현란한 키스 솜씨에 반해 만남을 시작한다. 이 둘의 사랑은 정신적 공감이 아닌 육체적 자극에서 시작되었던 것이다. 나는 그와 카섹스를 자주 하는 관계로 발전하지만 유진호의 양다리 관계를 알게 된다. 이런 사태에 직면하면 보통의 여성은 그 남자와 관계를 끊거나 다른 여자와의 관계를 청산할 것을 요구한다. 그러나 소설의 서사는 파격적으로 흘러간다. 나는 다른 두 여자와 사이가 좋아져 한 남자를 사랑하는 세 여자의 동호회 '걸프렌즈 클럽'을 결성하고, 다자간의 사랑에 공감한다. 문제는 『걸프렌즈』에서 다자간의 사랑을 주장하지만 이것과 관련한 윤리적 고민이나 사회적 문제 의식이 생략되어 있다는 점이다. 한 여자와 두 남자의 반윤리적 성 공유 관계를 그린 서기원의 「암사지도」(1956)는 한국전쟁의 상처와 궁핍으로 인한 가치관의 혼란을 일그러진 남녀 관계의 모습을 통해 효과적으로 드러낸다. 하지만 『걸프렌즈』에 등장하는 다자간의 사랑은 심도 있는 문제의식과 깊이를 전달하지 못한 채 이색적 소재 차원으로 격하된다. 이 소설에서 다자적 사랑을 주장하는 반윤리적 일탈은 오히려 한 남자를 향해 바치는 지고지순한 통속적 순정의 멜로드라마로 기능한다. 평범한 남성인 유진호 대리가 모범생 타입인 20대 후반의 동료 직장여성, 멋진 외모와 끼를 지닌 30대의 성숙한 유부녀 세진, 20대 초반의 발랄한 여대생 보라와 연애 관계를 다양하게 맺는다는 설정은 남성 독자들의 음란한 성적 욕망을 만족시켜 준다. 작가는 소설의 결말에서 유진호의 청혼을 거부하는 주인공 여성의 모습을 통해 페미니즘적 여성 주체를 부각시키려는 모습을 보인다. 하지만 이것은 한 남자에게 종속된 여성의 자화상을 희석시키려는 제스처에 불과하다. 주인공인 '나'는 잠시 유진호의 청혼을 유예했을 뿐이기 때문이다. 동시에 다자간의 사랑이 갖고 올 온갖 문제에 대한 고민도 지불유예 된다. 칙릿소설에서 여성의 자아실현을 강조하는 페미니즘은 유사 페미니즘 내지 짝퉁에 가깝다.

『걸프렌즈』가 제목과 달리 남성들의 성적 판타지를 좀 더 많이 만족시켜 주었다면, 정이현의 『달콤한 나의 도시』(2006)는 직장여성들의 성적 판타지를 만족시켜 주는 칙릿소설이다. 『달콤한 나의 도시』는 31살의 연상녀 오은수와 25살의 잘생긴 연하남 윤태오의 사랑 이야기를 중심으로 서사가 전개된다. 옛 애인의 결혼식 날, 오은수는 윤태오와 처음 만나 술기운에 섹스를 하고 동거관계로까지 발전한다. 잘 생기고 젊기도 한 윤태오는 섹스 상대로 보면 A⁺이지만, 대학도 중퇴한 채 영화를 하겠다고 무작정 나선 백수라는 점에서 결혼 상대로 F이다. 그래서 오은수는 양다리를 시작한다. 이것에 대한 윤리적 부끄러움은 은수에게 부재하다. 은수는 사업가인 연상남 김영수와 양다리 관계를 만든다. 여성은 외모고, 남성은 능력이라는 결혼의 법칙은 이 소설에서도 어김없이 작동한다. 은수는 무능력자인 태오를 차버리고, 능력남인 김영수와 결혼하기로 한다. 이제 남은 것은 해피엔딩의 결혼식이다. 그러나 소설은 이것을 갑자기 배신한다. 결혼 상대자인 김영수가 남의 이름을 빌려 사는 전직 교도소 출신으로 밝혀지면서 결혼은 파탄난다. 이러한 권선징악적 서사의 전개는 현실적 개연성보다 우연성에 가깝다. 결국 『달콤한 나의 도시』는 프리섹스와 양다리를 걸친 여성의 불행을 통해 당대의 지배적 도덕과 윤리에 충성한다. 이 소설에서 성적 일탈과 방황은 잠시 있었지만 궁극적으로 사회에서 일탈하는 불온한 아웃사이더는 존재하지 않는다. 『달콤한 나의 도시』는 위험한 사랑을 욕망하지만 안정된 사랑을 선택하는 중산층 여성들의 이중적 욕망을 대변한다. 여성 독자들은 이 소설을 통해 잠시 동안이지만 멋진 연하남과 섹스를 나누고 양다리 사랑이라는 도덕적 일탈을 간접적으로 경험하면서 해방된다. 도덕적 결론으로 끝난 서사의 결말은 중산층 여성의 안정 지향적 이데올로기를 손상시키지 않는 칙릿소설의 전형적 모습이다.

『달콤한 나의 도시』가 양다리 사랑을 보여주었다면, 백영옥의 장편 『스타일』은 현대판 신데렐라의 사랑을 세련된 감각으로 보여준다. 중산층 여성들은 어렸을 때부터 신데렐라를 꿈꾸도록 키워진다. 지금은 평범한 일상을 살아가고 있지만 어느 날 백마 탄 왕자님이 와서 나에게 유리구두를 신겨줄 것이라는 낭만적 환상은 현실에서 낭만적 사랑이 희귀하기에 좀 더 강렬한 유혹으로 다가온다. 『스타일』에서 패션잡지 기자인 31살의 이서정은 살 빼는 약을 먹으면서 멋진 남성과 사랑을 꿈꾸는 평범한 외모와 몸매의 소유자이다. 그런데 어느 날 백마 탄 왕자들이 내게 찾아오기 시작한다. 이서정은 평소 선망했던 직장 선배와 키스를 하고, 전직 외과의사이면서도 최고의 요리사로 변신한 신비스러운 남자 박우진과 섹스를 하고 연인이 된다. 이뿐만 아니라 회사에서 승진도 한다. 소설 초반부에 등장하는 이서정의 불운은 또 다른 행운을 준비하기 위한 고된 시련 과정이었을 뿐이다. 이 소설은 자기 일에 프로이면서도 마음씨 착한 여자가 결국에는 복을 받는다는 현대판 성공 신화를 생산한다. 이것은 내용은 다르지만 신데렐라나 콩쥐팥쥐전에서도 유사하게 보아왔던 낯익은 공식들이다. 이러한 칙릿소설의 공식이 독자에게 전달하고 싶은 메시지는 과연 무엇일까? 프로 의식을 갖고 회사에서 열심히 일하는 직장

여성들에게 언제가 백마 탄 왕자님이 찾아온다는 것. 그러한 장밋빛 환상을 유포시키는 것이 바로 칙릿소설이 겨냥하는 목표 지점이다. 이것을 통해 칙릿소설은 후기 자본주의가 원하는 노동생산성에 도달하도록 직장여성을 은밀하게 채찍질하는 이데올로기의 기능을 수행한다. 이런 점에서 칙릿소설은 후기 자본주의라는 자궁이 만든 기형아이다.

3. 여성의 자아실현과 직장

시몬느 드 보봐르는 '여자는 여자로 태어나는 것이 아니라 여자로 키워지는 것'이라고 말한 바 있다. 지금 20~30대 여성들은 1970년대 이후에 태어난 여성들이다. 적어도 이들은 성장하면서 남성과 여성은 다르다는 성차별 교육에서 해방된 세대이다. X세대와 Y세대 등 다양한 명칭으로 호명되는 이들은 부모의 사랑 속에 보통 외동딸로 귀하게 커왔다. 이들 여성은 남성과 여성이 똑같기에 능력만 된다면 어떤 분야에서도 일할 수 있다는 것을 당연하게 믿고 성장한 세대이다. 그러나 막상 어른이 되어 사회에 나선 여성들이 부닥친 현실은 성차별이 엄존하고 있는 불합리한 현실이다. 여성은 아직까지 직장에서 주도하기보다 남성을 보조하는 조력자의 역할이 많다. 여성들이 취직할 수 있는 분야도 성별 분업의 작동 속에 제한적이고, 결혼은 퇴사로 인식되는 분위기도 여전히 통용되고 있다. 칙릿소설은 이러한 남성중심주의를 비판하면서 직장여성인 커리어우먼의 입장을 적극 대변한다. 아쉬운 것은 이러한 비판적 인식이 계급적, 계층적 시각을 삭제한 상태에서 대개 이루어진다는 점이다. 다시 말해 칙릿소설은 사회의 구조적 모순을 해결하기 위한 시대적, 역사적 고민을 찾기 힘들다. 칙릿소설에서 약자인 여성의 연대를 통한 사회 변혁의 꿈은 개인주의자들인 여성인물들에게 낯선 이야기이다. 칙릿소설은 불온한 척할 뿐이다.

칙릿소설의 서두는 대개 여성인물이 이미 취업의 관문을 통과해 현재 직장에 다니는 상황으로 설정된다. 칙릿소설은 취업과 관련한 다양한 고민이나 불안감은 생략한 채 직장생활에서 겪는 다양한 풍경들이 주로 등장한다. 대학을 졸업하고서도 직장을 얻지 못하거나 비정규직이 많은 상황에서 취직에 성공한 중산층 여성들은 다른 여성들에 비해 우월적 위치를 점한다. '당당한 여성이 되라!'는 구호로 요약되는 칙릿소설의 캐치프레이즈는 직장이라는 특권을 지닌 여성의 자신감과 우월의식이 반영된 것이다. 일반 여성독자들은 직장에서 남성들과 당당하게 경쟁하는 여성인물과의 동일시 속에 현실에서 느낀 결핍과 좌절감을 잠시나마 망각한다. 당당하게 직장에서 일하는 여성들의 자화상이 잘 드러나고 있는 한국형 칙릿소설은 『악마는 프라다를 입는다』를 연상시키는 백영옥의 장편 『스타일』(2008)이다. 이 소설은 직장여성인 31살의 이서정을 주인공으로 하여 패션지 기자의 일상적 업무를 꼼꼼하게 그리고 있다. 이 소설은 화려한 패션지의 기자들의 이면과 사랑을 결합시켜 보여줌으로써 독자들의 오감을 끌어당긴다. 예를 들어 패션지 기자 이서정은 아주 마른 사람만 입을 수 있는 에디 슬리먼의 옷에 대한 기사를 쓰기 위해 고통스러운 체중 감량을 하고, 제대로 된 요리 기사를 써보기 위해 직접 주방에서 일하다가 손가락이 잘리는 사고를 당하기도 한다. 이렇게 자신의 일에 충실한 이서정은 이 시대가 요구하는 직장여성(커리어 우먼)의 대표적 자화상이라고 할 수 있다.

한국형 칙릿소설에서 여성인물이 곤경에 처했을 때 직장 동료가 조력자 인생의 상담자로 등장하는 경우가 거의 없다. 매번 호출되는 것은 대학 때나 초중고 시절의 친구이다. 공적 영역과 사적 영역의 철저한 분리는 현대사회에서 고립된 개인의 처지를 말해준다. 칙릿소설에서 여성인물들은 직장보다 개인적 사랑에 집착한다. 여성인물들의 최대 고민은 직장 일보다 연애 문제이다. 일보다 연애를 중시하는 한국형 칙릿소설은 회사의 구조적 모순에 대해 깊게 천착하지 않는다. 칙릿소설에서 직장의 풍경은 '권위를 앞세운 못된 상사나 선배/착하고 성실한 부하나 후배'라는 식상한 이원적 대립구도를 반복하는 것이 고작이다. 그것도 아니면 서유미의 『쿨하게 한걸음』처럼 "지금의 자리배치는 뒷사람(상사)이 앞사람(부하직원)의 뒤통수와 컴퓨터 모니터를 정면으로 응시하게 되어 있다. 초특급 감시체제"라고 가볍게 언급하는 수준에서 그친다. 칙릿소설에서 중요 여성인물들은 회사의 모순을 지속적으로 비판하고 해결하려는 실천적 행동을 거의 보이지 않는다. 회사의 문제는 자신의 퇴사로서 간단하게 해결된다.

칙릿소설의 작가나 독자들은 계층적으로 대개 중산층이다. 중산층은 자기 집을 소유하면서 어느 정도 저축도 있는 계층이다. 직장에서의 실직은 이들을 곧장 절박한 생존 위기로 내몰지 못한다. 이에 비해 하층민에게 실업은 생존권의 위기이다. 칙릿소설에 등장하는 여성인물의 실직에서 절박함이 잘 느껴지지 않는 것도 중산층의 실직이기 때문이다. 이들 20~30대의 여성 작중인물들은 부모 세대에게 손을 벌려 위기를 벗어날 수 있다. 그것도 아니면 능력 있는 남자와 결혼하여 평생직장에 취직하는 길이 있다. 이런 이유 때문인지 칙릿소설에서 실업은 생존의 위기보다 오히려 새로운 자아정체성을 찾기 위한 좋은 계기로 등장한다. 『달콤한 나의 도시』에서 오은수, 『걸프렌즈』에서 한송이와 친구 현주, 『쿨하게 한걸음』에서 연수와 유희는 실직을 계기로 자신이 평소 하고 싶었던 직종을 준비하거나 창업의 길에 나선다. 물론 실업의 체험은 여성인물들을 좀 더 성숙한 어른으로 성장시키기 위한 통과제의적 성장통이다. 하지만 이러한 성장은 온실 속의 화초처럼 제한적이다. 칙릿소설의 여성인물들은 자신들의 계층적 기반인 중산층의 이데올로기에서 벗어나지 못한다. 한 마디로 칙릿소설은 20~30대 중산층 여성의, 중산층 여성에 의한, 중산층 여성을 위한 맞춤형 소설이다.

칙릿소설의 부정적 모습을 대표적으로 보여주고 있는 작품은 우영창의 『하늘다리』와 정수현의 『압구정 다이어리』이다. 증권사의 일상과 재테크 실상이 사실적으로 드러난 우영창의 『하늘다리』(2008)에서 증권사 직원인 31살의 맹소해 대리는 능력 있는 직장여성이지만 사생활에서는 직장 상사와 불륜 관계인 음란한 여성으로 등장한다. 특히 작가가 맹소해의 자극적인 섹스 장면을 빈번하게 등장시킨 것은 독자에게 감각적, 말초적 흥미를 유발하기 위해 배치한 것들이다. 그래서 이 소설은 직장을 통한 자아실현이라는 싱글 직장여성의 정체성을 제대로 보여주지 못한 채 오히려 직장여성에 대한 부정적 이미지만을 제공한다. 『하늘다리』는 칙릿소설의 붐을 타고 문학상이 탄생시킨 대표적인 거품이다. 이 소설에 필요한 것은 문학상이 아니라 차라리 쓰레기통이다. 쓰레기통이 필요한 것은 강남 압구정을 배경으로 명품과 사치로 도배질한 정수현의 『압구정 다이어리』도 마찬가지이다.

칙릿소설은 직장에서 일하는 당당한 여성을 강조한다. 하지만 이 여성은 사회에 대해 날카로운 문제 의식을 지닌 페미니즘적 주체가 아니라 소비적, 감각적 주체에 가깝다. 여성의 자아실현은 습관적으로 강조되지만 그것은 직장이 요구하는 순종적 인간상을 내면화한 것에 지나지 않다. 칙릿소설은 사랑과 일을 통해 성장하는 모습을 취하고 있다는 점에서 성장소설의 패턴을 형식적으로 따른다. 칙릿소설의 여성인물은 성장하는 포즈만을 취할 뿐 자신을 둘러싼 구조적 모순에 대해 근본적으로 성찰하지 않는다. 칙릿소설에서 여성인물의 삶은 일시적 변화가 있지만 일상의 삶을 뒤바꾸는 도전적 모험이 부재하다. 그 대신에 등장하는 것은 남녀 간의 팽팽한 줄당기기식 사랑과 섹스의 고속열차이다. 사랑과 섹스는 직장의 구조적 문제점을 깊이 있게 논하지 못하도록 만드는 안전장치인 셈이다. 이러한 한국형 칙릿소설은 전통적 연애소설에 직장 일이라는 요소를 적당히 첨가한 보급형 품질의 비빔밥이다.

4. 도시적 라이프 스타일과 구별짓기 욕망

한국형 칙릿소설을 생산하는 정이현(1972), 백영옥(1974), 서유미(1975), 이홍(1978), 정수현(1981)의 약력을 보면 1970년대생이 다수이다. 현재 칙릿소설의 작가들은 1990년대나 2000년대에 각각 20대의 젊음을 보낸 세대로서 거대담론의 몰락, 포스트모더니즘의 유행, 본격문학의 위기, IMF 충격, 대중문학의 본격적 재등장을 경험한 세대이다. 이 세대를 더 세분한다면 1990년 현실 사회주의권의 몰락을 체험한 탈중심 지향의 포스트모더니즘 세대와 1997년 이후 고속 성장한 한국경제의 급작스러운 붕괴를 경험하면서 경제적 가치에 몰두하게 된 IMF세대로 나눌 수 있다. 이들은 모두 문학의 교훈적 기능보다 유희적 기능을 중시한다. 그들은 칙칙한 진지함보다 쿨한 가벼움을 숭상한다. 중산층을 계층적 기반으로 하는 이들 작가들은 중산층의 이데올로기와 욕망을 자연스럽게 드러낸다. 중산층은 하류층 추락에 대한 공포감과 상류층에 올라가려는 신분 상승의 욕망을 갖고 있다. 이러한 욕망을 적극적으로 대변하고 대리만족시켜 주는 것이 바로 한국형 칙릿소설이다.

한국형 칙릿소설의 작가들이 지닌 또 하나의 공통점은 대체적으로 이들이 태어나고 자란 곳이 대도시 서울이라는 것이다. 이것은 대도시를 배경으로 한 칙릿소설의 창작이 자연스럽다는 것을 뜻한다. 칙릿소설은 서울을 배경으로 하여 스타벅스, 배스킨라빈스, KFC치킨, 맥도날드, 버거킹, 갤러리아 백화점, 태국 음식점, 고급 레스토랑, 청담동 거리 등 서구적, 이국적 이미지의 공간들이 수시로 등장한다. 도시 여성들이 관심을 갖고 있는 명품 옷, 가방, 구두, 자동차 등도 자연스럽게 등장한다. 고가의 명품구두인 마놀로블라닉, 에디슬리먼의 옷, 20억짜리 자동차인 엔초페라리 등도 등장해 독자의 시선을 빼앗는다. 이외에도 루이뷔통, 구찌, 펜디, 에르메스, 프라다, 페라가모, 샤넬, 크리스티앙 디오르 등의 명품 브랜드도 유효 적절하게 배치된다. 도시적 라이프스타일과 명품 이미지를 선호하는 칙릿소설은 싸구려같은 이미지를 보여주지 않는다. 중산층 직장여성이 지향하는 고품격의 환상을 제공하고, 제공받으려는 욕망이 왕성하게 작동하는 곳이 바로 칙릿소설이다. 따라서 칙릿소설은 불온한 혁명정신이 아니라 그 이미지를 패션처럼 소비한다. 소비만 될 수 있다면 체게바라도 호출해 이용할 수 있는 것이 칙릿소설인 것이다.

> 체 게바라의 혁명 정신도 스타벅스의 카페라떼처럼 테이크 아웃할 수 있다고 믿는 이 시대에 혁명이란 몸 사이즈가 66에서 44로 줄어들거나, 키가 160에서 170으로 늘어나는 일뿐이다. 젓가락 같은 스키니진을 입고, 미끈한 다리를 자랑하며 '마놀로 블라닉' 같은 구두를 멋지게 소화하는 것 말이다.
>
> 만약 여자들에게 진짜 혁명이란 게 일어난다면 그건 이 지구상에서 빌어먹을 '다이어트' 따위가 영영 사라져버리는 일뿐일 거다.
>
> (백영옥, 『스타일』, 예담, 2008, 13쪽)

칙릿소설에 등장하는 여성 주인공은 부모에게서 대개 독립해 있다. 아직 시집 보내지 않은 딸을 혼자 살도록 허용한(?) 부모세대의 권위는 칙릿소설에서 대단히 미미하다. 이들 부모세대는 별거해 있거나 이혼한 상태로 자주 등장한다. 그 결과 부모세대의 권위와 영향력은 제한적 형태로 발현된다. 이것은 여성인물들이 경제적으로 독립했기에 가능한 것이기도 하다. 오이디푸스 콤플렉스에서 해방된 자식 세대인 직장여성은 다양한 남성들과 사랑하고, 직장이 요구하는 형태의 일을 수행한다. 칙릿소설에서 부모세대와 자식 세대로 이루어지는 핵가족은 더 작게 세분화된다. 동거나 일인 가족의 형태가 칙릿소설에서 자주 등장한다. 이러한 가족 형태는 자본의 요구에 맞춰 조기출근, 야근, 전직 등을 자유롭게 할 수 있다. 칙릿소설에 등장하는 가족상은 전통적인 형태가 무너지고 자본의 입맛에 맞도록 재구성된 교환가치의 성격이 강하다. 이처럼 칙릿소설은 후기 자본주의 사회가 요구하는 가족의 형태와 사랑의 방식을 보여준다.

칙릿소설의 표지는 폼생폼사의 세련된 디자인이다. 이것은 칙릿소설이 문화상품으로 많이 팔릴 수 있도록 하기 위한 출판 자본의 치밀한 상술이다. 칙릿소설의 표지는 커피숍이나 지하철 등 다양한 외부 모임에서 폼날 수 있도록 북 디자인Book design되어 있다는 것이다. 백영옥의 『스타일』에서 패션잡지 기자 이서정은 "결국 스테이크보단 제대로 찍은 스테이크 사진이 더 중요한 것이다. 내가 일하는 곳은 알맹이보단 때때로 포장지가 더 중요한 것이다. 내가 일하는 곳은 알맹이보단 때때로 포장지가 더 중요했고, '외면'이야말로 '내면'을 반영하는 거울이라고 신봉하는 곳이었다"라고 언급한다. 이것은 패션잡지에만 해당되는 이야기가 아니라 우리가 살고 있는 당대 문명이자 칙릿소설의 사회적 배경이다. 칙릿소설은 문학적 내용의 깊이보다 최첨단의 서구적 명품 이미지인 문화상품으로서 유통된다. 이것을 위해 칙릿소설은 깊이 있는 묘사나 서술을 추방하고 일회성의 감각적 대화와 속도적 간결체를 숭상한다. 정수현의 장편 『압구정 다이어리』(2008)에서 소설의 주인공인 26살의 정수현은 부자인 부모 덕에 비싼 명품을 즐기는 된장녀이다. 정수현은 친구들과 함께 명품으로 육체를 세련되게 치장하고, 아무나 들어갈 수 없는 청담동 소재의 클럽 '써클'에 입장하는 것을 통해 자기만족감을 느낀다. 인테리어에 80억을 썼다는 그 클럽은 외면적 용모와 패션이 명품인 사람들만 입장 가능한 배타적 공간이다. 이곳을 지배하고 있는 것은 알맹이가 아니라 포장지이다.

이처럼 현재의 한국형 칙릿소설은 알맹이보다 화려한 포장지를 욕망한다. 칙릿소설의 대부분이 거액의 고료를 내건 문학상 수상작이거나 작가의 문학적 명성을 적극 활용하는 것도 이것과 관련성이 있다. 한 마디로 칙릿소설은 중산층 여성이 좋아할 만한 환상적 요소를 적절하게 집약시켜 작가와 출판 자본이 공모하여 만들어낸 특가 기획 상품이다. 한국형 칙릿소설은 피에르 부르디외가 말한 중산층 직장여성의 구별짓기 욕망이 낳은 문화상품인 것이다. 미니시리즈 드라마를 연상시키는 칙릿소설을 읽다보면 서로 닮아 있다는 점을 쉽게 발견하게 된다. 이러한 근친상간의 서사는 칙릿소설이 익숙한 대중적 서사의 공식을 따르면서 생긴 현상이다. 칙릿소설은 1인칭 시점, 공간적 배경은 대도시 서울과 빌딩, 주인공은 20~30대 당당한 미혼 직장여성, 혼자 사는 원룸이나 아파트, 잘 생기거나 능력 있는 멋진 남성, 폼생폼사할 수 있는 직업, 술로 인한 남녀의 만남, 자유로운 프리섹스, 양다리적 연애, 못된 직장상사와 착한 부하 직원의 대립 구도, 서구풍의 명품 소비 등이 흔히 등장한다. 칙릿소설 간의 차이는 문학적 깊이보다 줄거리와 이미지의 차이에서 비롯한다. 그 결과 20~30대의 중산층 여성 독자들은 칙릿소설을 읽는 것이 아니라 소비한다.

5. 중산층 여성의 판타지와 칙릿소설의 미래

한국형 칙릿소설은 문학의 위기 속에 출판 자본이 호출한 기획형 소설이자 중산층 여성의 이데올로기가 반영된 맞춤형 소설이다. 칙릿소설은 사랑과 일을 중심으로 가볍게 20~30대 여성의 일상을 형상화한다. 친근한 일상성은 부담 없이 칙릿소설을 읽게 하는 요인이다. 하지만 이러한 익숙함은 매너리즘이자 불온한 전위적 실험성을 포기한 결과물이다. 칙릿소설의 내용과 형식들은 새로운 모험을 향해 전진하지 못한 채 적당한(?) 수준에서 멈춰버린다. 물론 약간의 방황과 절망은 있다. 그러나 칙릿소설은 그 지점에서 더 이상 나아가지 않는다. 칙릿소설은 리들리 스콧 감독의 〈델마와 루이스〉(1991)라는 영화의 여성 주인공들처럼 절벽으로 떨어지는 극한적 선택을 하지 않는다. 현대 도시문명이 제공한 일정한 일상의 틀 안에서 사랑하고, 절망하고, 괴로워할 뿐이다.

칙릿소설은 그 동안 과도한 소비지향성, 서구취향성, 이미지 중심의 가벼움 때문에 비판을 받았다. 이런 비판을 받은 것은 칙릿소설이 지닌 근본적인 문제점에서 기인한다. 가벼움을 지향하는 칙릿소설은 자신을 둘러싼 현실이라는 대상과 늘 일정한 거리를 유지한다. 이러한 거리두기는 현실에 대한 중산층 여성의 두려움과 불안 의식이 반영된 것이다. 성장하고 싶지만 그렇다고 현실 깊은 곳으로 뛰어들지 않으려는 안전 지향의 중산층 욕망은 칙릿소설의 방향과 틀을 제한한다. 20~30대 중산층 여성독자들은 냉혹한 현실을 확인하고 불편해 하기보다 고품격의 나르시시즘적 환상(판타지)에서 위로받고 싶어한다. 그것은 현실이 그만큼 고통스럽기 때문이다. 문제는 그 위로가 자기기만과 현실도피로 귀착될 가능성이 높다는 점이다. 칙릿소설은 직장에서 열심히 일한 여성이 사랑과 일에서 모두 성공한다는 신화를 무비판적으로 생산한다. 한국형 칙릿소설들은 이러한 신화의 이면에 깔린 지배 이데올로기의, 후기 자본주의의 착취 메커니즘을 제대로 형상화하지 못한다. 칙릿소설이 중산층 이데올로기를 대변하는 것을 넘어 소외된 다른 계층의 문제까지 시선을 확장하지 않는 한 소비적, 감각적 문화상품이라는 오명을 한동안 벗기는 어렵다. 물론 영화와 드라마 등 다방면에 활용될 수 있는 칙릿소설이 일시적으로 출판 자본의 위기를 해소시킬 수는 있을 것이다.

그러나 그것으로 만족하는가? 칙릿소설이 또 다른 신상품에 밀려나지 않으려면 지금과는 다른 갱신이 필요한다. 칙릿소설이 세간의 비판과 오명에서 벗어나고자 한다면 대중적 쿨함을 유지하면서도 더 이상 쿨하지 않는 칙릿소설이어야 한다. 쿨이 가벼운 현실도피나 망각이 아니라 저항과 반역의 차원으로까지 확장해야 한다. 문학성과 대중성을, 현실과 환상을 비판적으로 겸비한 칙릿소설. 그것이 내가 원하는 한국형 칙릿소설이다. 칙릿소설의 정체성을 만들어가는 작업은 이제 겨우 시작되었을 뿐이다. 그 동안 칙릿소설은 폼생폼사의 프라다를 입고 중산층 여성의 판타지를 구현하는 데에 많은 노력을 경주했다. 하지만 이 글에서 내가 한 작업은 칙릿소설이 지닌 폼생폼사의 프라다를 벗기는 일이었다. 그것이 내가 생각하는 비평이기 때문이다. 칙릿소설은 이제 폼생폼사의 프라다를 벗고 알몸이 되어야 한다. 계층적, 계급적 현실이 드러나는 알몸의 진실. 나는 그 알몸을 보고 싶다. 나는 알몸을 사랑한다. 鬩

키덜트 가면 속의 두 얼굴, 체제 저항과 순응 사이에서

키덜트 소설에 대해

1. 피터팬의 귀환과 키덜트 문학의 유행

혹시, 피터팬을 아시나요? 제임스 매튜 베리가 1904년에 창조해낸 피터팬은 꿈과 환상의 나라인 네버랜드에서 늙지 않은 채 모험을 즐기는 영원한 장난꾸러기 소년이다. 네버랜드는 아무나 들어갈 수 있는 곳이 아니다. 그곳은 어른이 되기를 거부한 존재만이 입장 가능하다. 더 이상 늙지 않는다는 것은 시간이 부패하여 멈춰 있음을 의미한다. 부분적으로 일상의 시간은 흘러가지만 전체로 보면 시간이 정지된 곳이 바로 네버랜드이다. 피터팬과 네버랜드는 영원한 생명을 유지하고 싶은 불사의 욕망과 순수한 동심의 세계를 계속 간직하고 싶은 욕망이 합작해 만든 파라다이스 판타지이다. 피터팬에 대한 과도한 찬사나 동일시를 표출하는 어른들은 피터팬증후군에 시달릴 가능성이 많다. 피터팬증후군 Peter Pan syndrome은 신체적으로 어른이 되었지만 어른의 역할과 책임을 거부하고 어린이의 심리 상태에 머물고자 하는 심리적 퇴행 현상이다. 반면에 아이kid와 어른adult의 합성어인 키덜트는 현실 사회에 무리 없게 적응하여 살아간다. 키덜트는 피터팬증후군의 부정적인 의미를 삭제하고, 긍정적 이미지로 도배질하여 재탄생한 것이다. 키덜트의 세계에서 피터팬은 네버랜드에 더 이상 살지 않고 현대 도시문명에서 살아간다.

키덜트의 등장 배경은 각박한 생활에서 벗어나 재미를 찾으려는 성인들의 일탈 심리, 과거에 경험한 환상의 세계로 돌아가려는 향수주의, 아이들의 조기 성인화, 후기 자본주의의 기획된 소비문화, 더 젊어지려는 성인들의 회춘 욕망, 다양성을 존중하는 개인주의와 마니아 현상, 인터넷 문화의 활성화 등이 어우러져 있다. 이러한 키덜트 문화는 향수에 기반한 복고지향형 키덜트와 완구나 패션 등 동심과 관련된 것을 소비하는 현재지향형 키덜트로 크게 나뉜다. 복고지향형 키덜트는 디지털 애니로 재탄생한 〈로보트 태권V〉(2007), 추억의 불량식품, 옛날 만화책 등을 소비한다. 현재지향형 키덜트는 팬시상품, 판타지 영화인 〈해리포터 시리즈〉와 〈반지의 제왕〉, 〈무한도전〉과 〈1박 2일〉 같은 TV 오락물, 코스프레 의상의 소비 등에서 확인할 수 있다. 2000년대에 키덜트 문화가 특히 주목받게 된 것은 물신적 후기 자본주의의 상품 전략과 긴밀하게 맞물려 있다. 키덜트 문화에서 애용되는 것은 추억이 어린 물건이나 순수한 동심을 자극하는 대상보다 키덜트 취향의 소비 상품이다. 모든 것을 상품화한 신자유주의 체제의 자본주의 사회에서 키덜트는 주요 소비 대상으로 새롭게 등극했던 것이다.

한국에서 1990년대는 1980년대에 대한 시대적 부채감 속에 아이 같은 어른이 등장하는 키덜트문학을 제대로 구현하기 힘든 상황이었다. 하지만 2000년대는 1980년대와의 시간적 거리 속에 유아적 감성과 욕망에 기반한 키덜트문학의 시대가 펼쳐진다. 작가들은 비주류인 키덜트적 감성을 통해 주류문화의 환부를 드러내는 서사 전략을 취한다. 키덜트문학은 키덜트적 세계관에 입각해 키덜트적 취향을 미학적으로 생산하거나 키덜트를 중심 소재로 채택한 것을 모두 포함한다. 키덜트문학은 키덜트라는 합성어에서 보듯 조숙早熟과 미숙未熟이라는 상호 모순된 시선이 불안하게 동거한다. 이러한 불안정성은 키덜트문학을 일정한 고정적 틀에 갇히는 것을 거부하도록 하는 근원적 에너지이다. 당대의 키덜트문학은 복고풍 성장문학, 비현실적인 만화적·환상적 문학, 웃음을 유발하는 개그성 문학, 키덜트 소재의 문학 형태로 등장한다. 복고풍 성장문학은 조숙한 소년·소녀 키덜트가 등장해 냉소적으로 세상을 바라본다. 유아 취향인 만화적·환상적 문학은 현실과 개연성을 중시하는 기존 리얼리즘의 틀을 깨는 기발한 발상의 전환을 드러낸다. 개그성 문학은 진지함과 엄숙함으로 무장한 과거의 계몽주의문학이 아니라, 가벼움과 유희성을 강조하는 웃음으로 문학의 정전을 유쾌하게 전복한다. 키덜트 소재의 문학은 키덜트를 중심 소재로 다루었다는 점에서 넓은 범위에서 보면 키덜트문학의 범주에 넣을 수 있다. 키덜트문학은 현재 자신의 문학적 정체성을 확고하게 정립하지는 못했다. 키덜트문학은 겨우 태동의 단계에 있을 뿐이다. 이러한 키덜트문학은 예전부터 성장소설, 동화, 환상문학이라는 이름으로 유통되어 왔던 것이 사실이다. 이제 키덜트문학은 연령의 한계와 부정적 세간의 인식을 뛰어넘어 자신만의 매력을 지속적으로 홍보해나가는 것이 필요한 시점이다. 키덜트문학은 과연 2000년대 문학을 구원하는 현재형과 미래형이 될 수 있을까?

2. 반성장의 서사와 어른 같은 '아이'

아이들은 부모의 따스한 사랑과 보호 속에 꿈과 환상의 세계에서 별 걱정없이 무럭무럭 성장한다. 이것이 아이들이 일반적으로 체험하는 성장 과정이다. 문제는 이것이 원활하게 진행되지 못했을 경우이다. 이런 아이들 중 일부는 또래에 비해 일찍 어른들의 세계를 충격적으로 체험하며 조숙해진다. 이때의 체험은 깊은 트라우마로 자리하여 키덜트의 음울한 세계관을 형성한다. 조숙이 만들어낸 어른같은 '아이'인 키덜트는 영악, 위악, 냉소라는 서글픈 변장의 마술을 선보인다. 이때 키덜트는 타락한 사회에서 타락한 방식으로 삶의 진정성을 찾는 문제적 개인이다. 블라디미르 나보코프의 『롤리타』(1955)에서 양아버지 험버트를 성적으로 유혹한 팜므파탈의 12살 소녀 롤리타, 최인호의 「술꾼」(1970)에서 술꾼 아버지를 찾는 구실로 술집을 전전하며 술꾼이 된 고아원 아이, 은희경의 『새의 선물』(1995)에서 전쟁통에 부모를 잃고 외할머니집에서 생활하며 삶의 성장을 거부한 영악한 12살 소녀 진희 등은 모두 조기 성인화된 키덜트들이다. 이처럼 조숙아들은 사회에 순응하기보다 저항하는 불량한 일탈자일 경우가 많다. 조숙아인 키덜트들이 보여주는 흡연, 음주, 원조교제, 폭력 등은 기성 세대의 입장에서 보면 충격적이다. 아이들이 순수하다는 고정관념을 조숙아라는 키덜트는 여지없이 뒤흔든다. 작가들은 조숙아인 키덜트의 탈선을 통해 정상에서 일탈한 기존 세계를 날카롭게 비판한다. 아이들이 순수한 동심의 세계를 유지하지 못하고 타락할 수밖에 없는 상황은 부조리한 현실을 간접적으로 말해주는 것이다.

성장소설이란 일종의 교양소설로 '입문-시련-극복-자아정체성의 형성 내지 발견'이라는 일련의 통과제의적 과정을 거친다.

미숙아였던 존재는 다양한 사회적 체험을 통해 기존 지배질서를 내면화하고 어른의 세계로 편입하는 것이 기존 성장소설의 패턴이다. 기존의 성장소설이 어른으로 성장한 서술자인 '현재의 나'가 서술의 대상인 '과거의 나'를 회상하며 서사를 전개하는 경우가 많은 것도 과거의 방황과 혼란이라는 성장통을 끝내고 안정된 상태에 머물러 있음을 보여준다. 이러한 성장소설은 단순체험형 성장소설과 입사형 성장소설이 있다. 이에 비해 어른같은 '아이'인 키덜트가 주인공이 된 성장소설은 '현재의 나'가 '과거의 나'를 보는 방식이 아니다. 서사는 현재의 세계와 갈등하고 불화하면서 진행되는 갈등형 성장소설(일종의 반성장소설)이 많다. 어른같은 '아이' 키덜트(조숙아)는 '조숙한 성장-입문-시련-기존 지배질서 내지 세계와의 불화'라는 반성장의 서사를 노출한다. 존재가 입문과 시련을 겪으면서 얻은 성장이라는 열매는 어른같은 '아이' 키덜트의 소설에서는 처음부터 과도하게 성장한 상태로 주어져 있다. 시간을 뛰어넘는 아이의 초고속 성장은 세상에 대한 경이와 찬탄이 아니라 냉소와 허무를 생산한다. 조숙한 키덜트의 양상과 세계와의 마찰은 정상적으로 성장할 수 없는 당대 사회의 척박한 사회 환경을 말해주는 것이다. 현대사에서 한국전쟁, 4·19혁명과 5·16군사쿠데타, 산업화와 유신독재, 5·18광주민주항쟁, 현실 사회주의권의 몰락, IMF구제금융 등의 역사적 사건은 '조숙'이라는 성장호르몬을 대량 살포시켰다. 2000년대에 키덜트를 조숙아로 만드는 대표적 성장호르몬은 약육강식의 신자유주의 체제와 빈부 격차의 가난이다.

키덜트소설 중에서 반성장의 서사를 강하게 표출한 작품은 이재웅의 장편 『그런데, 소년은 눈물을 그쳤나요』(2005)이다. 이 소설은 가난으로 인해 세상에 대해 일찍 눈을 떠야 했던 12살 소년 이준태의 성장통을 그린 반성장소설이다. 농촌의 소작농에서 도시 빈민층으로 편입한 준태네는 가난 때문에 엄마가 가출하고 아빠는 공사판 노동자로 일하다가 불과 35살의 나이에 요절한다. 14살의 이복 누이는 돈을 벌겠다고 가출하고, 준태는 영양실조로 피부가 하얗게 벗겨지기도 한다. 준태는 자본주의의 화려한 풍요 속에 절대적 빈곤에 시달리며 늙은 소년인 키덜트로 변신한다. 준태의 습관적인 거짓말은 있어야 할 것이 없고, 없어야 할 것이 있는 적자생존의 세계에서 생존하기 위한 카멜레온의 위장술이다. 준태는 열 살 이후로 울어 본 적이 없다. 가난은 "눈물을 흘려도 세상은 변하지 않는다"는 사실을 깨닫게 해주었기 때문이다. 이 소설에서 어른의 세계는 순수한 것들을 무차별적으로 파괴하는 괴물의 세계이다. 준태는 '인간'이 되기보다 차라리 '잔인한 괴물'이 되고 싶다는 위악의 포즈를 통해 기존 세계에 대해 신랄한 야유를 퍼붓는다.

> "넌 늙긴 했지만 여전히 소년이야. 그것을 부정할 수는 없어. 네가 정말로 어른이 되고 싶다면 너는 사람들을 떠나보내는 데 익숙해져야 해. 떠나가는 것도."
>
> "난 그것에 충분히 익숙해졌어요. 그래서 늙어버린 거예요."
>
> "어쩌면 그럴지도 몰라. 하지만 넌 아직 어른이 될 수는 없어. 어른이 되려면 갖춰야 할 게 많아. 너는 목소리가 갈라질 거야. 수염이 날 거고. 네 사타구니나 겨드랑이에도 털이 날 거야. 네 몸에서 비린내가 날 거야. 너는 좀더 괴물이 되어야 해."
>
> "난 충분히 괴물이에요. 아저씨도 아시잖아요. 그렇게 되지 않아도 난 충분히 괴물이에요. 잔인한 괴물이에요."(288쪽)

『그런데, 소년은 눈물을 그쳤나요』에서 준태만이 조숙아 키덜트인 것은 아니다. 돈 벌겠다고 가출한 이복누이(이혜숙)는 17살에 고급 룸살롱의 인간 접시였고, 19살에 스트립 걸이었고, 24살에 전문적인 매춘부가 되었다. 이 과정에서 이복누이는 자신의 나이보다 더 늙은 어른이 되어야 했다. 이복누이는 술집에서 일하기 위해 주민등록증을 변조하고 화장을 짙게 했다. 이처럼 이복누이도 생존하기 위해 준태처럼 거짓말을 자주 했던 것이다. 남동생 준태의 어른스러움과 거짓말은 과거 자신의 서글픈 자화상이다. 이복누이만이 아니라 고아원 출신의 노숙자로 굶주림에 시달리는 13살의 김태호, 많은 빚을 진 자신의 집을 구원하기 위해 잘나가는 창녀를 꿈꾸는 12살의 추녀인 완주도 조숙아 키덜트이다.

키덜트인 준태는 '부자/빈자, 가해자/피해자, 부르주아/프롤레타리아, 우는 인간/울지 않는 인간'으로 세계를 이분법적으로 분류한다. 이때 양자의 화해가능성은 전무하다. 준태에게 밝은 꿈은 부재하다. 준태의 유일한 꿈은 이복누이를 괴롭히는 문곽호를 죽일 수 있는 '칼막써'같은 존재가 되는 것이다. 사회주의자 카를 맑스를 떠올리게 하는 '칼막써'는 이 소설에서 '어른, 부르주아, 가해자'로 상징되는 문곽호에게 두려움을 주는 유일한 존재이다. 소설의 결론 부분에서 준태가 태호에게 인라인스케이트를 주기 위해 도둑질을 하고, 누나를 위해 문곽호를 죽이겠다고 결심하는 장면은 절대적 빈곤과 불행이 초래한 막가파적 극단의 모습이다. 자신의 목숨과 미래도 기꺼이 포기하고 상대방을 죽이겠다는 준태의 섬뜩한 눈빛은 타락한 기득권층을 향해 휘두르는 적대적 비수이다. 준태의 자폭적 살인이 설사 성공한다고 해도 삶의 행복과 세계 변혁을 가져올 수 없다는 점에서 이 소설의 비극성은 한층 더 부각된다. 작가 이재웅은 사회 양극화 현상을 초래하는 신자유주의 체제의 폭력성을 반성장의 서사를 통해 정면으로 비판하고 있는 것이다.

이재웅의 반성장소설에 비해 조영아의 장편 『여우야, 여우야 뭐하니』(2006)는 전통적인 성장소설의 문법을 보여준다. 무허가 건물인 청운연립 옥탑방에 사는 상진네 가족은 건설 노동자인 아빠가 부상 당해 실직하자 가세가 급격하게 기울기 시작한다. 사춘기에 막 접어든 13살 소년 상진은 가난으로 인해 조숙해져 '아이/어른'의 경계선을 넘나든다. 특히 샛별문구 꼽추 여자에게 성희롱을 당한 후, 상진은 "어른들이란 믿을 수 없는 존재"라는 인식을 갖는다. 정신지체아인 17살의 형인 모호면(노상호)도 나이값을 제대로 못하는 철부지 아이에 불과하다. 상진이 조숙이라면, 상호는 미숙으로서의 키덜트인 셈이다. 모호면은 엄마가 깡패들에 의해 괴롭힘을 당할 때 '아이'에서 '어른' 쪽으로 잠시 이동하지만 여전히 키덜트의 범주를 벗어나지 못한 장애인이다. 작가 조영아는 소설에서 한국 자본주의의 풍요를 상징하는 여의도 64빌딩(작가가 만들어낸 가공의 건물)이 붕괴하는 사건을 통해 기존 세계에 대해 강한 불신을 드러낸다. 집주인의 부도로 인해 상진네 가족은 무일푼으로 쫓겨나 최하층의 빈민으로 추락한다. 상진은 비록 가난의 밑바닥으로 추락했지만 '은빛 여우'로 상징되는 희망을 결코 포기하지 않는다. 희망은 암울한 현실을 견디게 해주는 힘이 되기도 하지만 동시에 망각시키는 일종의 마약일 수 있다. 물론 이 소설에서 희망은 암울한 현실을 견디게 해주는 힘의 성격이 강하다. 아쉬운 것은 '은빛 여우'로 대변되는 희망의 정체성이 추상적 관념성의 틀을 벗어나지 못했다는 점이다. 이것은 절망적 현실을 작중인물들이 쉽게 극복하기 어렵다는 것을 암시한다. 상진네 가족은 가족의 사랑으로 난관을 돌파하고자 하지만 그것은 쉬운 일이 아니다.

조영아의 장편 『여우야, 여우야 뭐하니』처럼 대부분의 성장소설은 적당히 방황하다가 지배질서를 내면화하는 순종형의 서사(입사형 성장소설)이다. 심윤경의 장편 『나의 아름다운 정원』(2002),

박범신의 장편 『더러운 책상』(2003), 박현욱의 『새는』(2003) 등이 대표적이다. 이들 성장소설은 반성장소설이 아니라, 다양한 시련을 통해 내적 성숙을 이룩하고 사회에 적응해가는 교양소설이다. 이런 점에서 키덜트문학의 차별화된 색깔은 조숙아 키덜트가 주인공인 반오이디푸스의 반성장소설에서 두드러지게 나타난다. 키덜트는 아직까지 당대 사회의 주류에 의해 차별과 냉대를 여전히 당하는 타자인 비주류이다. 그래서 기본적으로 키덜트는 당대 사회에 대해 비판적이다. 아이와 어른 어디에도 소속되지 못한 이방인인 키덜트는 본질적으로 주류사회에 저항하는 불온한 게릴라의 속성을 간직하고 있다. 이러한 키덜트를 순종형의 인물로 성형수술 시키는 것은 보수적 지배담론과 후기 자본주의이다. 따라서 키덜트들은 자신들의 순수한 세계를 지키려면 이것들과 필연적으로 피 튀기는 전쟁을 해야 한다. 투쟁하지 않는 곳에서는 키덜트문학의 권리도 부재한다. 키덜트의 생활 공간인 네버랜드는 타인에 의해 공짜로 주어지는 것이 아니라 후크 선장을 물리친 땀의 대가로 쟁취하는 것이다. 피터팬도 후크 선장과 목숨을 걸고 싸우지 않았던가!

3. 만화적·환상적 상상력과 아이같은 '어른'

아이들은 꿈과 현실을 제대로 구분하지 못한다. 어른들의 입장에서 비현실적인 서사인 동화나 만화책도, 어린이들에게는 충분히 실현가능한 실재로 비춰진다. 자크 라캉은 어린이들이 상상의, 환상의 이미지를 실재처럼 믿는 상태를 상상적 단계라 말한다. 상상적 단계에서 아이들은 별 무리 없이 환상의 세계로 이동하여 피터팬과 반갑게 만난다. 그러나 이러한 단계는 나이가 들면서 거세위협으로 불리우는 상징계의 질서가 개입하면서 균열하기 시작한다. 이성, 합리성, 논리성으로 대변되는 오이디푸스 콤플렉스가 작동하면서 상상계는 파괴되고, 환상적 낙원에서 쫓겨난 유아의 욕망은 결핍의 고통으로 남는다. 성인이 된 키덜트는 충족되지 못한 결핍을 유아 취향이나 추억을 통해 해결하고자 한다. 이때 꿈과 환상이 넘실거리는 동화나 만화책은 유년 시절로 되돌아가는 중요 통로이다. 어른용 동화인 생 텍쥐베리의 『어린 왕자』(1943)나 안도현의 『연어』(1996), 요코야마 미쓰테루의 만화 『바벨 2세』(1970), 이가라시 유미코의 만화 『캔디 캔디』(1975~1979), 스즈에 미우치의 『유리가면』(1976) 등은 아이 같은 어른 키덜트가 즐겨 찾는 대표적 문화상품이다.

2000년대의 대표적 작가인 박민규는 키덜트적 세계관으로 소설을 창작하는 대표적 작가 중의 한 사람이다. 박민규는 내용적 측면이나 서사적 기법 모두에서 키덜트적 아우라를 대량 생산한다. 만화나 동화에서 등장하던 비현실적, 환상적 상상력은 박민규의 창작 에너지의 근원이다. 어린 시절에 자유롭게 작동하던 상상력은 성장하면서 대개 거대한 오이디푸스 콤플렉스라는 현실의 장벽에 부딪쳐 점차 오그라든다. 있음직한 개연성이라는 리얼리즘이라는 족쇄는 아이들의 자유분방한 상상력을 옭아매는 효과를 발산한다. 그렇지만 고글안경과 파격적 패션을 선보이는 키덜트 작가 박민규는 개연성이라는 리얼리즘의 족쇄를 걷어차는 좌충우돌의 상상력을 보여준다. 예측불허의 황당무계함으로 특징지어지는 박민규의 만화적·환상적 상상력은 키덜트적 세계관을 기반으로 하여 발상의 전환을 유쾌하게 드러낸다. 이것을 가능하게 했던 것은 과거 B급 내지 3류로 취급되었던 하위문화적 요소의 적극적 차용이다. 대중문화의 아이콘은 박민규가 즐겨 먹는 주식이자 간식인 카스테라이다.

박민규는 장편 『지구영웅전설』(2003)에서 키덜트의 세계관을 활용해 미국이라는 제국주의에 의해 유린되는 세계의 질서를 가볍게 비틀어 풍자한다. 소설의 주인공인 '나'는 포르노 잡지를 소지한 것이 담임선생에게 발각되어 부모님을 불러오라는 말에 자살을 결심하고 옥상에서 뛰어내린다. 포르노 잡지의 발각과 처벌은 사회적 금기를 위반한 행위에 대한 거세위협의 실현을 의미한다. 이때 '나'를 구원한 것이 비현실적인 만화의 주인공 슈퍼맨이다. 이것은 당대 사회의 지배질서를 내가 거부하고 만화적·환상적 세계인 키덜트의 세계로 이동했음을 의미한다. 그 결과 현실 세계에서 '나'는 더 이상 존재하지 않는 일종의 유령이 된다. 수상한 미국 시민권만 없었다면 완벽한 무적자라는 경찰의 말은 현실 세계에서 부재한 '나'의 존재를 확인시켜 주는 발언이다.

> "아아, 이런…… 지금 이것은 당신을 위한 조사입니다, 바나나맨. 당신이 말한 모든 것은 오로지 만화 속에만 존재할 뿐입니다. 이 수상한 시민권만 없었어도, 당신은 완벽한 무적자(無籍者)란 말입니다. 아시겠어요? 자신을 위해서라도, 제발 협조를 해주셔야만 합니다. 하다못해 본명과 출생지만이라도 말씀해주세요. 더이상은 바라지도 않습니다."(17쪽)

이 소설에서 작중주인공인 '내'가 바나나맨으로서 슈퍼맨, 배트맨, 원더우먼, 아쿠아맨과 함께 슈퍼특공대의 일원이었다는 주장의 신빙성은 중요하지 않다. 나의 주장은 어른이 지배하는 현실 세계에서 결코 인정될 수 없는 거짓말이기 때문이다. 1997년 한국에 송환되어 정신병원에도 있었다는 '나'의 이력은 만화적·환상적 세계의 유효성을 인정하지 않는 당대의 현실을 말해주는 것이다. 그래서 현재 영어강사인 '나'는 "어쩌면 이 모든 기억들이 정말로 꿈일지도 모른다는 불안"에 시달린다. 그러나 '나'는 슈퍼특공대에서 영웅들과 함께 일했다는 주장을 결코 굽히지 않는다. 이러한 '나'의 모습은 어른의 세계에 있으면서도 여전히 어린이의 세계를 지향하는 전형적인 '키덜트'의 상징적 자화상이다.

복고풍의 향수 속에 과거를 추억하거나 유년의 세계를 이상화하는 박민규의 서사 전략은 첫 장편 『삼미 슈퍼스타즈의 마지막 팬클럽』(2003)에서 등장한다. 1982년 2월 5일 창단해서 1985년 6월 21일 마지막 경기를 하고 3년 6개월 만에 불쑥 사라진 삼미 슈퍼스타즈. 중학생이었던 '나'와 친구 조성훈은 당시 삼미 슈퍼스타즈의 열성팬이었다. 그때 만년 꼴찌팀인 삼미 슈퍼스타즈의 모습은 열등생이었던 또 다른 나 자신의 모습이다. 삼미 슈퍼스타즈의 해체 속에 '나'는 삼미 슈퍼스타즈와의 심리적 동일시를 멈추고, 고등학교 시절 학업에 매진해 일류대에 입학하고 일류 회사에 취직한다. '나'는 '삼미 슈퍼스타즈=평범한 삶' 대신 일등팀이었던 'OB베어스=결국 허리가 부러져 못 일어날 만큼 노력한 삶'을 모방 내지 복제했던 것이다. 그러나 1997년 IMF 사태 이후 '나'는 아내와 이혼하고 직장마저 실직하면서 연어처럼 다시 삼미 슈퍼스타즈라는 원점으로 되돌아온다. 이때 지는 것이 이기는 것이라는 것을 보여준 삼미 슈퍼스타즈는 승자독식주의와 적자생존의 현존 질서를 거부한 위대한 이단아로 재평가 된다. 만년 꼴찌팀을 최고의 팀이라고 주장하는 박민규식 전복적 상상력은 일반 독자의 고정관념을 해체시키면서 카타르시스와 해방감을 제공한다. 독자들은 『삼미 슈퍼스타즈의 마지막 팬클럽』이라는 소설을 통해 1등만이 살아남는 더러운 세상에서 일시적으로 벗어나 마음의 휴식을 얻는다.

박민규의 키덜트적 상상력은 단편 「카스테라」에서는 마음에 안 드는 것들을 모두 냉장고에 집어 넣는 식의 터무니없는 상상력으로 발전하기도 한다. 키덜트 세계관에 기반한 박민규의 만화적·

환상적 상상력은 기존 지배질서의 강고한 억압체제를 일시적으로 해체시키는 풍자의 파괴력을 잠시 발휘한다. 아쉬운 것은 박민규식 만화적·환상적 상상력이 보여주는 풍자의 파괴력이 그렇게 강하지 않다는 점이다. 일발필사의 카운터펀치보다 가벼운 잽의 연타적 펀치를 보여주는 것이 박민규식 소설이다.

키덜트 세계관에 입각한 만화적·환상적 상상력은 금복의 파란만장한 일대기를 그린 천명관의 장편 『고래』(2004), 아이들을 중심인물로 등장시켜 붉은 시체가 난무하는 하드고어의 세계를 환상적으로 보여준 편혜영의 창작집 『아오이가든』(2005), 다양한 비현실적 인간인 심토머symptomer가 등장하는 김언수의 장편 『캐비닛』(2006), 007영화를 패러디 한 오현종의 장편 『본드걸 미미양의 모험』(2007) 등에서도 보인다. 키덜트문학은 어른의 세계로 상징되는 억압을 거부하고 억압 없는 세계를 꿈꾼다. 문학평론가 김현은 '문학은 억압하지 않는다. 문학은 억압하는 것을 보여줄 뿐이다. 문학은 꿈이다.'라고 말한 바 있다. 이러한 김현의 명제는 키덜트문학의 이데올로기와 상통한다. 키덜트문학이 주류 문화에서 억압되었던 대중문화를 애용하는 것도 기존의 상징적 억압체제를 해체하기 위한 작업의 일환이다. 키덜트문학은 기존의 질서를 부정하는 다다이즘, 대중문화의 시각적 이미지를 적극 활용하는 팝아트, 계몽주의적 거대담론을 거부하는 포스트모더니즘에서 영향 받아 태어난 또 하나의 아방가르드 문학인 것이다. 아니, 아방가르드 문학이 되어야 한다.

4. 키덜트적 유희성과 개그성 문학

문화사학자 J. 호이징가는 인간을 놀이하는 인간인 호모 루덴스homo ludens로 규정한다. 호이징가는 문화에서 유희가 파생된 것이 아니라, 유희에서 문화나 법 등의 사회 체계가 발달한 것이라고 주장한다. 이처럼 노는 인간의 특성은 사회적 역할과 책임에서 비교적 자유로운 어린이들에게서 흔히 발견되는 특성이다. 반면에 직장을 갖고 출퇴근하는 어른들은 도구를 사용해 노동하는 인간인 호모 파베르homo faber의 성격이 강하다. 이 중에서 키덜트적 세계관은 호모 루덴스와 긴밀한 관련성을 갖고 있다. 작가들이 텍스트에서 보여주는 "키덜트적 유희성이란 어린아이의 심리상태로 돌아가 그들의 놀이적 익살을 통해 재미를 즐기는 것이다. 이러한 놀이는 성인들을 어린시절의 환상과 꿈의 세계로 돌려보내 현실의 중압감에서 벗어나 해방감을"(김정은·이재정의 「현대 패션에 표현된 키덜트적 유희성에 관한 연구」) 준다. 키덜트문학은 아이들의 유희성을 차용해 억압 없는 세계를 지향한다. 키덜트문학의 유희성은 주로 웃음의 형태로 표출된다.

1990년대에 성석제의 소설에서 활짝 개화한 웃음 문학은 2000년대 들어 키덜트문학으로 바톤을 넘긴다. 키덜트문학은 열등한 인물의 등장, 과장된 표현, 패러디, 아이러니, 능청스러운 입담으로 개그성의 웃음을 가볍게 생산한다. 개그성의 키덜트문학은 독자를 웃기기 위해서라면 무엇이든지 총동원할 수 있다는 낮은 자세를 취한다. 웃기지 않으면 개그성 문학은 생존권을 더 이상 부여받지 못한다. 여기서 웃음은 유쾌한 기쁨이자 때로 견딜 수 없는 강박관념의 고통이 된다. 슬픔이 없는 것처럼 보이는 개그성 문학의 언저리에 현대인의 짙은 우울과 고독이 그늘처럼 스며 있는 이유가 바로 여기에 있다. 자신의 머리를 손바닥으로 마구 치는 자학적인 마빡이처럼 고통이 때로 웃음이 되는 것이 2000년대 문화 풍경이다. 웃음은 자본주의적 상품성의 속도를 증가시키지만 동시에 그것을 유쾌하게 뒤집기도 한다. 키덜트문학에서 생산하는 웃음은 궁극적으로 물신적 자본주의를 전복시켜 키덜트적 세계를 창출하는 것이다. 이것을 위해 키덜트문학의 웃음은 진지함으로 위장한 기존 지배질서의 위선과 기만, 그리고 엄숙주의와 맞짱을 뜬다.

작가 김중혁은 복고 취향의 수집벽 속에 현재 유행하는 새로운 문화를 효과적으로 대비시킨다. 김중혁의 소설에 나타나는 마니아적 복고 취향은 물신적 자본주의를 거스르는 저항의 수단이다. 복고 취향은 유아적 취향과 연결되어 놀이를 통한 웃음을 생산하면서 소설을 놀이터로 만든다. 김중혁의 단편 「유리 방패」(2006)는 취업을 준비하는 20대 후반의 젊은이에 대한 이야기이다. 27살의 '나'와 M은 30번의 면접을 함께 보았으나 모두 실패한다. '나'와 M의 낙방은 재미를 추구하는 새로운 형식의 면접 놀이를 시도한 탓이다. 마술쇼, 지하철 행상 재연, 엉킨 실타래 풀기 등 고정관념을 뛰어넘는 '나'와 M의 파격적 행동은 기존 지배질서이자 어른을 상징하는 면접관에 의해 거부된다. 재미를 추구하는 '나'와 M의 파격적 행동은 키덜트적 세계관에서 나온 것이다. 자유롭게 놀이하는 호모 루덴스인 '나'와 M은 호모 파베르를 요구하는 회사에서 불필요한 타자로 규정되어 면접에서 매번 떨어진다. 이것은 당대 사회에서 키덜트가 처한 주변부적 위치를 상징적으로 보여준다.

매번 거부되었던 키덜트적 유희는 자유로운 인터넷과 만나 드디어 세상의 인정을 받게 된다. '나'와 M은 면접에서 떨어진 날, 지하철에서 엉켜진 실을 바닥에 깔면서 폭탄 설치하는 것이라고 장난을 한다. 이 모습이 인터넷에 올려지고, 인터넷 신문사에서 취재가 오면서 폭탄 설치 장난은 조각난 현대인의 마음을 실로 이어주는 예술적 퍼포먼스로 탈바꿈한다. 취재 나온 기자 앞에서 장난감 칼과 유리 방패로 칼싸움을 하는 '나'와 M의 모습은 유치함 그 자체이다. 이 유치함이 주변 사람들에게 일종의 행위적 퍼포먼스로 인식된다. 주변의 색다른 관심은 어른들이 장난감 칼과 방패로 대로에서 장난하지 않는다는 고정관념의 해체에서 비롯한다. 장난이 예술로 바뀌는 환치의 마술은 양자를 가르는 기준이 고정적인 것이 아니라 유동적인 것임을 보여준다. 재미있게 노는 행위가 예술이 될 수도 있다는 김중혁의 메시지는 '예술=문학=진지함'이라는 주류 문학에 대한 도발적 전복이다. 지하철 사건이 계기가 되어 '나'와 M은 전문면접관으로 일하면서 기발한 상상력을 보여주지만 점차 매너리즘에 봉착한다. 놀이가 직업적 노동이 되면서 재미가 없어진 것이다. '나'는 M에게 처음으로 돌아가자고 한다. 그것은 재미있게 노는 것을 추구했던 키덜트 정신의 복귀를 의미한다. 그러나 키덜트인 이 둘의 귀환이 성공적일지는 미지수이다. 동전의 앞뒷면처럼 항상 붙어다니는 '나'와 M도 무한경쟁의 신자유주의 체제 앞에서 분리될 운명에 봉착할 수밖에 없기 때문이다.

김중혁이 고정관념의 해체와 유희성의 강조를 통해 웃음을 유발한다면, 박형서는 말도 안 되는 거짓말의 상황을 마치 진실인 것처럼 객관화하는 블랙유머black humour를 통해 웃음을 생성한다. 박형서는 어른과 같은 진지함이라는 외피를 걸치고 능청스럽게 유희적 웃음을 유발한다. 대표적인 것이 단편 「토끼를 기르기 전에 알아두어야 할 것들」과 「「사랑손님과 어머니」의 음란성 연구」이다. 이 소설에서 박형서가 애용하는 서사 방식은 객관성을 담보하는 논문 형식의 미학적 차용이다. 이러한 서사 전략은 기존 지배질서를 차용하여 키덜트적 유희에 도달하는 방식이다. 박형서는 어른들의 세계가 요구하는 형식을 차용하지만 그것을 전복시켜 사용한다. 박형서의 소설은 어른의 객관적 논리와 아이들의 주관적 황당무계함이 교묘하게 결합되어 있다. 예를 들어 「토끼를 기르기 전에 알아두어야 할 것들」은 집에서 기르던 토끼가 죽자, 그 원인을 알아내기 위해 아내가 토끼처럼 행동하다가 죽어버렸다는 황당한 내용을 담고 있다.

박형서는 「「사랑손님과 어머니」의 음란성 연구」에서도 객관적 논문을 작성하듯 소설을 쓴다. 소설은 서사의 순차적 진행 속에 객관성 대신 엉뚱한 주관적 상상력이 패러디의 형태로 전개된다. 그러면서 원작인 주요섭의 「사랑손님과 어머니」는 사랑손님과 어머니의 은근한 애정과 전통적 인습 사이의 갈등이라는 본래의 주제는 소멸하고 음란한 원조교제의 서사로 변질된다. 아저씨의 성적 대상은 어머니가 아니라 옥희로 대체되어 원조교제의 로리타물 서사가 된다. 여섯 살 옥희는 성에 대해 아무것도 모르는 순진한 존재가 아니라 그것을 알고 있는 조숙한 키덜트로 등장한다. "사랑손님이 자신의 달걀을 옥희에게" 준 표면적 사건은 "사랑손님이 옥희에게 정액을 발사함"이라는 의미로 변질된다. 옥희는 사랑의 삼각관계 속에 어머니의 연적이 되고, 질투에 빠진 어머니는 사랑방 손님을 내쫓는 복수를 감행한다. 사랑방 손님과 헤어진 옥희는 섹스 파트너를 상실한 음란한 비극의 주인공이 된다.

> 옥희의 집은 평범한 가정이 아니라 한 남성을 두고 아귀다툼을 하는 매음굴이다. 남을 가르치는 직업을 가진 옥희의 '아버지'와 '아저씨'는 산수나 국어를 가르치는 평범한 선생이 아니라 성교와 출산, 갱신과 영원을 지도하는 생명의 스승이며, 옥희는 여섯 살이 아니라 그저 젊은 처녀이고, '외할머니'는 주변인물이 아니라 구조에 결정적으로 기여하는 핵심인물이다. (164쪽)

이처럼 박형서는 주요섭의 「사랑손님과 어머니」에 대한 정전적 해석을 뒤집어놓는 서사를 통해 독자들에게 웃음을 유발한다. 이때 박형서가 유발시키는 웃음에는 현실 세계의 모순을 풍자하는 촌철살인적 풍자가 부재하다. 박형서는 정전적 서사의 의미망을 뒤집어 놓는데 열정을 쏟을 뿐 그 이상도 그 이하도 아니다. 작가의 기발한 서사에 독자들이 웃어주기만 하면 족할 뿐이다. 뒤끝이 없는 웃음. 이것은 박형서가 생산하는 웃음이 개그성 문학임을 의미한다. 박형서는 제대로 된 문학이라면 의미심장한 의미를 전달해야 한다는 주류 문학의 주기도문을 여지없이 해체한다. 이렇게 탈계몽주의를 표출하는 박형서의 키덜트소설은 문학의 기능 중 유희성에 철저하게 봉사한다.

김중혁과 박형서의 소설 외에도 사물을 삐딱하게 바라보는 시선으로 웃음을 유발하는 이기호의 창작집 『최순덕 성령충만기』(2004)와 『갈팡질팡하다가 내 이럴 줄 알았지』(2006), 능청스러운 충청도의 입담이 만들어내는 해학과 풍자를 보여주는 김종광의 창작집 『낙서문학사』(2006), 구수한 전라도의 입담과 환상이 버무려져 에피소드식 웃음이 터져나오는 손홍규의 장편 『귀신의 시대』(2006) 등은 개그성 웃음을 생산한다. 키덜트문학이 생산하는 웃음은 거대담론에서 벗어난 자유로운 웃음이다. 무엇인가 의미있는 웃음을 만들려고 할 때 목적의식이 생겨나고, 웃음은 틀에 박힌 길로 빠질 가능성이 많다. 2000년대 키덜트문학이 지향하는 것은 바로 유희성에 기반한 개그성의 웃음이다. 키덜트에게 문학은 창조적 '노동'이 아니라 '유희'이다. 자유 그 자체를 꿈꾸는 키덜트의 유목민적 웃음은 각종 삶의 질곡에 묶여 있는 어른들의 세계를 뒤흔드는 다이너마이트 효과를 발산한다. 무엇인가 의미있는 것을 생산해야 한다는 강박관념에서 벗어난 키덜트의 웃음은 정말 아무 생각이 없다. 이 아무 생각 없음이 역으로 어른들의 세계를 뒤흔드는 폭탄이 되는 역설. 키덜트문학이 당대의 억압적 지배체제와 불화할 가능성이 바로 여기에 있다. 그러나 만약 키덜트문학이 당면한 현실을 망각하고 도피하는 마약성 웃음으로 변질된다면 그 미래는 철저한 문학 상품화의 길이 될 것이다. 그때 개그성 웃음은 창공을 날다가 얼마 못가 추락한 이카로스의 날개 신세가 될 것이다. 당연히 그곳에 자유라는 공기는 부재하고, 자유라는 상품만이 존재할 것이다.

5. 후기 자본주의의 상품화와 키덜트문학의 가능성

문인들은 삶의 순수성에 기반한 진정성의 문학을 보통 추구하기에 키덜트문학과 친근하다. 문인들은 키덜트문학의 잠재적인 생산자인 셈이다. 키덜트적 세계관을 소설 속에서 충실히 보여준 것은 아니지만, 키덜트적 문제 의식을 일부 보이거나 키덜트를 중심 소재로 채택한 작품들은 모두 키덜트문학에 포함시킬 수 있다. 김주희는 장편 『피터팬 죽이기』(2004)에서 꿈에 부푼 대학인의 삶을 종결하고 기성사회에 편입하는 것을 피터팬 죽이기로 명명한다. 대학생은 성인이지만 사회적 책임과 역할에서 다소 자유롭다는 점에서 키덜트에 가깝다. 하지만 대학을 졸업하고 사회생활을 시작하면서 유보되었던 책임과 역할을 수행해야 한다. 대학 졸업은 키덜트의 성향이 강했던 시절의 자동종료를 의미한다. 어른으로 거듭난다는 것이 행복이 아니라 불행일 수도 있다는 작가의 메시지는 키덜트적 세계관의 필요성을 제시한다. 33살 노처녀들의 정신적 방황을 그린 서유미의 장편 『쿨하게 한걸음』(2007)에서 주인공 연수의 친구인 키덜트족 선영은 자유분방한 삶을 청산하고 조건 좋은 안과의사와 안전하게 결혼하는 길을 선택한다. 선영은 꿈과 환상의 피터팬과 네버랜드를 떠나 현실을 냉정하게 받아들인 또 한명의 '웬디'인 셈이다. 성인을 상징적으로 의미하는 결혼과 함께 선영은 피터팬과 네버랜드를 망각했던 것이다.

키덜트에는 두 종족이 있다. 어른 같은 '아이' 키덜트와 아이 같은 '어른' 키덜트이다. 키덜트 종족의 아이는 하루빨리 어른이 되려고 하고, 키덜트 종족의 어른은 끊임없이 아이가 되고자 한다. 어른스러움의 특징이 '진지함, 엄숙, 질서, 이성적, 침묵, 자율성, 독립적, 현실, 실재'라면, 아이스러움의 특징은 '가벼움, 경쾌, 무질서, 감성적, 수다, 타율성, 의존적, 꿈, 환상'이다. 양자의 접점은 언뜻 보면 없어 보인다. 키덜트는 아이도 어른도 아니다. 어른이나 아이 중 하나의 연령대에 소속되어 있으면서도 양자의 특성을 배반하는 속성을 지닌 것이 키덜트이다. 그래서 어른 같은 '아이' 키덜트와 아이 같은 '어른' 키덜트는 동전의 양면과 같은 존재들이다. 양 종족은 상호 이질적 존재이자 서로 닮아 있는 형제이다.

귄터 그라스의 『양철북』(1959)에서 오스카 마체라트는 3살 때 추악한 어른들의 세계와 거리를 두기 위해 스스로 추락 사고를 당해 성장을 멈춘다. 그 결과 오스카의 키는 94cm에서 정지한다. 오스카는 태어나면서부터 성인의 지성을 지녔지만 작은 키 때문에 여전히 아이 취급을 받는 어른같은 '아이'인 키덜트이다. 3살 생일선물로 받은 양철북과 오스카의 고함은 타락한 기존 세계에 대한 오스카의 비판과 거부를 상징한다. 1945년 나치가 붕괴하면서 오스카는 다시 성장하지만 불과 121cm의 난쟁이가 된다. 이때의 난쟁이는 아이 같은 '어른'으로서의 키덜트이다. 오스카는 어른 같은 '아이'인 키덜트와 아이 같은 어른 '키덜트'라는 얼굴을 모두 체험한 존재이다. 이재웅의 『그런데, 소년은 눈물을 그쳤나요』에서 이복누이도 10대 후반에 나이가 더 들어보려고 노력했지만 20대에 들어서는 또래보다 더 어려 보이는 행동을 반복한다. 어른같은 '아이'라는 키덜트 가면은 나이가 들면서 아이 같은 '어른'이라는 키덜트 가면으로 대체되었던 것이다. 점점 더 어른

같아지는 아이들과 점점 더 아이 같아지는 어른들이 만나는 교차점은 양 종족의 변신이 발생하는 공동탈의실인 셈이다. 이 지점은 양자의 지배적이었던 의식과 무의식의 욕망이 자신의 위치에서 벗어나 전복되는 시공간이기도 하다.

2000년대에 피터팬증후군은 부정적으로 취급되지만, 사회에 잘 적응하는 키덜트는 긍정적으로 취급된다. 그렇다면 피터팬증후군과 키덜트는 전혀 별개의 존재인가? 이상의 「날개」(1936)에서 주인공인 '나'는 세상물정을 모르고, 돈도 제대로 쓸 줄 모르는 피터팬증후군을 앓고 있는 존재이다. 혼자 독립해서 살지 못하고 아내에게 기생하여 사는 '나'의 삶은 아내의 외도를 방임하고 왜곡하는 도피의 연속이다. '나'는 외출을 통해 자기기만적 삶에서 벗어나 새로운 삶의 변화 가능성을 보여준다. "날개야, 다시 돋아라. 날자, 날자, 날자. 다시 한 번만 더 날자꾸나. 한 번만 더 날아 보자꾸나"라고 외치는 주인공의 몸부림은 지금과 다른 삶을 살고 싶은 욕망의 표현이다. 이 장면에서 피터팬증후군에 시달리던 주인공은 사회에 적응하는 아이 같은 '어른' 키덜트로 변신할 조짐을 보여준다. 김영하의 「삼국지라는 이름의 천국」에서도 컴퓨터 게임을 좋아했던 키덜트 자동차판매원은 판매 실적의 부진 속에 극심한 스트레스를 체험하면서 가상공간인 게임의 세계로 도피한다. 게임의 세계에 도피하는 것이 강해지면 강해질수록 사회에 적응하는 능력은 떨어지게 마련이다. 주인공은 키덜트에서 피터팬증후군으로 위치가 바뀔 가능성이 높아진다. 이것에서 보듯 피터팬증후군과 키덜트는 별도의 존재라기보다 상황에 따라 다른 형태로 등장한 '두 얼굴의 헐크'일 뿐이다. 사회에 큰 무리 없이 적응했던 키덜트도 상황이 악화되면 피터팬증후군의 존재로 변질할 수 있고, 그 역도 성립한다.

그렇다면 누가, 왜, 키덜트와 피터팬증훈군을 별개의 존재로 규정했던 것일까? 진범은 바로 물신적 후기 자본주의이다. 후기 자본주의는 유아 취향을 보이는 18~35세의 연령의 성인에게 부정적 속성을 제거함으로써 새로운 소비계층으로 삼으려는 상품화 전략을 작동시켰던 것이다. 모든 것을 상품화하는 후기 자본주의는 아이도, 어른도 아닌 경계선에 있는 존재들마저 새로운 상품 시장으로 발견했고, 이것을 소비시장으로 키우기 위해 키덜트라는 개념을 고안 발명했던 것이다. 여기에서 후기 자본주의가 만들어낸 키덜트의 개념을 해체하고 재구성할 필요성이 제기된다. 키덜트 마케팅은 어른들의 아동적인 것에 대한 선호와 아이들의 어른적인 것에 대한 선망을 함께 이용하는 양면적 시장 전략을 구사한다. 문화평론가 이동연은 키덜트문화가 "아동과 성인의 경계에 서 있으면서 이 양자의 소비 간극을 최대한 좁혀 유사한 소비 패턴을 생산하도록 만든다"고 주장한다. 이것은 키덜트가 후기 자본주의의 상품화 전략에 의해 규격화, 균질화, 소비화될 위험성을 경고한 것이다. 후기 자본주의가 호출한 키덜트 문화는 박제화된 인형이 될 가능성이 높다. 이것은 키덜트문학이 2000년대의 새로운 문화적 대안이 아니라 물신적 소비상품이나 심리적 퇴행으로 전락할 수 있음을 의미한다.

이러한 위험성에서 벗어나기 위해 필요한 것은 후기 자본주의의 물신적 상품화에 대한 단호한 거부이다. 또한 아이도 어른도 아닌 잡종성의 노마드라는 특성을 활용한 대안적 문화 창출이다. 미야자키 하야오 감독의 애니메이션 〈하울의 움직이는 성〉(2004)에서 18살의 소피는 마녀의 마법에 걸려 졸지에 90살의 할머니로 변신하는 비극적인 일을 당한다. 어른도 아이도 아닌 소피는 현실과 환상, 어른과 아이, 마법과 과학의 경계선에 걸쳐 있다. 소피는 양쪽의 세계를 체험하면서 두 세계를 단절시키는 것이 아니라 화해롭게 연결하는 키덜트이다. 이처럼 키덜트는 경직된 이분법을 거부하고 제3의 가능성과 시각을 제시하여 문화적 다양성을 확충시키고 세대간 갈등을 약화시킬 수 있다. 또 키덜트문학은 아동문학과 성인문학을 연결하는 중간고리의 역할을 할 수 있다. 2000년대는 대립과 갈등보다 양자를 조율하여 소통시키는 문학의 필요성이 좀 더 증대된 시기이다. 키덜트문학은 틀에 박힌 경계선을 자유롭게 넘나드는 경계선의 문학이다. 이러한 월경이 겨냥하는 최종 목적지는 유년적 순수성의 회복을 통해 '인종, 국경, 민족, 계급(계층), 성별, 지역, 연령'의 차별 없이 모두 함께 놀 수 있는 유토피아의 구현이다. 함께 마음껏 놀 수 있다는 것. 이것이 진정한 행복이 아닌가? 문제는 우리가 제대로 놀 줄도 모르는 이상한 괴물로 변신했다는 점이다. 그래서 키덜트는 아직 낯,설,기,만 하다.

6. 키덜트문학의 현재성과 미래성

아이의 감성적 순수함과 어른의 차가운 이성을 동시에 표출하는 키덜트문학은 기존 문학이 방치한 사각지대에서 태어난 새로운 문학이다. 비록 키덜트의 개념 성립과 유행은 후기 자본주의의 물신적 욕망에 상당 부분 기인하지만, 키덜트문학은 아이와 어른도 아닌 제3의 연령대에 있고 싶은 현대인의 욕망을 반영한다는 점에서 기존 리얼리티 문학의 진화형이다. 키덜트문학은 '아이/어른, 조숙/미숙, 진지함/가벼움, 현실/환상'이 불안하게 상호 견제하며 공존한다. 키덜트문학은 유치하기도 하면서 때로 진지하고, 허황된 이야기이면서 때로 리얼리티가 살아 있는 형용모순의 문학이다. 세상을 다 알아버렸다고 생각하는 조숙한 아이 키덜트는 우리가 살아가고 있는 현실의 환부를 직시한다. 반면에 미숙한 어른 키덜트는 현실보다 꿈과 환상이 존재하는 과거에서 삶의 휴식과 유토피아를 발견한다. 이것에서 보듯 키덜트문학에는 당면한 현실을 직시하는 리얼리즘, 기존 현실에서 벗어나 과거의 이상향으로 회귀하려는 낭만주의, 기존 주류 문학의 정전을 뒤집는 실험성의 모더니즘이 비빔밥처럼 병치되어 있다. 이밖에도 팝아트와 포스트모더니즘의 흔적도 있다. 이러한 키덜트문학의 잡종성은 다양한 목소리의 창조적 불협화음을 말해준다. 따라서 키덜트문학을 단일한 목소리로 규정하려고 하면 할수록 키덜트문학은 박제화되어 죽어갈 것이다. 그렇다고 키덜트문학을 후기 자본의 상품 전시장에 아무렇게나 방치해서도 곤란하다. 키덜트문학을 비판적으로 보는 사람들은 키덜트문학이 현실 세계의 모순을 은폐하거나 망각시키는 문화적 도구일지도 모른다는 강한 불신이 깔려 있다. 키덜트문학은 이러한 비판적 목소리에도 귀기울여야 한다.

아이들은 특정 목적 의식도 없이 노는 것 그 자체를 즐긴다. 반오이디푸스 콤플렉스를 지향하는 키덜트문학은 기존의 문학이 보여주지 못하는 유희성의 극대화를 보여준다. 아무 생각도 없고, 깊이도 지향하지 않고, 굳이 의미를 생산하려고 하지 않는 키덜트문학의 서사 전략은 기존 문학제도에 길들여진 사람에게 곤혹스러운 일이다. 키덜트문학은 이러한 곤혹스러움을 자양분 삼아 성장하는 창조적 놀이다. 아무 생각없이 놀기, 그것이 키덜트 문학의 현재성이자 미래성이다. 거세불안이라는 위협 앞에서 아무 생각없이 놀 수 있다는 사실. 그것은 쉬운 일이 결코 아니다. 키덜트의 유희성은 그 자체로 생산적 대안을 제출할 수 없을지 몰라도 그 존재만으로 다른 것들을 자극하는 역할을 수행한다. 왜 모두가 총체적 전망을 만들어내는 데에 진지하게 봉사해야 할까? 그것을 일방적으로 요구하는 것은 획일적 파시즘에 불과하다. 가볍게 놀고 싶은 존재가 있다면 놀게 하고, 그것도 지겨워져 진지하게 세상을 총체적으로 성찰하고 싶다면 그렇게 하도록 놔둬라! 이것이 키덜트문학이 세상을 향해 던지는 강렬한 충격의 메시지이다. 아이와 어른, 리얼리즘과 모더니즘이라는 상반된 얼굴을 공유하는 키덜트문학은 양자이면서 양자를 뛰어넘는 제3의 문학이다. 어정쩡하게 양자와 타협하거나 한쪽으로 지나치게 치우칠 때 키덜트문학의 위기는 쓰나미처럼 닥쳐올 수 있다. 키덜트문학의 도전과 실험이 아방가르드문학의 불온한 전통을 계승할 수 있도록 독자들의 따스한 질책과 관심이 필요하다.

2000년대 한국문학에서 키덜트소설은 복고풍 성장소설, 만화적·환상적 소설, 개그성 소설, 키덜트 소재의 소설로 다양하게 등장한다. 당대의 작가들은 키덜트를 소비상품으로 전락시키는 후기 자본주의의 책동을 대중문화의 아이콘을 활용해 역이용하는 전유의 서사 전략을 선보였다. 박민규, 이재웅, 조영아, 이기호, 김중혁, 박형서, 김종광, 편혜영 등의 한국작가들은 키덜트적 시각과 소재를 활용하여 전통적 문학관습에서 벗어나 새로운 상상력의 도발을 보여주었다. 이러한 키덜트소설의 신선함은 아이 같은 '어른'보다 어른 같은 '아이'가 등장하는 소설에서 더욱 효과적으로 드러난다. 지금까지 키덜트문학의 전복적 상상력과 도발은 키덜트적 유희성과 순수성의 극대화, 성찰적 거울 역할을 하는 복고풍의 향수주의, 고정관념을 뛰어넘는 발상의 전환에서 비롯한다. 때로는 아이의 욕망으로, 때로는 어른의 이성으로 사회를 형상화하는 키덜트라는 이중의 거울은 습관화되고, 일상화되고, 자명해져버린 낡은 관습과 틀을 여지없이 무너뜨린다. 이러한 키덜트문학의 진보성은 2000년대 문학의 새로운 가능성일 수 있다. 문제는 현재 나온 키덜트소설이 자신의 불온한 문학적 정체성을 표방하기에는 아직 미흡하다는 사실이다. 키덜트소설은 좀 더 불량해져야 한다.

이 글을 마치면서 성인이 되었어도 만화와 전자게임을 여전히 좋아하는 나는 구상유취口尙乳臭의 젖비린내를 풍기는 키덜트인 것 같다. 아내는 이런 나를 걱정스럽게 바라본다. 세 아이의 아빠다운 사회적 역할과 행동을 기대하는 아내. 아내는 분명 어른 웬디이다. 우리 가족은 키덜트인 '나'와 어른인 '아내'가 부부가 되어 궁상맞게 살아가고 있다. 나는 그것을 질긴 인연이라고 부른다. 아내는 키덜트가 아닌 어른과 결혼했으면 지금보다 더 행복하지 않았을까? 궁핍한 문학평론가는 유구무언有口無言일 뿐이다.

초국가 자본주의 시대의 탈국가적 상상력

1. 탈근대의 지구화 현상

근대 자본주의는 국민국가의 형성과 자웅동체의 쌍둥이다. 근대 자본주의는 원료 공급지, 노동력, 상품판매 시장을 안정적으로 보장해 줄 수 있는 국민국가의 형성을 필요로 했다. 개별 지역이 중심인 봉건체제는 자본주의적 이윤 추구의 욕망을 만족시키기에는 너무 협소했다. 국민국가는 개별 지역을 통합하여 균질화시킴으로써 상인 내지 자본가들이 자유롭게 활동할 수 있는 무대를 제공했다. 각국 자본의 무한 이윤 추구 속에 자국의 영토마저 협소하다는 것을 체감한 근대 자본은 해외시장을 개척하고, 타국을 침략하는 제국주의국가로 변신한다. 이때 서구 열강이 유포한 '문명국/야만국'이라는 이분법적 서열체계인 오리엔탈리즘은 침략을 정당하기 위한 기만적 이데올로기였다. 제국주의국가의 끝 모를 이윤 추구는 제국 상호간의 파국적 갈등을 유발하면서 제1, 2차 세계대전이라는 미증유의 비극을 생산한다. 이러한 위기 속에 영토를 식민화하는 제국주의적 자본주의는 문화적, 경제적 제국주의로 방향을 선회한다.

제2차 세계대전 이후 독립을 획득한 제3세계 국가들은 경쟁하듯 서구가 유포한 국민국가의 형태를 모방하는 대열에 동참한다. 제3세계의 근대화는 대부분 서구가 먼저 형성한 국민국가를 모방하거나 복제하는 과정이었다. 국민국가의 형성 속에 애국가, 국기, 국어, 국사, 군대, 개국신화, 국민문학 등이 고안되거나 발명된다. 이때 국민문학은 국민을 교화하여 국가에 충성하는 인물을 형성하는 데에 일조하는 교사의 역할을 담당한다. 문학작품에 드러난 조국애의 고취와 충성심은 국민국가에 충직한 국민을 양성하는 심리적, 문화적 기제로 활용되었던 것이다. 순수혈통에 기반한 민족의 강조 속에 이주 노동자, 혼혈인, 재한 외국인은 자연스럽게 '비국민'으로 분류된다. 베네딕트 앤더슨은 민족이 자명한 실체로서 존재하는 것이 아니라 국민국가의 형성 과정에서 상상된 공동체임을 언급함으로써 민족의 절대성에 의문을 제기한 바 있다. 민족의 절대성에 대한 의문은 민족을 기반으로 한 국민국가의 정당성에 대한 의문이기도 하다.

일제식민지시대는 민족은 있어도 국가는 존재하지 않는 상황이었다. 해방 후 한민족은 남북이 분단이 되면서 민족에 기반한 근대 국민국가의 형성에 실패한다. 분단은 국민국가의 형성을 미완의 과제로 남기면서 동시에 통일을 지상과제로 만든다. 1990년을 전후하여 동구권이 몰락하고 소련이 해체되면서 제한된 국경선을 기반으로 한 국민국가 체제는 또 다른 변화를 맞게 된다. 항공기로 대변되는 교통수단의 발달, 인터넷의 등장, 전지구적으로 확장된 자본주의, 민족주의의 약화 등은 국민국가의 틀을 약화시키면서 초국가적 자본주의 시대를 연다. 단일시장으로 통합하는 지구화 현상 속에서 국경을 넘어 자본, 노동, 상품 등이 자유롭게 이동되면서 부익부 빈익빈이라는 사회 양극화 현상이 지배적이 된다. 세계화를 지배하는 법칙은 약육강식의 정글 논리이다.

1990년대 이후 한국문학은 1980년대의 지배담론인 민족민중문학론을 비판한 탈계몽주의 담론인 문학주의가 정전으로 자리한다. 이 과정에서 문학주의자들은 합리성, 이성, 질서 등 근대의 대표적 항목들을 지난 시대의 유물로 간주한다. 파시즘 논의, 리얼리즘과 민족문학론 비판 등은 이 연장선에 놓여 있다. 지구화 현상과 근대에 대한 성찰의 분위기 속에 자국에 갇혀 있던 문학적 상상력은 자국을 넘어 타국으로 확장되고, 국내적으로 한민족에서 배제되었던 혼혈인과 제3세계 이주 노동자 등에 대한 새로운 문학적 관심이 나타나게 된다. 이와 같은 탈국가적 상상력은 2000년대 소설에서 크게 다섯 가지 양상으로 나타난다. 첫째, 국민국가의 형성과 제국주의 침략이라는 문제에 대한 고민. 둘째, 냉전체제의 산물인 남북의 분단과 이데올로기 문제를 넘어서기. 셋째, 전통적인 이국 취향의 엑조티시즘. 넷째, 외국이라는 낯선 타자를 통한 자아성찰. 다섯째, 지구화 시대에 민족·인종과 이주 노동자 문제. 나는 이 글에서 당대 소설과 최근의 비평적 논의인 복도훈의 글을 통해 탈국가적 상상력의 현주소를 점검해보고자 한다. 탈국가적 상상력은 2000년대 소설의 새로운 돌파구가 될 수 있을 것인가? 문제는 '국가'라는 보통명사보다 '탈'이라는 접두사이다.

2. 국민국가의 형성과 분단체제 넘어서기

19세기는 서구 열강이 동아시아를 침략하던 제국주의 시기이다. 이때 근대화는 문명화였고, 문명화는 곧 국가의 생존을 의미했다. 사회진화론에 영향받은 적자생존의 법칙 속에 서구 열강은

1840년 아편전쟁을 통해 중국을 본격적으로 유린하기 시작했고, 1853년 미국의 포함외교에 의해 일본은 강제로 개항을 해야 했다. 봉건적 동아시아국가들은 서구의 막강한 군사력에 경악하며 부국강병이라는 근대화의 담론에 매료된다. 하지만 이미 서구에 뒤처진 근대화의 일정은 서구를 지배자로, 비서구인 동아시아국가를 피지배자로 하는 식민지적 관계를 형성시킨다.

한국의 대표적 리얼리스트 작가인 황석영은 장편 『심청』(2003)에서 19세기 동아시아를 유랑하는 심청의 기구한 삶을 통해 제국주의 서구 열강에 침탈당하는 아시아의 서글픈 처지를 형상화한다. 이 소설에서 작가 황석영은 가부장적 남근중심주의와 자본주의적 상품화 논리가 잘 드러나는 유곽을 중심으로 근대 자본주의와 국민국가의 형성을 간접적으로 형상화한다. 15살의 심청은 은자 삼백냥에 중국 선상들에게 팔려가 풍랑을 잠재우는 재물로 쓰이고 난 후 중국 부잣집인 첸대인의 첩실로 팔렸다가 다시 기루인 복락루에 팔린다. 이후에 심청은 타이완의 지룽섬, 싱가포르, 오키나와인 류큐, 나가사키로 이동했다가 다시 식민지 조선의 제물포로 귀환한다. 가부장적 남성의, 제국주의의 성적 대상물인 창녀나 기생이 되어 동아시아를 유랑했던 심청의 몸은 제국주의 침략과 식민화의 흔적을 알려주는 상징적 기호인 셈이다. 조선의 정체성을 상징하는 심청沈淸이라는 이름이 중국어인 렌화蓮花로, 영어인 로터스로, 일본어인 렌카로 기표의 변화를 하는 것은 식민지적, 자본주의적 타자로 전락한 심청의 처지를 대변한다. 심청의 유랑은 아편전쟁과 동인도회사, 오키나와의 멸망, 일본의 메이지유신과 민란, 동학과 청일전쟁·노일전쟁이라는 동아시아의 역사적 격변과 상호 맞물려 있다. 황석영은 매춘 여성인 심청을 피식민세력(또는 피지배세력)으로, 심청의 몸을 소유하는 가부장적 남성을 식민세력(지배세력)으로 알레고리함으로써 동아시아 근대사와 자본주의의 형성 과정을 전달하고자 했던 것이다. 자본주의 입장에서 심청은 사용가치로의 인간이 아니라 교환가치로서의 상품이었으며, 국민국가의 입장에서 보면 조국을 위해 헌신하는 국민이 아니라 부끄러운 직업을 지닌 '비국민'이었다.

황석영은 설화 속의 인물인 심청을 유곽 여성으로 변신시켜 서구 제국주의와 동아시아의 근대화, 그리고 이 과정에서 희생된 민중의 상처와 고통을 드러내려고 했지만 이것이 과연 제대로 형상화되었는지 의문이다. 자극적인 성적 묘사와 여성 영웅으로 변신하는 심청의 성공적인 일대기가 소설을 압도하면서 애초에 지녔던 작가의 기획 의도는 희미한 그림자로만 존재한다. 심청은 민중의 상처와 고통을 대변하는 매개자로서의 역할도 제대로 하지 못한 채 상층부인 지배세력에 의해 식민화된 몸을 활용해 성공하는 영리한 여성에 가깝다. 심청은 싱가폴에서 혼혈아들을 위한 '고아원'을 설립했지만 심청과 고아들의 거리는 좁혀지지 않은 채 일정한 거리를 유지한다. 심청의 선행은 서구의 선교사가 미개한 동양에 와서 선행 사업을 통해 문명화 담론과 기독교의 우월성을 전파하는 방식과 유사하다. 이처럼 『심청』에서 피지배층인 민중의 삶은 곁가지로 전락한다. 유곽 여성도 민중의 일부이기는 하지만 유곽 여성의 체험이 다른 민중들과의 교류 속에 확장하지 못한 채 고립되면서 『심청』은 19세기 동아시아 매춘의 지형도를 보여주는데에 그쳤던 것이다.

황석영의 『심청』이 주로 19세기였다면, 멕시코의 초기 이민을 그린 김영하의 장편 『검은 꽃』은 20세기 초반을 시간적 배경으로 하여 서사가 전개된다. 대한제국의 쇠락이 점점 가시화된 1905년에 영국기선 일포드호는 양반과 농민 등 다양한 계층의 1033명을 태우고 멕시코로 노동 이민을 떠난다. 낯선 타국으로 과감히 떠났던 이들의 운명은 대륙식민회사의 농간에 의해 멕시코의 에

네켄 농장에 팔려가 가혹한 노동의 착취를 당하는 것으로 귀결된다. 구한말의 조선을 떠나는 순간 기존의 봉건질서는 근대를 상징하는 일포드호에서 점점 해체된다. 양반과 상놈, 남성과 여성이라는 기존의 계급 질서가 해체되면서 근대적 질서의 싹이 형성되기 시작했던 것이다. 멕시코 에네켄 농장에서 조선인들이 착취를 당하는 것도 값싼 노동력을 통한 이윤 창출이라는 근대 자본주의의 속성이 만들어낸 풍경의 일환이다. 1910년 8월 16일 대한제국이 일제에 합병되면서 멕시코 이민자들은 돌아갈 나라마저 사라져버린다. 대한제국의 국민들은 조선인이 아니라 일본인으로 국적이 자동적으로 바뀌게 된다. 이러한 사태 속에 개인의 의지는 철저하게 무시된다. 마야의 혁명군 용병이 된 일부 멕시코 이주자들은 혁명군과 정부군의 대립 속에 국민국가의 형성이라는 욕망을 모방하게 된다. 작중인물 이정은 개인이 국가를 선택하겠다면서 일제의 귀속을 거부하고, 과테말라 밀림 속에서 다른 조선인과 함께 '신대한'이라는 나라를 세운다. 그러나 신대한은 국제적 인정도 받지 못했을뿐더러 영토나 국민도 국민국가에 비추어보았을 때 자격미달이다. 근대 국민국가는 개별 마을을 통합시켜 형성된 거대한 단일시장이라는 점에서 하나의 마을에 불과한 신대한은 근대국민국가의 기초적 요건을 갖추지 못한 태생적인 불구인 셈이다.

이처럼 작가 김영하는 불행한 삶을 살았던 멕시코 초기 이주민의 삶을 통해 근대 국민국가의 국민이 되지 못한 존재들의 불행한 흔적을 추적한다. 작가 김영하는 이 작품에서 국가가 개인에게 행복의 원천이 아니라 불행의 씨앗이라는 비판적 시각을 견지한다. 국민국가가 존속되는 세계에서 어디에도 소속되지 못한 존재들은 자신의 정당한 권리를 행사할 수 없는 무력한 존재에 불과하다. 대한제국의, 일본제국의, 멕시코의 국민도 아니었던 초기

멕시코 조선인 이주자들은 철저하게 버려진 존재였던 것이다. 그래서 이정은 "우리는 모두 어떤 국가의 국민으로 죽는 거야. 그러니 우리만의 나라가 필요해"라는 인식에 도달해 '신대한'을 건국한다. 여기서 국가는 초월적으로 선험적으로 존재하는 것이 아니라 필요에 의해 고안된 것이다. 그러나 신대한에서도 지배와 피지배라는 권력 관계가 그대로 반복된다. 이것은 신대한이 새로운 패러다임을 제시하지 못한 채 자체의 모순에 의해 소멸할 수밖에 없는 처지를 암시해준다. '신대한'은 '신新'이 사라진 채 이미 멸망한 '대한제국'의 유물이 변형된 것에 지나지 않다. 『검은 꽃』에서 보여준 김영하의 국민국가에 대해 비판적인 목소리는 1990년대 이후 탈근대의, 탈주체의 사상이 반영된 것이다. 김영하는 멕시코 초기 이주자들 대부분이 불행한 삶을 살 수밖에 없었던 모습을 통해 국민국가에 대한 허무주의적, 무정부의적 입장을 드러낸다. 문제는 김영하의 비판적 문제 의식이 특히 소설의 후반부에서 리얼리티를 충분히 확보하지 못한 채 스케치 하듯이 그려지고 있다는 점이다. 작중인물의 내면이 효과적으로 드러나지 않는 소설 후반부는 소설적 감동을 제대로 전달하지 못한다.

1945년 해방 이후, 냉전체제와 좌우의 대립 속에 대한민국과 북조선인민공화국이라는 각각의 정부가 세워지면서 분단체제가 성립한다. 1950년에 발발한 한국전쟁은 남북의 분단체제를 더욱 공고하게 만든 결정적 계기였다. 근대 국민국가가 민족을 중심으로 한 단일 국가를 성립하는 것이라고 할 때, 분단체제는 근대 국민국가를 미완의 과제로 만들어버린다. 분단체제 속에 남한에서 반공이데올로기는 민주주의보다 더 상위의 지배이데올로기가 되어 국민들을 짓누른다. 자유로운 상상력의 비상을 꿈꾸는 작가들에게 이념적인 철책선인 반공이데올로기는 일종의 내부 검열로 작동하면서 상상력을 옥죄었다. 최인훈의 『광장』(1960)이 분단문학에서 기념비적인 작품이 될 수 있었던 것도 이념의 분단선을 넘어 북한으로, 그리고 더 나아가 한반도를 벗어나는 탈주적 상상력에 있었다. 『광장』의 이명준이 남과 북의 이념적 이항대립체계를 거부하고 제3세계인 인도로 가다가 비극적 자살을 한 것은 남과 북 어디에서도 중간지대의 삶을 용납할 수 없는 당대의 시대적 분위기를 말해준다. 이후에 남정현의 「분지」(1965), 조정래의 『태백산맥』(1983~1989) 등도 남한이라는 국민국가의 지배이데올로기인 반공이데올로기와 친미주의를 비판하면서 이념적, 문학적 자유의 함성을 외친다. 근대 국민국가 체제는 1990년을 전후한 현실 사회주의권의 몰락, 냉전체제의 와해, 항공기로 대변되는 교통기술의 발달, 월드와이드웹w.w.w으로 부르는 인터넷의 등장, 정보화 혁명 등을 통해 급격한 변화를 겪게 된다. 한국의 IMF 구제금융(1997)은 세계의 금융자본에 의해 개별 국가 시스템이 일순간에 마비될 수도 있음을 확연히 보여준 대표적 사건이다. 근대 국민국가 체제가 약화되고 초국가적 자본주의 시대가 도래했지만 한반도는 여전히 냉전의 유산에서 벗어나지 못하고 있다. 남과 북의 국경 넘기는 금강산 관광, 남북회담, 개성공단 설립 등을 계기로 예전에 비해 자유로워진 것이 사실이다. 하지만 여전히 계속되고 있는 핵위기 속에 이념적인 국경선은 공고하게 작동하고 있다. 이것은 남북한의 국경을 넘는 작가의 자유로운 문학적 상상력이 아직도 금기임을 뜻한다.

국경은 자국의 물리적 지배력이 미치는 범위이자 동시에 그 공간 내에서 마음 놓고 자본의 이윤을 추구하도록 허락된 배타적 공간이다. 제2차 세계대전 이후 제3세계의 독립과 근대 국민국가의 형성, 그리고 냉전체제의 성립은 각국의 국경을 뚜렷하게 부각시킨다. 지도에서 국경은 메르카토르 도법에 의한 경도와 위선을 바탕으로 제작된다. 일본의 학자 와카바야시 미키오에 따르면

지도는 특정 사회의 사실을 표상하고 있으며, 사회는 그렇게 표상된 사실을 모방한다고 말할 수 있다. 지도가 현실을 모방하는 것이 아니라 현실이 지도를 모방한다는 것이다. 이러한 관점에서 보면 남북한의 국경이 지도로 확정되어 교과서, 학교, 신문방송 등을 통해 지속적으로 유통되면서 지도에서 남과 북의 경계를 표시했던 국경선은 물리적 위치의 표시만이 아니라 정신적, 신체적 사고를 구속하게 만드는 이념적 분단선으로 변한다. 그러면서 남한 사람들은 지도에서 북의 영역을 한반도에서 삭제한 채 사고하는 반공이데올로기에 포섭된 채 길들여진다. 남북의 국경선이 만들어져 영속화되면서 국경 넘기는 국가가 허가한 패스포트와 비자가 있을 경우에만 허락되는 금기의 영역으로 바뀐다.

전성태의 「국경을 넘는 일」(2004)은 반공이데올로기가 유포한 이념적 경계선이 여전히 작동하고 있는 분단 현실을 보여준다. 캄보디아에서 태국으로 넘어오는 국경에서 배낭여행객인 한국인 박은 호루라기 소리에 놀라 자신도 모르게 허겁지겁 태국의 국경을 향해 뛰어간다. 박은 한 아이의 장난감 호루라기 소리에 놀라 뛰었던 것이다. 이때 호루라기 소리는 국경을 넘는 일체의 행위를 금지하는 이념적, 권력적 억압담론을 상징한다. 제 3자가 보면 정신이상자로 보이는 박의 돌출 행동은 남북 분단이라는 체제가 생성한 강박관념의 산물이다. 국경은 박에게 단순하게 나라와 나라 사이를 가르는 구획선이 아니다. 국경은 이쪽과 저쪽을 가르며 삶과 죽음을 결정하는 실체적 권력의 담론인 것이다. 아군인 이쪽을 넘어 적국인 저쪽으로 넘는 것은 국가 안보를 해치는 반국가적 이적행위로 간주된다. 이러한 분단체제에서 훈육된 박은 한반도가 아닌 동남아시아를 여행했음에도 불구하고 분단체제가 생산한 저주의 담론에서 자유롭지 못하다. 작가 전성태는 이 소설에서 2000년대에도 여전히 분단체제가 생산하는 이분법적 이데올로기의 장벽이 상존하고 있음을 말해준다.

> 박은 조심스럽게 한국이 분단국가라고 말해주었다. 그녀는 곧바로 하이, 하고 고개를 주억거렸다. 잘 알고 있다는 표정이었다.
>
> "우리에게 국경을 넘는 일은 죽음을 의미하지요. 아마 제 무의식 속에 그런 국경에 대한 공포가 잠재돼 있었던 모양이에요."
>
> 나오꼬는 금방 이해하는 눈치였다.
>
> (전성태, 「국경을 넘는 일」, 『국경을 넘은 일』, 창작과비평사, 2005, 141쪽)

김일성 주체사상으로 무장한 북한은 1990년대 후반에 수백만 명이 굶어죽는 일명 '고난의 행군'이라고 불리우는 어려운 시기를 겪는다. 현실 사회주의권의 붕괴, 1994년 북한의 지도자 김일성의 사망, 곧 이어 홍수와 가뭄 속에 북한은 식량생산에 막대한 차질이 발생한다. '고난의 행군'은 북한체제에 대한 염증 속에 좀 더 나은 세계를 찾기 위한, 굶주림을 해소하기 위한 탈북의 행진을 초래한다. 근대 국민국가를 형성하는 기본적인 3요소는 영토, 국민, 주권이다. 이 중에서 핵심요소 중의 하나인 국민들이 북한의 경계선을 넘어 다른 곳으로 이동하려고 했다는 점에서 탈북의 지속 내지 대규모화는 북한체제를 근간에서 뒤흔드는 위협일 수밖에 없다. 북한은 국경넘기를 시도하는 탈북자에 대한 다양한 압박을 통해 국민의 외부 유출을 통한 체제 위기를 막고자 한다. 여기에서 탈북은 삶과 죽음 사이를 넘나드는 실존의 행위일 수밖에 없다.

강영숙의 장편 『리나』(2006)는 22명의 탈출자 중의 한 사람인 16살의 리나가 탈북하고 난 이후에 겪은 일을 그리고 있다. 리나에게 중국과 북한을 가르는 국경은 총살, 불, 죽음의 이미지로서 결코 넘어서는 안 될 금기의 영역이다. 하지만 막상 리나가 국경을 넘으면서 본 국경은 무시무시한 공포와 불안을 생산하는 국경과는 동떨어진 "그저 퇴로가 없이 사방이 막힌, 비탈지고 조용한 산길의 일부일 뿐이었다." 이것은 국경넘기에 대한 금기를 체계적으로 국민에게 주입시킨 이데올로기의 효과이다. 리나가 국경을 넘는 순간 숨통이 확 열리는 기분을 느낀 것은 기만적인 이데올로기의 해체이자 금기의 영역을 뛰어 넘는 해방감의 표현이다. 최종 목적지인 P국(남한을 상징함)으로 가기 위해 떠났던 리나는 화공약품공장, 시링, 경제자유구역 등 대륙과 제3국을 떠돌다가 떠나온 지점인 북중의 국경선 부근으로 다시 돌아온다. 그리고 몽고와 중국의 국경으로 이동한다. 이것은 리나의 국경넘기가 북중의 국경선을 넘는 구체적 행위에서 존재를 제약하는 모든 경계선에 대한 보편적 탈주로 변화한데 따른 것이다. 모든 배타적 경계선을 넘고자 하는 리나의 국경넘기는 현실에서 결코 만족될 수 없는 결핍이다.

국경넘기를 물리적 지표만이 아니라 존재를 구속하는 모든 경계선을 넘는 것으로 확장시킨 강영숙의 문학적 상상력은 기존의 한국소설과 차별화되는 새로운 발상이다. 아쉬운 것은 전근대적, 근대적 속성을 함께 지닌 탈북자 소녀를 '탈근대'의 보편성을 추구하는 존재로 억지로 형질 변경시키면서 리얼리티를 상실한 점에 있다. 다시 말해 작가 강영숙은 탈근대의, 탈주체의 이념을 탈북자인 리나라는 작중인물에게 주입시켜 유목민적 주체를 탄생시켰던 것이다. 가족에 대한 특별한 그리움도 없고, 엽기적 살인을 저질러도 특별한 죄책감을 느끼지 않는 리나의 모습은 작가의 욕망이 주조해낸 국경넘기 중독자이다. 이때 리나의 국경넘기가 지향하는 세계는 불명확하다. 리나는 집시처럼 중국과 동남아시아를 떠돌아다니지만 넘어야 할 국경이 과연 무엇인지 그 실체가 모호하다. 가야 할 세계도, 국경넘기에 중독된 뚜렷한 이유도 없이 작가의 채찍질에 의해 국경넘기에 나서야 하는 불쌍한 리나. 리나가 궁극적으로 넘어서야 할 것은 바로 작가의 안이한 탈주 시도가 아니었을까? 강영숙의 『리나』 외에도 북한을 소설적 공간으로 끌어들인 작품으로 정도상의 「소소, 눈사람이 되다」 「함흥·2001·안개」(2006), 김원일의 「카타콤」(2006), 김영하의 『빛의 제국』(2006), 이대환의 『붉은 고래』(2004), 김정현의 『길 없는 사람들』(2003), 박덕규의 「노루사냥」(1996) 등이 있다. 탈북자가 등장하는 것은 문학계만이 아니라 영화인 곽경택 감독의 〈태풍〉(2005), 안판석 감독의 〈국경의 남쪽〉(2006)에서도 보인다.

국경이 국경으로 인식되는 것은 이질적 외부의 존재로 인한다. 19세기와 20세기에 동아시아는 서구 열강과 일제라는 적대적 외부 세력에 의해 내부를 깨닫고, 민족의 고안과 발명을 통해 동질성 확보에 나선다. 강력한 외부의 적은 내부의 이질적 목소리를 잠재우며 단일한 대오를 유지하도록 하는 강력한 에너지였던 셈이다. 이처럼 국민국가 체제는 끊임없이 외부의 적을 상상함으로써 자신의 존립 기반을 확보한다. 1990년대 들어 북한은 현실 사회주의권의 몰락과 김일성의 사망 속에 체제 위협을 느낀다. 그것은 미국으로 대변되는 자본주의 세력에 의해 북한체제가 와해될지도 모른다는 공포와 불안감을 유포한다. 이러한 강력한 외부의 적에 대한 대타적 인식은 김일성이 사망한 이후에 체제유지를 가능하게 했던 힘으로 작용한다. 전성태의 「코리안 솔저」(2005)에서도 한국인 교수이자 시인인 창대는 몽골에 3개월 체류하면서 시를 써보겠다는 낭만적인 생각을 애초에 갖고 있었다. 하지만 이러한 낭만적 생각은 몽골의 강도로 대변되는 적대적인 외부 세력에 의해 좌초하고 만다. 어느 누구도 믿기 힘든 상황 속에서 창대는 자신이 몽고라는 내부가 아닌 외부인 한국인이라는 것을 자각한다. 집 열쇠를 잃어버리고 자신이 예전에 한국군 출신이라는 것을 상기하는 창대의 모습은 외부의 적에 의한 존재의 대타적 재인식의 생성 과정을 보여준다. 이것에서 보듯 외부의 강력한 위협은 민족적 정체성을 자극하며 체제 내부를 공고하게 하는 힘으로 작용한다. 한국의 근대 국민국가 체제가 아직도 많은 문제점을 갖고 있음에도 제대로 시정되지 못하는 것도 강력한 외부의 적대세력으로 북한이 존재하고 있기 때문이다. 따라서 한국의 국민국가체제가 생산하는 배타적 범주를 근원적으로 약화시키려면 분단체제의 해소 없이는 거의 불가능하다. 한국의 작가들이 직접적이든 간접적이든 분단의 문제에서 자유로울 수 없는 것도 바로 이러한 이유에서이다.

3. 이국 취향인 엑조티시즘, 타자라는 거울, 지구화 현상

작가들이 자국이 아닌 타국을 소설의 주요 배경으로 삼는 것은 낯선 지역이 제공하는 이국異國 취향인 엑조티시즘exoticisim의 매력이 있기 때문이다. 자국 사람들이 주로 가보지 못한 이국을 소설의 배경으로 함으로써 소설은 다른 작품과 손쉽게 차별화된다. 이러한 이국 취향의 소설은 예전에도 있었지만 한국의 경제발전 속에 여행할 수 있는 물적 토대를 어느 정도 확보한 1990년대 이후에 폭발적으로 성장한다. 종전에 이국 취향의 소설들 대부분은 여행자인 주체의 시선에 의해 해석된 이국의 자연 경관이 배치되고, 현지인과 상호작용 하는 소통관계는 찾기 힘들다. 이것은 지구화 시대에 독자들의 증대된 욕망을 만족시키기 힘들다. 최근의 이국 취향 소설들은 단순하게 자연경관이나 사물을 여행자인 주체의 시선에 일방적으로 그리기보다 타자인 현지인과 상호 접촉하는 지점까지 나아가고 있다.

그러나 2006년 이상문학상 수상작인 정미경의 「밤이여 나뉘어라」는 그 동안 한국의 작가들이 이국을 그리는 방식을 넘어서지 못한다. 이 소설은 의학 분야에서 천재인 P와 의학의 길을 포기하고 영화감독으로 성공한 상대적으로 범재인 '나'의 우정과 갈등이 현재 P의 아내인 M과의 삼각관계 속에 펼쳐진다. 북구인 노르웨이의 황량함, 노르웨이 미술관에 걸린 뭉크의 그림, 북구의 백야 현상은 이국적인 풍경을 연출한다. 특히 절규하는 뭉크의 그림들은 작중인물의 내면심리를 대변하는 상징적 매개물로 활용되고 있다. 그런데 이러한 이국 취향의 요소들은 이 소설의 메인 요리가 아니라 어디까지나 입맛을 돋구는 애피타이저appetizer에 불과하다. 소설의 무대만 노르웨이 오슬로로 옮겨졌을 뿐 작가의 상상력은 한국적 틀을 거의 벗어나지 못한다.

이에 비해 김윤영의 소설은 프랑스 파리, 캄보디아의 앙코르와트, 캐나다 토론토, 태국의 방콕, 호주 등 다채로운 이국적 공간이 자연스럽게 등장할 뿐만 아니라 여행에서 벗어나 직접 그곳에서 거주하는 이민이나 장기체류의 형태가 종종 등장한다. 김윤영의 소설에서 한국인들은 이민이나 여행의 형식을 통해 남한을 탈출해 이국으로 떠난다. 한국은 경직된 가부장적 질서, 타락한 진보세력, 경제적 어려움, 가정 파탄 등으로 인해 절망과 환멸의 닫힌 공간으로 그려진다. 이에 비해 이국은 자유, 낭만, 풍요의 열린 공간으로 등장한다. 탈북자들은 살기 좋은 한국으로 들어오려고 북한을 탈출하고, 남한 사람들은 오히려 한국이 싫어 이국으로 탈출하는 기묘한 풍경이 연출되고 있는 것이다. 여행자 문학에서 대부분 주체였던 것은 바깥을 마음 놓고 이동할 자유를 확보했던 남성들이었다. 하지만 김윤영의 소설에서 여성은 더 이상 방관자가 아니라 여행하는 주체이다. 예를 들어 「세라」에서 한국에서 자신의 아우라를 갖지 못했던 '여자'는 태국을 배낭여행 하면서 제2의 아름다운 인생을 시작한다. 김윤영의 소설에서 다채로운 이국적 공간은 한반도라는 틀을 벗어나 공간을 확장하는 상상력의 비상을 보여준다. 이것은 기존의 한국 작가들이 보여주지 못했던 새로움이다. 한국이 살기 어려워 떠나는 이주자들의 모습은 독자들에게 현재 한국의 자화상에 대한 비판적 성찰을 요구한다. 김윤영의 소설에서 주체들은 국민국가가 자동적으로 호명한 방식을 거부하고 자신의 의지에 따라 새로운 국가나 지역을 선택하는 모습을 보여준다. 이러한 김윤영의 소설에서 아쉬운 것은 이국의 구조적 모순이나 그늘에 대해 눈을 감음으로써 이국을 신비주의 내지 낭만주의로 치장하고 있다는 점이다. 그 결과 한국은 척박한 땅, 이국은 살기 좋은 아름다운 땅이라는 이항대립체계를 은연중에 생산한다. 김윤영의 이국 취향 소설은 낭만적 이국주의 취향을 넘어 이국의 진솔한 내면들이 생생하게 드러날 때 좀 더 성장할 수 있을 것이다. 정미경과 김윤영의 소설 외에도 외국을 배경으로 한 소설은 김서령의 「무화과잼 한 순갈」, 우광훈의 「카프카의 작업실」, 송하춘의 「그 먼 나라를 알으십니까」(이상 2006), 공지영의 『별들의 들판』(2004), 하성란의 「푸른 수염의 첫 번째 아내」(2002) 등이 있다. 이러한 이국 취향인 엑조티시즘의 소설은 단순하게 낯선 곳에 대한 호기심을 만족하는 것에서 끝나는 것이 아니라 이국에 대한 깊은 이해를 하게 되는 계기가 되어야 한다. 그렇지 못할 때 엑조티시즘은 서술 주체의 일방적 시선에 의해 왜곡된 타자인 이국이 등장하기 쉽다. 진정한 엑조티시즘의 소설은 타자인 이국을 향한 일종의 상호 소통적 대화이어야 한다.

가까운 곳은 익숙한 영역이자 친밀함의 공간인 데 비해, 먼 곳은 낯선 영역이자 불안과 공포의 공간이다. 가까운 곳인 일상에서 주체와 타자인 대상은 결합되어 있다. 이에 비해 낯선 곳에서 주체와 대상은 분리된다. 낯선 곳에서 주체는 일상화된 질서에서 벗어나 주변의 대상을 새롭게 바라볼 수 있는 기회를 얻게 된다. 평범한 일상에서 경험하지 못한 것을 먼 곳인 비일상에서 경험할 수 있다는 매력. 이때 여행자의 시선은 타자인 대상과 결합하지 못한 채 대개 일정한 거리를 유지하면서 바라본다. 이러한 거리는 바로 비일상적 시선을 생성시키는 원동력이자 자신을 돌아보게 만드는 힘이다. 여행자의 시선에 원주민보다 자연 경관 등의 풍경이 많이 등장하는 것도 일정한 거리에서 파생된 것이다. 여행자 문학에서 등장하는 풍경은 대상과의 상호 작용보다 주체의 시선에 의해 일방적으로 해석되기 쉽다. 이러한 주체와 타자의 불평등성은 대상에 대한 왜곡된 풍경을 만든다. 특히 여행자들이 자신이 소속된 사회에 대한 문화적, 인종적 우월감에 사로잡혀 타자를 일방적으로 바라본다면 풍경의 왜곡은 피할 수 없다. 이것을 타파하기 위해 주체의 일방적 시선에 대항하는 타자의 대응적 시선이 필요하다.

작가 방현석과 김양호는 여행자의 시선만이 아니라 현지인의 목소리를 등장시켜 이국에 대한 일방적 시각이 지닌 형상화의 한계를 벗어나고자 한다. 영화 시나리오 작업을 중심으로 이야기가 펼쳐지는 방현석의 「존재의 형식」(2002)은 베트남이라는 이국적 타자를 일종에 반면교사의 거울로 삼아 남한의 진보적 현주소를 성찰한다. 작가 방현석은 이 소설에서 베트남 해방전선의 게릴라 출신인 레지투이(반레)의 삶을 통해 정체성의 혼돈을 경험하고 있는 한국의 진보세력이 나아갈 방향을 제시한다. 방현석은 「랍스터를 먹는 시간」(2003)에서도 한국인이 운영하는 조선소의 노동자인 베트남인 보 반 러이를 등장시켜 과거 베트남전쟁에서 한국군이 저지른 학살의 기억을 들추어낸다. 이 성찰 속에 주인공 건석은 바다가재인 랍스터(lobster)의 무서움이 외부를 향한 공격성이 아니라 상처를 입은 자신의 사지를 잘라내는 비정함에 있다고 말하면서 민주화 투쟁도 중요하지만 그것을 지켜내는 이후의 과정이 더욱 중요하다는 점을 우회적으로 말한다. 이 소설의 메세지는 민주화 내지 역사의 발전을 지켜내기 위해 끊임없는 내부성찰과 노력이 필요하다는 것이다. 타자인 베트남을 통한 자기성찰은 김양호의 「베트남, 베트남」(2005)에서도 나타난다. 소설의 주인공인 40대의 중년 한국인 남성은 베트남에서 만난 아름다운 라이따이한인 띠앙의 모습에서 잘 살기 위해 몸부림쳤던 과거 한국의 자화상을 발견하다. 이국적 배경을 통한 자기성찰은 여행자의 일방적 시선만이 아니라 이 시선을 응시하는 현지 작중인물이 등장함으로써 좀 더 깊어질 수 있다. 방현석과 김양호의 소설들은 현지인의 목소리를 등장시켜 여행자의 시선에 일방적으로 그려지는 낭만적이고 표피적인 이국적 풍경을 사절한다. 이런 점에서 방현석과 김양호의 소설은 진일보한 측면이 있다. 특히 방현석의 소설은 베트남의 현대사와 한국의 현대사를 겹쳐 국경을 넘는 연대적 가능성을 타진했다는 점에서 주목할 만하다. 다만 이들 소설이 성찰의 깊이를 충분하게 확보했는지는 의문이다. 방현석의 소설에서 성찰의 계기가 모두 베트남전쟁이라는 과거사에 연루된 것도 상상력의 다양한 측면에서 아쉬움을 안겨준다.

지구화는 짧은 시간에 공간을 이동할 수 있는 수단인 교통 수단의 발달과 인터넷을 통한 실시간의 정보 공유를 통해 가능해졌다. 지구화 현상 속에 '가까운 곳/먼 곳, 여기/저기, 친밀한 것/낯선 것'의 경계선은 일순간에 무너져내린다. 한국은 1988년 올림픽 이후 OECD가입 속에 지구화 체제에 편입된다. 해외여행객의 급증, 노동시장의 유연화와 제3세계 노동자의 대량 유입, 대량해고와 비정규직 노동자의 증가, 청년실업, 글로벌 스탠다드 등은 지구화 현상을 말해주는 객관적 지표이다. 최근 한국의 작가들은 이주 노동자, 혼혈인 등의 문제를 통해 지구화 현상을 점검한다. 한국에 유입된 제3세계 노동자들의 처지는 과거 1960, 70년대 경제 개발 속에 희생당한 한국인 노동자의 처지와 비슷하다. 한국인 노동자들은 경제성장 속에 어렵고Difficult 위험하고Dangerous 더러운Dirty 3D 업종보다 고소득을 주는 자리로 이동했고, 그 공백을 1988년 이후 유입되기 시작한 제3세계 후진국 출신의 이주 노동자들이 메우고 있는 것이다. 이 과정 속에서 노동계급의 분화 현상이 발생한다. 신자유주의 체제는 노동자를 정규직, 비정규직, 그리고 최하층인 제3세계 노동자로 계급 분화시켰던 것이다. 이것은 노동자 상호간의 연대를 해체시켜 자본가에 대응할 수 있는 노동자의 힘을 전반적으로 약화시키는 효과를 가져왔다. 문제 의식이 있는 한국의 일부 작가들은 제3세계의 외국인 노동자의 문제를 외부의 문제가 아닌 우리 내부의 문제로 인식하여 적극적으로 형상화한다. 이들은 제3세계 이주 노동자들이 공장의 부품 내지 노예가 아니라 우리와 같은 '인간'이라는 사실을 부각시키고자 노력한다. 이주 노동자라고 해도 모두가 똑같은 처지는 아니다. 한국어를 할 수 있는 조선족이 상층이라면 기타의 외국 노동자들은 그보다 더 밑바닥 계층이다. 천운영의 『잘가라 써커스』(2005), 공선옥의 『유랑가족』(2005)은 좀 더 나은 소득을 얻기 위해 한국으로 온 중국의 조선족이 등장한다. 결혼이나 노동 취업의 형태로 온 중국의 조선족들은 한국인의 보이지 않는 차별과 냉대 속에 소외된다. 천운영과 공선옥의 소설에서 조선족 출신으로 한국에 온 여성들이 비극적인 죽음을 맞게 되는 것도 중국의 조선족이 한국에서 소외된 주변부에 위치하고 있는 것과 관련성이 있다.

천운영과 공선옥의 소설이 중국의 조선족 문제를 일부 다루었다면, 김재영의 창작집 『코끼리』(2005)·박범신의 장편 『나마스테』(2005)·손홍규의 「이무기사냥꾼」(2005)·김중미의 장편 『거대한 뿌리』(2006) 등은 제3세계 노동자 문제를 중심적으로 형상화한다.

이 중에서 주목할 만한 작품은 지구화시대에 이주 노동자의 문제를 미학적으로 탁월하게 그리는 데에 성공한 김재영의 「코끼리」(2004)이다. 이 소설은 13살 혼혈인 소년의 눈에 비친 이주 노동자들의 힘겨운 삶이 등장한다. 소년인 '나'(아카스)는 네팔인 아버지와 조선족 어머니 사이에 태어난 반쪽의 한민족 구성원이다. 가난을 견디다 못해 소년의 어머니는 집을 나가버리고, 소년과 소년의 아버지는 십여 년 전 돼지축사로 쓰였다는 초라한 집에서 다른 이주 노동자와 함께 힘겨운 삶을 살아간다. 소년이 살고 있는 곳은 제3세계의 외국인 노동자들이 주로 일하는 3D업종이 몰려 있는 지역이다. 이곳에서 한쪽 손의 손가락 5개를 공장에서 전부 짤려버리자 비재 아저씨의 돈을 훔쳐 달아난 파키스탄 청년 알리, 막내아들의 심장수술 비용을 도둑질 당하고 같은 노동자인 노랭이의 돈을 강탈하는 비재아저씨, 탈색제로 얼굴을 세수해 얼굴을 하얗게 하려고 했던 '나', 공장에서 손가락이 짤린 네팔 출신의 쿤, 단속반에 걸려 조국인 스리랑카로 강제 추방된 토야 아빠, 관광나이트클럽에서 춤추는 금발의 러시아 아가씨 마리나, 미얀마 아저씨 투라, 우즈베키스탄 사람 세르게니, 이란 청년 샨, 노랭이라 불리는 진성도장에 다니는 인도 출신 나딤 몰라 등이 힘겹게 살아간다. 돈을 벌러 한국에 온 외국인 노동자들은 열악한 노동조건 속에 산재를 당해도 제대로 치료를 받지 못하고, 월급을 받지 못해도 제대로 이의제기를 하지 못한다. 소년 아카스는 한국에서 태어났지만 한국에 네팔 대사관이 없어 아버지는 혼인신고서도 못해 호적도 국적도 없는 신세이다. 아카스는 다니는 초등학교에서도 정식 학생이 아닌 청강생 신분일 뿐이다. 살아있지만 태어난 적이 없다고 되어 있는 혼혈인 소년의 처지는 한국에서 정당한 권리를 부여받지 못한 채 주변부에서 살아가는 제3세계 노동자의 삶을 상징적으로 보여준다.

제3세계 이주 노동자들은 1993년 산업연수생제도, 2004년 외국인 고용허가제를 통해 한국에 대거 들어온다. 그들은 2~3년간 일하다가 다시 고국으로 돌아가야 했지만 계속 불법체류자로 한국에 정착하여 살면서 한국사회는 이전에 겪어보지 못한 새로운 환경에 처한다. 약 40만 명의 외국인 노동자 중에서 일부는 한국 여성과 결혼하여 가정을 꾸민다. 한국은 가부장적 권위가 아직도 작동하는 세계이다. 이런 상황에서 한국 남성은 후진국 출신의 이주 노동자인 남성이 한국 여성과 교제하거나 결혼하는 것에 대해 심한 굴욕감과 권위의 위협을 느끼게 되고, 그것은 그대로 이주 노동자의 성문화에 대한 비판적 거부감으로 나타난다. 제3세계 남성 이주 노동자와 한국 여성과의 만남 속에 태어난 2세 혼혈아는 더욱 천대를 받게 되었던 것이다. 과거 혼혈인이 주한미군과 같은 서구인과 한국인 사이에서 태어났다면, 요새 혼혈인은 농촌 노총각과 동남아시아 여성, 한국 여성과 제3세계 출신 노동자 사이에서 태어난 코시안Kosian이 점점 많아지는 추세이다. 농촌의 노총각 등이 신부감이 부족해 동남아시아의 여성과 결혼해 새로운 가정을 꾸미는 것과 맞물려 코시안의 증가는 단일민족의 신화를 근간에서 뒤흔들고 있다. 이제 한국은 더 이상 단일민족국가가 아니라 다양한 민족과 인종이 어우러져 사는 다인종, 다민족 국가인 것이다. 「코끼리」에서 아카스, 『나마스테』에서 애린은 한국인과 이주 노동자 사이에서 태어난 코시안 혼혈인이다. 이들은 순수혈통주의를 강조하는 한국사회에서 아직은 이방인일 수밖에 없다.

이러한 혼혈인들의 증가는 지구화 현상이 촉진시킨 새로운 양상이다. 한국 여성과 결혼해 한국에 정착한 이주 노동자들은 '외국인 고용허가제' 시행 이후 그것에 해당되지 않는 경우 강제로 출국당해 생이별을 하기도 한다. 그래서 혼혈아들은 아버지 없이, 아내는 남편 없이 생활하는 고통의 시간을 감내해야 했다. 이것은 한국이 지구화 시대에 걸맞은 법령과 문화를 아직 갖추지 못했다는 것을 뜻한다. 일제식민지시대와 같은 민족의 수난 시기에 순수혈통을 강조하는 '민족주의'는 지배자인 일제에 저항하는 약소자의 '저항담론'으로 작동한다. 하지만 이런 상황이 해제되었음에도 불구하고 계속 한조상과 한가족이라는 단일민족의 신화가 무차별적으로 강조될 경우, 민족주의는 강자이자 다수 세력의 기득권적 배타성의 논리로 변질될 수 있다. 약소자인 제3세계 이주 노동자의 입장에서 보면, 강력한 단일민족주의 담론은 '우리'와 '그들'을 이분법적으로 편가름하는 배타적 담론이다. 민족주의 담론은 시대와 상황에 맞게 변해야 한다. 그렇지 못할 때 민족주의는 파시즘이나 인종차별주의 담론으로 변질될 수 있다. 이 시대에 한국의 작가들이 할 일은 문화론적 상대주의 입장에서 타자를 배려하고 끌어안는 형상화이다.

4. 복도훈을 비판한다

최근 문학평론가 복도훈은 「연대의 환상, 적대의 현실」(≪문학동네≫, 2006년 겨울호)에서 낡은 진영론적 관점에서 국경을 뛰어넘는 작금의 연대적 상상력에 대한 신랄한 비판을 가한다. 소위 말해 민족문학 진영이라 할 수 있는 김재영·방현석·오수연·김남일의 작품은 주체의 도덕적 나르시시즘적 욕망을 작품에 투영하여 상투적 작품을 생산하고 있다는 것이 복도훈 글의 요지이다. 국경을 뛰어넘어 연대를 주장하는 현재의 작품들이 어떠한 정신적 외상도 없이 작가의 도덕적 의분에서 출발하여 판에 박힌 듯한 작품을 찍고 있다는 복도훈의 고언. 개인적인 일상, 욕망에 집착하는 문인들을 질타하는 민족문학 계열의 문인들의 탈국가적 상상력은 복도훈의 주장에 의하면 위선적 나르시시즘에 불과하기에 도덕적 정당성을 상실하고 있다는 것이다. 그의 말에 따르면 탈국가적 연대를 주장하는 민족문학 계열의 일부 작가들은 똥 묻은 개가 겨 묻은 개 나무란다라는 형국에 다름 아니다. 이러한 그의 비판은 적실성 유무를 떠나 탈국가적 상상력에 대한 일종의 반성적 성찰의 시간을 제공하고 있다는 점에서 의미가 있다. 그러나 복도훈의 비판은 일부 수긍할 면도 있지만 전체적인 면에서 색안경을 끼고 텍스트를 해독한 당파주의적 산물이다.

복도훈은 민족민중문학 진영이 애용하는 정전인 김수영, 마르크스 등 소위 진보적 인사들의 말을 인용해 진보 진영을 비판하는 전술을 취한다. 문제는 이러한 인용구들이 어떠한 맥락에서 사용되었는지 삭제되어 있을 뿐 아니라 김수영이나 마르크스 등의 말들은 당대적 관점에서 발화된 것이고 현재적 관점에서 그것이 영구불변의 진리로 진보 진영의 후학들이 전혀 생각하고 있지 않다는 것이다. 따라서 맥락도 없는 인용문을 통해 민족문학 진영의 작품을 비판하는 식의 수법은 이제 좀 자제하는 것이 좋지 않을까. 아, 이 수법은 문학평론가 김형중이 「이것은 리얼리즘이 아니다」에서 즐겨 써먹던 진부한 수법이기도 하다.

복도훈은 한반도에서 살고 있는 문인들은 남북한 문제나 당면한 노동자 문제 등 한반도에서 일어나는 것에 한해서만 외상적外傷的 체험을 할 수 있다는 교조적 신념을 갖고 있다. 외상적 체험이란 개별 작가에 따라 다르고, 그 외상적 체험의 깊이도 역시 상황에 따라 그 정도가 다를 수 있다. 그런데 복도훈의 글을 읽어보면 외상적 체험에 대해 일정한 크기를 규격화하여 선험적으로 규정한 상태에서 그것에 미달할 경우 그것은 외상적 체험이 아닌 단순한 도덕적 울분에서 기인한 표피적 상상력으로 치부한다. 나는 복도훈이 생각하는 외상적 체험의 크기나 무게의 정확한 수치를 알고 싶다. 나도 그것이 무척 궁금하기 때문이다.

복도훈은 김재영의 「코끼리」와 「아홉 개의 푸른 쏘냐」를 예로 들면서 이들 소설이 "연민을 유도하는 서술기법을 통해 타자를 형상화할 뿐만 아니라 타자의 전형을 창조하기도 한다"고 언급한다. 숭고하고 순결한 이미지로 형상화되는 쏘냐는 "서술자의 리비도가 강렬하게 투자된 이미지나 환상"이라는 것이다. 복도훈은 리처드 로티의 이론을 활용해 쏘냐를 돕는 작중인물은 진정한 이타심이 아닌 나르시시즘의 욕망이 반영된 '연기자'로 규정한다. 자신이 행하는 일을 선행으로 인식하고 있는 서술 주체는 선한 행위를 배우처럼 연기함으로써 자신의 도덕적 우월감을 만족시키는 나르시시스트라는 것이 복도훈의 핵심 주장이다. 결국 김재영을 비롯한 민족문학 진영의 탈국가적 상상력은 연대를 빙자한 나르시시즘의 욕망으로 격하된다. 일견 복도훈의 주장은 논리적 타당성을 갖고 있다. 그러나 찬찬히 따져보면 복도훈의 주장이 지닌 논리적 허점은 이내 드러나고 만다. 인간의 선행은 기본적으로 자기 구원 내지 행복에 있다. 자신이 선행하고 있다는 것을 의식하지 못할 정도의 경지는 그렇게 쉽게 도달할 수 있는 지점이 아니다. 자신이 선행하고 있다는 것을 인지하지 못할 경우는 두 가지뿐이다. 선악을 판별할 지능이 없는 천치이거나 그것을 초월한 성인과 같은 초인이다. 복도훈은 김재영이 창조해낸 작중인물이 초인이 아닌 도덕적 우월감을 만족시키는 나르시스트에 불과하다고 혹평한다. 문제는 복도훈이 말하는 잣대를 들이내면 세상에 이기적인 나르시스트가 아닌 자가 거의 없다는 사실이다. 또한 복도훈은 나르시스트인 연기자와 그렇지 않은 존재를 명확하게 구분하고 있는데 그것을 판별할 수 있는 명확한 잣대가 존재할 수 있는지도 의문이다. 주체가 자신의 외부적 행위에 대해 선행을 쌓기 위한 것으로 이야기했다고 해서 무조건 부정적 나르시스트로 규정할 수 있는가도 의문이다. 불교에서는 공덕을 쌓으면 누구나 극락왕생하며 부활한다는 믿음이 있다. 복도훈의 잣대로 한다면 공덕을 쌓는 것을 주체가 인지하고 있기에 결코 극락왕생할 수 없는 부질없는 짓이다. 따라서 주체가 자신의 공덕을 인지하지 못할 때까지 공덕은 무한정 연기되어야 도덕적 정당성을 확보할 수 있다. 획일적인 도덕적 잣대를 들이대는 일부의 경향에 대해 비판하던 복도훈이 오히려 거의 아무도 지킬 수 없는 엄격한 도덕적 잣대를 들이밀어 비판하는 자승자박의 아이러니를 연출하고 있는 셈이다. 주체의 나르시시즘이 있느냐 없느냐가 중요한 것이 아니라 그것을 자각하면서 극복하려는 고투苦鬪의 과정이 훨씬 중요하다. 이러한 사실을 안타깝게도 복도훈은 망각하고 있는 것은 아닐까.

복도훈은 김재영의 「코끼리」와 「아홉개의 푸른 쏘냐」가 "이주 노동자나 불법체류가 겪는 현실의 단면이라기보다는 고통을 받고 있으며 앞으로도 영원히 그러할 이주 노동자들이나 불법체류자라는 강렬한, 스테레오타입의 이미지 다발"이라고 비판한다. 이 문장에서 주목할 단어는 '영원히'라는 기호이다. '영원히'는 변하지 않고 끝까지 그것이 지속된다는 것을 의미하기에 최상급의 표현이다. 그 이상의 최상급 표현은 존재하지 않는다. 김재영이 소설이나 인터뷰 등에서 이러한 노동자의 현실이 영원히 계속될 것이라는 식으로 말한 것을 나는 본 적도 들은 적도 없다. 이것은 달리 말해 복도훈이라는 주체의 욕망이 텍스트에 끼여들어 만들어낸 허구적 환상에 불과하다. 아무데서나 최상급 표현을 낭비해서는 곤란하다. 복도훈이 비판한 탈국가적 상상력의 상투성을 따져보자. 문학에서 상투성은 내용이나 형식이 습관적인 반복행위 속에 재생산되어 매너리즘에 봉착할 경우에 사용된다. 그런데 이주 노동자를 형상화한 김재영의 작품은 이주 노동자의 문제가 제대로 형상화되지 못한 상황에서 나온 초기 작품이다. 이주 노동자의 문제를 형상화한 문학적 작품이 다량으로 쏟아져 나온 상황에서 김재영의 작품을 상투성이라고 언급한다면 그것은 적절할 수 있다. 그러나 이주 노동자를 그린 소설이 겨우 나오는 시점에서 스테레오타입의 이미지 다발이라고 말하는 것은 조급증의 악의적 발언이라 하지 않을 수 없다.

복도훈은 「아홉개의 푸른 쏘냐」에서 러시아인 금발의 쏘냐가 한국에서 폭력과 고통에도 불구하고 순결성과 숭고함을 지닌 것으로 형상화되는 것은 작가의 리비도가 투사되어 만들어낸 이미지나 환상으로 규정한다. 한 마디로 복도훈은 김재영이 현실과 무관한 순결하고 숭고한 쏘냐라는 전형을 창조하여 상투성의 오류를 범했다는 것이다. 그렇다면 김재영은 다른 작품에서도 외국의 이주 노동자를 대해 무조건적으로 순결한 모습으로 형상화했을까? 「코끼리」에서 주인공인 13살의 '나'는 가게에서 슬쩍 물건을 훔치고, 파키스탄 청년 알리는 비재 아저씨의 돈을 훔쳐 달아나고, 저축한 돈을 잃은 비재아저씨는 노랭이를 때려눕히고 지갑을 훔친다. 이주 노동자들은 그들이 처한 상황 속에서 본래의 성품을 잃고 전혀 다른 악한의 가면을 쓰고 등장한다. 이러한 악한들은 열악한 한국의 노동 현실이 조장한 것이다. 이처럼 김재영은 「코끼리」에서 이주 노동자들을 반드시 선악의 관점에서 선인으로만 편향되게 형상화하지 않는다. 「코끼리」에서 상황적 악한을 형상화한 김재영이 후속작인 「아홉개의 푸른 쏘냐」에서 순결성과 숭고성을 간직한 쏘냐를 그렸다고 해서 그것이 상투적 인물의 형상화라고 과연 말할 수 있을까? 오히려 상황적 악한의 인물을 다시 등장시켰다면 이전 작품과 차별성이 없는 상투성의 오류를 범했다고 복도훈은 비판하지 않았을까? 이처럼 한 작가의 작품을 비판할 때 전후 맥락을 고려하지 않은 비판은 비판을 위한 비판일 수밖에 없다.

천민자본주의에 사로잡힌 일부 한국인들은 후진국 출신의 이주 노동자에 대해 근거 없는 우월감을 표출해왔다. 이것은 한국 사회에서 자신이 처한 열등감의 표출이자 타자를 폄하해 자신의 우월감을 확인하는 기만적 자기합리화의 산물이다. 이 과정 속에서 제3세계 이주 노동자들에 대한 한국인의 일반 의식은 긍정적이기보다 부정적으로 형성된 것이 사실이다. 순수혈통주의를 신봉하는 일부 한국인들은 후진국 출신의 이주 노동자에게 가난, 교활, 어리석음, 짐승, 야만, 질병, 불결 등 부정적 이미지를 덧씌워 자신의 편파적 차별과 근거 없는 우월을 합리화시켰던 것이다. 이것은 서구가 동양을 지배할 때 사용하던 기만적 오리엔탈리즘을 모방해 대상을 바꿔 사용한 것에 지나지 않다. 그것은 제대로 된 이주 노동자의 모습이 아니라 한국이 바라보고 싶어 하는 대로 바라본 또 하나의 왜곡된 자화상이 아닐 수 없다. 이런 상황에서 이주 노동자를 부정적으로 형상화하는 것은 제3세계 이주 노동자의 왜곡된 이미지를 강화시키는 데에 이용될 수 있다. 따라서 이 시점에서 필요한 형상화 작업은 기만적인 인식의 산물인 '이주 노동자=열등, 야만, 불결' 등의 부정적 고정관념을 해체하는 것이다. 김재영의 「아홉개의 푸른 쏘냐」에서 쏘냐를 순결하고 숭고한 이미지로 그릴 수밖에 없었던 것도 바로 이러한 전후 상황에서 나온 것이다. 그런데 복도훈은 이것을 전혀 고려하지 않고 단순하게 쏘냐를 착한 천사로 그렸다고 해서 상투성의 오류를 범했다고 비판한다. 그의 비판이 타당성을 획득하려면 이주 노동자의 모습을 그린 소설이 좀 더 많이 나오거나, 근거 없는 한국의 우월주의에 대한 깊은 반성이 어느 정도 이루어진 경우에 해당한다.

복도훈은 김재영·방현석·오연수 등의 작품을 매섭게 비판한 것에 비해 손홍규의 「이무기 사냥꾼」은 높게 평가한다. 이 작품에서 이주 노동자는 착한 선인 대신 자신이 희생자임을 연기하는 교활한 방글라데시 청년 알리로 등장한다. 복도훈이 이 소설을 상찬한 것은 미학적 완결성 때문이 아니라 선량한 외국인 대신 불량한 외국인을 등장시키는 상상력 때문이다. 여기서 주목할 것은 작가들의 형상화 작업은 선배 작가나 선행 작품에 대해 끊임없는 영향의 불안 관계에 놓여 있다는 점이다. 따라서 비슷한 소재나 주제를 창작하는 후대의 작가들은 앞선 작품과의 차별성을 확보하기 위한 창조적 고민을 할 수밖에 없다. 김재영의 「코끼리」는 ≪창작과비평≫ 2004년 가을호에 실렸고, 손홍규의 「이무기 사냥꾼」은 ≪문학동네≫ 2005년 여름호에 실렸다. 이것은 작가 손홍규가 「코끼리」에 대한 대타적 의식 속에 창조적 변용의 길을 택할 수밖에 없는 전후 사정을 말해준다. 다시 말해 「코끼리」에서 비교적 선량한 외국인 노동자가 등장했기에 손홍규는 영향에 대한 불안 속에 이와 다른 상상력을 발휘할 수밖에 없었다는 것이다. 이것을 고려하지 않은 채 단순하게 손홍규의 소설에서 선량하지 않은 외국인 노동자가 등장했다고 해서 다른 작가의 소설보다 높은 평가를 내리는 것은 평자의 단순무식을 폭로할 뿐이다. 더욱이 복도훈은 「코끼리」가 외국인 노동자인 타자의 입장에서 내면의 아픔을 형상화하여 미학적 성취를 이룩한 부분에 대해서는 둔감하다. 이에 비해 복도훈은 손홍규의 「이무기 사냥꾼」이 보여준 미학적 결함에 대해서는 애써 눈을 감는다. 「이무기 사냥꾼」은 빨치산, 근친상간, 이무기, 죽는 행세 등 자극적인 소재와 반전이 등장하지만 설정이 비현실적일 뿐만 아니라 작위적인 느낌이 강하다. 특히 결말 부분에서 알리가 옥탑방 보증금을 챙겨 도주한 부분은 반전을 위한 반전일 뿐 서사적 개연성과 거리가면 우연성의 산물이다. 「이무기 사냥꾼」에 대한 복도훈의 상찬은 ≪문학동네≫ 출신의 평론가가 자신의 소속지인 ≪문학동네≫에 실린 작품을 무조건 주례사비평 하는 편향적 당파성으로 해석될 수 있다. 공교롭게도 손홍규와 복도훈은 같은 대학(원) 출신이기도 하다. 복도훈의 글에서 연고주의, 정실주의, 패거리주의라는 악취를 느낀 것은 나만의 과잉반응일까.

그 동안 민족문학 진영의 작가들은 자국의 문제에 집착해왔던 것이 사실이다. 하지만 1990년대 이후 주체의 무력화와 전망의 상실 속에 일부 작가들은 타국을 통해 자국 문학의 새로운 가능성을 찾는다. 그런데 김형중은 이러한 움직임을 민족문학의 논리를 들어 당면한 현실에 대한 도피로 규정해 공격했고, 복도훈은 외상적 체험도 없는 상황에서 국경을 넘는 연대적 상상력은 상투성과 나르시시즘으로 흘렀다고 비판한다. 이러한 비판들은 문학주의 진영 평론가들이 평소 그렇게 경멸했던 일방적 잣대로 사물을 판단하는 재단비평의 폐해를 그대로 답습하고 있다. 다원주의를 주장한다면 당면한 한국의 현실을 제대로 파악하기 위해 또 다른 길을 이용했다고 비판할 일이 아니라 오히려 긍정적으로 바라보아야 할 것이다. 복도훈이 비판한 작품들이 완벽한 것은 아니다. 분명 한계는 존재한다. 그러나 비판의 칼날이 부족한 점을 제대로 짚어야지 엉뚱한 것을 들어 비판한다면 그것은 비판이 아니라 악의적인 비난이다. 혹시 다른 사람의 다리를 긁고서 아직도 여전히 가렵다고 생각하고 있는 것은 아닌가. 복도훈이 지적한 서술 주체의 나르시시즘 부분은 분명 반성의 계기를 제공했다는 점에서 의미는 있다. 그러나 그의 문제 의식은 올바른 길을 가지 못한 채 곁길로 새면서 문제 의식은 자기 식구 챙기기로 변질된다. 현란한 이론과 인용을 통한 편협한 당파성의 글쓰기는 비평을 여러 번 죽이는 일임을 부디 잊지 말기 바란다. 이번 복도훈의 비평은 문학주의 진영의 정당성을 홍보하기 위한 일종의 총알받이 성격의 글이었던 것이다. 나는 후배 평론가인 복도훈의 글에서 근시안적 색맹의 비평을 보았다는 점에서 우울하지 않을 수 없었다. 능력 있는 복도훈이 좀 더 건설적인 문제에 매달리기를 희망한다.

5. 탈국가적 상상력의 미래는?

지구화의 물결 속에서 국민국가의 경계선은 유목민적 금융자본의 공습에 의해 무력화되고 있다. 문제는 이러한 지구화가 미국 등 강대국 주도하에 이루어지면서 중산층이 몰락하고 부익부빈익빈이라는 '20 대 80이라는 악순환의 양극화 세계'가 전개되고 있다는 점이다. 20세기 말 중산층의 몰락은 사회의 안정 세력인 중간지대가 소멸된다는 것을 의미한다. 민주주의는 광범위한 중산층이 존재할 때 꽃필 수 있는 것이기에, 사회적 양극화 현상은 필연적으로 민주주의의 위기를 불러온다. 현실 사회주의권의 몰락 후 대적 상대가 없었던 자본주의 체제는 새로운 위기에 직면하고 있는 것이다. 자본주의의 승리가 확정된 이 시기에 역설적으로 자본주의의 근본적 위기가 도래하고 있다는 사실. 현실 사회주의는 역사적으로 패배함으로써 역설적으로 승리의 길을 가고 있는지 모른다. 빈곤의 세계화는 약자인 빈자들을 결집시켜 이에 대항하는 저항의 세계화를 초래하고 있는 것이다.

1990년대 들어 지구화 현상 속에 국가 간의 경계선이 이완되면서 자국에 갇혀 있던 한국 작가들의 상상력은 자연스럽게 타국으로까지 확장된다. 지구화 시대에 한 지역의 문제는 특정 지역의 것만이 아니 다른 지역의 문제이기도 하다. 한국의 작가들은 국민국가 체제에 대한 반성, 분단체제와 분단이데올로기 넘어서기, 엑조티시즘을 통한 이국으로 공간 확장, 타자의 거울을 통한 자기성찰, 다국적·다인종의 국가로 변신하는 국내 상황 등을 탈국가적 상상력을 통해 보여주었다. 이 중에서 특히 2000년 6월 15일 남북정상 회담 이후 6·15시대가 개막하면서 남한을 넘어 북한까지 문학적 상상력을 확장하는 시도가 늘어나고 있다. 이국 취향인 엑조티시즘도 단순하게 이국 풍경을 나열하는 것에서 현지 원주민이나 타국을 이해하려는 소통의 계기로 활용하려는 모습도 보인다. 탈국가적 상상력은 국가, 민족, 인종, 성별 등 다양한 범주 속에 상호 고립되어 있던 존재들을 상호 연결시킬 수 있다는 점에서 그 중요성은 결코 작지 않다. 지구화 내지 세계화가 각국 상호간의 이해와 협력보다 작은 것들인 난장이의 소중함이 무시되고 덩치가 큰 거인들의 패권적 이익을 확보하는 방향으로 전개되고 있는 상황에서 탈국가적 상상력은 이것에 저항하는 유효한 수단일 수 있다.

탈국가적 상상력의 등장 속에 민족을 단위로 한 민족문학론은 더욱 위축되고 있다. 그러나 이러한 식의 전개는 반드시 바람직한 것이 아니다. 탈국가적 상상력이 기존의 경계를 뛰어넘으려는 몸짓을 보여주고 있는 것은 사실이다. 하지만 이러한 '탈'이 기존의 모든 것을 무가치한 것으로 평가하는 것은 아니다. 우리는 홀로 존재하는 것이 아니라 관계 속에 존재한다. '탈'이라는 것도 기존의 경계선이 존재하는 상황에서만 '탈'이 가능하다. 모든 경계선이 소멸할 때 '탈'도 존재할 수 없다. 다시 말해 '탈'이 기존의 모든 경계선을 부정적으로 바라보고 있는 것은 아니라는 점이다. 현실적으로 모든 경계선이 해체된 세계는 존재할 수 없다. 미국 주도하의 세계화 속에 민족이나 국가라는 단위는 때로는 자신의 현재적 위치를 파악할 수 있는 유효한 지표이다. 이러한 지표의 부재는 자신의 위치도 파악하기 힘들다는 것을 의미한다. 저항적 주체로서의 민족이나 국가라는 범주는 아직도 유효하다. 그러나 이러한 유효성은 한시적이고 제한적이다. 민족과 국가라는 범주가 또 다른 배타적 범주로 작용하여 약소자를 핍박할 경우에는 그것은 극복해야 할 대상이 된다. 거의 모든 것에는 빛과 어둠이라는 양면성이 있다는 것. 탈국가적 상상력은 이러한 양면성을 충분히 고려했을 때 그 미래는 밝을 수 있다. 그렇지 못할 때 자칫 잘못하면 탈국가적 상상력은 초국가적 자본주의의 유통로를 개척하는 수단이나 주구로 전락할 수 있다. 리얼리즘이나 모더니즘, 민족문학론이나 문학주의라는 양자의 대립은 '탈'을 유연화시키는 것이 아니라 경직되게 할 뿐이다. 진정한 '탈'을 위해 편협한 당파성은 모두에게 독이 될 뿐이다. 이제 필요한 것은 거대한 적에 맞서 싸우기 위한 연대와 제휴, 그리고 이질적인 상호간을 이해하기 위한 '탈국가적 상상력'이다. 우리는 실존적 개인이자, 국민이자, 세계시민이다. 이러한 다면성의 층위를 고려한 '탈'이 진정한 '탈'이 아닐까.

이것은 스펙터클이 아니다

1. 시몬과 스펙터클 환상의 양면성

여러분, 시몬을 아시나요? 모르신다고요. 어허, 이런 일이. 세계적으로 유명한 여배우 시몬을 모르시다니. 당신은 분명 세상사에 둔감한 존재가 분명하오. 지금 즉시 시몬이 누군지 네이버로 검색하기 바라오.

앤드류 니콜 감독의 영화 〈시몬simone〉(2002)에서 '시몬'은 컴퓨터가 창조한 사이버 여배우 프로그래밍 소프트웨어인 '시뮬레이션 원simulation one'의 약어이자 사이버 여배우의 이름이기도 하다. 이 영화에서 등장인물인 영화감독 빅터 타란스키(알 파치노 분)는 유명한 여배우를 섭외하지 못하자 사이버 프로그램을 통해 완벽한 미모의 여성 '시몬'(레이첼 로버츠 분)을 창조해 영화를 제작한다. 시몬은 실재가 아닌 빅터 타란스키의 욕망이 주입되어 탄생한 가공의 이미지인 것이다. 사이버 여배우 시몬이 주연한 영화가 대박이 나면서 시몬은 더 이상 상상적, 환상적 존재가 아닌 시뮬라크르한 실재가 된다. 가상의 존재인 시몬을 실재한 것처럼 보이기 위해 감독은 더 많은 연출된 거짓말을 생산하고, 이 거짓말은 시몬을 더욱 더 확실한 실재로 만드는 역할을 한다. 타란스키의 욕망에 의해 탄생한 스타 시몬은 점차 타란스키를 배제한 채 홀로 존재하는 현상이 벌어진다. 쭉쭉빵빵의 시몬은 영화만이 아니라 스펙터클 환상이 번성하는 곳이라면 어디든지 존재한다. 스펙터클한 시몬은 단순히 시각성의 이미지만을 말하지 않는다. 기 드보르는 『스펙터클의 세계』에서 "스펙터클은 이미지들의 집합이 아니라, 이미지들에 의해 매개된, 사람들 간의 사회적 관계이다"라고 언급한 바 있다. 시몬은 사용가치보다 교환가치적 논리가 압도적인 현실 세계를 반영한 상징적 기호인 것이다.

스펙터클spectacle은 보는 이를 압도할 정도로 규모가 크고 볼거리가 많은 거대한 장관을 보통 의미한다. 스펙터클이 창조해내는 것은 현실보다 더 현실 같은 거대한 볼거리로서의 환상이다. 인간의 결핍된 욕망을 블랙홀처럼 빨아들이는 볼거리라면 스펙터클 환상(또는 이미지)이 생성되는 최적지이다. 근대 이후 스펙터클의 환상을 주도적으로 창조한 것은 '계몽주의, 합리적 이성, 근대성, 민주주의, 사회주의, 자본주의, 문명화' 등의 항목이었다. 이것에서 보듯 스펙터클의 환상이 반드시 부정적이었던 것은 아니다. 스펙터클 환상은 세계에 대한 진보적 낙관 속에 인류 역사를 발전시킨 면이 있다. 그러나 불행히도 20세기 후반 들어 스펙터클 환상은 거대담론보다 상품성과 관련되면서 부정적 의미로 많이 유통된다. 근대가 꿈꾼 스펙터클 환상으로서의 유토피아는 사라진 채 환멸에 가득찬 디스토피아의 현실이 우울하게 전개되고 있는 것이다. 스펙터클이라는 기호는 기표와 기의로 분열한 채 상품 소비적, 일시적 관계로 변질된 것이다. 이때 주도권을 쥔 것은 기의가 아닌 기표라는 이미지이다. 기표는 20세기 들어 끊임없이 미끄러지면서 불안정한 새로운 기의를 낳고, 그것은 스펙터클 이미지의 원더랜드wonderland로 초대하는 중요 통로이다. 이미지가 대량생산 되고 대량소비되는 스펙터클 사회는 실제적 체험이 아닌 추상적 이미지가 지배한다.

이러한 상황에서 스펙터클과 소설은 궁합이 잘 맞는 천생연분보다 불편한 관계를 형성한다. 스펙터클의 이미지는 순차적이 아니라 영화에서 보듯 동시적으로 일순간 존재에게 압도적으로 전달된다. 하지만 문자매체의 특성상 문학은 이것이 불가능하다. 소설은 묘사나 서술을 통해 거대한 볼거리를 표현하지만 그것은 일정한 시간을 소요하게 만든다. 스펙터클의 이미지는 기본적으로 빠른 속공인 데 비해, 소설에서 보여주는 스펙터클의 이미지는 기본적으로 느린 지공이다. 더욱이 영상매체는 스펙터클의 이미지를 구체적으로 표현하지만, 문자매체인 문학은 영상에 비해 추상적이다. 그렇다면 문학에서 스펙터클의 이미지 표현은 불가능한 것일까. 그것은 아니다. 소설은 영상매체와 다른 방식으로 스펙터클의 이미지를 표현한다. 소설은 영상매체에 비해 일시적 재현 능력은 뒤떨어지지만 문장과 문장, 단어와 단어 사이에 존재하는 여백의 틈을 상상력으로 메워 스펙터클의 이미지를 생산한다. 영화만큼 이미지를 구체화할 수 없다는 소설의 한계성은 오히려 스펙터클의 환상을 만드는 데에 더욱 강력한 힘을 발휘한다. 또한 소설은 영상매체보다 스펙터클의 이미지가 지닌 다양한 층위를 효과적으로 드러낼 수 있다. 특히 (본격)소설은 스펙터클의 상처와 그늘을 드러내는 성찰의 서사에 있어 발군의 실력을 보여준다. 이처럼 문자매체와 영상매체는 각기 고유의 영역을 바탕으로 상호보완적인 스펙터클의 이미지를 보여준다. 이 글은 2000년대 소설에 나타난 스펙터클의 다양한 양상에 대한 탐색이다.

이제, 시몬을 아시겠다고요. 다행입니다. 그럼, 시몬이 보여주는 스펙터클의 세계로 여행을 떠나보기로 하죠. 카운트다운 돌입.

2. 스펙터클에 대한 매혹과 근대성

봉건주의 시대가 종료되고 르네상스 시기를 거치면서 사람들은 새로운 꿈의 실현을 위해 도시로 몰려갔다. 대규모 인구의 유입은 대량생산과 거대 소비시장의 생성을 의미한다. 18세기의 산업혁명은 수공업시대를 마감하고 공장의 기계제공업을 도입해 상품의 대량생산 시대를 연다. 대지 위에 수직으로 우뚝 선 공장의 굴뚝은 신(또는 자연)과 귀족에게 종속된 질곡의 삶을 끝내고 인간이 만물의 중심이라는 근대의 인간중심주의를 표상했다. 밋밋했던 평원에 우뚝 선 기계식 공장과 하루가 다르게 높아져 가는 고층건물은 근대성이라는 환상을 대규모로 유포했다. 서구의 근대는 계몽적 이성에 대한 무한 신뢰 속에 인류의 장밋빛 발전을 낙관한다. 문명의 이기인 사진기, 전신·전화기, 기차, 비행선, 비행기, 항공모함 등도 위대한 인간을 표상하는 객관적 상징물로서 거대한 스펙터클의 환상을 만든 주역들이었다. 스펙터클한 근대성의 환상에 도취된 서구인들은 아직 근대화에 이르지 못했던 비서구인들을 '문명/야만'이라는 이분법적 틀 속에서 야만으로 규정했다. 서구인들은 문명화의 사명을 빙자하여 제국주의적 침략을 합리화했고, 세계 곳곳에 식민지를 건설했다. 막강한 군사력과 근대의 문명 이기를 앞세운 서구인의 공세 속에 비서구인들은 근대에 대한 매혹과 불안이라는 양가적 감정을 갖게 된다. 구한말 조선도 1876년 반강제의 개항 속에 서구적 근대와 조우하게 된다.

신경숙의 장편 『리진』은 19세기말 조선 궁중의 무희로서 주한

공사의 아내가 되어 프랑스 파리로 간 리진의 일생을 통해 근대성의 다양한 측면을 흥미롭게 그리고 있다. 이 소설에서 방점은 구한말 조선보다 거대한 스펙터클의 이미지를 생산하는 프랑스 파리에 찍혀 있다. 프랑스 주한공사 콜랭은 조선 궁중에서 아름답게 춤추는 무희 리진의 이미지에 매혹된다. 콜랭이 리진에게 매혹된 것은 시각적 스펙터클의 이미지에 익숙해 있다는 사실에서 연유한다. 콜랭은 왕의 여자인 궁녀 리진과 일정한 거리로 분리되어 있고, 이 거리는 스펙터클적 환상을 키우는 조건이 된다. 조선에서 리진은 무희로서, 콜랭은 이방인으로서 이국적인 엑조티시즘을 통해 조선인에게 볼거리를 제공한다. 당시 조선에는 콜랭과 같은 서구인들이 조선 아이들을 납치해간다는 괴소문이 돌았는데, 이것은 서구에 대한 조선인들이 불안 의식이 낳은 산물이다.

조선에서 볼거리로서 공통점을 지녔던 리진과 콜랭은 함께 파리로 떠난다. 아시아의 변방인 조선 출신의 리진은 파리에서 무엇을 보았을까. 당시 프랑스 파리는 거리를 중심으로 봉마르셰 백화점, 루브르 박물관, 대성당, 모르그, 오페라 극장 등 스펙터클의 이미지가 넘실거렸다. 특히 프랑스 파리 사람들은 죽은 시체마저도 유리 진열장에 전시해 볼거리로 만드는 '모르그'를 선보인다. 거리에 넘실거리는 볼거리는 이것을 천천히 구경하는 만보객을 등장시켰고, 리진도 이 만보객이 되어 파리의 거리를 감상한다. 만보객은 근대적 볼거리를 통해 근대적 문명이 제공하는 환상에 도취된 존재이다. 파리의 근대적 볼거리는 문명화되지 못한 조선의 현실과 비교되어 리진에게 신선한 충격을 안겨준다. 파리는 볼거리라면 모두 상품화시키는 자본주의의 포식성을 드러낸다. 볼거리는 곧 돈인 것이다. 봉마르셰 백화점의 사장 부인은 리진이 제작한 이국 취향의 부채를 백화점의 상품으로 탈바꿈시킨다. 리진은 파리에 와 근대적 풍경에 매혹되었지만 점차 자신은 파리 시민이 될 수 없다는 자괴감에 휩싸인다. 조선에서와 마찬가지로 파리에서 리진은 보는 주체인 구경꾼이라기보다 보여지는 타자인 볼거리로 취급된다. 특히 서구보다 열등한 오리엔탈리즘의 대상이었던 것이다.

> 도시는 구경꾼들로 이루어졌다.
>
> 문만 열고 나가면 볼거리투성이였다. 리진도 파리의 구경꾼이었다. 눈에 들어오는 모든 것이 관찰의 대상이 되었다. 건축물이나 전시물이나 출판물, 사람들까지도. 물론 파리 사라들에게 자신이 흔치 않은 구경거리라는 것도 리진은 알았다. 어딜 가나 뭇 시선의 대상이라는 것을. 조선에서 춤을 익히기 시작한 다음부터 사람들의 시선에 익숙한 리진이었다. 춤추는 리진을 바라보는 시선에는 경탄이 함께 했다. 그러나 대도시 사람들의 시선 속에는 엿봄만 있었다. 리진은 자신이 영원히 파리 시민이 되지 못하리라는 것을 엿보는 그 시선에서 어렴풋이 알아차렸다. (…중략…) 구경하길 좋아하는 도시 사람들에게, 파리 거리에 단 한 사람밖에 없는 조선 여인 리진은 새로운 구경거리였다.
>
> (신경숙, 『리진』 2권, 문학동네, 2007, 68~69쪽)

조선에서 리진은 다양한 이름인 애기야, 은방울, 진진, 서나인, 이화로 불려진다. '리진'이라는 이름은 조선에서 파리로 떠나기 전 왕이 자신의 성을 하사해 만든 이름이다. 프랑스 파리에서 주체성을 가지고 살라는 이름이었던 '리진'은 근대성의 도시 속에서 점차 자신의 정체성을 상실해간다. 서구적 근대성의 세계를 알아가면 갈수록 그것에 미달한 열등한 자신을 자각했던 것이다. 서구적인 미의 기준으로 보면 리진의 육체는 함량미달의 불량품으로 여겨졌던 것이다. 프랑스에 와서 성대한 결혼식을 열겠다는 콜랭의 약속도 지켜지지 않는다. 리진은 프랑스에서 법적으로 콜랭의 부인이 되지 못했던 것이다. 파리에서 살지만 프랑스인도 아니고, 그렇다고 조선인도 아닌 경계선의 리진은 극도의 불안감 속에 몽유병에 걸린다. 리진의 몽유병은 파리에서 주체로 서지 못한 자신을 보호하기 위한 서글픈 퇴행의 전략이자 이전 세계인 고향으로 차라리 돌아가고 싶은 욕망의 분출이다. 운 좋게 조선에 돌아온 리진은 콜랭과 강제로 헤어져 궁녀의 위치로 원대복귀된다. 근대의 자유로운 세계를 맛본 리진에게 가부장적, 봉건적 굴레에 다시 종속되는 것은 또 다른 고통이다. 조선 최초의 신여성이라고 할 수 있는 리진은 어머니와 같은 존재인 왕비의 비극적 타살 앞에 절망한 채 자살함으로써 '근대/전근대, 보는 주체/보여지는 타자, 구경꾼/볼거리, 우월/열등, 지배자/피지배자' 사이의 갈등과 분열에서 도피한다. 리진은 구한말 조선이 근대화에 실패했던 것처럼 짧은 삶을 마감했던 것이다.

근대는 매혹적인 스펙터클 환상을 만들었지만 그 혜택을 보는 것은 소수에 불과하다. 서구 백인, 남성, 부르주아가 시선의 권력을 쥔 응시자였다면 동양인, 여성, 프롤레타리아는 볼거리인 대상에 지나지 않았다. 소설가 편혜영은 계몽적 합리성을 내세운 근대가 지닌 문제점을 「만국 박람회」에서 비판적으로 조명한다. 박람회는 근대화의 과정에서 성취한 과학의 발전과 인간의 진보, 그리고 장밋빛 미래를 볼 수 있는 거대한 볼거리의 축제이다. 각 나라들은 박람회에 전시되는 일상용품이나 문화용품을 통해 자국이 지닌 권력, 경제력, 문화적 우수성, 문명화 정도를 알리는 계기로 활용한다. '만국 박람회'는 자국의 근대성을 세계에 알려 인정받는 우승열패의 스펙터클 경연장이었던 셈이다. 그러나 편혜영의 소설 속에서 '만국 박람회'가 열리는 장소는 수해로 인해 고통을 받는 저주의 땅이자, 꿈과 미래를 제시하기보다 사기술에 가까운 마술만이 존재하는 디스토피아의 땅이다. 돈을 벌기 위해 소년을 개와 싸우게 만드는 만국 박람회의 풍경은 목격하는 것을 위해서라면 수단방법을 가리지 않는 비인간적 풍경을 드러낸다. 인간을 위한다는 근대가 오히려 인간을 억압하고 상품화시켰던 것이다. 소년 주인공이 투견을 피해 검은 상자 속에 원숭이 대신 들어가는 장면은 인간의 사물화 현상을 상징적으로 보여준다. 편혜영이 형상화한 만국 박람회는 자국의 위세를 선전하는 스펙터클 전시장이 아니라 오히려 근대 문명이라는 가짜의 마술이 조장한 스펙터클의 환부를 보여주는 폭로의 현장이다.

3. 교환가치적 이미지와 괴물의 출현

스펙터클 사회는 사용가치보다 교환가치가 지배하는 세계이다. 주체의 본질보다 외부로 보여지는 이미지가 더욱 중요하다. 스펙터클 사회에서는 눈에 보이는 것만이 진실이다. 그러나 눈에 보여지는 것만이 진실의 전부는 아니다. 앤디 워쇼스키와 래리 워쇼스키 감독의 영화 〈매트릭스〉(1999~2003)에서 보듯 오히려 눈에 보이지 않는 것들이 진실일 수가 있다. 김중혁의 「멍청한 유비쿼터스」는 유비쿼터스ubiquitous 정보 시스템을 지향하는 U사의 컴퓨터 보안을 점검하는 해커를 그린 소설이다. 이 소설에서 해커인 '나'는 본사의 인사관리팀장이라고 속여 U사의 네트워크에 쉽게 접속해 해킹한다. 이것이 가능했던 것은 사람들이 고정된 이미지를 믿음으로, 사실로 생각하고 있기 때문이다. 의사가 돈 많을 것이라는, 소설가는 담배를 많이 피울 것이라는 이미지를 그대로 믿는 것은 바깥으로 드러난 기표에 절대적 신뢰를 보내는 스펙터클 사회의 특성에서 기인한다. 해커인 '나'는 본사의 인사관리 팀장이라는 이미지를 제공하여 손쉽게 보안을 뚫을 수 있었던 것이다. 이러한 스펙터클 이미지가 지배하는 사회는 학벌주의, 외모

지상주의, 황금만능주의가 전면화된다. 진정성의 기의보다 상품성의 기표에 절대적 가치가 있는 셈이다. 문제는 이미지의 자본을 소유한 것은 소수이고 다수는 이미지의 프롤레타리아는 점이다. 스펙터클 사회는 정글 자본의 논리가 작동하면서 상품성 있는 이미지를 소유한 20% 대 소유하지 못한 다수인 80%로 대변되는 양극화 사회이다. 이것은 다수가 스펙터클 사회에서 소외되어 있음을 의미한다. 따라서 이미지의 자본을 소유하지 못한 다수는 이미지의 자본을 소유한 소수가 되기 위해 몸부림칠 수밖에 없다.

작가 정이현은 남녀 간의 성 풍속도를 통해 스펙터클 사회의 단면을 그려낸다. 그녀의 출세작인 「낭만적 사랑과 사회」에서 중산층 집안의 대학생 여주인공인 '나(유리)'는 남자친구를 고를 때 학벌이나 경제적 능력을 따져 선별한다. 서울에서 제일 좋은 대학의 의대생인 상우, 지방대생이지만 은색 투스카니 스포츠카를 몰고 다니는 민석도 이런 기준에 충족되어 선택된 존재들이다, 그러나 이들은 유리를 충분히 만족시키는 스펙터클한 결혼 대상이 아니다. 유리는 구질구질한 중산층이라는 틀을 벗어나기 위해 능력 있는 남자를 만나 신분상승하는 신데델라가 되고 싶은 것이다. 이러한 신데렐라 콤플렉스는 처녀성이라는 상품성의 극대화를 통해 백마 탄 왕자님을 만나고자 한다. 이것을 위해 유리는 남성의 시선의 대상인 자신의 이미지 관리에 철저하다. '유리'가 흡연을 하지 않는 것도 건강상의 이유가 아닌 남자들이 좋아하지 않는다는 이유에서이다. 유리는 구강성교와 같은 자유분방한 애정 행각을 보이지만 성기를 통한 성적 결합은 단연코 거부한다. 이것은 처녀성이라는 상품성을 유지해 괜찮은 남자를 사로잡으려는 고도의 치밀한 안배에서 나온 것이다. 유리는 부유한 집 막내아들이자 미국의 로스쿨 학생인 일등 신랑감 남자를 만난다.

유리는 그 남자가 좋아하는 여성의 이미지가 청순함이라는 것을 알고 은방울꽃으로 대변되는 청순한 이미지로 카멜레온처럼 재빨리 변신한다. 여기서 이미지는 유리의 본질과 무관한 포장지로서의 기표일 뿐이다.

> 다음날부터 나의 컨셉트는 청순함이었다. 아주 어려운 일은 아니었다. 흰색이나 파스텔 계열의 원피스를 입고, 머리를 정성껏 드라이하여 어깨쯤에서 찰랑이게 하고, 말을 많이 하는 대신 수줍은 미소를 지으면 되었다. 스킨십에 있어서도 조신하려고 애썼다. 그렇다. 마침내 내 인생 스물두 해를 걸고 배팅해볼 만한 남자가 나타난 것이다.
>
> (정이현, 『낭만적 사랑과 사회』, 문학과지성사, 2003, 27쪽)

어느 남자의 손길에도 닿지 않았다는 처녀의 순결함은 유일판본의 원본임을 말하는 것이다. 발터 벤야민은 누구도 흉내낼 수 없는 유일무이한 고유한 특성을 아우라aura로 표현한 바 있다. 그러나 대량생산과 대량소비가 이루어지는 후기 자본주의 사회에서 유일무이한 아우라는 더 이상 통용되지 않는다. 스펙터클 사회에서 아우라는 끊임없이 복제되고 모방된다. 이런 아우라의 희소성은 아우라의 상품성을 더욱 높이는 결과를 초래한다. 빵빵한 집안의 남자가 중산층 출신의 유리에게 관심을 보인 것도 바로 '순결한 처녀성'이라는 아우라에서 기인한다. 유리는 '순결성=아우라=값비싼 상품'이라는 도식 속에 순결한 이미지를 보여주기 위해 첫날밤 지켜야 할 십계명의 매뉴얼을 철저하게 따른다. 샤워는 혼자서, 남자보다 먼저 해라. 속옷 선택에 신중해라. 머리를 촉촉하게 적셔라. 배뇨감을 없애라. 은은한 화장을 해라. 적당한 시점에 타월을 깔아라. 조금 머뭇거려라. 엉덩이를 들지 마라. 모든 것을 그에게 맡겨라. 혈흔은 함께 확인해라. 유리는 성행위를 끝내고 남자와 함께 처녀성의 확인인 혈흔을 찾으려고 하지만 그것은 부재하다. 이것은 형식적인 기표만으로서 처녀의 순결성을 유지한 유리에게 아우라는 부재할 수밖에 없다는 작가의 비판적 시각을 담고 있다. 성행위 후 유리는 남자에게 명품 루이뷔통 가방을 선물받지만 이것이 짝퉁일지도 모른다고 생각한다. 우리는 유리의 연애담을 통해 겉으로 드러난 이미지만으로는 제대로 믿을 수 없는 스펙터클 사회의 단면을, 아우라 부재의 현실을 확인한다. 여기에서 사랑은 사용가치의 아우라로 존재하지 못하고 교환가치의 상품이다. 사랑하고 있다는 자기기만의 기표만이 지배하고 있는 것이다.

밖으로 드러난 스펙터클의 이미지에 대한 현대인의 집착은 이문환의 「럭셔리 걸」에서도 등장한다. 겉모습을 중시하는 스펙터클 사회에서 주인공 혜정은 경제적 능력이 없음에도 명품 브랜드와 명품 화장품을 욕망하는 짝퉁 럭셔리걸이다. 럭셔리걸luxury girl은 보기에 값비싸고 호화로운 명품의 이미지를 추구하는 여성으로서 스펙터클 사회의 주역이다. 자본을 소유하지 못한 상황에서 럭셔리걸이 될 수 있는 최소의 조건은 뛰어난 외모이다. 이것을 위해 성형수술은 선택이 아닌 필수가 된다. 혜정은 탤런트를 지망하다가 떨어지자 술집 여성으로 변신하고, 마담은 탤런트 김남주와 비슷한 외모로 성형수술을 시켜줘 손님들에게 인기를 끈다. 혜정은 뒷돈을 대주는 남성 스폰서도 얻게 되어 짝퉁 럭셔리걸이 아닌 진짜 럭셔리걸로 신분 상승한다. 이렇게 잘 나가던 혜정의 삶은 갑자기 그녀의 손에 알레르기 피부병이 도지면서 어긋나기 시작한다. 그녀의 늘씬한 외모라는 이미지의 자본이 폭락하면서 남성 스폰서와 룸쌀롱에서 버림을 받았던 것이다. 이처럼 스펙터클 사회에서 여성의 외모는 인간의 행복과 불행을 결정짓는 가장 중요한 잣대로 군림한다. 돈이 있다면 빨리 성형외과를 찾는 것이 행복의 지름길인 것이다. 김용화 감독의 〈미녀는 괴로워〉(2006)에서 뚱녀인 한나(김아중 분)는 목숨을 걸고 전신 성형을 해 인기 가수로 성공하고 멋진 남자 애인도 얻는다. 이 영화는 외모지상주의를 비판적으로 풍자하고 있지만, 역으로 성형수술하면 성공할 수 있다는 대박의 신화를 은연중에 생산한다.

스펙터클 사회가 요구하는 아름다운 육체를 갖지 못한 존재들은 열등한 괴물로 규정된다. 괴물은 스펙터클 사회가 숭배하는 아름답고 늘씬한 인간의 이미지에서 벗어난 기괴한 형체의 소유자이다. 그들은 밝은 대로가 아닌 어두컴컴한 골목이나 어둠 속으로 추방된다. 공포문학의 장르문법을 차용한 편혜영의 창작집 『아오이가든』(2005)은 스펙터클의 중심 세계에서 환영받지 못한 채 괴물인 타자로 명명된 존재들에 대한 하드고어hardgore의 서사이다. 이 창작집에 실린 단편 「저수지」는 엄마에게 버려진 채 시 외곽 저수지의 방갈로에 살고 있는 세 아이의 이야기이다. 세 명의 아이들은 스펙터클 이미지의 기준으로 보았을 때 태어났을 때부터 함량 미달의 외모를 지닌 열등한 자들이다. 아무도 찾지 않는 아이들과 썩은 저수지는 스펙터클 사회가 버린 주변부의 타자인 괴물을 상징한다. 괴물은 이미지를 중시하는 스펙터클 사회에서 권리를 인정받지 못한 채 용도폐기될 수밖에 없다. 아이들의 죽음이나 불행은 스펙터클 도시인들에게 흥미 없는 이야기일 뿐이다. 괴물은 배제되거나 살해당함으로써 역설적으로 스펙터클 사회의 안정성과 정체성을 입증하는 이정표 역할을 한다.

4. 스펙터클의 환상과 전유

한국은 1960년대 들어 본격적인 근대화 프로젝트를 가동한다.

박정희 군사정권은 성장개발이데올로기를 앞세워 공장·아파트·경부고속도로를 건설하면서 한강의 기적으로 대변되는 압축적 근대화에 성공한다. 이러한 조국의 근대화는 거대한 볼거리를 창조하는 스펙터클의 환상이 실현되는 자리이기도 했다. 노동자들의 기본적 인권은 스펙터클의 환상을 위해 유보되었고, 노동자들의 희생은 조국 근대화의 전사라는 이름 앞에 은폐되었다. 박정희 군사정권을 뒤잇는 전두환과 노태우의 군사정권에서도 근대화는 절대절명의 지상명제였다. 이것에 이의를 제기하는 존재들은 반미주의자, 빨갱이, 좌파세력 등 다양한 이름의 괴물로 취급되었다. 1988년 올림픽 축제는 그 동안 추진해온 근대화의 성과와 국가주의의 위대함이라는 거대한 볼거리를 자국과 세계 만방에 보여준 전시장이었다. 2002년 한일월드컵 개최와 한국팀의 4강신화는 이러한 스펙터클 환상의 절정이었다. 국가주의가 근대화라는 스펙터클적 환상을 추구했다면 한국의 민주화를 요구하는 비판적 저항세력은 민주화라는 스펙터클적 환상을 추구했다. 이들 민주화 세력은 4·19혁명, 5·18민주항쟁, 6·10민주항쟁을 통해 거리의 문화를 통해 대규모적인 스펙터클 환상을 생산했던 것이다. 그러나 스펙터클 환상은 1990년을 전후한 현실 사회주의권의 몰락과 거대담론의 위축, IMF구제금융의 위기, 연이은 민주화 세력의 집권과 이어진 실망 속에 오그라든다. 1990년대 후일담문학은 스펙터클적 환상을 다시 되살리려는 안간힘이었다. 그러나 민주화라는 스펙터클 환상은 위축된 채 현재 우리를 지배하는 스펙터클 환상은 전지구적으로 확산된 신자유주의 체제이다. 이것은 적자생존이라는 무한경쟁의 시스템을 요구한다.

거대담론적 스펙터클 환상을 활용하기 힘든 상황에서 작가들은 대중문화, 영상매체, 인터넷 등의 새로운 영역에서 스펙터클적 이미지를 차용한다. 특히 '문학/대중문화(음악, 만화, 미술 등), 문학/영화(또는 텔레비전), 문학/인터넷'의 경계선이 허물어지면서, 작가들은 다른 매체나 분야의 기법을 끌어와 문학적으로 전유하는 서사 전략을 구사한다. 이것은 진지하고 무거운 거대담론적 스펙터클을 싫어하는 당대의 독자들에게 다가가기 위한 눈높이 전략이다. 특히 만화적 상상력을 소설에 적용하는 박민규의 파격적 행보는 스펙터클의 이미지를 현재의 소설가들이 어떻게 활용하고 있는지 보여주는 대표적 사례이다. 박민규의 등단작인 장편 『지구영웅전설』(2003)은 현실과 공상, 소설과 만화의 경계선을 자유롭게 넘나들면서 세계 초강대국 미국의 위선과 기만을 유쾌하게 비틀어 풍자한다. 12살의 외로운 소년이었던 주인공인 '나'는 도색잡지를 보다가 초등학교 담임에게 굴욕적인 체벌을 경험하고 빌딩 아래로 몸을 내던진다. 그때 거짓말처럼 '나'를 구해준 것은 슈퍼맨이다. 슈퍼맨이 냉전시대를 대표하는 영웅이라면, 재벌가인 배트맨 부르스 웨인은 냉전이 종식된 시대를 대표하는 영웅이다. 군사력에 의존한 슈퍼맨에서 경제력에 의존하는 배트맨으로의 권력 이동은 달라진 시대의 환경을 말해준다. 배트맨은 미국 이외의 세계를 후배위 자세로 강간하는 듯한 폭력적 이미지로 자신의 권력을 증명한다. 미국에서 '나'는 바나나맨으로서 슈퍼맨, 배트맨, 원더우먼, 아쿠아맨과 함께 슈퍼특공대의 일원으로 함께 일하지만 어디까지나 보조 인물인 짝퉁 영웅에 불과하다. 지구를 지키는 영웅은 백인 미국인만 될 수 있다. 바나나맨의 노란 표면은 동양 한국의 외모를, 흰 속은 백인의 마인드로 바뀐 식민지적 상태를 상징한다. 바나나맨은 내가 처음이 아니라 초대 바나나맨은 일본이었고, 최근에 중국이 새로운 바나나맨의 후보로 떠오른다. 이처럼 작가 박민규는 '미국 영웅 대 바나나맨'이라는 이원적 구도를 통해 '지배/피지배, 우월/열등'이라는 알레고리의 풍자를 유쾌하게 던진다. 바나나맨이 할 수 있는 것은 슈퍼맨과 배트맨이 좋아하는 애완용의 포즈이다. 이 소설에서 보여주는 황당무계한 만화적 상상력은 최초의 반미소설로 평가되는 남정현의 「분지」(1965)와도 일맥상통한다.

대중문화의 아이콘을 활용하는 것은 오현종의 장편 『본드걸 미미양의 모험』(2007)에서도 보인다. 뉴질랜드에서 007을 만나 본드걸이 되었던 미미. 본드걸은 007의 남성성을 돋보이게 해주는 역할을 하는 비자립적 기표이다. 한달간 본드와 사랑하는 관계였던 본드걸 미미는 본드가 새로운 임무를 위해 떠나자 혼자가 된다. 새로운 임무는 새로운 본드걸이라는 기표의 등장을 의미한다. 이미 구닥다리 이미지가 된 본드걸 미미양의 유통 기한은 용도 폐기된 것이다. 하지만 본드걸 미미는 이러한 남성 위주의 일방적 질서를 받아들이지 않고, 본드에 복수하기 위해 지독한 훈련을 통해 살인면허를 받은 013 스파이로 변신한다. 이처럼 이 소설은 이안 플레밍의 원작 〈007 영화〉시리즈에서 007과 멋진 연애를 하는 일회용 콘돔인 본드걸의 운명을 거부하는 페미니스트적 저항을 보여준다. 이것은 남성적 스펙터클 환상에 대한 패러디라는 딴죽걸기이다. 이밖에도 박현욱은 장편 『아내가 결혼했다』(2006)에서 대중적 인기 스포츠인 축구를 통해 남녀 간의 사랑 방정식을 재미있게 풀어낸다. 작가는 축구라는 볼거리를 활용해 폴리아모리(비독점적 다자연애)의 결혼관을 주장하면서 이중결혼의 일처다부제(한 명의 여성과 두 명의 남성)를 도발적으로 가볍게 보여준다. 반면에 이홍의 『걸프렌즈』(2007)는 한 명의 남성과 세 명의 여성이 평화롭게 사랑을 공유하는 연애담이다. 사회적 논란거리의 문제를 가볍게 형상화하는 이들의 서사 전략은 사회적 금기를 우회하려는 전략의 일환이자 독자의 시선을 끌기 위한 수단이다. 거대담론에 기반한 스펙터클의 환상이 위축된 시대에 대중문화의 아이콘이나 도발적 문제를 활용해 독자를 끌어들이는 전유의 서사 전략은 효과적일 수 있다. 그러나 대중문화의 스펙터클적 아이콘을 활용하는 서사 전략이 미학적인 결실로 이어지지 못할 때 키치적 문화상품으로 전락할 수 있다.

배낭여행을 통한 세계 각국 체험의 확대와 세계화의 진행은 1990년대부터 탈국가적 상상력의 소설을 등장하게 만든다. 지구화시대에 벌어지고 있는 일상의 모순은 특정 지역의 문제만이 아니라 다른 지역도 공유하는 문제라는 인식은 탈국가적 상상력의 원천이다. 다양한 이국적 이미지의 등장은 자국의 익숙한 볼거리에서 벗어나 낯선 문화를, 지역을 간접 체험하게 한다. 이러한 탈국가적 상상력은 2000년대 중반 들어 한국소설의 주류가 된다. 독자들은 낯선 시공간에 펼쳐진 이국 취향의 풍경을 통해 다양한 볼거리를 체험하거나 자신이 체험한 이국적 풍경과 비교하며 소설에 빠져들게 된다. 전성태의 『국경을 넘는 일』, 천운영의 『잘 가라, 서커스』, 박범신의 『나마스테』, 김재영의 『코끼리』(이상 2005), 김윤영의 『타잔』, 강영숙의 『리나』(이상 2006), 황석영의 『바리데기』, 서진의 『웰컴 투 더 언더그라운드』(2007) 등은 대표적인 탈국가적 상상력의 소설이다. 이때 작가의 탈국가적 시선이 단지 이색적 볼거리를 등장시키는 관광용 목적이라면 타국에 대한 깊은 이해와 공감을 이끌어내기 힘들다. 또한 탈국가적 상상력은 서사적 개연성의 범주 속에서 이루어져야 한다. 탈북자 소녀를 주인공으로 한 강영숙의 『리나』와 황석영의 『바리데기』가 미학적 완결성이 떨어지는 것도 서사적 개연성을 충분히 확보하지 못했기 때문이다. 낯선 타국에 대한 표피적 접근은 필연적으로 타국의 풍경을 타자화한다. 타국이 스펙터클적 기표의 이미지로 전락한다면 소설을 통해 삶의 진정성을 발견하거나 전달하겠다는 작가의 의도도 상당 부분 무력화될 수밖에 없다. 따라서 특정 고정관념이나 선입견을 갖지 않고 타국을 그리는 서사 전략이 필요하다. 이러한 위험성에 빠지지 않기 위해 이국의 원주민을 등장시켜 대항적 타자의 모습을 보여주는 것도 유효하다. 12회 한겨레문학상 수상작인 서진의 『웰컴 투 더 언더그라운드』는 뉴욕 지하철의 지하세계를 배경으로 미국 이민자가 겪어야 했던 다양한 문제를 심도 있게 보여준 문제작이다. 특히 이 소설은 구경꾼이나 여행객의 시선이 아닌 내부자의 시선으로 초강대국 미국의 이면에 감춰진 어둠의 세계를 효과적으로 보여준다.

5. 붕어빵에는 붕어가 없다!

2007년 10월에 박철 옥소리 부부의 파경 소식이 들려왔다. 행복한 잉꼬부부로 알려졌지만 실제로 부부 관계는 원만하지 못했고, 행복한 부부의 이미지는 연출된 쇼윈도우의 이미지였다는 것이다. 실제적으로 불행한데 바깥에 비춰진 이미지는 이와 정반대였다는 박철 옥소리 부부의 모습은 스펙터클 사회가 지닌 위기의 실체를 고스란히 대변한다. 초현실주의 화가 르네 마그리트는 〈이것은 파이프가 아니다〉라는 그림을 통해 파이프 그림은 실체가 아니라 재현된 이미지임을 드러낸 바 있다. 붕어빵에는 붕어가 없는 것이다. 이처럼 스펙터클 사회는 밖으로 드러난 이미지에 의해 지배받는 세계이지만, 그것이 진실의 전부는 아니다. 스펙터클의 이중성은 시각 중심 사회에 대한 비판적 성찰을 요구한다. 아무 것도 신뢰할 수 없는 불확실한 상황에서 모든 것은 잠정적일 뿐 영원하거나 오래 가는 것을 찾기 힘들다. 기표는 끝없는 방랑의 여행을 떠난다. 기표의 미끄러지는 여행은 현란한 볼거리를 제공해 우리를 도취시키지만 그 환상에서 깨어나면 깊은 공허와 소외감을 안겨준다. 스펙터클 환상은 과거에 현실 변혁적 희망의 상징으로 많이 인식되었지만 현재에 생산되는 스펙터클 환상은 상품화된 환각제에 가깝다. 이러한 환경 속에서 주체는 대상과의 분리, 소외감, 수동적 관조의 상태로 빠질 가능성이 많다.

전통적으로 소설에서 볼거리를 제공했던 것은 섹스와 폭력이다. 그러나 이러한 것들은 이미 식상해 있거나 영상매체와 비교했을 때 상대적 우위를 점하기도 힘들다. 결국 섹스와 폭력만으로는 다양한 볼거리를 원하는 독자들의 욕망을 만족시킬 수 없다는 사실이다. 유토피아에 대한 욕망이 위축된 시대에 스펙터클 환상이 지닌 긍정적 성격도 상당 부분 위축되어 있다. 이러한 시기에 신경숙·편혜영·정이현·박민규·오현종·서진 등은 기표적 이미지에 사로잡힌 스펙터클 사회의 문제점과 양상을 드러내거나, 전유의 서사 전략과 이국 취향의 탈국가적 상상력 등을 통해 새로운 활로를 모색한다. 박민규처럼 대중문화의 아이콘을 소설에 끌어들이는 서사 전략은 독자들의 시선을 끌 수 있다는 점에서 긍정적이다. 다만 이때 대중문화의 아이콘을 활용한 전유의 서사가 깊이를 충분히 확보하지 못할 때 그것은 스펙터클 사회의 키치적 욕망을 더욱 가속화시킬 뿐이다. 탈국가적 상상력도 단지 이색 볼거리에 대한 탐방이라면 영상매체에 비해 소설만의 강점을 찾기란 어렵다. 진정한 탈국가적 상상력은 나와 다른, 그러나 나와 같은 인간을 탐방하는 여정인 것이다. 그것은 궁극적으로 국가의 경계선을 넘어 상호 연대하고 교류할 수 있는 지점에 대한 모색이다.

스펙터클이 지배적인 사회는 푸코가 말한 원형감옥 시스템인 파놉티콘 같은 감시의 시선이 작동한다. 이때 감시의 시선은 감시의 대상인 타자보다 권력을 지닌 주체이다. 일상에 스며든 미시적 파놉티콘의 시선은 개별 주체들에게 무의식적 동일화 속에 스펙터클 이미지의 관음증 환자가 될 것을 주문한다. 이전보다 위력은 상실했지만 거대담론에 기초한 국가주의와 근대주의는 막강한 세력을 구축하고 있고, 특히 후기 자본주의의 물신주의는 전세계를 지배하고 있다. 이 속에서 개별 주체는 자신의 의지가 아닌 스펙터클 이미지가 요구하는 규격화된 소비적 삶을 살아가도록 핍박받는다. 이것에 대한 개별적 저항은 가능하지만 엄청난 위력을 발휘하는 스펙터클의 이미지 공세를 효과적으로 차단할 수 있을지는 여전히 의문이다. 이런 상황에서 소설은 스펙터클 사회가 지닌 문제점을 영상매체보다 더 효과적으로 드러내고 비판할 수 있는 불온한 게릴라가 되어야 한다. 소설의 이러한 기능이 포기되거나 약화될 때 상품화된 스펙터클 이미지를 많이 생산하는 영상매체와의 차별성은 상실될 것이다. 그것은 문학의 존립 근거를 위협하는 자살골이다. 스펙터클 환상에 대한 매혹과 불안 사이에서 소설은, 문학은 삶의 진정성을 찾는 투쟁을 지속적으로 해나가야 한다. 그것은 획일적이고 소비적인 스펙터클 환상을 퇴치하는 행위이자, 동시에 진정한 스펙터클 환상을 성장시키는 길이 될 것이다.

속도의 질주, 창조와 파괴의 이중주

1. '서태지와 아이들'과 1990년대 문학

속도는 끊임없이 진화한다. 속도의 페로몬에 중독된 현대인들은 '빨리빨리'를 인사말처럼 외쳐댄다. 현대의 문명은 입을 막고 번호표를 단 개들이 출발신호와 함께 차단막이 올려지면서 500미터 트랙을 도는 하운드레이싱Hound Racing 경기와 다름없다. 트랙 안쪽에 장치된 토끼 모형이 개들보다 조금 빠르게 운동장을 돌면서 개들을 선정적으로 유혹한다. 조금만 빨리빨리 뛰면 '넌 나를 잡아 먹을 수 있어!' 이러한 환상의 유혹 속에 개들은 미치도록 달린다. 하지만 개들의 속도가 증가하는 것에 비례하여 토끼 모형도 점점 빨라지기에 개들은 결코 토끼 모형을 잡을 수 없다. 개들의 실존은 충족이 아닌 결핍으로 서글프게 존재한다. 이 결핍의 심연은 토끼 모형만 출현하면 달리게 만드는 지독한 악순환을 초래한다. 그럼에도 불구하고 속도가 '지배/피지배, 주인/노예, 생존/멸망'이라는 뇌관과 연결되어 있어 속도에 누구든지 무심할 수 없다. 인류사는 속도의 우등생이 속도의 지진아를 정복하는 제국의 역사라 할 수 있기 때문이다.

특히 자본주의적 속도는 자신보다 뒤쳐진 지역을 재빨리 식민지로 만들어버리는 왕성한 포식성을 자랑한다. 1760년 영국에서 시작한 자본주의의 산업혁명은 인간 대신 기계의 노동력을 통해 속도의 시대를 새롭게 지구상에 선포한다. 시계와 증기기관의 발명, 전신전화의 등장, 기차와 비행기의 등장으로 이어지는 근현대 과학기술의 성과는 고스란히 속도의 시대를 가속시킨 윤활유로 작용한다. 근대 초기에, 속도는 근대성을 상징하면서 활력과 변화의 상징으로서 인간의 경험 가능성을 비약적으로 확장시키는 진보적 의미로 해석되었다. 근대인은 시간과 공간을 지배하는 속도에 한껏 매혹되었던 것이다. 하지만 양차 세계대전의 후유증과 자본주의적 모순은 속도에 대한 환희를 우려와 절망으로 대체한다. 마르크시즘으로 대표되는 사회주의는 자본주의의 구조적 모순을 비판하며 등장했지만 개별적 존재 대신 사회적 집단에 속도를 접목시켰다는 점에서 근대의 쌍생아였을 따름이다. 1990년을 전후한 시기에 현실 사회주의권의 몰락은 자본주의적 가속도의 세계를 전지구적으로 확산시켜 속도의 제국을 완성한다. 속도의 제국은 개발과 성장이데올로기를 앞세워 자신의 폭력성과 억압성을 화려하게 은폐하며 기하급수적으로 세력을 확장했던 것이다.

1910년에 한국은 근대화에 성공하지 못한 채 일본의 식민지로 전락했다. 미소를 대리한 한국전쟁도 근대에 도달하지 못한 약소국이 겪어야 했던 동족상잔의 전쟁이었다. 이러면서 근대는 한국인에게 신성불가침의 지상 과제로 자리한다. 박정희로 대변되는 군사정권은 근대화에 대한 사회적 욕망을 바탕으로 하여 집권과 권력 유지에 성공한다. '한강의 기적'으로 대변되는 압축적 근대화는 '빨리빨리'라는 속도의 신에게 다수 노동자의 피와 땀을 제물로 바치면서 이룩한 성과였다. 88올림픽, OECD가입 등 일련의 사건들은 한국의 압축적 근대화가 성공적으로 이루어졌음을 대내외적으로 천명하는 증거로 활용되었다.

한국의 문화계에서 속도제국의 등장을 상징적으로 보여준 것은 〈난 알아요〉(1992)라는 노래로 혜성처럼 등장한 '서태지와 아이들'이다. 그들이 노래에 도입한 '랩'은 음악에 속도를 접목시켜 구세대와 신세대를 구별지은 혁명적 외침이었다. 도저히 그 랩의 속도를 따라갈 수 없었던 나를 포함한 구세대들은 굼벵이 같은 자신들의 혀놀림을 한탄해야 했고, 그 속도에 적응한 신세대 젊은이들은 깔깔거리며 새로운 세대의 개막을 알렸다. '서태지와 아이들'은 10대문화만이 아니라 기성 세대에 일파만파의 충격을 안겨주며 속도의 패러다임을 창출했던 것이다. 1990년대 한국문학도 속도의 질주가 일으킨 여파에서 자유롭지 못하다. 문학은 본질적으로 소외된 자에 대한 깊은 애정에서 출발한다. 20세기 후반의 문학은 속도의 우등생보다 지진아의 고통에 대해 좀 더 관심을 쏟는다. 이때 속도의 문제는 단순하게 빠름과 느림이라는 차원이 아니다. 그것은 주체가 속도를 얼마만큼 자율적으로 소화해낼 수 있는가와 직결되어 있다. 불행하게도 1990년대의 주체는 부재하거나 혼란에 가득 쌓여 속도를 효과적으로 제어할 수 없었다.

1990년대 문학에 속도가 끼친 영향과 대응 양상은 크게 다섯 가지로 분류된다. 첫째, 속도의 문제를 적극적으로 작품에 등장시켜 속도의 시대적 징후를 강하게 드러내는 1990년대 신세대 작가의 글쓰기이다. 이 부류의 작품들은 속도를 비판하기도 하지만 속도를 예찬하거나 속도적 문체를 구사하여 속도에 대한 부정적 고정관념을 해체한다. 특히 이들의 작품에서 세기말과 결합한 속도는 죽음의 문제를 부각시켜 존재론적 질문을 유도하게 만든다. 둘째, 속도가 문학제도에 침투하면서 나타난 현상은 스타 시스템의 등장과 출판상업주의의 전면화이다. 이것에 대응하기 위해 문학의 진정성이 강조되고, 장인정신의 부활을 촉구하기도 했다. 셋째, 속도의 빠름에 대항하여 과거의 아름다운 추억을 환기하려는 복고 전략이다. 넷째, 속도의 시대에 발생한 주체의 혼란 내지 부재를 극복하여 다시 주체를 재정립하려는 움직임이다. 이것은 크게 보아 소설가소설, 내성문학, 후일담문학이라는 양상으로 나타난다. 다섯째, 속도의 문명으로 인해 주변부로 내몰려야 했던 자연을 다시 삶의 중심부로 호출하면서 인간과 자연의 공존을 지향하는 생태주의 문학의 등장이다. 생태주의 문학은 느림의 삶에 대한 강한 애정을 표현한다. 이 글에서 집중적으로 검토할 것은 첫째, 둘째, 셋째의 양상이다.

2. 질주하는 속도와 도시적 일상

속도제국은 '도시/시골, 부지런함/게으름, 효율성/비효율성, 첨단/퇴물'이라는 이항대립의 체계를 통해 전자가 우월하고 후자가 열등하다는 신화를 퍼뜨린다. 그러면서 속도는 당신에게 감미롭게 속삭인다. 당신이 마음만 먹으면 언제든지 달릴 수 있는 고속도로가 눈 앞에 펼쳐져 있음을. 검은 타르로 치장한 '고속도로 expressway'는 현대인의 속도 욕망을 대변하며 전지구적으로 뻗어나간다. 고속도로는 통행료에서 보듯 철저하게 자본에 의해 작동하는 자본주의의 시스템이다. 고속도로는 존재의 속도 욕망을 표준화, 균질화시켜 속도제국의 통제와 관리를 손쉽게 만든다. 속도 욕망이 한곳에 집중되면서 짜증스러운 지체와 서행이 주기적으로 발생하는 악순환이 발생한다. 그럼에도 불구하고 고속도로를 향한 속도의 행렬은 결코 멈춰지지 않는다. 고속도로는 무한대로 질주할 수 있다는 환상의 욕망을 끊임없이 유포시키기 때문이다. 할렐루야 할렐루야, 고속도로!

속도는 빠름과 느림을 모두 포괄하는 언어이다. 하지만 언제부터인가 속도는 느림보다 빠름을 의미하는 것으로 유통된다. 이것은 빠름이 속도를 독과점하면서 생긴 현상이다. 속도는 공간적으로 농촌보다 도시에서, 정지된 것보다 움직이는 운송기계에서 좀 더 확연하게 드러난다. 문학 작품에서 속도는 도시를 배경으로 (고속)도로, 오토바이, 자동차, 엘리베이터 등을 활용하여 육감적인 몸매를 자랑한다. 연령상으로 들끓는 젊음의 에너지를 주체하지 못해 쩔쩔매는 청춘들이 속도를 대변하는 세대로 대개 등장한다. '가속화된 문화의 얘기들'이라는 부제를 단 더글러스 쿠플랜드의 『X세대』(1991)는 1965~76년에 태어난 세대를 X세대로 규정한다. 합리적 이성이나 신봉할 만한 이데올로기도 갖지 못한 X세대는 현실 변혁의 집단적 경험이 부재한 채 빠른 도시적 일상을 소비하면서 자유분방한 삶을 살아간다. 한국에서 1990년대 전반이 X세대였다면 후반은 1977~97년에 태어난 N세대가 주목을 받는다. N세대는 자유분방한 삶은 X세대와 동일하지만 인터넷 문화로 대변되는 디지털문명을 자유자재로 활용하는 세대라는 뜻에서 네트워크 세대라고 별도로 지칭된다. 이러한 X세대와 N세대는 1980년대 거대담론의 유산을 짊어진 채 살아가는 5·18세대와 변별되어 후기 자본주의의, 속도제국의 소비적이고 유희적인 삶을 살아가는 개인주의적 청춘들을 상징한다. X세대와 N세대는 개인주의적이고 다원적 성향을 지닌 1990년대 신세대 작가의 탄생을 가능하게 만든 사회적 배경으로 작용한다.

1990년대 들어 속도의 광기를 선구자적으로 예민하게 포착한 것은 X세대의 감성을 대변하는 신세대 작가의 선두 주자 장정일이다. 그는 『아담이 눈 뜰 때』(1990)에서 속도를 '파시스트 속도'로 규정하면서 속도의 문제를 문학 작품에 등장시킨다. 이때 속도는 전지구적으로 확산된 후기 자본주의의 폭력성을 상징적으로 농축시킨 표상이다. 거대담론의 몰락 속에 주체가 표류하던 1990년대 초반에 장정일이 제기한 속도의 문제는 아쉽게도 전면화되지 못한다. 그것은 속도제국의 구조적 모순을 간파할 만큼의 여유도 없었을뿐더러, 문제의 대상을 인식해야 할 주체는 거대담론의 위축 속에 신음하고 있었기 때문이다. 비판적 시선의 부재 속에 속도는 1990년대를 폭력적으로 점령해버린다.

문학계에서 속도의 문제를 집중적으로 조명한 것은 N세대의 감성을 대변하는 1990년대 후반의 신세대 작가부터이다. 이 시기에 소설가 김영하는 자신의 작품에 속도의 문제를 적극적으로 형상화한다. 그에게 속도는 혼돈에 물든 세기말의 환부와 주체의 상실을 노출시키는 효과적인 장치이다. 그의 소설에 자주 등장하는 나르시스트와 니힐리스트들은 속도를 통해 삶의 경험을 대폭 확대시키면서 급격히 조로한다. 속도를 통해 한꺼번에 많은 것을 경험한 작중인물에게 남아 있는 길은 무의미한 삶의 연장이나, 아니면 자살과 살인 등의 극단적 행동이다. 자살 도우미를 등장시켜 세기말의 우울한 도시적 일상을 그린 김영하의 경장편 『나는 나를 파괴할 권리가 있다』(1996)와 죽음의 기운이 넘실거리는 김연수의 「마지막 롤러코스터」「뒤져버린 도플갱어」에서 이러한 양상은 극명하게 노출된다.

『나는 나를 파괴할 권리가 있다』에서 택시운전사인 작중인물 K는 일상의 모든 것에 심드렁하다. 그가 열정적으로 몰입하는 것은 노름인 섯다와 과속 운전이다. 섯다에서 "판돈이 가장 커지고 노름꾼들이 망설이는 때, 이때 일상의 권태와 나른함은 휘발해버린다." 고스톱은 K에게 섯다에 비해 너무 느린 노름일 뿐이다. 삶의 오르가즘은 스텔라를 총알택시로 변모시키는 순간에도 찾아온다. 시속 180킬로미터를 질주하는 순간 K의 잠들었던 심신은 스텔라 자동차와 일심동체하여 발기한다.

> 시속 180킬로미터를 속도계는 가리키고 있다. 엔진 소리와 바람 소리는 다른 모든 소리를 집어삼켰고 귀가 먹먹해진다. 그것은 좁아진 시야만큼이나 현실감을 빼앗아간다. 조수석의 승객이 무엇인가 투덜거린다. K는 신경쓰지 않는다. 갑자기 그의 눈앞에 경사를 힘겹게 올라가는 트럭이 들어온다. 그는 차선을 변경하며 그 트럭을 추월해가고 그 순간 그의 모든 신경이 칼날처럼 곤두섰다. 그의 성기는 다시 발기하고 머릿속은 텅 비어버린다. 그의 모든 근육은 스텔라TX와 함께 호흡을 함께 한다. 그것은 본능적이다.
>
> (김영하, 『나는 나를 파괴할 권리가 있다』, 문학동네, 1996, 31쪽)

이 작품에서 속도는 밀란 쿤데라가 『느림』(민음사, 1995)에서 언급한 "기술 혁명이 인간에게 선사한 엑스터시의 형태"로 등장한다. 속도제국에서 소외된 K가 총알택시를 몰면서 체험하는 희열은 일시적이다. 현실에서 그는 속도제국의 주변부에 거주하는 하층민이기 때문이다. K의 자동차 질주는 현실에서 소외된 존재의 결핍을 메우려는 안간힘일 뿐이다. 속도의 질주에 있어 타인의 차량 사고는 확률적으로 자신의 안전성을 더욱 높여준다. K의 질주가 사고로 이어질 때, 다른 차량의 속도는 오히려 더욱 상승된다. 속도제국은 속도의 제물을 희생양 삼아 끊임없이 증식하는 괴물인 것이다.

김영하의 「엘리베이터에 낀 그 남자는 어떻게 되었나」(1999)는 엘리베이터를 등장시켜 속도세계의 허구적 기만성을 드러낸다. 여기에서 엘리베이터elevator는 속도제국의 일상과 편리함을 대표하는 상징적 기호이다. 이 소설의 주인공 정수관 대리는 우연히 엘리베이터에 낀 남자를 발견하지만 출근시간에 쫓겨 제때에 도움을 주지 못한다. 빨리 출근하기 위해 고장난 엘리베이터 문을 강제로 열다가 끼여 버린 남자의 모습은 속도에 갇혀 버린 현대인의 서글픈 운명을 암시한다. 그러나 이 사건의 진실은 속도제국에서 신빙성 없는 유언비어로 치부되어 유통 금지된다. 머피의 법칙을 연상시키는 듯한 정수관 대리의 연속적 불행은 속도제국의 문제점을 제기하는 비판적 시선을 거세하려는 움직임이다. 정수관 대리의 진실된 언어가 오히려 거짓말로 오인되는 사태는 느림의 진실이 현실에서 처한 딱한 처지를 잘 보여준다. 속도제국은 비판적 이단아를 탄압하여 성립된 폭력의 제국인 것이다.

속도의 빠름은 단순히 자동차 같은 수송기계에서만 표출되는 것은 아니다. 기계의 빠름이 일차적이라면 그것에서 초래된 인간 조직사회의 빠름은 이차적 현상으로써 더욱 광범위한 영향력을 행사한다. 가수 신해철이 작사 작곡한 「도시인」(1992)의 노래가사에 나타난 "아침엔 우유한잔 점심엔 FAST FOOD 쫓기는 사람처럼/ 시계바늘 보면서 거리를 가득 메운 자동차 경적소리/ 어깨를 늘어뜨린 학생들/ THIS IS THE CITY LIFE !" 이처럼 모든 것이 '빨리빨리'란 메커니즘에 의해 지배되는 세계가 우리의 도시적 일상이다. 도시인들은 컨베이어벨트 시스템에 의해 기계 부품들이 하나의 완성품으로 조립되듯이 아침에 기상하여 저녁에 퇴근할 때까지, 아니 퇴근해서도 속도에 종속된 노예들이다. 시인 주종환은 「사람들은 끊임없이 어디론가 가고 있다」에서 출근한 도시인들이 "아침에서 점심, 점심에서 저녁, 저녁에서 한밤중으로, 한밤중에서 새벽으로, 새벽녘에서 황혼으로, 황혼에서 과거로, 과거에서 미래로, 미래에서 영원히 현재화되지 않는 현재진행형으로, 사람들이 뭔가에 쫓기는 듯 쉴 새 없이 어디론가 가고 있다 그러고 보니, 아무 데도 갈 곳 없는 사람들이 제일 분주해 보인다"며 우울하게 노래한다. 속도는 자동화된 충실한 인간 기계를 대량으로 복제해내고 있는 것이다.

자본주의 사회에서 교육제도는 속도제국의 충실한 일꾼을 생산하는 공장 역할을 수행한다. 학생 상호 간에 벌어지는 경쟁 속에 우등생과 열등생으로 나누어지는 서열체계는 장래 그들이 소속될 속도의 등급을 표시한다. 특히 일류대학은 속도제국의 엘리트가 될 정통 코스로 분류되기에 속도의 추종자들은 일류대학에 입학하기 위해 안간힘을 쓴다. 장정일의 「아담이 눈 뜰 때」에서 재수생인 19살의 아담, 김영하의 「비상구」(1998)에서 삐끼 우현은 정상적으로 제도권 교육에 적응하지 못한 낙오자들이다. 이들의 삶은 아무리 잘 살려고 몸부림쳐도 그 한계가 명백한 뻔할 뻔자인 하류 인간들이다. 대학이라는 통과제의를 통과하지 못한 이들에게 속도제국은 속도제국의 하층부 시민으로 살도록 명령할 따름이다. 그렇다면 정상적으로 제도권 교육을 받으며 속도제국에 편입한 존재들은 만족스러운 삶을 살고 있을까? 대학을 졸업하고 회사에 취직한 셀러리맨들은 장정일의 장편 『너희가 재즈를 믿느냐?』(1994)와 양문길의 「열목어 우는 소리」(1995), 김영하의 「엘리베이터에 낀 그 남자는 어떻게 되었나」(1999)에서 보듯 출근시간에 늦지 않기 위해 안간힘을 쓰는 안쓰러운 존재들이다. 그들의 모습에서 속도제국의 당당한 시민으로 살아가고 있다는 자부심은 찾을 길이 없다. 그들의 마음 깊이 자리한 것은 혹시 출근시간에 늦어 속도제국에서 도태될지도 모른다는 불안감이다. IMF 구제금융 이후 세력을 얻은 신자유주의의 행진 속에 이러한 불안감은 더욱 증폭된다.

속도제국에서 생존해야 한다는 강박관념은 일상인에게 조급증을 유발하면서 안락한 삶 자체를 파괴한다. 적자생존의 속도제국에서 살아남기 위해서는 남보다 더 빨리 움직여야 한다는 강박관념. 이것은 대부분의 사람들을 수시로 재촉하기에 역설적으로 대부분의 사람들을 일정한 속도의 틀에 가둬버린다. 모두 빨리빨리 움직이기에 속도의 법칙을 달통한 소수의 사람만 상층부에 오르는 부익부빈익빈 현상이 발생한다. 어중간한 속도의 범주에 속한 이들은 흔히 중산층으로 명명된다. 이런 상황에서 게으름과 권태는 속도제국이 가장 경멸하는 국기 문란의 범죄로 취급된다. 목적도 없이 하루하루를 무익하게 소비하는 것은 속도제국을 근간에서 뒤흔드는 반역인 것이다. 1999년에 번역된 빌 게이츠의 『빌 게이츠@생각의 속도』는 속도만이 이 시대의 생존법칙임을 환기시킨 대표적인 저서이다. 1990년대에 번역된 것은 아니지만 사이쇼 히로시의 『아침형 인간』(2003)도 한국인을 다시 한 번 속도제국에 충성하도록 채찍질하고 있다.

3. 탈주하는 이미지와 다이어트형 간결체

오랫동안 독자들은 텍스트가 저자의 확정적 메시지를 전달한다고 믿어왔다. 하지만 20세기 초, 페르디낭 드 소쉬르에 의해 언어기호와 지시대상이 자의적 관계임이 밝혀지면서 텍스트의 확정성은 의심받기 시작한다. 소쉬르는 언어기호를 기표記表와 기의記意로 나누면서, 이 둘의 관계가 일종의 전세 계약 관계임을 밝혔던 것이다. 언어기호는 계약이 파괴되면 언제든지 바뀔 수 있는 유동성流動性의 존재이다. 이제 언어가 지시대상과 일치한다는 전제하에 건설된 모든 것들이 힘없이 무너져내린다. 자크 데리다는 더 나아가 기표와 기의의 미끄러지는 관계를 '차연差延'이라는 용어로 설명하면서 해체를 가속화시킨다. 후기 자본주의 사회에서 언어와 지시 대상의 간격은 더욱 넓어지면서 기표는 원주인인 기의의 소유권에서 벗어나 독립할 수 있는 자유를 획득한다. 언어는 의미를 전달하지 않고 기표적 '이미지'만으로도 당당히 존재할 수 있게 된 것이다.

시인 유하는 시 「마라톤 주자」에서 "전언은 휘발하고 달리기만 남은 것이다/전언을 알려야 한다는 욕망은 속도를 만들고/속도는 다시 그 욕망을 욕망하는 기계를 생산했다/나의 달리기는 그 기계의 톱니바퀴 운동이다/속도는 속도를 일으킨 주인을 집어삼키고/무의미한, 숨가쁜 호흡만을 확대 재생산한다"라고 노래한다. 이 시에서 기의인 전언은 시적 화자인 마라톤 주자가 마라톤을 하는 실존적 근거로서 삶의 진정성을 의미한다. 그러나 이러한 삶의 진정성은 자본주의 사회에서 온전한 형태로 존재하지 못한다. 그것은 타락한 방식인 교환가치의 속도로 유통될 수밖에 없다. 속도는 애초에 지녔던 삶의 실존적 근거인 사용가치로서의 전언을 폐기시켜버리고 속도가 주인이 되는 교환가치로서의 형질 변경을 이룩한다. 찰리 채플린도 〈모던 타임즈〉(1936)라는 영화에서 속도의 시대에 인간이 기계 부속품으로 전락한 우울한 풍경을 희극적으로 보여준 바 있다. 인간을 위한 속도가 인간을 죽여 버리는 주객전도主客顚倒의 세계는 희망이 부재한 디스토피아dystopia의 세계이다. 한국의 작가들은 속도를 우울한 세기말과 결합하여 주체 부재와 소외 현실을 한껏 드러낸다.

1990년대 신세대 문학에서 작중인물들은 꼼꼼히 분석하여 행동하는 것이 아니라 직감에 따라 자신의 행위를 결정한다. 여기에 거대담론의 이성적 목소리가 끼어들 여지는 거의 없다. 오토바이가 있고, 달릴 수 있는 도로가 있다면 신세대 작가들의 주인공은 '그냥' 달릴 뿐이다. 구체적 이유는 그들에게 부재하다. 아니, 그 이유들이 명확하거나 타당하지 않기에 그들은 질주해 그 해답을 찾고자 한다. 그래서 텍스트는 확정적 의미 대신 불확정성이라는 이미지를 독자에게 전달한다. 전통적 저자와 텍스트가 숨을 거두고 새로운 저자와 텍스트가 탄생하고 있는 것이다. 빠름의 이미지를 이용하는 신세대 작가들은 상상력에서도 자유롭다. 그들은 속도제국의 교환가치적 '질주疾走'를 기존 틀에 얽매이지 않는 상상력의 사용가치적 '탈주脫走'로 전이시킨다. '유목민적 가벼움'을 활용해 낡은 질서를 해체하고 새로운 질서를 건설하려는 신세대 작가의 탈주적 상상력. 김영하는 「호출」·「고압선」·「삼국지라는 이름의 천국」·「바람이 분다」에서, 김연수는 「뒈져버린 도플갱어」·「공야장 도서관 음모 사건」·『굳빠이, 이상』에서 현실과 상상, 현실과 환상, 현실과 가상현실의 경계선을 해체해 이미지의 탈주를 더욱 가속화한다. 그것을 통해 그들은 장 보드리야르가 언급한 실재와 파생실재의, 원본과 위본의 진위를 판별할 수 없는 시뮬라크르한 세계를 소설에서 창조한다. 무한복제 시대의 도래는 속도의 가속력을 더욱 높인다.

빠름의 세계에서 모든 것이 빨리 생산되고 소비되기에 오랫동안 애착을 가질 겨를이 없다. 이미지의 질주 속에 사람들은 한 대상에 대해 잠시 동안 관심을 표명하고 훌쩍 다른 대상으로 이동한다. 이런 상황에서 작가와 독자들은 좀 더 자극적 소재를 선호하게 된다. 지금보다 더 자극적이지 못하면 눈에 띄지도 못한 채 용도 폐기될지도 모른다는 강박관념. '엽기적 폭력과 자극적 섹스'의 전면 등장은 속도 문화와 불가분의 관계에서 나타난 현상이다. 장정일·김영하·김연수·백민석 등의 신세대 작가들은 정도의 차이는 있을지 모르지만 자극적이거나 흥미로운 소재를 채택해 독자의 시선을 끌어 모은다. 이러한 경향을 무조건 부정적으로 바라볼 필요는 없을 것이다. 하지만 이러한 자극적 소재들이 문학적으로 충분히 형상화되지 못한 채 날 것으로 등장한다면 문제는 심각해진다. 이것은 말초적 자극의 악순환 속에 (본격) 문학의 붕괴로 이어질 것이기 때문이다. 섹스를 집중적으로 형상화한 장정일의 불온한 저항이 장편 『내게 거짓말을 해봐』(1997) 이후 흥미 위주의 매너리즘으로 전락하면서 미학적 파탄에 직면한 것은 시사하는 바가 크다.

속도의 빠름은 문학의 내용면이 아니라 형식면에서도 많은 변화를 초래한다. 먼저 단문형 간결체의 급격한 부상이다. 전통적으로 작가들은 작중인물의 심리를 꼼꼼하게 그려내거나 자연 풍경을 세밀하게 묘사함으로써 독자의 조급증에 브레이크를 걸었다. 오정희의 「중국인 거리」(1978)는 섬세하게 작중인물의 심리를 그리는 전통적 작가의 글쓰기를 모범적으로 보여준다. 2~3줄로 이어지는 오정희의 감성적 문장은 아래 지문에서 보듯 서사 대상에 대한 깊은 관심에서 발원한다. 그녀의 문장은 하나의 장면을 바꾸기 위해 다소 많은 단어를 소비하고 난 후에 더디게 발걸음을 이동한다. 그렇다고 오정희의 문장이 마냥 늘어진 것은 아니다. 독자가 지루함을 느끼지 않도록 간결한 문장을 쓰면서도 필요한 부분에서 대상에 대한 세밀한 묘사를 감행했던 것이다.

> 드디어 화차가 오고 몇 번의 덜컹거림으로 완전히 숨을 놓으면 우리들은 재빨리 바퀴 사이로 기어들어가 석탄 가루를 훑고 이가 벌어진 문짝 틈에 갈퀴처럼 팔을 들이밀어 조개탄을 후벼내었다. 철도 건너 저탄장에서 밀차를 밀며 나오는 인부들이 시커멓게 모습을 나타낼 즈음이면 우리는 대개 신발주머니에, 보다 크고 몸놀림이 잽싼 아이들은 시멘트 부대에 가득 석탄을 팔에 안고 낮은 철조망을 깨금발로 뛰어넘었다.
>
> (오정희, 「중국인 거리」 중에서)

이러한 오정희식 글쓰기를 계승한 1990년대 작가 신경숙은 존재의 떨림을 통해 말할 수 없는 것들을 복원하는 섬세한 글쓰기를 선보인다. 쉼표와 말줄임표로 대변되는 신경숙의 말더듬이식 문장은 느림의 아름다움을 1990년대 상황에 맞게 효과적으로 전달한다. 자기가 사랑하는 남자와 외국으로 도주할 수 없는 심정을 고백하는 여주인공의 말더듬이식 문장은 작중인물의 망설임과 애잔한 슬픔을 효과적으로 그려내고 있다.

> 당신, 저를, 용서하세요.
>
> 이 말을 하지 않으면, 제 말이 모두 당신에게 오리무중일 것만 같으니. 점촌 아주머니를 혼자 살게 한 점촌 아저씨의그 여자, 그 중년 여인으로 하여금 울면서 에어로빅을 하게 만든 그 여자……언젠가, 우리집……그래요, 우리집이죠…… 거기로 들어와 한때를 살다 간 아버지의 그 여자…… 용서하십시오…… 제가…… 바로, 그 여자들 아닌가요?
>
> (신경숙, 『풍금이 있던 자리』, 문학과지성사, 1993, 23쪽)

그러나 김영하와 송경아 같은 신세대 작가들은 이런 방식만으로 새로운 시대의 모습을 충분히 반영할 수 없다고 판단한다. 그들은 영화적 속도에 버금갈 정도의 다이어트형 간결체를 자유자재로 구사해 독자의 속도욕망을 충족시킨다. 이것은 불필요한 미사여구나 감정의 파편을 최소화했다는 점에서 하드보일드 문체의 재현이라 할 수 있다. 이들 작가는 서사의 대상에 흠뻑 빠져 감상주의적 정서를 뿜어내지도 계몽하려는 정열에 찬 목소리를 외치지도 않는다. 구질구질하게 한 대상에 대해 꼼꼼하게 묘사하는 것은 그들에게 이미 낡은 구시대의 유물로 취급된다. 묘사형 소설보다 사건 위주의 서사형 소설이, 작중인물의 내면심리보다 행동과 대화가 전면에 배치되는 소설이 대세를 형성하게 된다. 신세대 작가들은 과거처럼 작중인물이나 배경을 장황하게 묘사하기보다 사건 자체에 바로 뛰어 들어간다. 이것은 소설이 의미

중심에서 이미지 중심으로 바뀌고 있음을 보여준다. 단락도 한 페이지를 넘길 정도로 길게 전개되기보다 여러 개의 조각으로 깔끔하게 분리된다. 시에서도 고도로 압축된 운문형의 시보다 풀어진 형태의 산문형의 시가 대세를 형성한다. 경쾌하게, 가볍게 대상을 건드리고 가뭇없이 사라지는 것이 특히 1990년대 후반 신세대 문학의 전형적 특성인 것이다.

송경아의 소설은 이러한 경향을 잘 보여준다. 송경아는 작가의 체험에서 많은 것을 길어오지 않는다. 오히려 그녀에게 체험은 거추장스럽다. 송씨가 가장 무서워하는 것은 자신의 작품에 대한 '재미없다'는 평가이다. 여기에서 '재미'는 필연적으로 속도와 결탁한다. 대개 '지루하다'는 것은 '재미없다는 것'을 의미한다. 그래서 송경아의 글쓰기는 지루함을 없애기 위해 불필요한 미사여구를 과감하게 삭제하고 빠르게 다음으로 이어지는 속도형 문장을 채택한다.

> 엄마는 그 길에서 돌아가셨다. 엄마를 친 차는 내게는 낯선, 노랗고 경쾌하게 생긴 젊은 차였다. 그 차 안에는 낯선 젊은 남자애가 타고 있었다. 젊은 여자애도 옆에 타고 있었다고 한다. 젊은 여자애는 낯설지 않다. 어디서나 똑같기 때문이다. 낯선 젊은 남자는 식은땀을 흘렸다. 흘리며 말했다.
>
> (송경아, 『책』, 민음사, 1996, 8쪽)

앞의 지문은 엄마의 죽음을 건조하게 서술하는 23살의 여주인공이 등장하는 송경아의 『책』(1996)이라는 소설이다. 여기에서 주인공은 엄마의 죽음으로 인한 슬픔에 구질구질하게 포박되지 않는다. 복문이 거의 멸종해버리고 뚝뚝 끊어지는 듯한 단문형의 간결체는 별다른 감정의 동요를 표출하지 않는다. 엄마가 죽었을 뿐이다. 대체 그게 어쨌다는 말인가? 삶의 속도에 의해 슬픔을 느낄 시간도 여유도 작중인물에게 없다. 이제 문장의 길이는 극도로 짧아진다. 죽은 엄마를 향해 내뱉을 슬픔의 언어는 작가에게, 작중인물에게 도무지 낯설 뿐이다. 문장은 짧아지는 데 비해 작중인물이 경험하는 사건의 총량은 증가한다. 그런데 이상하게도 그렇게 많은 사건들이 전달되지만 독자의 가슴 속에 남아 있는 것은 그리 많지 않다. 여기에 신세대 작가들의 고민이 자리한다. 속도를 통해 흥미와 문학적 감동을 함께 줄 수 있는 일석이조의 방법은 없을 것인가. 안타깝게도 1990년대 신세대 작가들은 그 해답을 당시에 효과적으로 제시하지 못했다. 그래서 그들은 시달려야 했다. 경박하다고, 가볍다고, 깊이가 없다고 비판하는 질책의 목소리에.

4. 스타 시스템의 등장과 복고 전략

속도는 문학의 내용과 문체만이 아니라 1990년대 문학제도에도 많은 영향을 끼쳤다. 1980년대의 정치적, 사회적 상상력이 사그라진 빈 자리를 채운 것은 탈중심의, 해체의 포스트모더니즘이다. 1980년대에 억압되었던 것들을 귀환시키는 포스트모더니즘의 물결 속에 작가들의 전통적 지위는 흔들린다. 적어도 1980년대까지 작가는 혁명적 신념을 전파하는 운동가이거나 예술혼을 발산하는 장인이었다. 하지만 1990년대에 작가는 더 이상 혁명가도 장인도 아닌 문학 상품을 생산하는 일개 지적 노동자로 격하된다. 롤랑 바르트는 이러한 작가의 지위 하락을 '저자의 죽음'이라는 비유로서 예언한 바 있다. 작가는 더 이상 유일무이한 작품을 탄생시키는 신과 같은 존재가 아니다. 그들은 기존의 언어들을 수집하여 재가공해 텍스트를 생산하는 노동 생산자이다. 이러한 작가관의 대두는 기존의 문학적 세계관을 신봉하는 이들에게 문학적 위기로 느껴질 수밖에 없다. 이인화의 장편 『내가 누구인지 말할 수 있는가』(1992)라는 소설은 '혼성모방 논쟁'을 일으켜 작가와 작품에 대한 정체성 논의를 촉발시킨다. 아무런 노력이나 고민 없이 타인의 작품에서 구절을 따와 짜깁기한 것을 창작으로 볼 수 있는지의 논란은 1990년대에 작가의 정체성에 대한 근원적 물음을 던졌던 것이다. 이것에서 보듯 전통적인 작가와 작품에 대한 고정관념은 심각한 도전에 직면해 있다.

1990년대에 오락성 내지 유희성에 초점을 맞춘 상업주의문학과 영상매체가 본격문학을 침공하면서 위기는 한층 고조된다. 이 시기에 본격문학은 문학의 상업성 내지 대중화를 혐오하면서도 문학의 상품성에 추파를 던지는 이중적 위선으로 무장한다. 탈정치적 상상력 속에 문학만을 이야기하겠다는 '문학주의'는 출판상업주의와 은밀하게 결탁하여 문학의 상품성을 가속화시키는 미적 이데올로기로 작동한다. 대표적으로 문학주의를 내걸고 1994년에 창간한 ≪문학동네≫는 작가를 일종의 연예인 스타처럼 관리하는 스타 시스템을 선보인다. 스타 시스템은 괜찮은 작가가 한명 등장하면 집중적인 물량 공세를 통해 상품 가치를 일시에 높이는 전략을 사용한다. 먼저 신문 방송매체와 광고를 활용해 특정 작가나 작품을 집중적으로 홍보하고, 이것을 뒷받침하는 주례사비평을 양산한다. 베스트셀러를 만들기 위해 해당 출판사는 아르바이트생을 고용하여 자사의 책을 매입하여 순위 조작에 나서기도 한다. 이런 과정을 통해 빠르게 지명도를 획득한 작가는 자신을 스타로 키워준 출판사의 입김에서 결코 자유로울 수 없다.

자본주의 시스템에서 스타 작가와 비스타 작가의 위치는 천지차이로 극명하게 양분된다. 이것은 조명 받지 못한 비스타 작가가 스타 작가로 등극하도록 욕망을 채찍질하게 만든다. 독자들은 연예인처럼 뻔질나게 지면이나 매체를 통해 등장하는 스타 작가에게서 예전과 같은 신비한 아우라를 찾기 힘들다. 이런 까닭에 출판사는 새로운 작가를 발굴하는 데에 늘 열심일 수밖에 없다. 기존 작가는 점차 잊혀지기에 새로운 작품을 더욱 빠르게 생산하고, 작품의 질적 하락은 독자의 외면을 불러온다. 이것은 더욱 더 신인 작가에게 집착하는 악순환의 함정을 만든다. 1990년대 문학제도에 스며든 속도의 독성은 이처럼 지독스러운 것이었다. 출판상업주의와 결합한 스타 시스템은 일시적으로 문학의 위기를 은폐할 수 있을지 모르지만 궁극적인 해결책이 될 수 없다. 스타 시스템은 문학이 지닌 느림의 성찰과 공존하기 힘든 속성을 지니고 있기 때문이다. 이처럼 1990년대 본격 문학의 위기는 문학 외적인 요소 이외에도 문단 내부의 상업성 추구와 도덕적 타락이 가져온 필연적 산물이었던 것이다.

철학자 칼하인츠 A. 가이슬러에 의하면 "빠름만이 가치 있는 것으로 간주되는 곳에서 느림은 경시된다. 속도는 창조력이 될 뿐 아니라 동시에 사회를 파괴하는 폭력이 된다." 주체가 제어할 수 없는 속도는 소외 현상을 광범위하게 살포하는 폭력이다. 1990년대와 21세기 초에 장자와 선에 대한 관심, 자연친화적 삶을 산 헬렌 니어링, 일련의 명상서적을 번역하거나 『외눈박이 물고기의 사랑』(1996)이라는 명상 서적을 쓴 류시화가 각광받은 것도 빠름의 독주 속에 느림의 아름다움을 복원하려는 움직임이라 할 수 있다. 이 시기에 느림을 복구하는 방법으로 등장한 것은 복고풍 전략이다. 속도의 문제를 선구자적으로 형상화한 작가 장정일은 『아담이 눈 뜰 때』(1990)에서 가속도의 세계에 브레이크를 거는 방법으로 복고 전략을 선보인다. 이 소설에서 주인공은 일상의 속도 체제에 안주하기보다 거부하는 아웃사이더적 삶을 표방한다. 그는 안락한 일상에 편입할 통로인 재수 생활마저 때려치우고 속도의 시대에 브레이크를 걸 수 있는 삶을 추구한다. 그에게 필요한 것은 턴테이블, 재즈음반, 타자기로 대변되는 '올디스 벗 구디스'이다. 장정일은 새로운 문예사조인 포스트모더니즘을 통해 시대의 첨단을 걷는다는 평가를 받았는데, 아이러니하게도 이 작품에서 속도의 시대에 대항하는 무기로 낡은 것의 귀환인 복고 전략을 채택했던 것이다. 여기에서 과거는 퇴영의 산물이 아니라 현재의 삶을 인식시키고 미래를 설계할 수 있는 가능성의 원천으로 자리한다. 이때 빠른 속도 속에 잊혀졌던 서정적 감수성의 회복은 무엇보다 중요한 의미로 다가온다.

「올디스 벗 구디스를 즐기는 모양이지」

「그래요. 올디스 벗 구디스가 없으면 세상은 금세 망해 버리니까요」

「가속도의 세계에서 브레이크가 되어준다 이거지?」

그때 나는, 가속도의 세계가 무엇을 말하는지 몰랐다. 그녀는 턱에 손을 고이고 잠시 동안 무엇인가 생각하였다. 그리곤 가장 알아듣기 쉬운 방법으로 가속도의 세계를 설명해 주었다.

「그것은 파시스트적 속도라고도 불리는 것으로, 근대의 여러 가지 제도적 장치가 엄청난 자본과 연결되어 무서운 속도로 전진운동을 하는 산업사회의 생리를 가리키는 거야. 예를 들어 재벌기업에서 경영하는 자동차산업이 그렇지. 그들은 신제품을 만들자마자 방송이라는 가치중립적이며 공적인 제도장치를 통해, 쉬지 않고 광고를 해대지」

(장정일, 『아담이 눈 뜰 때』, 김영사, 1992, 50~51쪽)

역사학자인 스티븐 컨은 "사람들이 새로운 과학기술에 반응하는 속도가 빨라질수록 이전 삶의 속도는 느리게 움직였던 것으로 느"끼며 "좋았던 옛날에 대한 감상적인 애가(哀歌)를 낳"는다고 주장한다. 과거는 흘러간 현재의 축적물이다. 이러한 과거는 기억의 회로를 통해 현실로 소환된다. 이때 기억은 과거의 모든 것을 객관적으로 소환하지 않는다. 그것은 현재의 주체가 욕망하는 것들을 호출해내고, 그 이외의 것들은 여전히 기억의 창고에 억압시켜 놓는다. 기억은 객관적이지도 보편적이지도 않다. 그것은 철저히 주관적 욕망의 산물이다. 즉, 기억은 주체의 선택과 배제의 산물이다. 주체는 빠르게 변화하는 현실을 지배하지 못할 때, 깊은 무력감과 불안을 체험한다. 여기에서 주체는 자신이 통제할 수 없는 현재보다 과거가 좋았다는 식의 자기기만적 방어기제를 작동시킨다. 그것은 과거는 무조건 좋았고, 현재는 나쁘다는 식의 이항대립의 담론을 은연중에 생산한다.

시인 유하도 "현실이 빠져나간 옛 지옥은/어느덧 천국의 극장처럼 아련하게 서 있다/다시는 돌아갈 수 없다는, 서글픔 하나로/모든 옛날 영화가 아름다운 것처럼"(「옛날 영화를 보러갔다」)이라고 노래하며 기억의 허구성을 지적한다. 이러한 낭만적 허위와 조작이 기억에 개입할 때, 주체는 현재에서 벗어나 과거로 회귀해야 한다는 당위론적 주술에 사로잡혀 버린다. 현재의 아픔이 과거의 아픔을 희석시키면서 아름답게 미화할 때, 객관적 역사는 망각된다. 현재와 절연된 과거도, 과거와 절연된 현재도 모두 존재할 수 없다. 현재의 고통은 현시점에서 발생한 것일 수도 있지만 과거의 고통이 축적된 과정에서 나온 산물일 수도 있다. 이런 점에서 과거가 현재의 고통에서 분리된 절대적 도피처일 수 없는 것이다. 그럼에도 불구하고 속도의 강박증에 시달리는 현대인들은 현재에서 이탈하여 절대화된 과거로 회귀하려는 복고 트렌드를 뚜렷하게 보여준다.

임철우의 『그 섬에 가고 싶다』(1991)와 『등대 아래서 휘파람』(1994), 윤대녕의 『은어낚시통신』(1994)과 『옛날 영화를 보러갔다』(1997)라는 소설은 과거의 기억을 통해 현재의 빠름에서 벗어나려는 전형적인 복고 취향의 소설이다. 불행히도 이들 소설은 정도의 차이는 있지만 낭만적인 추억을 강조하면서 독자들을 과거에 머물게 한다는 점에서 문제점을 안고 있다. 모든 것이 연민의 시선 속에 아름다운 기억으로 회상될 때 비판의 시선은 무력해진다. 현실이 디스토피아이고 과거가 일종의 유토피아로 제시되는 복고풍의 메시지는 독자에게 일시적 위안을 줄지 모르지만 근본적으로 현실의 문제를 해결할 수 없다. 과거에서 성찰보다 위안을 주는 복고풍 작품들은 속도제국의 무궁한 발전에 오히려 봉사하는 이중첩자일 수 있는 것이다. 독자들이여, 과거를 너무 맹신하지 말라!

5. 빠름의 가능성, 코페르니쿠스적 사고의 전환

삶의 속도가 빨라지면서 인간들은 성급해지고 변덕스럽고 초조하고 두려움이 많아진다. 이러한 신경장애 현상은 속도의 가속에 제대로 적응하지 못하면서 대부분 발생한다. 문제는 건강한 주체가 추방된 속도제국에서 이 증세가 광범위하게 지속적으로 나타난다는 점이다. 그래서 가속화된 현실과 느린 과거 사이에서 좌표를 설정하지 못한 현대인의 소외는 깊어만 간다. 속도는 근대에 불안과 매혹이라는 서로 상반된 얼굴로 다가왔던 것이다.

20세기 초에, 이탈리아의 소설가이자 시인인 마리네티는 속도라는 새로운 종교와 도덕을 숭배하면서 과거의 전통에서 모두 해방되는 미래파 운동을 주창한다. 이때 '속도의 빠름=자유=진보=변화'였고, '속도의 느림=억압=보수=정체'였다. 1980년대 아스팔트에서 화염병을 던지고 최루탄을 마시던 한국의 젊은이들은 정체된 사회를 변혁시키기 위해 역사의 속도를 신봉했다. 당시 그들에게 느림은 현실타협이자 소시민적 삶의 수용이었다. 이처럼 시대와 상황에 따라 빠름과 느림에 대한 평가는 사뭇 다르게 나타난다. 인간의 역사는 빠름과 느림의 부단한 갈등과 긴장이 펼치는 공존 관계에서 발전한다. 불온한 젊음은 대개 속도를 활용하여 낡은 질서를 해체하고 새로운 세계의 건설을 꿈꾼다. "속도의 극한에 죽음에 대한 간절한 욕망이 있다."(김연수의 「뒤져버린 도플갱어」) 이것은 죽음을 걸고서라도 현존 세계와 투쟁하지 않는다면 새로운 세계의 창조는 있을 수 없다는 결연한 의지의 표현이다. 젊음은 정작 위험한 것이 과속이 아니라 속도제국에 의해 관리되는 '안전속도'라고 주장한다. 현재 당신이 발산하는 삶의 속도는 대체 얼마인가. 속도제국이 권장하는 안전속도라면 조금만 더 액셀러레이터를 밟는 것이 어떨지. 속도는 자유이다. 이것이 1990년대 젊음이 내세우고 있는 세대론적 구호였던 것이다.

작가 김연수는 속도를 비판적으로 조망하면서도 동시에 새로운 세계로 가기 위한 출구로 인식한다. 그는 「마지막 롤러코스터」에서 비판적 대학생들이 꿈꾸었던 이상적 세계를 속도와 연결시켜 '롤러코스터roller coaster'로 형상화한다. 롤러코스터는 유원지에서 고가궤도 위를 빠르게 달리도록 설계된 고속 열차 놀이기구로 현대인의 속도 욕망을 상징한다. 빠른 속도의 롤러코스터는 급경사와 급커브를 통해 인간이 짜릿한 흥분을 최대한 느낄 수 있도록 설계되어 있다. 이때의 속도는 탑승객의 생존을 위협할 정도로 극한이 아니다. 게다가 안전벨트는 혹시라도 생길 수 있는 사고의 위험성을 미연에 방지한다. 롤러코스터의 질주하는 속도는 일상인을 잠시 비일상적 세계로 인도하였다가 다시 원위치로 돌려버린다. 일상인은 놀이기구를 통해 속도에 대한 상대적 박탈감에서 잠시 벗어나는 쾌감을 느끼었다가 다시 충실한 속도제국의 시민으로 복귀한다. 이런 점에서 유원지에 있는 놀이기구인 '롤러코스터'는 기만적인 일상 탈출을 제공한다.

> "(…중략…) 우리는 롤러코스터의 한계, 그 너머까지 가고 싶었어요. 스피드가 던져주는 텐션을 인간이 버틸 수 있는 최대한까지 끌어올리는 것, 그것은 곧 진화된, 새로운 차원의 롤러코스터의 등장을 의미했죠. 마찰을 최대한 줄이기 위해서 중간중간에 코스터가 레일에서 떨어져, 말 그대로 날도록 만들었어요. 플라잉코스터라는 이름이 붙은 까닭도 바로 그 때문이죠. 하지만 이 경우에도 스피드는 한계에 육박하더라도 텐션은 뭔가 부족했어요. (…중략…) 플라잉코스터의 백미는 바로 거기예요. 말 그대로 끌어당겨졌다가 다음 순간 하늘로 솟구쳐 날아오르거든요. (…중략…)"
>
> (김연수, 「마지막 롤러코스터」, 『스무 살』, 문학동네, 2000, 69~70쪽)

그런데 한국형 롤러코스터인 '플라잉코스터'에는 죽음이 내장되어 있다. 이것은 플라잉코스터가 적정 수준의 안전속도만을 지키는 것이 아니라 그 이상의 속도로 질주한다는 것을 뜻한다. 속도의 극한, 그곳에는 죽음이 숨어 있고, 기존 세계의 파괴와 새로운 세계에 대한 생성의 욕구가 담겨 있다. 불온한 젊음을 상징하는 '재인과 플라잉코스터의 설계자인 승룡회장'은 이 플라잉코스터에 탑승한 결과 죽음에 이른다. 플라잉코스터는 그들이 젊은 대학생 시절 꿈꾸었던 급격한 변혁에 대한 꿈을 환치시켜 만든 대체물인 것이다. 13번째 코너인 '도살자의 갈고리'에서 현실의 족쇄를 뿌리치고 솟구쳐 날아오르는 플라잉코스터의 비상. 그 순간은 일시적이지만 젊음이 지향한 유토피아에 도달하는 희열의 축제이기도 하다. 이러한 상황은 속도제국이 전혀 예측하지 못한 부분이다. 사망 사건 후, 한국형 플라잉코스터는 가짜의 속도와 예상된 쾌감만이 존재하는 행잉코스터로 재빨리 대체된다.

시인 배용제에게 있어 "속도가 폭발하는 경지에 이르면, 일상의 존재로부터 탈출한 온몸 가득 부딪히는" 자유와 만난다. 그래서 시인은 속도와 더불어 소멸하고 싶다는 욕망을 감추지 않는다. 그에게 있어 속도는 최후의 종교이다. 시인은 「폭주, 그 황홀한 파멸」에서 "도시의 미로 속에 갇혀 길들여지기 전에/저 불빛들의 바리케이드를 뛰어넘어 나를 날려버려야 한다/망각의 시간이나 늙음의 탈출구를 향하여/아슬아슬한 종교의 환호성, 볼륨을 높이고/속도의 극점을 느끼고 싶다//나는 완벽한 파멸을 원한다"고 고백한다. 느림에 대한 향수만을 노래하는 식의 전통적 방법만으로 현재의 위기는 타개되기 힘들다. 빠름을 느림의 확장된 영역으로 인식하는 코페르니쿠스적 사고의 전환이 필요하지 않을까. 빠른 것이 항상 효율적일 수 없듯이 느림이 반드시 삶의 성찰일 수도 없는 것이다.

시인이자 평론가인 장석주는 『추억의 속도』(2001)에서 느림으로 마차·자전거·한량들·오솔길·농업·수공업·노을진 해변을 들고 있고, 빠름으로 패스트푸드 식품들·성능 좋은 자동차·고속도로·컴퓨터·자동화 시스템·각종 신제품들을 예로 든다. 그러나 빠름의 범주에 든 것들이 반드시 빠름의 법칙에만 지배되는 것은 아니다. 신세대 시인과 소설가들은 해변을 따라 나 있는 강원도의 '7번 국도'를 통해 빠름과 느림의 공존 가능성을 탐색한다. 대부분의 도로들은 표준화·균일화되어 유사한 풍경을 연출한다면, 7번 국도는 파도의 속삭임과 따사로운 햇살을 선사하는 자연과 문명이 어우러지는 시공간이다. 차량 운전자는 해변의 도로를 질주하면서 빠름의 세계에서 결코 느낄 수 없는 것들과 조우한다. 이런 이유로 시인 박용하는 「7번 국도」라는 시에서 7번 국도를 영혼의 도로 내지 내면의 도로라고 칭한다. 여기에서 속도는 망각이 아니라 명상을 이끌어내는 매개체로 승화된다.

7번 국도는 영혼의 도로다. 아일랜드 여가수 Enya의 음악을 듣고 있으면 동해안 7번 국도 위를 드라이브하고 있다, 는 도로와 사랑하고 있다, 는 쾌적한 기분이 든다. 파도의 속도, 햇살의 속도, 그러나 광란의 속도가 명상을 이끌어낸다. 음악은 닫혀 있는 내 바깥을 파괴하는 유일한 마약이다. 樂이다. 락 음악이다. 내 인생은 7번 국도를 출발해 7번 국도로 돌아가는 거대한 추억의 궁륭이다. 여가수 Enya의 음악을 듣고 있으면 공중을 향해 드라이브하고 있다, 는 공중과 사랑하고 있다, 는 아름다움이 파도치듯 밀려든다. 7번 국도는 내면의 도로다.

(박용하, 「7번 국도」, 『영혼의 북쪽』, 문학과지성사, 1999)

7번 국도를 예찬했던 박용하는 「드라이브 명상」에서 "내 망막을 통과한 영동고속도로가 몸 속을 굽이쳐 연어천으로 환생하는/시속 150킬로미터 심야 드라이브 명상./한밤중 강원도로 차를 몰면/뭐라 말할 수 없는 허파 맛…… 마치 호수를 들이켜는 것 같은……/고향으로 가는 황금 루트를 알고 있는 연어들처럼/뭐라 말할 수 없는 도로 맛"이라고 평가하면서 빠름에서 느림의 출구를 발견한다. 시인 유하 등이 선보인 키치kitsch 시도 이러한 맥락에 놓여 있다. 본격 작가들이 구사하는 키치화 전략은 속도의 빠름을 한탄하는 것이 아니라 빠름을 이용하여 삶의 성찰을 유도하는 전략이다. 광고, 영화, 무협소설 등 다양한 것에서 시적 모티브를 차용한 키치 시는 독자의 눈높이를 따라가려는 문학의 적극적 움직임이다. 일회용 콘돔이기를 마다하지 않는 키치 시의 눈높이 낮추기 전략은 독자들에게 본격 문학작품을 손쉽게 접하도록 만든다. 이것은 중간 단계의 문학을 설정함으로써 독자의 폭을 확대하려는 본격문학의 독자배가운동이라 할 수 있다.

빠른 속도를 작품에 수용한 것은 신세대풍의 소설만이 아니다. 윤대녕은 흔히 소설에서 오래된 낡은 극장, 말발굽 소리 등 속도에 의해 잊혀졌던 것들을 호출해 느림의 복원을 시도하는 작가로 알려져 있다. 그렇다고 윤대녕이 속도를 부정적 대상으로만 생각하는 것은 아니다. 속도는 작가에게 있어 느림의 시원성에 도달하기 위한 중요 통로이기도 하다. "빛보다 빠른 속도로 달리면." "회귀하게 되죠. 지금 가야 할 곳으로." 「은어낚시통신」에서 빠름에 중독된 주인공인 '나'는 빨간색 스포츠카의 질주에 의해 익명의 지하집단인 '은어낚시 모임'으로 이동한다. 여기서 빨간색 스포츠카가 질주하는 도로는 빠름의 가치만이 숭상되는 배제와 축출의 공간이 아니다. 아스팔트 도로는 마치 은어가 강 상류를 향해 거슬러 올라가는 수로처럼 삶의 안식처나 고향으로 인도하는 통로이다. 주인공은 빠름을 통해 느림의 시원성으로 회귀한다.

1990년대 일부 신세대 작가들은 속도제국이 원하는 속도보다 더 빠른 속도로 질주해 딴죽걸기를 시도한다. 그들은 속도를 통해 속도를 제어하는 이이제이以夷制夷 전술을 사용해 느림이 처한 위기를 돌파하고자 한다. 이것은 '호랑이를 잡으려면 호랑이 굴로 들어가야 한다'는 말처럼 속도를 이용해 새로운 세계를 꿈꾸는 적극적 전략이다. 속도를 부정적으로만 파악하는 기존의 비판적 시각을 뒤집고 적극적으로 속도를 끌어들인 신세대 작가들의 발상은 신선하다. 그러나 속도의 질주 속에 작중인물의 아픔과 고뇌가 깊이 있게 다뤄지지 못한 점은 아쉽다. 무게 중심을 상실한 이미지화된 인물이나 키치 시는 속도를 대변하는 데에 효과적일지 모르지만 자칫 잘못하면 느림의 복원이라는 최초의 의도를 망각할지도 모를 위험성도 그만큼 높은 것이다.

6. 빠름과 느림의 공존을 향해

'나는 속도로 질주한다, 고로 나는 존재한다.' 이 문구가 세계를 호령한다. 어떤 존재도 이 속도의 영향권에서 자유롭지 못하다. 정보화 사회, 인터넷, 디지털문화란 명칭은 전지구적으로 확산된 속도의 영향력을 환기시키는 기호에 불과하다. 근대 자본주의가 본격적으로 속도의 시대를 연 이래, 우리는 속도의 황홀경에 매료되어 느긋한 성찰은 생략한 채 허겁지겁 뛰어다녔다. 무제한 속도로 질주할 수 있다는 아우토반autobahn은 바로 이 속도의 황홀한 신화가 만들어낸 장밋빛 유토피아이다. 1997년 한국의 IMF 구제금융은 한민족에게 더욱 철저하게 속도에 매진하도록 충동질한 역사적 사건이다. 고생하면서 이룬 모든 것을 한꺼번에 잃을지도 모른다는 집단적 공포와 불안은 다시 한 번 속도의 신화에 군말 없이 충성 서약할 것을 요구했다. 이제 속도는 이 시대의 욕망이 집약된 신神이다. 빠름의 판도라 상자가 열린 지금 다시 느림의 시공간으로 회귀하기는 힘들다. 어떤 면에서 현재의 빠름을 포기하고 느림으로 돌아가는 것은 발전이 아니라 퇴보일 뿐이다.

김영하, 김연수, 송경아, 유하, 배용제, 박용하 등의 1990년대 신세대 작가들은 빠름을 활용해 느림에 도달하려는 발상의 전환을 보여준다. 그들은 다양한 소재, 나르시스트와 니힐리스트의 작중인물, 단문형의 다이어트 간결체, 우연성, 이미지, 불확정성 등을 이용해 당대의 속도를 적극적으로 작품에 반영한다. 신세대 작가들은 '느림=성찰', '빠름=성찰의 부재'라는 경직된 도식을 거부하고, 빠름 속에서도 성찰은 존재할 수 있다는 제3의 길을 모색한다. 빠를수록 시간은 천천히 움직인다는 아인슈타인의 '상대성이론'을 응용한 그들의 질주는 속도제국이 권유하는 제한속도 내지 안전속도를 거부한 채 속도의 극점으로 치닫는다. 죽음을 담보로 한 질주 앞에 기존의 낡은 질서는 파괴되고, 새로운 세계의 생성을 향한 불온한 욕망들이 들끓는다. 이것은 낡은 20세기를 허물고 새로운 21세기를 생성하려는 움직임으로 볼 수 있다.

빠름을 활용하는 1990년대 신세대 작가에게도 한계점은 존재한다. 표피적 인물의 형상화, 역사성과 사회성의 빈곤, 전망 없는 질주, 가벼운 언어의 유희성, 단편에 치중된 속도성 등은 그들의 문학적 성장 가능성을 일정 부분 잠식하고 있다. 하지만 이러한 것들은 빠름을 본격문학에 접목시키면서 필연적으로 파생한 초기의 부작용으로도 볼 수 있다. 문제점을 충분히 자각하면서 탈주적 상상력을 작동시킨다면 빠름을 통해 느림에 도달한다는 최초의 목적을 달성할 수 있을 것이다. 물론 자칫 잘못해 속도에 정복되어 투항적 대중추수주의로 귀결된다면, 신세대 작가들의 도전적 실험은 본격문학의 기반을 더욱 약하게 만드는 자충수로 전락할 것이다. 1990년대 신세대 문학에서 빠름을 활용한 창작 성과물은 충분히 만족스럽지 못했다. 가능성만을 보여주었을 뿐이다. 그러나 이들이 젊다는 것에서 우리는 희망을 발견한다. 젊다는 것은 실패할 위험성도 높지만 동시에 성공 가능성도 무한하기 때문이다. 젊은 작가들의 실험은 21세기에 들어서도 계속되고 있다. 빠름이 감각적 유희에 치우쳐 삶의 진정성을, 느림의 아름다움을 놓치는 글쓰기가 등장하기도 한다. 우리는 이들이 함정에 빠지지 않도록 지속적인 비판과 애정 어린 관심을 함께 보여야 한다.

나는 가속도적 빠름과 성찰적 느림이 공존하는 세계를 열망한다. 이것을 위해 액셀러레이터와 브레이크를 시의적절하게 밟는 잔머리가 필수불가결하다. 운전 면허증이 없는 분들은 속히 자동차 학원에 등록해 땀 좀 흘리기를 바란다. 떨어지면 떨어질수록 노하우는 증가한다. 그대의 행운을 빈다! 지금 나는 질주하고 있다. 그리고 생각한다. 질주와 성찰의 뜨거운 결합. 나는 속도의 광란 속에 존재한다, 존재되어진다.

2. 쟁점과 논의들

비평의 서구콤플렉스와 식민성

1. 근대화 욕망과 비평의 식민성

한국의 서구콤플렉스는 개화기 무렵에서부터 발원한다. 구한말의 조선은 중화주의를 전파한 중국이 서구 제국에 의해 동네북이 되는 것을 목격하면서 자칫하면 절멸할지도 모른다는 공포와 불안을 느꼈다. 적자생존과 자연도태를 적용한 스펜서의 사회진화론에서 보듯 당시의 세계는 우승열패의 신화가 작동하는 냉혹한 정글의 세계였다. 조선은 살아남으려면 서구 열강과 같은 문명의 반열에 오르거나 아니면 야만으로 분류되어 서구 제국의 식민지로 전락하는 양자택일의 길만 있었다. '서구=우월=문명=지배자, 동양=열등=야만=피지배자'라는 이분법적 서열체계 속에 약소국 조선이 선택할 수 있는 여지는 별로 많지 않았다. 갑신정변, 동학혁명, 대한제국으로 이어지는 변혁의 실패는 구한말의 조선이 시도한 근대화가 실패했음을 의미한다. 이후 조선은 식민지적 근대화의 길을 걷게 된다. 그 결과 식민성은 모든 분야에 독극물처럼 퍼지면서 민족 주체의 자주성을 근본적으로 훼손시키며 문화적 열등감을 심어주었다.

1945년에 해방된 한민족은 한국전쟁이라는 미증유의 비극적 체험 속에 근대화 욕망을 더욱 증폭시킨다. 한민족이 집단적으로 경험한 고통과 절망은 근대화의 부재에서 비롯한 것이라고 생각했기 때문이다. 박정희 군사정권이 비민주성에도 불구하고 독재체제를 유지할 수 있었던 원동력도 근대화의 욕망을 일정 부분 만족시켜 주었기 때문이다. '근대화=서구화'였기에 모든 것의 평가 기준은 서구의 잣대에 의해 평가되고 분류된다. 타자인 서구에 대한 지나친 의존 속에 한국은 자신의 정체성을 파악할 주체적 언어를 제대로 소유하지 못했다. 한국이 자신을 자각하게 된 것은 주변부 동양이 아닌 중심부인 서구에서 수입한 이론을 통해서이다. 이때 서구가 동양을 바라보는 서구 우월의 오리엔탈리즘도 그대로 수입하여 내면화된다. 이것은 서구에 대한 동양 한국의 종속성을 본질주의적, 선험적으로 만들면서 지배와 피지배의 불평등한 관계를 자연스럽게 승인시킨다. 한국에서 노벨문학상에 대한 선호도가 높았던 것도 서구가 인정하는 노벨상을 통해 민족적 열등감을 극복하고 싶은 욕망의 반영이다.

한국문학에서 비평은 누구보다 서구 이론에 민감하게 반응했다. 평론가들은 서구 이론 공부를 통해 근대를 학습했으며, 서구 이론의 텍스트 적용을 통해 한국문학의 근대화에 복무했다. 나 자신이 비평을 공부한다고 대학이나 대학원 시절 읽었던 이론서도 서구 텍스트가 대부분이었다. 내 피에 서구콤플렉스가 흐르고 있다는 것을 나는 결코 부인하지 못한다. 어린 시절 내 꿈은 늘씬한 백인여성인 원더우먼과 결혼하는 것이 꿈이었고, 왜 한국이 미국의 51번째 주가 아닌지 불만이었다. 하지만 내 피부색은 여전히 누르스름했고, 하위주체인 동양 남성이라는 틀을 결코 벗어버릴 수 없었다. 그것은 절망이었고 분노이기도 했다. 그러나 대학에 들어와 세상을 공부하면서 내 안의 서구콤플렉스가 지닌 기만성과 허위성을 깨닫게 되었다. 그때부터 주체성에 도달하기 위한 힘겨운 싸움이 시작되었다. 이 싸움은 아직도 계속되고 있다. 한국문학에서 주체성을 확보하기 위한 싸움은 1970년대 민족문학론부터 본격화된다. 이 글은 서구와의 동일시를 통해 여전히 서구콤플렉스에 사로잡혀 있는 2000년대의 비평에 대한 비판이자 식민성의 언어를 양산하는 매판적 평론가를 향한 자기성찰의 촉구이다. 노란 피부는 검은 피부나 하얀 피부와 함께 똑같이 아름답다. 내 비평은 바로 이 명제로부터 지금, 여기에서 닻을 올린다.

2. 주체성 부재의 계보학적 지형도

개화기와 일제강점기에 근대 문학의 선각자들인 최남선, 이광수, 김억, 김동인, 주요한 등은 일본 유학파로서 일본을 매개로 하여 서구의 근대문학과 접한다. 이것은 한국의 근대문학이 상당 부분 일본 유학파가 수입한 문화상품으로 구성되었다는 것을 의미한다. 서구문학에서 유행했던 것을 일본문학이 받아들이고, 일본문학에서 유행했던 것들을 몇 년이 지나서 식민지 조선의 일본 유학파들이 조선에 전달하는 먹이사슬의 구조가 식민지적 근대화의 모습이었던 것이다. 일본 유학파들의 주도적 활약 속에 식민지 조선은 1920년대 들어 본격적으로 근대 문학제도를 형성시킨다. 일제 식민지 시대에 일본 유학파의 활동은 당시 창간된 잡지나 동인지를 보더라도 확인할 수 있다. 신문학 사조의 도입과 소개를 통해 근대문학의 성립에 공헌을 한 ≪학지광≫(1914년 창간)은 재일본 동경 조선 유학생 학우회의 기관지였고, 서구 문학을 번역 소개한 ≪태서문예신보≫(1918년 창간)의 김억도 일본 유학파 출신이다. 한국 최초의 종합문예동인지인 ≪창조≫(1919년 창간)는 동경 유학생인 김동인, 주요한, 전영택, 김환, 최승만이 주축이 되어 만든 것이다. 전영택은 ≪창조≫의 제호에 대해 "아무것도 없는 조선의 신문예를 개척·창조하자는 대포부·대야심을 가지고 제호를 '창조'로 정했다"고 말한다. 이러한 전영택의 언급은 식민지 조선이 서구 문학의 기준에 비추어 평가할 때 제대로 된 근대문학이 하나도 없다는 인식의 반영이다. 이처럼 전통 단절의 입장에 선 ≪창조≫ 동인들이 식민지 조선에서 보여준 것은 서구문학의 한국 번역본이었던 셈이다. 근대문학 초기에 낭만주의, 상징주의, 사실주의, 자연주의 등 각종 문예사조가 혼란스럽게 비빔밥처럼 전개된 것도 한국문학의 내적 필연성보다 서구문학의 무분별한 수입이 초래한 현상이다. 일제 강점기에 한국문학의 주체성을 지킨 한용운, 김소월, 김유정 등이 있었지만 이들은 전체 문인과 비교해 볼 때 소수에 불과했다. 당대의 지식인이자 예술가였던 문인들은 첨단 서구문학을 수입해 사용해야만 제대로 된 근대문학을 하고 있다는 착각에 집단적으로 중독되었던 것이다. 그러면서 한국적인 것은 저급한 것이고 서구 내지 유사 서구인 일본의 문학은 고급한 것이라는 인식이 광범위하게 퍼졌다. 근대문학의 아버지인 이광수가 1922년에 자기비하의 '민족개조론'을 발표한 것도 서구(또는 일본) 우월, 조선 열등이라는 서구콤플렉스의 표현이다.

이광수와 또 다른 계몽주의 문학을 선보인 카프문학파도 서구콤플렉스에 빠진 것은 동일하다. 1920년대 중반 한국문단의 주도세력이었던 카프의 출발은 일본 릿쿄대학 영문학부를 다니던 팔봉 김기진이 당시 일본문단에서 유행하던 프롤레타리아문학을 박영희에게 편지로 소개하면서 태동된다. 그 이후 카프는 일본 유학파 출신인 임화, 김남천, 이기영 등이 계속 주도권을 잡게 된다. 카프의 1, 2차 방향전환과 주요 문학 논쟁도 많은 부분이 일본문단에서 유행한 것을 한국에 가져오면서 발생한 것이다. 한마디로 동경이 프롤레타리아문학의 본점이었다면, 식민지 조선의 카프문학은 동경 지점에 불과했다. 카프문학은 소련의 라프RAPP와 일본의 나프NAPF에 영향 받아 태어나, 그 이론적 논의 방향도 라프와 나프의 노선 변화를 그대로 추종하는 대외 종속적 태도를 보였던 것이다. 이러한 주체성의 부재와 종속성의 심화는 서구콤플렉스에 중독된 당대 문인들의 허약한 체질을 말해준다. 1920년대에 카프의 공세 속에 수세에 몰렸던 우파 진영의 민족문학파도 조선심을 강조했지만 일본에서 서구문학을 공부한 해외문학파의 가세로 침체에서 벗어날 수 있었다. 1930년대 우파 진영의 유력 문학 단체인 구인회(1933년 결성)도 역시 일본 유학생 중심으로 이루어져 서구지향성이 높았다. 1930년대 중반에 들어 시인이나 소설가들이 비평을 겸업하던 시기에서 벗어나 비평만을 전문으로 하는 비평 장르의 전문화가 시작된다. 이 시기에 경성대학교 영문학과를 나와 영국의 런던대학교에서 공부하고 돌아온 최재서는 주지주의 이론을 통해 모더니즘 문학의 방향성을 제시하며 문단의 중심에 우뚝 선다. 최재서의 비평적 입지 확보는 서구의 본토에서 공부를 했다는 경력이 상당 부분 작용했다.

서구 이론의 강한 영향력은 한국전쟁 이후 전후문단에 더욱 강한 폭풍우를 몰고 온다. 1950~60년대에 발생한 실존문학 논쟁, 전통 논쟁, 세대 논쟁 등의 밑바탕에는 대학에서 체계적으로 서구 이론을 학습한 신세대들이 상대적으로 서구 이론에 해박하지 못한 구세대를 비판하는 형국이었던 셈이다. 서구 이론에 기반한 강단비평의 신세대들(특히 외국문학 전공자)은 원전주의를 앞세워 인상에 기초한 구세대의 현장비평을 신랄하게 비판하며 새로운 세력으로 떠올랐던 것이다. 1950년대의 이어령과 유종호, 1960년대의 김붕구·정명환·백낙청 등은 서구 이론을 적절히 활용해 문학적 입지를 구축했다. 당시에 세대론과 결부된 전통론은 '신세대문학=전통 단절, 구세대문학=전통 계승'이라는 구도 속에 전개된다. 이때 언급되는 전통은 토속성과 순수성을 핵심으로 하기에 근대성보다 전근대성에 가까웠다. 신세대 평론가들은 전통 단절을 통해 전근대성에서 탈피해 새로운 근대성에 도달하려는 강한 욕망을 지니고 있었다. 전통론에서 한국적 전통을 토속성이나 순수성으로 규정한 구세대의 문인들은 전통의 비판적 계승을 외면했다는 점에서 비판받아야 한다. 반면에 전통 단절을 외친 신세대 평론가들이 보여주는 서구추수주의는 주체성의 약화라는 값비싼 대가를 지불해야 했다.

외국문학 전공자들은 1960년대에 대거 등장해서, 1970년대 들어 주요 잡지를 창간하며 새로운 문학의 중심을 형성하게 된다. 외국문학 전공자가 한국의 문학 흐름을 주도하게 된 양상은 당시의 주요 계간지 편집위원(또는 편집동인)을 보면 바로 알 수 있다. 계간 ≪창작과비평≫(1966년 창간)의 편집위원 백낙청은 영문학을, 염무웅은 독문학을 전공했다. ≪문학과지성≫(1970년 창간)의 편집동인 김현과 김치수는 불문학을, 김주연은 독문학을 전공했다. ≪세계의문학≫(1976년 창간)의 편집위원 유종호와 김우창은 영문학을 전공했다. 이들 외국문학 전공자는 서구 이론을 소개하고 유행시키면서 자연스럽게 해당 분야의 권위자이자 동시에 새로운 문학을 주도하는 선구자로서의 지위를 확보한다. 이런 상황에서 후배 문인들은 서구 이론의 공부에 매달릴 수밖에 없었고, 서구콤플렉스는 구조적 고질병으로 정착되었다. 국문학 전공자의 평론가가 외국문학 전공자의 평론가를 압도하기 시작한 것은 1980년대부터이다. 하지만 외국문학 전공자가 뿌려놓은 풍토 속에 성장한 국문학 전공자 출신의 평론가들은 정도의 차이는 있지만 서구콤플렉스에서 자유롭지 못했다. 서구콤플렉스의 강세 속에서도 한국문학의 주체성을 확보하려는 노력은 끊임없이 이어져왔다. 한국문학은 1950~60년대의 전통 논쟁과 세대 논쟁을 거쳐 민족적 주체성의 발견으로 나아간다. 이 정신을 계승한 1970년대 민족문학론은 한국적 주체성을 갖겠다는 선언이자 실천이었다. 아이러니하게도 미국 유학파 출신인 백낙청은 서구 이론을 활용해 한국적 주체성을 확보하는 탈식민지적 전략인 전유專有, appropriation를 활용해 민족문학론을 주창한다. 그의 민족문학론은 리얼리즘론, 제3세계론으로 발전하여 한국적 주체성의 가능성을 열게 한다. 하지만 백낙청으로 대표되는 1970년대의 민족문학론은 서구 이론 자체에 대한 전복이 아니었고, 한국적 비평이론을 충분히 보여주었다고도 볼 수 없다. 이것은 서구 이론을 통해 세계와 자신을 발견할 수밖에 없었던 당대 지식인의 한계이기도 했다.

1980년대는 사회과학과 문학이 뜨겁게 결혼한 시대였다. 신문방송매체가 군사정권의 감시와 탄압 속에 제대로 역할을 하지 못하는 상황에서 문학은 군사독재정권 타도와 민주화의 성취라는 사회변혁적 임무를 떠맡게 된다. 그래서 1980년대의 문학은 5·18 광주민주항쟁을 진압하고 정권을 장악한 군사독재정권을 향한 총이자 칼이었다. 문학이 사회변혁 운동이었기에 그에 걸맞은 사회적 인식이 필요했고, 그것은 사회과학 이론의 학습을 통해 공급받았다. 반미의 외침과 민족적 주체성이 어느 시기보다도 높았던 1980년대에 마르크스, 루카치로 대변되는 좌파적 서구 이론은 전성기를 맞이했다. 1980년대 무크지를 통해 활동한 진보적 소장 평론가들은 1970년대 비평이 지닌 소시민성과 서구콤플렉스를 비판하며 민중적 민족문학론, 노동문학론을 주장했다. 하지만 이들은 서구의 마르크시즘에 대해 맹목적 환상을 가지고 있었다는 점에서 또 다른 서구콤플렉스의 모습을 보여준다. 1990년을 전후한 시기에 현실사회주의권의 몰락은 좌파적 환상을 한순간에 부숴버렸다. 1980년대의 진보적 소장평론가들이 서구의 마르크시즘을 주체적으로 소화했다면 이렇게 맥없이 좌파적 환상이 몰락하지는 않았으리라!

3. 텍스트주의와 서구콤플렉스의 간통

1990년을 전후한 시기에 현실사회주의의 붕괴는 거대담론인 민족민중문학론의 위축을 초래하고, 그것은 다시 민족적 주체성을 무력화시킨다. 더욱이 1997년 IMF 구제금융 사태는 세계화로 대변되는 신자유주의 체제를 전면에 포진시키며 미국식 잣대에 의한 대규모의 살인적인 구조 조정이 이루어진다. 1990년대 탈중심을 지향한 포스트모더니즘의 유행과 신자유주의 체제의 등장 속에 한국문학은 주체적 중심을 잡기보다 서구에 대해 더욱 밀착하도록 만들었다. 특히 포스트모더니즘은 억압되었던 다원성을 복원시켰지만 동시에 원산지 표시의 무의미성을 유포하며 민족적 범주 자체를 무력화시킨다. 이런 상황에서 민족을 기반으로 한 민족문학론은 침체의 늪에 빠졌다. 대책 없이 거리로 내몰린 한국문학의 주체성은 노숙자 신세가 되어 무료급식에 의해 겨우 연명하는 처지로 추락했던 것이다. 문제는 이러한 사태를 미연에 방지할 임무를 지닌 비평가의 직무 유기와 매판적 식민성이 한국문학의 서구 의존성을 더욱 증폭시켰다는 점이다. 문화산업과 영상매체의 압도적 공세 속에 1990년대 들어 비평은 서구 이론으로 치장한 주례사비평으로 변질되거나 현장성을 상실한 아카데믹한 강단비평의 색깔을 띠기 시작한다.

이 시기에 1980년대 타자였던 ≪문학과사회≫와 1994년에 창간한 ≪문학동네≫는 계몽주의적 민족민중문학론을 비판하면서 문학주의를 내건다. 문학주의의 구체적 실천 형태는 텍스트주의로 나타났다. 일명 텍스트 중심주의는 비평에 있어 중요한 것은 메타비평이나 계몽주의적 문학론의 전개가 아니라 텍스트의 다양한 의미를 파악하고 드러내는 데 있다고 주장한다. 이런 관점에서 비평가는 작가나 작품보다 항상 두 번째 위치하는 2등급의 존재로 격하된다. 1980년대 문학의 선두에서 작가와 작품을 진두지휘했던 비평의 위상이 텍스트주의 등장과 함께 급락했던 것이다. 텍스트주의의 강조 속에 평론가의 목소리는 자연스럽게 후퇴하고 작품이나 작가의 의미가 기형적으로 도드라지는 형태를 취하게 된다. 이것은 주체의 무력화 속에 자신의 위치를 정확히 파악할 수 없는 당대 비평가의 비루한 처지가 적극 반영된 것이다. 텍스트주의는 텍스트의 다원성을 존중한다는 표면적 의도 이외에도 평론가의 무능력과 자신감 상실을 은폐하는 역할을 담당했다.

평론가가 자신의 말을 신뢰할 수 없는 불확실성의 시대에 소위 서구에서 권위 있는 서구 사상가나 이론가의 말은 금과옥조의 지침서가 된다. 서구의 권위를 전적으로 활용하는 식민성의 비평은 독자를 배제한 채 이론을 위한 이론이 난무하는 새것콤플렉스와 서구콤플렉스의 경연장으로 전락한다. 결국 1990년대 이후 문단의 중심에 선 문학주의는 텍스트주의와 서구콤플렉스의 간통에서 태어난 사생아인 셈이다. 된장국 같은 언어보다 버터 냄새를 피우는 서구 이론이 좀 더 우월하다는 인식의 드러냄은 아직 청산하지 못한 식민지적 역사의 흔적이다. 이런 상황에서 평론가들은 서구 이론의 수입을 통해 손쉽게 자신의 평론이 새롭다는 것을 강조한다. 그것은 더욱 더 무국적의 언어를 남발하게 만든다. 서구 이론에 대한 과도한 의존성은 민족의 주체성을 강조하는 민족문학 진영이나, 서구 이론의 수입을 통해 보편적인 세계문학에 도달하고자 하는 문학주의 진영에서 큰 차이를 발견하기 어렵다. 물론 상대적으로 문학주의 진영에서 서구 이론은 좀 더 높은 인용의 빈도수를 보인 것이 사실이다.

문학평론가 우찬제가 최근에 쓴 「접속시대의 사회와 탈사회」(≪문예중앙≫, 2000년 여름호)라는 평문은 서구 이론에 대한 과잉 의존이 비평을 어떻게 황폐화시키는지 보여주는 좋은 사례이다. 이 글에서 우찬제는 미국의 사회비평가인 제러미 리프킨의 저서를 1장에서 5페이지에 걸쳐 장황하게 소개한다. 제러미 리프킨이 『노동의 종말』(1996)에서 최근 세계의 변화 양상을 구조적으로 성찰하면서 세계를 '접속의 시대'로 규정했다는 것이다. 그러면서 우찬제는 한 페이지를 거의 다 차지하는 리프킨의 글에 대한 인용과 그에 대한 주석 속에 들뢰즈와 들뢰즈에 영향 받은 아사다 아키라의 견해도 보조적으로 등장시켜 리프킨의 견해를 뒷받침한다. 이렇게 사전 작업을 한 다음, 우찬제는 접속시대에 탈사회학적 상상력을 보여주는 작가로 김경욱·이기호·김중혁을 연결시켜 소개하며 높게 평가한다. 이때 우찬제는 선험적으로 리프킨의 견해를 무비판적으로 수용하면서 주체적 정신을 삭제하고 자신을 리프킨과 동일시한다. 여기에서 독특한 비평적 감식안을 갖고 텍스트와 대화하려는 문학평론가 우찬제는 어디에서도 찾을 길이 없다. 오직 전면화된 것은 리프킨의 이론을 무비판적으로 추수한 우찬제와 서구 이론의 틀에 짜맞춰져 과잉 해석된 텍스트만이 존재한다. 제러미 리프킨은 『노동의 종말』에서 현재의 기술 발달이 가져온 문화에 대한 비판적 성찰을 전개하고 있는데, 우찬제는 이러한 리프킨의 입장을 삭제한 채 자의적으로 인용하고 있다. 그 결과 우찬제는 접속의 문화가 지닌 각종 문제점을 지적하거나 대안 제시에 별다른 관심을 보여주지 못한다. 이것은 텍스트 분석 이전에 우찬제가 리프킨의 이론을 활용해 텍스트에 과잉 의미를 부여하겠다는 사전 의도가 있었기에 발생한 것이다. 우찬제가 텍스트주의를 신봉하는 ≪문학과사회≫의 편집동인이라는 사실을 떠올린다면 이것은 자기모순에 빠진 텍스트주의(또는 문학주의)의 곤궁한 처지를 보여주는 것이다.

평론가가 자신의 목소리를 신뢰하지 못하고 서구 이론을 통해서만 자신을 증명할 수 있다는 강박관념에서 헤어 나오지 못하는 한 주체적 비평은 탄생하지 않는다. 첨단 서구 이론과 한국의 문학 텍스트를 단순하게 병치시켜 문학적 의미를 부여하는 방식은 식민성을 내면화한 평론가가 애용하는 수법 중의 하나이다. 문제는 이러한 식의 비평이 우찬제만의 전매특허가 아니라 서구콤플렉스에 중독된 많은 평론가들이 보여주고 있는 수법이라는 것이다. 서구콤플렉스에 중독된 평론가들은 서구 이론을 말하지 않고서는 자신의 비평을 당당히 말할 수 없는 일종의 벙어리들이다. 그 결과 충분히 소화되지 못한 서구 이론을 비평에 적용하고, 비평은 필연적으로 난해의 늪에 빠진다. 식민성을 내면화한 자신의 모습을 독자에게 들키지 않기 위해 이들의 비평은 더욱 어려워진다. 독자들은 떠나가고, 제 잘난 맛에 도도하게 외치는 평론가의 화려한 수사학만이 공허하게 문학판을 점령한다. 우찬제 외에도 손정수의 『뒤돌아보지 않는 오르페우스』(2005), 김형중의 『변장한 유토피아』(2006)라는 평론집을 읽어보면 서구콤플렉스와 새것콤플렉스에 빠진 평론가의 자화상을 어렵지 않게 확인할 수 있다. 프로이트가 없다면 김형중의 비평은 대체 어떻게 전개되었을까. 손정수는 들뢰즈와 라캉 등 후기 구조주의 서구 이론가들이 없었다면 비평을 어떻게 할 수 있었을까. 비평은 이론으로 하는 것이 아니라 이론을 넘어 존재한다. 그러나 서구 이론에 갇혀 평론이 문학 '예술'이라는 기본적 사실을 망각한 평론가들에게 내 말은 결코 이해할 수 없는 외국어인지도 모르겠다.

4. 현학적 비평과 원전주의

서구콤플렉스에 중독된 평론가들은 창조적 상상력으로 새로운 문학적 패러다임을 창출하기보다 서구에서 수입한 내용물을 전달하는 중개상의 역할에 만족한다. 이들은 서구에서 유행하는 것을 직수입하여 그것에 한국문학을 첨가시켜 유통시키면서 대단한 평론 활동을 했다고 자부한다. 이들은 서구 이론의 소비에만 치중하기에 정작 서구 이론에 대한 깊이 있는 공부를 하지 않는다. 그래서 이들은 입만 열면 서구 이론을 떠벌이지만 정작 서구 이론에 대한 깊이 있는 연구서조차 거의 내놓지 못한다. 수박 겉핥기 식의 유행으로 서구 이론을 소비한 평론가들에게 제대로 된 서구 이론 연구서를 기대하는 것은 지극히 어리석은 짓이다. 서구콤플렉스에 중독된 평론가들은 서구 이론을 자신의 비평을 돋보이게 하는 액세서리이자 화장의 도구로만 애용할 뿐이다. 그 이상을 그들에게 기대하는 것은 대단한 실례이다. 그들은 과거에 라캉을 떠들었다면, 오늘은 들뢰즈를 떠들고, 내일은 랑씨에르를 떠들 것이다. 그리고 그 모든 것들은 시간의 흐름 속에 밀려나 또 다른 서구적 이론에 의해 대체될 것이다. 이런 점에서 그들에게 서구 이론은 사용가치가 아니라 교환가치이다.

독문학자이자 문학평론가인 김태환은 「세밀하게 읽기-학문적 주체성을 찾아서」(≪문학과사회≫, 2004년 겨울호)라는 글을 통해 본토인 서구의 연구가 진정한 것이고, 우리 자신의 연구는 모방에 불과하다는 편견을 비판한다. 그는 소위 뜨는 이론가에 대한 과도한 관심에서 학문적 예속성의 징후를 발견한다. 김태환은 학문의 예속성이 서양이론을 수용하는 데만 열중하고 독자적 이론의 연구에 소홀했다기보다 오히려 제대로 된 수용 작업을 못했기 때문에 발생한 것이라고 주장한다. 수용과 생산을 같이 이루어지는 것으로 보는 김태환의 발상은 신선하다. 하지만 그만큼 위험성을 안고 있다. 김태환은 수용의 정확성을 이룩하기 위해 로만 야콥슨의 「문법의 시와 시의 문법」을 예로 들면서 정확한 번역을 강조한다. 김태환은 외국의 이론과 학문이 대강 이해되고, 대강 수용되는 상황에서 이론이 품고 있는 정확한 함의에 대한 충분한 인식에 도달하지 못해 얼치기 학문이 생산되고 있다고 말한다. 그러나 정확한 수용이 학문의 독자성을 이룩하게 할 수 있다는 김태환의 주장은 일면적이다. 김태환의 주장은 수용이 생산이라는 식의 논리를 통해 서구 이론의 수입을 합리화할 가능성이 농후하다. 아시아에서 번역을 잘 한다는 일본이 서구 이론의 정확한 수용을 통해 주체성을 확보하여 서구콤플렉스에서 과연 완전히 해방되었을까? 일본은 여전히 서구콤플렉스라는 그늘에서 벗어나 있지 못하다. 원전을 정확하게 수용할 수 있는 능력을 지닌 사람들은 소수의 외국 문학 전공자들이다. 결국 김태환은 정확한 수용을 강조함으로써 외국문학 전공자들을 자연스럽게 특권화시킨다. 정확하게 번역하기 힘든 비외국문학 전공자들은 자연스럽게 2등급의 연구자로 추락할 수밖에 없다.

또한 김태환의 주장은 한국전쟁 이후 한국문학계를 지배했던 원전주의의 흔적이 짙게 묻어 있다. 1950년대부터 외국문학 전공자나 교수들은 서구 이론을 제대로 학습하지 않은 구세대의 비평을 신랄하게 비판하며 자신들의 비평적 입지를 확보한 바 있다. 1960년대에 독문학 전공자인 정명환은 원전도 읽어보지 못한 사람이 어떻게 비평을 제대로 할 수 있겠냐는 식으로 당대 비평계의 거두였던 조연현을 비판한다. 원전주의는 기본적으로 원전을 읽어야만 제대로 의미를 파악할 수 있다는 신념에 기초해 있다. 원전주의의 기본적 입장은 원전의 확정적 의미라는 하나의 실체가 있고, 이것을 파악할 수 있는 것은 그 나라의 언어를 통해서만 가능하다는 태도를 취한다. 이런 입장에서 보면 번역은 원전 읽기보다 한 차원 떨어지는 이등급으로 평가된다. 원전주의의 주장은 플라톤이 동굴의 비유에서 언급한 이데아론을 그대로 베낀 것이다. 이데아라는 실체는 원전의 본래적 의미로 간주된다. 하나의 실체만을 인정하는 원전주의자들은 텍스트의 의미를 파악하는 다양한 방법을 인정하지 못한다. 원전 텍스트를 읽어도 그것에 대한 여러 가지 시각과 평가가 있을 수 있다. 이것은 원전이 하나의 의미만을 전달하지 않는다는 것을 의미한다. 텍스트의 의미는 불변의 실체로서 존재한다기보다 그것을 읽어내는 당대 사회와의 관계 속에서 의미가 생성된다. 기표와 기의는 태어날 때부터 결합되어 있는 것이 아니라 사회적 약속에서 자의적으로 결합된 것이라는 소쉬르의 말을 떠올려보라! 후기 구조주의에서도 확정불변의 자명한 실체는 인정되지 않는다. 기표는 기의를 미끄러지면서 새로운 의미를 창출해낸다. 이것과 마찬가지로 고정불변의 원전 읽기가 있는 것이 아니라 그것을 읽고 해석해내는 다양한 독자층 내지 시각이 존재할 뿐이다. 문학 작품의 의미는 텍스트, 독자, 사회의 상호 연관 속에서 생성되는 것이다. 이런 점에서 원전을 통해서만 원전의 의미에 도달할 수 있다는 것은 편견과 아집의 산물이다. 그렇다고 원전 읽기가 무의미하다는 소리는 결코 아니다. 원전에 이르는 다양한 길이 존재한다는 사실을 말하고 싶은 것이다. 다양한 텍스트의 해석을 강조하는 문학주의와 하나의 실체만을 인정하는 원전주의는 기본적으로 상호 충돌할 수밖에 없다. 이런 점에서 문학주의자인 김태환의 주장은 자기모순에 빠졌다고 볼 수 있다.

한국의 사회는 원조가 지배하는 사회이다. 원조 떡볶이집, 원조 곱창집, 원조 순대집 등등 주변에 나가면 우리는 수시로 원조라는 언어와 만나게 된다. 이러한 원조에 대한 강조는 순수혈통에 대한 강조 속에 잡종을 배격하는 담론이라고 할 수 있다. 우리는 알게 모르게 원조는 좋은 것, 우수한 것이라고 생각한다. 이에 비해 원조가 아닌 것은 나쁜 것, 열등한 것이라고 생각한다. 한국은 이렇게 원조를 고집하면서도 정작 한국의 전통이라는 원조에 대해서는 폄하하는 시각을 드러내는 이중성을 보인다. 서구콤플렉스에 빠진 이들에게 원조는 한국의 전통이 아니라 서구 텍스트일 뿐이다. 그래서 서구콤플렉스는 필연적으로 새것콤플렉스와 원조콤플렉스를 양산한다. 서구콤플렉스에 중독된 평론가들이 한국적인 것의 폐기 내지 부정 속에 서구 이론을 주기도문처럼 외우는 상황에서 비평의 식민성은 영구불변의 신화가 된다.

한국에서 유행하는 서구 이론은 내부의 필요성보다 서구에서 유행했었다는 이유만으로 비자를 발급받고 한국에 상륙하는 경우가 많았다. 굳이 필요하지 않음에도 가져온 서구 이론은 원조나라에서 그것의 인기가 떨어지면, 한국에서 아직 유효함에도 불구하고 그 날로 생명을 마감하게 된다. 그 서구 이론에 따라 춤추었던 한국의 평론가들은 열광의 기억을 망각한 채 재빨리 새로운 서구 이론을 향해 질주한다. 이런 상황에서 주체적 비평이 제대로 성장하기를 바란다면 도둑놈 심보일 것이다. 이런 세태에 대해 서구이론의 수입에 누구보다 앞장서왔던 계간 ≪문학동네≫는 아이러니하게 다음과 같은 놀라운(?) 자기성찰의 언급을 한다. 나는 ≪문학동네≫의 말을 액면 그대로 믿고 싶다. 하지만 ≪문학동네≫ 지면을 가득 채우는 서구 이론을 떠올리면 그렇게 되지 않는다.

일본의 저명한 정치학자 마루야마 마사오(丸山眞男)는, 일본 사회에는 아주 절실하게 요구되는 가치가 서구에서는 이미 시효가 만료되었다고 선언되는 상황이 종종 발생했고, 그것이 일본의 지성사를 괴롭혀왔음을 고백한 바 있다. 한국도 이와 마찬가지인지도 모른다. 이때 문학을 포함한 한국의 지성사가 취했던 방법은 이제까지 여일했다. 서구의 지성사와 마찬가지로 시효 만료를 선언하는 것. 그렇게 주체, 지식인, 작가, 재현, 근대성 등이 특별한 범법사실(?)도 없이 사형선고를 받아 박물관 진열장 안으로 들어갔다.

(「1997년 가을호를 펴내며」, ≪문학동네≫, 1997년 가을호)

영문학자이자 문학평론가인 김성곤이 보여준 비평의 궤적은 불행히도 앞서 이야기한 서구콤플렉스와 새것콤플렉스의 불행한 결합을 잘 보여주는 대표적 사례이다. 1990년대 초반 김성곤은 서구에서 유행하는 포스트모더니즘과 탈식민주의 문학론을 앞서 소개하면서 문단의 주목을 끌었다. 문제는 그것이 당대 문학의 문제점을 해결하기보다 새로운 이론의 소개를 통해 비평 담론을 선점하려는 성격이 강했다는 것이다. 특히 김성곤은 탈식민주의 문학론을 소개할 때 그것이 가진 저항성을 상당 부분 거세한 채 소개한다. 이것은 제1세계에서 유행하는 탈식민주의 문학론을 그대로 가져왔기에 발생한 것이다. 그에게 있어 탈식민주의문학론은 하나의 이론일 뿐이지 문학 운동과 결합된 사회 실천의 행위가 아니다. 김성곤이 한국문학의 평단에서 그의 이름을 내세울 수 있었던 것도 남보다 빨리 서구 이론을 한국에 소개하는 새것콤플렉스의 달인이었기 때문이다. 또한 서구콤플렉스에 중독된 문단의 분위기도 단단히 한몫 했다. 김성곤의 『퓨전시대의 새로운 문화읽기』(2003)는 서구에 종속된 새것콤플렉스를 다시 한번 확인시켜 주는 평론집이다. 독자들은 이 책에서 새로움을 발견할 수 있지만 주체적으로 소화하여 한국문학에 적용하려는 고민을 찾기는 힘들다.

새로운 이론이 모든 문제를 해결해줄 수 있는 만병통치약은 아니다. 구닥다리 유물을 재창조해 새로움을 낳을 수도 있다. 이처럼 낡은 것이 새로운 것일 수도 있고, 새로운 것이 낡은 것일 수도 있다는 인식의 전환이 있지 않는 한 진정한 새로움은 오지 않는다. 주체성 상실의 문학이 지배하는 현재의 문학판에서 문학의 주체성을 찾을 수 있는 통로의 하나로서 민족문학론은 여전히 유효해 보인다. 물론 민족문학론의 지나친 강조는 우리와 그들이라는 이분법적 배타성 속에 맹목적 국수주의나 배타적 애국주의를 부추길 수 있다. 과거 거대담론이 한국의 문학판을 지배할 때 민족문학은 개별적 요소의 다원성을 무시하고 균질화시키는 오류를 범했던 것이 사실이다. 민족문학은 자신의 정체성을 파악하는 데에 일정 부분 유효하다. 하지만 민족문학은 어느 시점에서 일국의 차원을 넘어 지구적 차원으로 사고를 확장시켜야 한다. '민족/탈민족'은 상호 갈등하면서도 상호 보완적인 존재이다. 이러한 인식 위에서 인간과 세계의 평화와 안전을 위협하는 반동적 움직임에 대해 국적이 다른 문인들의 상호 연대하여 공동 대응을 이끌어내야 한다. 한국문학이 이 지점에 도달하려면 하루속히 서구콤플렉스에서 벗어나 주체적 시선을 확보하는 것이 우선 필요하다. 이것을 위해 무엇보다 한국문학의 올바른 길을 제시해야 할 비평이 자신의 주체성을 찾아야 한다. 최근 아시아의 눈으로 아시아를 바라보자는 취지 아래 창간된 계간 ≪아시아≫의 행보는 이런 점에서 주목할 만하다. 한글과 영어를 같이 써 아시아의 교류를 추진하는 이 잡지는 주체적인 민족문학이 폐쇄적, 배타적 영역에 머무는 것이 아니라 아시아, 더 나아가 세계로 향하는 발판임을 보여주고 있기 때문이다.

5. 잃어버린, 아니 헌납한 주체성을 찾아

1966년생인 내가 어렸을 때부터 보았던 것은 궁핍한 한국과 풍요로운 미국(서구)이라는 선명하게 대비되는 두 세계였다. 미국이 과연 무엇인지 제대로 파악하지 못한 상황에서 이미 미국은 내 의식과 무의식 깊은 곳에 둥지를 틀었다. 서구에 대한 맹목적 동경은 식민성을 자발적으로 내면화시키면서 존재의 주체성을 무력화한다. 나 자신이 문청 시절과 등단 초기에 서구 이론에 대해 상대적으로 많이 의지했던 것도 이 영향일 것이다. 어쩌면 불치병일지도 모를 서구콤플렉스와의 전쟁은 독립된 자아를 찾기 위한 긴 여정이다. 내 평론의 진정한 출발은 한국문학의 식민성을 자각하면서 비로소 시작되었던 것이다.

동양 한국의 일부 평론가들은 '서구 이론의 수용=근대화'로 간주하면서 자국의 이론에 대한 천시와 서구 이론에 대한 맹목적 찬사를 보냈다. 이러한 입장에 서면 서구는 근대를 완성한 완벽한 존재로 인식되고, 이에 비해 동양 한국은 여전히 불완전한 존재이자 근대를 추구해야 할 미개한 존재로 규정된다. 이것은 서구 텍스트에 대한 절대적 신봉과 서구 이론의 남용으로 나타난다. 이때 원전주의는 무소불위의 권력으로 작용한다. 여기에서 비평의 주체성은 머나먼 나라의 이야기일 수밖에 없다. 1990년대 이후 직면한 비평의 위기는 물신적 상업주의에 굴복한 것 외에도, 서구 이론을 주체적으로 소화하지 못한 채 현학적 비평을 양산한 것에서 초래되었다고도 볼 수 있다. 서구에 대한 종속성이 지배적인 현 상황에서 준비 없는 한미 FTA 체결은 문학의 서구콤플렉스를 더욱 가중시킬 위험성이 높다. 세계화라는 이름 아래 주체성을 살해하는 것은 또 다른 폭력적 억압이라는 사실을 우리는 기억해야만 한다. 신경림은 「소백산의 양떼」라는 시를 통해 한국에 자리 잡은 서구콤플렉스의 중독성을 신랄하게 비판하고 있는데, 이것은 한국의 비평에도 시사하는 바가 크다.

> 소백산 자락의 목장에서 양떼를 모는 개는
> 이상하게도 영어만 알아 듣는다
> 뒤로 가 하면 우두커니 섰다가도
> 고 백 하면 재빨리 천여마리 양떼 뒤로 가서고
> 몰아라 하면 딴전을 피우지만 캄 온 소리엔 들입다 온다
> 미국서 훈련받은 개들이라 날쌔고 영악하기 사람 뺨쳐
> 양치기들은 종일 시시덕거리고 장난질이나 치며
> 몇 마디 영어로 명령만 하면 된다
>
> (신경림, 「소백산의 양떼」, 『쓰러진 자의 꿈』, 창작과비평사, 1993)

최근 문학평론가 이명원·이경수·서영인 등의 평론은 다행스럽게도 서구이론을 주체적으로 소화하여 한국적 비평의 새로운 가능성을 보여준다. 이들은 서구 이론에 종속된 일군의 매판적 평론가와 선을 긋고, 주체적 비평의 세계관과 문체를 통해 한국문학의 홀로서기에 공헌하고 있다. 이제 비평은 '주체/탈주체'의 상호 긴장 속에 한국문학의 주체성을 찾는 길에 나서야 한다. 한국적인 것을 강조하며 서구이론을 무조건 배척하는 배타적 국수주의는 물론 경계해야 한다. 그렇지만 서구의 것을 무조건 숭배하는 태도도 식민성을 영속화시킬 뿐이다. 검은 피부 대신 하얀 피부를 이식한 세계적 팝가수 마이클잭슨이 성형 수술 후유증으로 햇볕 아래 피부를 노출시킬 수 없는 부작용에 시달린 사실을 한국의 비평은 반면교사로 삼아야 한다. 서구 이론에 중독되어 주체성을 상실한 비평은 영혼이 없다. 그러한 비평이 독자들을 감동시킬 수는 없을 것이다. 이제 우리는 근대화 이래로 우리의 숨

통을 죄어온 서구콤플렉스라는 식민성에서 탈피해 자신을 발견하는 주체의 길에 나서야 한다. 이것을 위해 우리는 서구콤플렉스에 중독된 평론가들과 싸워야 한다. 그때서야 잃어버린, 아니 헌납한 비평의 주체성을 회복할 수 있을 것이다. 그것이 이론의 소비가 아닌 이론의 생산으로 가는 지름길이다.

새로운 리얼리즘을 위한 비판적 똥침

1. 부활을 위한 전제 조건

≪내일을 여는 작가≫ 편집부에서 청탁 전화가 문득 걸려왔다. 내용은 '새로운 리얼리즘을 위하여' 글 한편을 부탁하는 것이었다. 그때 불현듯 떠올린 느낌은 대략난감(?)이다. 20세기에 리얼리즘은 너무나 많은 문인들이 재탕을 해 새롭게 이야기할 것을 찾기란 쉽지 않다. 나는 또 하나의 재탕을 추가할지도 모른다는 불안감에 휩싸인다. 이렇게 재탕이 남발됨에도 불구하고 리얼리즘은 예수처럼, 아니면 좀비처럼 계속 부활하는 끈질긴 생명력을 자랑한다. 이러한 장수의 비결은 도대체 무엇인지 신비롭기만 하다. 만약 중국의 진시황이 지금도 살아 있다면 리얼리즘을 일종에 영생의 불로초로 판단할지도 모르겠다. 리얼리즘이 회춘의 묘약이라니! 어허, 나도 40줄로 들어서면서 정력이 딸리기 시작하는데 서둘러 이 묘약을 먹는 것이 상책일 듯싶기도 하다.

그러나 1980년대 이후 리얼리즘은 찬밥 신세를 면치 못하고 있다. 그래서 이러한 난국을 타개하기 위해 새로운 리얼리즘이 필요하다는 청탁서가 왔을 것이다. 새롭다고 한다면 이전과의 차별성 속에 무엇인가 다른 점이 있어야 한다. 그런데 이것이 쉽지 않다. 그것이 가능했다면 현재 리얼리즘 진영의 깊은 침체는 오지 않았을 것이다. 리얼리즘에 새 생명을 불어넣으려면 기존의 것을 기초적 토대에서부터 재점검하는 것이 필요하다. 혁신적 문제 제기 없이 새로운 리얼리즘을 찾기 힘들다. 고민이다. 새로운 리얼리즘은 현재 진행형인가. 아니면 새로운 리얼리즘은 있어야 하는 것인가. 전자보다 후자 쪽의 경향이 좀 더 강한 것이 사실이 아닐까? 현재 새로운 리얼리즘이 있다면 그것에 대해 객관적으로 이야기하면 되는 것이고, 없다면 새로운 리얼리즘이란 청사진을 제시해야 한다. 이 과정을 지배하는 것은 당위법칙이다. 당위법칙이 작동하는 영역에서 검은색 정장 대신 자유로운 캐주얼복을 착용하는 것은 쉽지 않다. 당위법칙은 진지함, 엄숙함, 진정성, 비장미, 이성, 거대담론(민족, 분단) 등의 항목과 세트메뉴처럼 함께 동행한다. 문제는 이러다 보면 새로운 리얼리즘을 찾는 것은 지난한 작업이 된다는 것이다. 그렇다고 새로운 리얼리즘을 찾는다는 핑계로 당위법칙을 폐기처분 하면 그것은 리얼리즘의 기반 자체를 부정하는 행위로 귀착된다. 여기에서 필연적으로 딜레마적 상황이 발생한다.

1990년대에 리얼리즘이 위기에 봉착했을 때 새로운 리얼리즘이라는 '네오리얼리즘 내지 포스트리얼리즘'이 잠시 등장한 바 있다. 그러나 그것은 현란한 수사학의 향연으로 종료된 바 있다. 2000년대 초반에도 리얼리즘 논쟁이 있었지만 수렁에서 리얼리즘을 구해내지는 못했다. 지금 필요한 것은 수사학이 아니라 실체이다. 이것을 위한 전제 조건은 뼈를 깎는 자기성찰과 혁신이다. 복지부동과 매너리즘의 안이한 자세로 임해서는 곤란하다.

시인 김수영도 4·19혁명을 노래한 「푸른 하늘은」이라는 시에서 "어째서 자유에는/피의 냄새가 섞여 있는가를" 노래한 바 있다. 새로운 리얼리즘의 발견을 위해 필요한 것은 기존의 틀을 넘어서려는 불온한 도발이다. 물론 영악한 자본주의는 이러한 도발도 상품화하여 불온한 혁명성에 재갈을 물린다. 전지구적으로 자본주의가 확장된 2000년대에 자본의 바깥을 상상하는 것은 쉽지 않다. 이것은 불온한 도발이 새로운 존재의 탄생을 만들어낼 가능성 자체가 그만큼 줄었다는 것을 의미한다. 20세기의 대표적 좌파 이론가인 루카치는 총체성을 지향하는 리얼리즘을 밤하늘의 별을 보며 발견할 수 있었다. 그러나 거대담론의 몰락 속에 전망부재의 안개에 갇힌 당대에서 새로운 길을 모색하는 것은 어려운 일이다. 따라서 새로운 리얼리즘을 찾는 행위는 단순한 도발이어서는 안 된다. 비판적 도발의 똥침이 무엇보다 요구된다. 기존의 자기 몫을 사수한다는 기득권과 순혈주의의 당파성만으로는 새로운 리얼리즘을 발견하기 힘들다. 새로운 리얼리즘을 찾는 것은 제로 지점에서 태동한다. 나는 이 글에서 리얼리즘 주체의 문제를 중심으로 새로운 리얼리즘의 가능성을 찾아볼 것이다.

2. 리얼리즘의 필요성과 주체의 문제

새로운 리얼리즘을 찾기에 앞서 먼저 생각해 볼 문제는 리얼리즘이 이 시대에 여전히 필요한가라는 원론적 질문이다. 리얼리즘을 필요로 하는 수요적 욕망이 많다면 리얼리즘은 어려움 속에서도 지속적으로 생존할 수 있을 것이다. 문제는 리얼리즘에 대한 수요적 욕망이 과거에 비해 현저하게 낮다는 사실이다. 이런 상황이 일시적이 아니라 지속적 현상이라면 리얼리즘의 몰락은 피할 수 없다. 이것이 탄생, 성장, 발전, 쇠퇴, 죽음이라는 역사의 법칙이다. 다시 묻는다. 리얼리즘은 여전히 필요한가. 그 동안 리얼리즘은 역사와 현실에 적극 개입해 비판적 목소리를 통해 현실 변혁의 목소리를 대변해왔다. 만약 리얼리즘이 퇴장한다면 그 목소리를 대변할 수 있는 것은 과연 있을까? 페미니즘, 생태주의, 탈식민주의, 문화주의 등이 있지만 이들의 역할은 리얼리즘에 비해 아직까지 상대적으로 제한적이다. 이들 개별 진보적 경향을 통합하고 상호 연결시키는 데에 있어 리얼리즘은 여전히 유효하다. 리얼리즘이 중앙 정부라면 개별 진보적 문학 경향은 지방 자치로 볼 수 있다. 만약 리얼리즘의 부재 속에 언어의 전위적 실험과 해체에 힘을 쏟는 (포스트)모더니즘만 존재한다고 생각해봐라! 편식은 또 다른 파행을 불러올 것이 뻔하다. 역사와 현실의 제반 모순이 강고하게 존재하는 한 리얼리즘의 비판적 목소리는 우리 시대에 여전히 필요하다.

일부의 사람들은 역사와 현실에 개입하는 문학의 필요성에 공감하지만 기존의 리얼리즘으로 그 역할을 제대로 담당할 수 없다고 주장한다. 이러한 입장에서는 리얼리즘이 시대적 소임을 다한 구시대의 유물로 취급된다. 이들은 19세기와 20세기를 풍미한 리얼리즘의 종료를 선언하면서 새로운 명명으로서의 문예사조 내지 세계관이 필요하다고 주장한다. 서구 문예사조를 볼 때에도 2세기를 넘게 생명력을 왕성하게 유지한 문예사조가 없다는 것을 감안한다면 이들의 지적은 일정 부분 타당성을 획득한다. 새로운 문학 패러다임이 보이지 않는다고 하여 기존의 리얼리즘에 매달리는 것은 창조적 모험이 부재한 안정주의에 불과하다. 문학평론가 김명인은 「자명성의 감옥」(2002)에서 역사적 한정 속에 리얼리즘과 모더니즘을 사용하고 현재의 문학을 말하는 데 리얼리즘이라는 용어를 더 이상 사용하지 말자는 주장을 한다. 김명인은 역사와 현실을 담아내는 당대의 틀로 더 이상 리얼리즘이 유효하지 않다는 역사적 인식을 보여주고 있는 것이다. 그의 입장에 따르면 2000년대 문학에서 리얼리즘은 시효만료가 되었기에, 이 시대에 걸맞은 새로운 문예사조나 세계관이 필요하다. 1980년대에 골수 리얼리즘론자였던 김명인은 2000년대에 '자명한 것들과의 결별'을 선언하며 기존의 리얼리즘을 떠나보내는 놀라운 전향(?)을 보여준 것이다.

문예사조로서 19세기에 역사의 전면에 등장한 리얼리즘은 기존의 지배적 문예사조인 낭만주의와 새롭게 대두하고 있는 신고전주의, 예술지상주의를 비판하며 등장한다. 리얼리즘은 이들 문예사조들이 당대 현실을 제대로 반영하지 못한 현실도피주의라고 규정하면서 정밀한 관찰과 묘사를 통해 현실을 모사 내지 재현하는 반영론을 내세운다. 이러한 리얼리즘은 산업혁명과 프랑스대혁명 등에서 승리한 부르주아의 자신감에 기초해 있다. 부르주아는 합리적 이성을 바탕으로 자본주의적 체제의 강화 속에 봉건체제를 무너뜨리고 근대의 새로운 주도 세력으로 떠올랐다. 리얼리즘의 탄생은 현세에서 이성을 통해 유토피아에 도달할 수 있다는 부르주아의 낙관적 세계관이 적극 반영된 것이다. 그러나 부르주아 중심의 자본주의가 강화되면서 빈부 격차의 확대, 노동 착취 등의 문제가 발생하면서 부르주아가 제시한 유토피아로서의 근대는 극복의 대상이 된다. 마르크스는 노동자 중심의 또 다른 유토피아적 근대를 제시하며 패러다임의 전환을 시도한다. 하지만 마르크스의 사회주의는 여전히 근대라는 틀을 벗어나지 못한 또 다른 '근대'로 귀결되고 만다.

이처럼 근대를 구성하는 양대 주체는 부르주아(자본가)와 프롤레타리아(노동자)이다. 초기에 양대 주체는 봉건체제를 무너뜨리는 데에 있어 혁명적 동지였기에 부르주아 중심인 리얼리즘의 문제점은 크게 드러나지 않았다. 그런데 19세기 후반 들어 자본주의의 심화 속에 부르주아와 프롤레타리아는 대립과 갈등의 관계로 변질한다. 이러한 환경 변화 속에 과학적 인식을 리얼리즘에 결합한 자연주의가 등장해 추악한 현실과 하층민의 삶을 가감 없이 드러내어 문학계에 신선한 충격을 준다. 자연주의는 부르주아 리얼리즘의 결핍을 메우려고 했던 것이다. 이러한 자연주의의 등장과 유행 속에 리얼리즘도 부르주아보다 프롤레타리아를 옹호하는 형태로 방향을 선회한다. 이것은 부르주아 리얼리즘에서 비판적 리얼리즘과 사회주의 리얼리즘으로 성격 변화가 이루어졌음을 의미한다. 리얼리즘의 주체도 부르주아에서 프롤레타리아로 중심축이 이동한다. 이것은 리얼리즘이 객관적 현실이나 사실의 재현보다 당위로서의 현실을 재현하는 것으로 혈액형이 바뀌었음을 의미한다. 총체성, 전형성, 전망을 강조하는 20세기의 리얼리즘은 주체의 혁명적 의지에 의해 세상이 바뀔 것이라는 계급적 세계관으로 현실을 재구성한다. 이때 리얼리즘은 '있는 현실'이 아닌 '있어야 할 현실'을 형상화한다. 이것은 '노동자 당파성의 눈으로 세계를 보라!'는 명제와 바로 연결된다.

20세기 한국은 일제 식민지의 수탈, 한국전쟁, 분단 체제의 성립 등을 통해 민족 모순과 분단 모순이 발생했다. 그 결과 민족을 기반으로 한 근대국가의 형성은 미완의 과제로 남을 수밖에 없었다. 이런 상황에서 1970년대에 남한의 진보 진영은 분단극복 문학으로서의 민족문학을 주장한다. 대표적인 것이 백낙청의 민족문학론이다. 1970년대의 민족문학론은 주체로서 민중을, 창작방법론으로 리얼리즘을, 바라보는 시각으로서 제3세계문학론을 채택한다. 이러한 문학 지형은 1980년대 들어 계급성을 앞세운 '민중문학'의 등장 속에 또 한 차례 변화한다. 1980년대 후반에 발생한 '민족문학 주체 논쟁'은 '민족'의 후퇴와 '민중'의 전진을 의미하는 논쟁이었다. 민족문학 주체 논쟁은 노동자 중심의 계급적 당파성으로 리얼리즘 진영을 재편하며 민족문학을 이선으로 후퇴시켰다. 이것은 카프의 1, 2차 방향전환과 맥을 같이하는 급진적 경향의 득세였다. 노동자 당파성이라는 순혈주의를 강조하는 계급적 '민중문학'은 공동체적 '민족문학'을 대체하는 새로운 지향점으로 설정되었다.

그러나 1990년을 전후하여 현실사회주의권이 갑작스럽게 몰락하면서 노동자 중심의 리얼리즘은 몰락하기 시작한다. 확고한 신념으로 자본주의의 몰락과 사회주의의 승리를 자신했던 노동자 당파성의 리얼리즘은 공황 상태에 빠져 지리멸렬해진다. 특히 리얼리즘의 총체적 밑그림을 그리며 주도했던 진보적 문인들은 당혹감과 절망 속에 자폐적 환멸에 중독된다. 리얼리즘 주체의 붕괴 속에 리얼리즘은 표류하기 시작한다. 문제는 리얼리즘이라기보다 리얼리즘이라는 프리즘을 통해 세계를 바라보는 주체인 것이다. 가라타니 고진도 『근대문학의 종언』(2005)에서 주체의 상실 내지 몰락 속에 운동으로서의 근대성의 문학이 유효성을 상실했다고 선언한 바 있다. 이처럼 주체의 부활 내지 회복 없이 리얼리즘의 갱생은 원천적으로 불가능하다. 그대, 진정 새로운 리얼리즘을 간절히 원하는가? 그렇다면 붕괴된 주체를 재건하라!

3. 리얼리즘의 신화를 넘어 성찰의 신화로

신의 왕국의 주술에서 풀려난 근대인들은 중세의 봉건체제 대신에 이성의 왕국을 지구에 건설했다. 이성은 신을 대신해 새롭게 등장한 구세주였다. 이성은 합리성·객관성·인과성·확실성·자명성·질서·과학기술 등을 거느리고 근대의 제국을 건설했다. 근대는 이성의 빛을 전파하려는 계몽의 시대였고, 계몽되지 못한 존재들은 열등한 피지배자로 전락했다. 이제 세계는 '문명=근대/야만=전근대'의 대립 구도로 재편되었고, 먼저 문명에 도달한 서구인들은 그렇지 못한 동양인들을 야만인으로 규정하면서 제국주의적 침략을 문명화의 사명으로 호도했다. 리얼리즘의 주체는 이성에 기반한 근대의 주체였다. 이러한 리얼리즘은 현실 세계를 재현해 변혁할 수 있다는 문학적 자신감을 공공연히 드러내었다.

그러나 20세기 들어 제1, 2차 세계대전 등의 역사적 사건을 통해 근대 이성이 오히려 인류의 절멸을 가져올지도 모른다는 인식에 도달한다. 오만과 독선으로 무장한 이성에 대한 불신은 이성이 보장한 미래에 대한 불신이었고, 리얼리즘에 대한 거부권의 행사로 이어졌다. 1990년을 전후한 거대담론의 몰락은 리얼리즘의 성공 신화를 최종적으로 붕괴시킨다. 진정석이 「모더니즘의 재인식」(1997)에서 모더니즘과 리얼리즘의 적대적 관계를 청산하고 광의의 모더니즘으로 화해를 모색한 것이나, 최원식이 「'리얼리즘'과 '모더니즘'의 회통」(1999)에서 모더니즘과 리얼리즘의 회통을 주장한 것도 곤경에 처한 리얼리즘을 구조하기 위한 긴급처방이었다. 리얼리즘이 혼자서 잘 살고 있는 상황이라면 굳이 한 방을 함께 쓰자고 제안할 이유는 없을 것이다. 그러나 리얼리즘이 곤경에 처하면서 일부의 논자들은 형편이 좀 더 나은 모더니즘에 기대어 리얼리즘의 생존권을 확보하고자 했던 것이다. 그것이 이름만 다르게 '광의의 모더니즘'이나 '회통론'으로 표출된 것이다. 이러한 동거 제의는 리얼리즘 골수파의 반발과 리얼리즘 진영의 제국주의적 영토 확장으로 본 모더니즘 진영의 의구심이 표출되면서 성사되지 못한 채 흐지부지하게 끝나버린다. 그렇다고 리얼리즘의 위기가 종료된 것은 아니다. 여전히 현재 진행형이다. 위기 상황은 해결되지 못한 채 시한폭탄이 터지는 마감 시한만 연장되었을 뿐이다.

대체 리얼리즘은 무슨 문제점으로 인해 붕괴할 수밖에 없었을까? 리얼리즘을 신랄하게 비판하는 논자들의 주장을 정리하면 다음과 같다. 첫째, 리얼리즘은 계몽주의 거대담론으로서 계몽자와 피계몽자로 대상을 이분법화시켰고, 그 결과 교사와 학생이라는 권력의 서열 구도를 창출했다. 이것은 계몽적 엘리트라는 특권층을 양산했다. 둘째, 리얼리즘의 현실 반영은 언어의 한계성으로 완벽한 재현이 불가능할 뿐만 아니라, 있어야 할 당위의 현실을 그리기 때문에 온전한 현실의 반영이 아니라는 것이다. 셋째, 리얼리즘의 확대와 심화 과정은 리얼리즘 주체의 주관적 자기동일성의 재생산과 은폐 과정에 불과하다. 넷째, 리얼리즘 문학은 상투성과 도식성을 벗어나지 못한다. 다섯째, 문학의 사회적 실천을 강조하는 리얼리즘은 문학의 자율성과 미적 근대성을 침해한다. 여섯째, 리얼리즘은 창작방법인데 이것을 정신의 영역으로 절대화하는 오류를 범하고 있다. 리얼리즘을 비판하는 논자들은 이러한 요인들이 개별적으로도 발생했지만 또한 동시에 상호 연관되어 리얼리즘의 부실을 증폭시켰다고 주장한다.

리얼리즘을 비판하는 논자들 중에서 문학평론가 박혜경의 입장을 살펴보자. 박혜경은 「소설이 주체의 위기를 살아가는 방식」(1998)에서 리얼리즘 주체의 동일성이라는 기만적 신화가 붕괴했다고 주장한다. 리얼리즘의 현실 재현은 '있는 현실'이라기보다 '있어야 할 현실'로서, 리얼리즘 주체의 변혁적 의지에 의해 총체적으로 재구성된 현실이라는 것이다. 이때 리얼리즘 주체는 자신이 원하는 것만을 서사 안에 집어넣고, 그 이외의 것들을 타자로 축출하는 주관적 동일성의 폭력성을 행사한다는 것이다. 따라서 리얼리즘이 재현한 현실은 주체의 욕망이 불러낸 현실이지, 현실 그 자체가 아니라는 것이다. 박혜경은 리얼리즘의 주체가 자명한 것을 주장하지만, 실제로는 "자명성이라는 담론적 욕망, 곧 신화만이 존재할 뿐이다"라고 주장한다. 이러한 비판은 리얼리즘 주체가 제시한 미래적 전망에 대한 불신으로 이어진다. 자명한 것이 아무것도 없는 상황에서 리얼리즘 주체가 총체성, 전형성, 전망 등을 버무려 형상화한 현실은 실재가 아닌 사기일 뿐이다. 이처럼 박혜경의 입장을 따르면 이 시대에 리얼리즘은 백해무익한 존재로 추락한다. 과연 그러한가?

> 주체의 자기 동일성에 대한 신화를 바탕으로 한 사실주의적 재현의 논리는 이 세계를 질서화가 가능한 하나의 연속적이면서도 단일한 서사적 실체로 파악한다. 이 세계를 시간적인 연속, 혹은 인과적인 연속의 논리를 통해 파악하는 연속적 세계관의 내부에서 주체는 대상화된 현실을 통합하는 하나의 선험적이면서도 절대적인 권위로 자리잡고 있다. 그러나 주체의 이러한 견고한 자기 동일성의 신화가 깨어지면서 주체에서 현실로 이르는 재현의 직선적인 코스는 더 이상 그 자명성을 유지하기가 어렵게 되었다.
>
> **(박혜경, 「소설이 주체의 위기를 살아가는 방식」, 『문학의 신비와 우울』, 문학동네, 2002, 41~42쪽)**

리얼리즘 주체를 비판한 박혜경의 주장은 귀담아 들을 부분이 분명 있다. 그러나 문제는 박혜경이 제시한 기준이 과도하게 높다는 것이다. 또한 박혜경은 기본적으로 현실 세계는 불확실하고 불확정성이라고 생각한다. 이런 입장에서 리얼리즘 주체가 총체성, 전형성, 전망에 입각하여 확고한 신념으로 현실을 그려내도 그것은 오류의 반복일 뿐이다. 세계를 바라보는 입장 차이를 그대로 논리화시켜 주장한다면 양자의 교감이 아니라 평행선을 확인할 뿐이다. 박혜경은 리얼리즘 주체가 재현한 현실은 현실 그 자체가 아니라 주체의 주관주의적 욕망이 투여된 왜곡된 현실로 파악한다. 그렇다면 피어 위어 감독의 영화 『트루먼 쇼』(1998)의 주인공 트루먼 버뱅크처럼 하루의 일상을 카메라 영상에 모두 그대로 담으면 현실 재현이 완벽하게 구현되는 것일까. 그것은 주로 표면적 현실만을 드러낼 뿐 내면적 현실을 드러내는 데에 한계를 가질 수밖에 없다. 다시 말해 어떤 수단이나 매체를 통해서도 현실을 완벽하게 재현하는 것은 불가능하다. 이러한 불가능성을 들어 리얼리즘의 종언을 선언한다면, 인간이 자신을 둘러싼 세계에 대해 자신 있게 발언할 수 있는 것은 아무것도 없다. 계몽적 이성을 통해 세계를, 현실을 모두 재현해 낼 수 있다는 리얼리즘의 오만은 비판받아야 한다. 그러나 리얼리즘의 재현을 모두 주관적 동일성의 자기 복제로 환원시킨 박혜경의 주장도 비판받아야 한다. 그것은 최선을 빙자한 현실도피이자 무책임한 현실방기일 수 있기 때문이다.

인간은 기본적으로 완전무결한 신이 아니라 결핍의 존재이다. 오만한 근대의 이성과 리얼리즘은 이 부분을 인정하지 못하는 오류를 범한 것이 사실이다. 리얼리즘이 주장하는 총체성은 신과 동격의 총체성이 아니다. 개별 존재의 고투의 총량이 파악한 부분적 현실의 총체성일 뿐이다. 이때 '부분'과 '총체성'은 형용모순의 역설로 존재하면서 보편성을 획득하고자 노력한다. 하지만 이것이 100% 오류의 가능성을 없애지는 못한다. 리얼리즘이란 당대 현실을 정확하게 파악하고 이해하려는 주체의 산물이지만 오류의 가능성을 항상 안고 있다. 문제는 그 동안 리얼리즘은 이러한 오류의 가능성을 인정하지 않았다는 점이다. 회오의 눈물과 번민하는 모습을 보이지 않은 리얼리즘의 무오류성은 기만적 신화에 불과하다. 리얼리즘론자들의 첫 번째 덕목은 현실 모순의 비판이 아니라 끊임없는 자기성찰과 혁신이 되어야 한다. 과거에 강고한 분단체제, 반공이데올로기, 독재정부, 열악한 노동 현실이라는 제반 조건은 리얼리즘 내부의 뼈 아픈 자기성찰보다 외부의

적을 공격하는 데에 역량을 집중시키도록 했다. 적과 아군으로 갈려진 상황에서 자기성찰은 당파성에 밀려 변방으로 밀려났고, 조직 보호 논리는 리얼리즘 내부에 존재하는 바이러스를 은폐하거나 무시하는 방향으로 흘러갔다. 그러나 성찰이 삭제된 자기폐쇄적, 자기완결적 리얼리즘은 현실을 박제한 주체의 주관적 욕망이 불러낸 근친상간적 동일성의 세계로 귀착된다. 이제 리얼리즘은 자기동일성의 신화를 넘어 자기성찰의 신화로 이동해야 한다. 그래야만 새로운 리얼리즘은 가능하다.

김재영의 「코끼리」(2004)는 돈 벌기 위해 한국에 온 제3세계 출신의 이주 외국인 노동자의 실상을 고발한 작품이다. 이 소설에서 외국인 노동자를 주로 상대하는 미래슈퍼의 주인인 필용이 아저씨는 외국인 노동자의 차별을 바라보는 한국인의 이중적 시선을 고스란히 드러낸다. 이 소설에서 한국인들은 한국보다 못 사는 지역에서 온 외국인 노동자들을 인종적으로 차별한다. 한국인들이 싫어하는 더럽고 힘들고 어려운 3D직종에 종사하는 외국인 노동자들은 한국인들의 근거 없는 우월의식에 일방적으로 희생된다. 작가 김재영은 이 소설을 통해 과거 민족민중문학이라는 이름 아래 소수자인 자국의 노동자에 대해 애정을 쏟았던 리얼리즘의 시선을 이국의 노동자에게까지 확대한다. 작가는 이주 외국인 노동자를 차별화하는 한국인들의 추한 모습을 통해 한국 내부를 신랄하게 비판한다. 이러한 성찰의 흐름은 과거에 볼 수 없었던 리얼리즘의 새로운 움직임이다.

"첨엔 시골에서 올라온 촌뜨기들이라 멋모르고 일했지. 하긴, 먹고살기 힘들 때였으니까. 인제 한국 놈들은 이런 데서 일 안 혀. 막말로 씨발, 험한 일이니까 니들 시키지 존 일 시킬려 데려왔간?" 옛날이 떠올라서인지 아니면 술기운이 돌아서인지 아저씨 얼굴이 벌겋게 달아올랐다. "아무리 그래도 안전장치는 해줘야죠." 세르게니가 오징어를 물어뜯으며 말한다. "늬들도 자르면 피 나오고 누르면 똥 나오는 사람이다. 이거냐? 웃기는 소리들 마. 한국놈들한테도 안 해준 걸 늬들한테라고 해주겠냐? 아니꼬우면 돌아가. 젠장, 어차피 늬들도 고국으로 돌아가서 공장 차리고 사장되려고 여기 왔잖냐. 노동자들을 어떻게 다뤄야 되는지 눈 똑바로 뜨고 배워 가. 다 산 교육이여."

(김재영, 「코끼리」, 『코끼리』, 실천문학사, 2005, 26쪽)

자국을 넘어 타국으로까지 시선을 확장하는 탈국가적 상상력은 달라진 시대 환경에 적응하는 리얼리즘의 진화 형태라 할 수 있다. 이주 노동자나 이국이라는 이질적 타자를 등장시켜 자국의 문제를 성찰하는 리얼리즘 소설은 김재영의 「코끼리」만이 아니다. 방현석의 『랍스터를 먹는 시간』(2003), 김양호의 『베트남, 베트남』(2005), 전성태의 『국경을 넘는 일』(2005), 박범신의 장편 『나마스테』(2005), 손홍규의 「이무기 사냥꾼」(2005) 등이 있다. 이처럼 현장의 작가들은 자기성찰성의 강화를 통해 리얼리즘의 갱생을 도모하고 있다. 문제는 이 변화의 징후가 일반 독자의 무관심 속에 방치되어 있다는 것이다.

4. 다중의 주체와 탈국가문학

1990년대 이후 (포스트) 모더니즘은 리얼리즘의 약화 속에 상대적으로 대약진을 했다. 텍스트 중심주의를 표방한 문학주의는 (포스트) 모더니즘을 창작방법으로 적용해 가시적 성과를 이룩한다. 그러나 (포스트) 모더니즘은 자본의 논리를 앞세운 출판 자본의 공세 앞에 무기력했다. 출판 자본은 문학주의를 옹호하는 포즈를 취하면서 오히려 문학을 상품화하여 문학의 진정성을 훼손시켰던 것이다. 과거 현실 비판 기능을 수행했던 리얼리즘이 온전한 시기에는 발생하기 힘들었던 출판 자본의 독주는 마땅히 제어할 감독 기능을 상실하면서 생긴 필연적 현상이다. 일부 모더니즘 작가들은 엘리트주의적 장인정신을 강조하며 상업주의와 결별하고 고립의 길을 택하겠다고 비장하게 선언했지만 그것은 큰 전투에서 패배한 패잔병의 변명일 뿐이다. 문학 시장이 출판 자본의 입맛대로 요리되는 한 (포스트) 모더니즘의 텍스트도 설 자리가 없기 때문이다. 문학평론가 황종연은 「모더니즘에 대한 오해에 맞서서」(2002)에서 1970~80년대 민족운동과 문학운동의 이념으로서 대역사·대체제·대문학의 관념에서 리얼리즘을 해방시켜 리얼리즘의 개념을 재구성해야 한다고 점잖게 충고한 바 있다. 그러나 이러한 충고는 소역사·소체제·소문학의 관념에서 모더니즘을 해방시켜 모더니즘의 개념을 재구성해야 한다는 역비판에 그대로 노출될 수밖에 없다.

1997년 IMF 사태 이후 한국의 노동시장은 구조조정이라는 이름 아래 '정규직/비정규직'으로 재편된다. 이러한 노동시장의 유연성은 삶의 질을 높이기보다 만성적 고용불안과 백수의 생산 속에 삶의 황폐화로 이어졌다. 사회 양극화 현상 속에 중산층은 몰락하기 시작했고, 1997년 이후에 20대가 된 IMF세대는 삶의 진정성보다 경제적 안정을 최우선시 하는 방향으로 삶의 지표를 설정한다. 지금까지 누렸던 모든 것이 갑자기 없어질지도 모른다는 IMF세대의 불안감은 미래의 전망에 대한 불투명 속에 경제적 가치에 몰입하는 비정상적 구조를 탄생시킨다. 새로운 세대는 새로운 문학의 등장을 의미한다. IMF세대는 거대담론의 몰락 속에 탄생한 1990년대의 포스트모더니즘 세대와 함께 현실 비판보다 현실 순응의 길로 빠져들었고, 그것은 흥미 위주와 당대 현실의 망각을 조장하는 가벼운 대중문학(또는 중간문학)과 상업주의문학의 유행을 불러온다. 이런 형편에 리얼리즘이 다시 시대의 중심이 되기는 어려웠다. 현실 비판적인 주체의 목소리가 부재하거나 약화된 상황에서 신자유주의 체제의 적자는 서구콤플렉스가 된다. 대중가요인 원더걸스의 〈Tell Me〉나 〈So Hot〉이라는 국적 불명의 영어 노래는 세계화를 대변하는 자랑스러운 상징으로 통용된다. 영어 학습 열풍에서 보듯 초강대국 미국으로 대변되는 세계화로 얼굴을 바꾸는 성형수술은 과연 우리를 행복의 나라로 인도했는가?

서울 광화문 한 귀퉁이에서 피어오르기 시작한 작은 촛불은 단호하게 아니라고 말한다. 촛불의 시작은 2002년 여중생 추모 촛불시위에서 처음 점화된다. 2004년 한일월드컵을 통한 축제로서의 거리문화 체험, 인터넷의 활성화, 민주주의의 진전 등은 IMF세대와 다른 새로운 세대의 탄생을 가능하게 한다. 2008년에 인터넷 네트워크에 기반을 둔 촛불세대가 본격적으로 새롭게 등장했던 것이다. 촛불세대는 기존 정당정치와 대의정치에 불신을 드러내면서 기존에 IMF세대가 지닌 무기력과 불안감을 극복하고 새로운 세계 질서를 요구한다. 이때 촛불세대는 자유롭게 접속하고 자유롭게 발언하고 자유롭게 떠나는 인터넷 문화의 특성을 그대로 보여준다. 자발적·창조적·저항적·다성적·자유적·평등적 목소리를 지닌 촛불세대의 정체성은 안토니오 네그리가 언급한 다중의 주체라고 할 수 있다. 안토니오 네그리는 『다중』(2004)이란 책에서 획일적 동일성과 통일성으로 구성된 민중과 구분된 다중을 새로운 시대의 사회적 주체로 주장한다. "다중은 하나의 통일성이나 단일한 동일성으로 결코 환원될 수 없는 수많은 내적 차이로 구성돼 있다"는 것이다. 새로운 리얼리즘의 주체는 바로 이러한 다중의 주체를 기반으로 하여 새로운 리얼리즘을 탄생시켜야 한다.

그러나 여기에서 유의할 점이 하나 있다. 다중의 주체는 단일한 목소리를 냈던 기존 리얼리즘 주체에서 진일보한 것이지만 완전무결한 것은 아니라는 것이다. 다시 말해 포스트(또는 네오) 리얼리즘에 걸맞은 주체가 되기 위해서 다중의 주체는 끊임없는 자기 성찰과 혁신을 꾀해야 한다. 그렇지 못할 때 다중의 주체도 그 나물에 그 밥이라는 매너리즘의 함정에 빠질 수밖에 없다. 최근에 문화부장관 유인촌은 노무현 정권에서 임명받은 문화부 관련 단체의 수장에게 즉각적 사퇴를 주장해 파문을 일으킨 바 있다. 이것과 다른 맥락에서 촛불 네티즌들은 촛불 시위의 정당성을 훼손시킨 정선희의 라디오 방송 발언을 문제 삼아 프로그램의 즉각적인 하차를 주장한 일이 있다. 이 두 개의 사건은 별도의 것이지만 힘에 의존한 채 타자를 배제하려고 했다는 점에서 구조적으로 동일하다. 민주 사회에서 대화성과 다양성을 생략한 채 힘에 호소해 교체를 주장하는 것은 또 다른 면에서 민주주의의 위기이다. 이러한 나의 비판에 대해 촛불 시위를 지지하는 사람들은 발끈해 감성적으로 대응할지도 모르겠다. 문제는 이러한 감성적 대응이 촛불 시위의 진보성과 도덕적 정당성을 스스로 깎아먹는 자해 행위일 뿐만 아니라, 촛불시위를 주도하는 다중의 주체를 맹목적으로 신비화시킬 수 있다. 대규모 인원이 움직이는 곳에서 촛불 시위의 순수성이 100% 유지된다고 주장하는 것은 기만적인 환상에 불과하다. 이런 점에서 촛불 시위에는 분명 배후가 있다. 그러나 촛불 시위를 자발적으로 능동적으로 이끈 대다수는 여전히 순수했다는 점에서 배후는 없다. 이러한 양면성의 질적 차이를 함께 고려하는 성숙한 태도를 지닌 다중의 주체가 리얼리즘에 새로운 생명을 불어넣을 수 있다. 적전 분열이나 조직보호 논리로 제식구 감싸기에 열중하는 것은 구태의 재현일 뿐이다. 그곳에는 다중의 주체가 없고, 파시즘의 주체만이 번성한다. 다중은 반성적 성찰이 부재할 경우 언제든지 대중이나 군중으로 변한다.

소장파 문학평론가 중에서 대표적 리얼리즘론자인 문학평론가 고명철은 ≪교수신문≫에 실린 「비평은 생래적으로 권력적 … 지적 모험이 더 필요하다」(2008)에서 "이른바 '촛불의 언어'는 타자를 향한 맹목적 敵意를 품는 언어가 아니라 모두 다 함께 공생공존할 수 있는 길을 모색하자는 언어다. 그들의 언어는 비판의 속성을 띠고 있되, 칼끝이 타자의 목울대와 심장을 겨냥하는 殺慾의 언어가 아니라, 위정자와 조중동 거대언론 권력의 잘못을 풍자와 해학으로 깨닫게 하는 정치적으로 매우 높은 차원의 비판성을 확보한 新生의 언어"라고 주장한다. 고명철의 의견에 대체적으로 공감하지만 촛불의 언어가 지닌 위험성을 경고하는 문구가 덧붙여졌으면 더욱 좋았을 것이다. 귀화한 한국인인 사회비평가 박노자는 「한국, '아류 제국주의'로 가고 있다」(≪프레시안≫, 2008.7.29)에서 촛불시위가 소외된 계급을 배려하지 못하면서 중산층 이데올로기를 넘지 못하는 한계를 노출했다고 비판한다. 그의 비판은 촛불에 대한 일방적 폄하가 아니라 대상에 대한 신비화를 넘어 좀 더 건강한 촛불을 기대하는 열망에서 비롯한 것이다. 촛불은 내부적 자기성찰과 비판을 통해서만 창조적인 다중의 주체로 존립할 수 있다. 다중의 주체도 완벽한 것은 아니다. 시대가 달라지고 상황이 바뀌면 다중의 주체란 개념도 재구성될 수 있는 것이다.

1970년대에는 리얼리즘이 가야 할 길이 민족문학이었고, 1980년대에는 민족민중문학이었다. 이 시기에 '근대문학=민족민중문학=리얼리즘'이었다. 그렇다면 2000년대는 무엇일까? 1990년대에 등장한 신자유주의 체제의 후기 자본주의는 전지구적으로 확산되어 국가의 경계선을 무너뜨렸다. 민족문학을 사고의 기본 단위로 생각했던 리얼리스트에게 이것은 민족이라는 단위를 뛰어넘어 전지구적 사고를 요구한다. 민족의 단위만으로는 후기 자본의 공세에 효과적으로 대응할 수 없기 때문이다. 남북 분단의 문제도 전지구적으로 사고하는 데에서 실마리를 풀 수 있다. 1970년대에 민족문학론을 주창했던 백낙청도 「2000년대의 한국문학을 위한 단상」(2000)에서 2000년대에 "문제의식의 출발점은 '민족' 개념이기보다 전지구적 현실인식이요 이에 따른 국지적 행동의 필요성"이라고 역설하며 변화된 모습을 보여준다. 촛불세대로 대변되는 다중의 주체가 표출하는 리얼리즘은 '민족문학'에 기반하면서도 그것을 뛰어넘는 '탈국가문학'일 수밖에 없다. 한국인들은 인터넷을 처음 접속하는 장소가 한국일지 모르지만 인터넷을 통해 다양한 나라의 경계선을 자유롭게 넘나든다. 이러한 인터넷의 특성은 필연적으로 탈국가문학을 지향하도록 만든다. 탈국가문학은 자국중심주의에 지나치게 빠져 맹목적 애국주의에 휩싸일 위험성을 경고한다. 그렇다고 탈국가문학이 '민족'의 단위 자체를 부정하는 것은 아니다. 세계 시민으로서의 자각은 우리가 살고 있는 한반도의 특수한 민족적 현실 상황을 투철하게 인식하면서 이루어진다. 이처럼 민족과 탈국가는 상호 팽팽한 긴장과 조화 속에 민족문학의 상위버전으로서 '탈국가문학'이 존재한다. 이제 '탈근대문학=탈국가문학=리얼리즘'이다.

5. 포스트 리얼리즘의 출현과 과제

우리 사회는 현재 형식적 민주화가 진행되면서 과거에 비해 열린 시공간으로 변한 것이 사실이다. 여전히 분단 모순, 민족 모순은 존재하지만 이것이 남한사회를 규율하는 최상급의 이데올로기는 아니다. 현재 남한사회를 규정하는 최상급의 이데올로기는 신자유주의로 대변되는 후기 자본의 논리이다. 이것은 민족과 국가를 기반으로 하여 적과 아군을 구분하는 과거의 전선이 적절하지 않다는 것을 의미한다. 신자유주의의 대두 속에 민중들은 더 이상 단일한 대오로 묶여지지 않고, 지배층 세력도 다양하게 분화되었다. 지구상에서 유일무이한 최강자로 등극한 후기 자본은 개별 주권을 무력화시키면서 자본의 효율성이라는 이름하에 세계를 적자생존의 무한경쟁 체제로 바꾸어 놓았다. 거의 모든 것이 자본주의적 상품화 논리에 포박되면서 새로운 유토피아를 꿈꾸는 움직임도 상품화된다. 자본의 바깥을 아예 상상할 수 없도록 만드는 후기 자본은 조지 오웰이 언급한 '빅브라더'일지 모른다.

이 시기에 리얼리즘은 어떤 모습으로, 어떤 위치에서 존재하는가. 열린 촛불 다중의 눈으로 세계를 보라! 여기에 새로운 리얼리즘의 길이 있다. 나는 이것을 '포스트 리얼리즘'이라고 일단 호명하고자 한다. (더 좋은 명칭이 있다면 바꿔도 상관없다.) 2000년대 포스트 리얼리즘을 위한 주체는 앞서 말한 성별·계급·지역·인종·국가 등을 초월한 다중의 주체이고, 그것이 지향하는 것은 '탈국가문학'이다. 그렇다면 그것을 바라보는 시각은 1세계인가, 2세계인가, 3세계인가. 과거 우리들은 민족의 불행한 과거사를 언급하면서 자신들을 소수자와 피해자로 분류하는 것을 당연시하는 제3세계의 구성원일 수 있었다. 그러나 2007년에 우리나라의 명목 국민총소득GNI은 세계 13위이다. 한국은 현재 백만 명이 넘는 이주 외국인 노동자를 착취하는 아류 제국주의 모습을 보이고 있다. 그래서 나는 한국을 1세계와 2세계의 중간 형태인 1.5세계라고 규정하고자 한다. 1990년대부터 활발하게 논의된 동아시아 담론을 통해서는 아류 제국주의 형태로 치닫는 1.5세계인 한국의 내부 모순을 드러내기가 어렵다. 포스트 리얼리즘은 맹목적 애국주의와 민족주의를 넘어 한국의 아류 제국주의를 비판하는 죽비소리가 되어야 한다.

포스트 리얼리즘에 기초한 탈국가문학이 자국 바깥으로 시선을 확장하는 것은 좋지만 그렇다고 현재 우리가 살고 있는 이 땅의 현실을 외면해서는 곤란하다. 다중 주체의 포스트 리얼리즘은 '내부=민족문학/외부=탈국가문학'이 상부상조할 때에 100% 기능을 발휘한다. 후기 자본이 지배하는 남한사회에서 문인들의 처지는 열악하기만 하다. 그렇다 보니 이 땅의 현실에 대한 성실한 천착과 미학적 대응이 원활하게 이루어지지 못하고 있다. 비정규직 노동자의 문제를 탁월하게 형상화한 작품이 아직 나오지 않았다는 것은 리얼리스트 작가들이 반성해야 할 부분이다. 조금만 유명해진다 싶으면 방송이나 신문 매체에 얼굴을 내밀고, 더 나아가 대학교수가 되기 위해 대학으로 몰려가는 것은 본인에게 영광일지 모르지만 현장의 목소리를 대변할 리얼리스트의 부족 현상을 가중시킨다. 현재 리얼리즘 진영의 침체는 작가 자신들이 당면한 현장과 현실의 생생한 풍경을 제대로 전달하지 못하면서 발생한 것일지도 모른다. 2007년 9월 15일에 결성된 '리얼리스트 100'이란 모임이 기존 리얼리즘의 한계를 넘어 새로운 전망을 주는 계기가 되기를 바란다. 이때 전망은 확정적이 아니라 잠정적인 것이다. 잠정적인 것이기에 일상 현실의 미세한 변화를 놓치지 않고 포착할 수 있는 초성능의 안테나가 필수적이다. 그 안테나는 차분한 성찰과 부단한 반성에서 만들어진다. 리얼리스트는 아침 일찍 일어나는 농민처럼 부지런해야 한다. 게으른 자에게 (포스트) 리얼리즘은 사치스러운 독일뿐이다. ▣

문학과 정치는 사랑하는 연인인가, 상종 못할 적인가

1. 문학과 정치의 존재 방식

문학과 정치. 서로 인연이 없는 것처럼 보이지만 역사적으로 보면 문학과 정치의 동거 내지 결혼은 끊임없이 이어져왔다. 현재도 이와 같은 흐름은 변함없이 계승되고 있다. 문학과 정치의 상호 만남이 항상 행복했던 것은 아니다. 오히려 불행한 만남과 그로 인한 파경이 많았던 것이 사실이다. 강력한 권력을 소유한 정치는 문학을 자신의 종속물로 지배하고자 했다. 반면에 수평적 관계를 열망했던 문학은 정치의 고압적 요구에 불편한 속내를 표출하며 갈등했다. 근대 이후 문학은 자유를 꿈꾸는 자들이 현실의 결핍을 메우고자 발버둥치는 일종의 투쟁적 아지트였다. 이러한 문학은 현실을 치열하게 인식하면서도 현실 너머의 이상을 꿈꾼 돈키호테였다. 문학과 정치는 작동 방식과 지향점이 다르다는 점에서 분명 차이점을 갖고 있다. 하지만 좀 더 나은 삶을 지향한다는 면에서 양자는 동일한 목표점을 갖고 있다. 문학과 정치는 상호갈등 관계이자 동시에 상호보완 관계인 것이다.

문학과 정치는 인간 사회를 공통의 기반으로 삼고 있다는 점에서 배 다른 형제이다. 이제 중요한 것은 문학과 정치의 상호적대적 이별이 아니라 교제하는 방식과 적절한 만남의 형태이다. 문학과 정치는 너무 가까워도, 너무 멀어도 문제이다. 문학과 정치의 거리는 고정된 것이 아니라 시대와 상황에 따라 변하는 유동성을 띠고 있다. 문학과 정치의 동거가 요구되었던 시대가 있었다면, 별거가 바람직한 관계의 형태로 인식되었던 적이 있다. 특히 문인들은 정치에 의해 문학의 자율성이 훼손되는 고통스러운 시절을 경험하기도 했다. 일제 식민지 시대와 박정희의 유신독재 정권을 떠올려봐라! 그래서 문인들은 정치에 대해 대개 알레르기적 혐오감을 갖고 있다. 그렇다면 문인들은 작품을 통해서만 발언해야 하는가. 작품에서 현실적인 정치 발언은 무한정 허용할 수 있는 것인가. 문인들이 작품이 아닌 영역에서 정치적 발언을 하는 경우 작가로 보아야 하나 정치가로 보아야 하나.

이처럼 문학과 정치의 관계는 다양한 경우의 수가 등장한다. 물론 하나의 정답은 존재하지 않는다. 그러나 우리는 지난 시절을 통해 문학과 정치의 바람직한 관계를 찾기 위한 정답 찾기가 계속되어야 한다는 것을 배워왔다. 정답 찾기 과정이 강제로 종료되고 하나의 정답만이 강요될 때, 그것은 문제의 해결이 아니라 새로운 시작이다. 문학적 실천을 강조하는 진보 진영의 문인들에게 문학과 정치의 만남은 낯익은 것이었다. 하지만 문학주의를 신봉하는 우파 진영의 보수 문인들에게 대체로 정치는 가까이 하기에 먼 당신이었다. 촛불시위와 이명박 정권의 배타적 인사 정책은 문학계 전반에 정치라는 뜨거운 감자를 다시 가깝게 하는 계기를 만들었다. 2009년에 있었던 69작가 선언이 그 좋은 예이다. 우리는 이 시대에 걸맞은 문학과 정치의 거리를 계산하기 위한 창조적 진통을 다시 시작한다. 이것은 문학과 정치의 바람직한 관계를 향한 비판적 물음에서부터 출발할 것이다.

2. 문학과 정치의 일원론과 이원론(분리론)

정치의 이상은 사회의 다양한 갈등과 긴장을 원대한 정치력으로 통합해 좀 더 나은 세계의 건설을 목표로 한다. 이것의 실현 수단으로 정치는 권력을 전가의 보도처럼 활용한다. 문학은 인간 사회를 대상으로 한다는 점에서 정치와 동일하지만 현실에 직접 개입하기보다 현실의 미학적 재구성을 통해 간접적으로 사회에 개입한다. 근대 이전에 문학은 독자적 영역을 인정받지 못한 채 정치나 종교에 종속된 비자율적 존재였다. 동양에서 문학은 왕도정치라는 유교적 이상을 드러내는 수단이었고, 서구에서 중세시대의 문학은 신을 찬미하는 수단이었다. 기독교적 세계관에 입각한 단테의 『신곡』(1321), 조선 창업을 찬양한 서사시 『용비어천가』(1447) 등은 문학과 종교, 문학과 정치의 결합 형태를 보여주는 좋은 사례이다. 이 시기에 문학은 정치 내지 종교와 분리될 수 없는 한몸이었다.

이러한 일원론은 근대에 들어오면서 분리론(또는 이원론)으로 바뀌게 된다. 문학은 자신을 후원했던 종교와 정치의 입김에서 벗어나 독자적 영역을 구축하기 시작한다. 이러한 변화는 절대 진리로서의 종교적 담론의 쇠퇴, 후원자로서의 귀족 계급 몰락, 자본주의의 대두 등이 복합되어 파생된 현상이다. 근대에 문학은 자본주의의 환경 속에서 신흥 계급인 중산층(부르주아지)을 새로운 후원자로 삼으면서 문학의 상품성을 획득한다. 문학이 문화상품으로 유통되는 처지에서 문인들은 다른 누구도 복제할 수 없는 자신만의 가치를 드러내기 위해 낭만주의 시대에 천재의 개념을 고안 발명한다. 이러한 과정 속에 근대 이전까지 사회의 변방에 소속된 문인들은 신과 같은 창조성이 있는 동격의 존재이거나 시대를 비판하고 변혁하는 혁명가의 지위까지 급부상한다. 신이 몰락한 시대에 문학은 인생을 구원하는 유사종교나, 일그러진 정치 현실을 변혁하는 혁명의 담론이 되어 문학의 위상을 증대시켰던 것이다. 하지만 이러한 문학의 위상은 계몽주의적 거대담론의 몰락 속에 붕괴하기 시작한다. 일본의 저명한 문학평론가 가라타니 고진은 『근대문학의 종언』(2005)에서 문학의 대사회적 운동성 상실을 들어 근대문학의 종언을 선언한다. 고진은 문학이 당대 사회와 교류하지 못한 채 고립되는 상황을 문학의 죽음으로 파악했던 것이다. 대사회성을 상실한 문학의 고립된 순수성은 문학에 대한 축복이 아니라 오만과 착각이 불러온 저주일 수 있다. 문학이 자본주의와의 싸움을 핑계로 문학의 전문성과 순수성을 지나치게 강조하는 방향으로 나아갈 때 폐쇄적 엘리트주의의 번식 속에 대중성, 민중성을 상실할 수밖에 없다. 문학과 정치(또는 사회)의 분리론을 확고불변의 진리로 간주하는 태도는 역설적으로 문학을 죽음에 이르게 하는 뇌종양인 것이다.

문학평론가 최문규는 「미워도 다시 한번」(≪문학동네≫, 2001년 겨울호)에서 서구의 문학이 18세기 이후 문학과 정치의 차이와 분리 속에 발전해왔다면서, 정치가 일종의 문학의 모태로 작용한 한국 문학을 비정상적 형태로 파악한다. 문학의 자율성을 강조하는 최문규는"문학의 경우 특정 작가의 정치적 의도와 작품의 심미적 가치의 차이가 인정되어야 함에도 불구하고, 정치적 의도가 지나치게 문학의 중심으로 설정됨으로써 작품의 심미적 가치마저도 부정되고 마는 상황이 벌어진다. 이제 문학과 정치, 그 애증(愛憎)의 관계는 곧 차이에 대한 인식을 요구한다"고 주장한다. 최문규의 시각은 순수문학을 옹호하는 측이 흔히 내세워왔던 논리의 반복이다. 그의 주장은 문학의 자율성의 탄생 및 변화 과정을 제대로 성찰하지 못했을뿐더러, 문학과 정치를 별개의 존재로 강조하여 문학의 고립을 가속화시키고 있다. 19세기 리얼리즘 시대에 문학의 자율성은 역사의 발전에 대한 낙관적 전망 속에 당대 현실을 정확하게 파악하여 비판하기 위해 고안되었다. 하지만 20세기 모더니즘 시대에 문학의 자율성은 역사의 발전에 대한 비관적 전망 속에 현실을 소거한 채 고립된 자폐적 내면으로 침잠한다. 여기에서 문학의 자율성은 대사회적 성격을 잃어버리고 당대 현실을 망각하는 일종의 도피처로 활용된다. 모더니스트들은 이러한 자폐적 내면의 세계를 보여줌으로써 역으로 당대 문명사회에 대한 비판을 시도하기도 했다. 결국 문학의 자율성은 문학의 특권적, 차별적 위치를 강조하는 과정에서 만들어진 일종의 허구적 신화이다. 문학의 자율성 강조는 현실 정치 내지 사회와 완전 결별하는 것이 아니라 가급적 대등한 입장에서 만나려는 전략적 차원에서 만들어진 것이다. 이것을 간과한 채 문학과 정치의 완전 분리론을 주장한다면 나무만 보고 숲은 보지 못하는 근시안적 안목이라 하지 않을 수 없다.

문학의 자율성을 옹호한 것은 문인들만이 아니라 지배세력도 이것에 적극 가세했다. 지배세력은 자신의 치부를 계속 비판하는 문학이 눈엣가시였기에 문학의 자율성을 강조해 협소한 영역에 문학을 감금하려고 했던 것이다. 순수문학을 내세운 문학주의자들과 정치권의 밀월 관계는 양자의 상호 필요성 속에 오랫동안 공생 관계를 유지한다. 부패한 정치권과 순수 문학계의 야합은 관변문학의 온상을 제공하게 되고, 이에 반발하는 저항문학을 생성하게 된다. 한국에서 1960년대의 참여문학, 1970년대의 민족문학, 1980년대의 민족민중문학은 기존 문학계와 정치권의 야합 관계를 폭로하고 새로운 자율(?) 관계를 정립하려는 운동이었다.

문인들은 예술가이면서 동시에 한 국가의 국민이기도 하다. 민주주의 체제의 구성원은 누구든지 정치 활동에 참여할 수 있기에 문인들의 정치 참여도 보장된 권리이다. 따라서 문인들이라고 해서 정치에 절대 참여해서 안 된다는 것은 일종의 사이비적 금기이다. 1925년에 결성된 카프, 1974년에 결성된 자유실천문인협의회(현재 한국작가회의)는 문인들의 대사회적 참여를 옹호한 대표적 문인단체이다. 문인의 정치활동은 작품이나 작품 외적인 활동을 통해 이루어진다. 작품을 통한 정치 참여는 대사회적 비판의식의 형상화로, 작품 외적인 경우는 당대 현실에 대한 작가의 발언이나 시민운동의 차원에서 주로 이루어져왔다. 이것들은 거의 대부분 현실 정치에 직접 참여하기보다 제3자로서 비판적 고언을 던지는 경우가 많았다. 문인들의 정치 참여에 있어 어디까지가 간접적이고 직접적인 것인지 논란의 여지가 많다. 예를 들어 정당원의 가입 유무만으로 현실 정치에 문인들이 직접 참여했다고 말할 수는 없다. 따라서 이것은 명확하게 구분된다기보다 사안에 따라 심층적인 접근을 통해 판단할 일이다.

3. 문학과 정치의 애증사

문학이 다른 영역, 특히 정치와의 만남이 반드시 긍정적이었던 것은 아니다. 대표적인 것이 관변문학(또는 친체제문학)으로 변질하여 지배집단의 정치 도구로 변질한 경우이다. 일제시대에 친일문학이나 해방 이후 군사정권을 찬양한 순수문학의 경우 대표적인 관변문학이었다. 이때 문학의 자율성은 껍데기로만 존재하고 실상은 체제 옹호의 문학만이 시민권을 획득했다. 우파의 순수문학 진영은 당대의 지배체제를 찬양하는 관변문학의 대가로 문학적 지분과 대사회적 지위를 보장받게 된다. 문학의 정치성을 배제하고 문학의 순수성을 지키겠다는 순수문학이 부패한 정권을 옹호하는 문학을 생산했던 것이다. 문학적 양심을 팔아 매문과 매명에 들어섰던 대표적 관변문인(친체제문인, 어용문인)들의 행적을 역사적으로 훑어보면 다음과 같다.

먼저 일제강점기에 이광수는 「조선의 학도여」(1943), 최남선은 「가라! 청년학도여!」, (1943), 김동인은 「감격과 긴장」(1942), 김용제의 「님의 부르심을 받들고서」(1943), 유치진은 「싸우는 국민의 자세」(1943), 서정주는 「송정오장 송가」(1944), 조연현은 「자기의 문제로부터」(1943), 정비석은 수필 「국경」(1942) 등에서 일제를 찬양하는 친일문학을 생산했다. 이러한 관변문학은 해방 된 이후에도 무늬만 바뀌어 계속 이어진다. 자유당 말기 만송 이기붕을 추앙하는 문인 족속을 이름하여 '만송족'이라 불렀다. 1960년 ≪서울신문≫에 소설가 김동리는 「돈암장 시대의 일절-한국신사 만송」에서 "이기붕씨는 한국신사야, 전형적인 토종이거든"이라고, 소설가 박종화는 「인간 이기붕 의장」에서 "내가 만송을 나라의 큰 그릇으로 생각한 것은 국민방위군 처리사건이었다"라고, 김광섭은 「정·부통령은 동일정당에서 나와야 한다」에서 이승만을 대통령으로 이기붕을 부통령으로 해야 하는 것이 정도라고 주장한다. 이밖에 소설가 김팔봉은 「들은 대로 본 대로」에서 이승만을 신격화하는 글을 쓴다. 김팔봉은 박정희 군사정권 시기인 1969년에도 3선개헌을 옹호하고 박정희를 찬양하는 글을 역시 ≪서울신문≫에 게재한다. 순수문학의 대표적 시인이었던 구상은 1971년에 박정희의 3선 취임을 찬양하는 참관기를 ≪경향신문≫에 쓴다. 소설가 선우휘는 1970년대에 ≪조선일보≫의 주필이 되어 친여적인 글을 상당수 발표해 논란을 일으켰다. 1980년대에 시인

서정주는 전두환 군사독재정권을 찬양하는 오점을 남겼다.

이런 관변문학의 반대쪽에 있는 저항문학은 일제시대에 이육사의 시가, 1960년대에 김수영의 시·남정현의 「분지」가, 1970년대에 판소리풍인 김지하의 풍자시·황석영의 「객지」·조세희의 『난장이가 쏘아올린 작은 공』이, 1980년대에 박노해의 『노동의 새벽』·김남주와 백무산의 시·채광석의 평론 등이 있었다. 이러한 저항문학은 체제에 대한 심각한 위협이 아닐 수 없다. 그래서 부패한 독재정권들은 국가보안법, 긴급조치 등의 악법을 제정해 탄압하는 악수惡手를 남발하게 된다. 체제에 의한 저항문학의 탄압은 필연적으로 필화사를 발생시킨다. 남정현의 「분지」(1965), 김지하의 「오적」(1970)·「비어」(1972)·「고행, 1974」(1974), 문인간첩단사건(1974), 양성우의 「겨울공화국」(1975)·「노예수첩」(1977), 현기영의 『순이 삼촌』(1979), 한수산의 『부초』(1981), 이산하의 장편 연작시 「한라산」(1987) 등이 정치적 탄압 속에 필화 사건을 일으킨다. 특히 한수산은 순수문인으로 알려졌음에 불구하고 작품의 일부분에서 나온 군부에 대한 비판이 문제가 되었다. 다음의 시는 1960년 4·19혁명 직후인 4월 26일에 이승만 정권을 비판한 김수영의 시이다. 김수영이 직접적으로 지칭하지 않았지만 '그놈의 사진'에서 독자들은 독재자 이승만을 어렵지 않게 떠올릴 수 있다. 그 이전까지 한국의 국부로까지 추앙받던 이승만은 이 시에서 대변 처리용 밑씻개로 전락하는 권위의 추락을 보여준다. 김수영은 이 시를 통해 문학과 사회, 문학과 정치의 만남을 효과적으로 보여준다.

우선 그놈의 사진을 떼어서 밑씻개로 하자
그 지긋지긋한 놈의 사진을 떼어서
조용히 개굴창에 넣고

썩어진 어제와 결별하자
그놈의 동상이 선 곳에는
民主主義의 첫 기둥을 세우고
쓰러진 성스러운 學生들의 雄壯한
紀念塔을 세우자
아아 어서어서 썩어빠진 어제와 결별하자

(김수영, 『김수영 전집』 1, 민음사, 1981, 139쪽)

문학의 정치 개입은 보통 정치가 낙후되어 국민들에게 실망과 고통을 안겨줄 경우이다. 이때 문학은 현실 권력의 결핍을 채우려는 욕망에서 현실에 적극 개입한다. 현실비판의 저항문학은 체제의 검열 속에 직접적인 형상화보다 간접적인 형태를 띠는 것이 많다. 이것은 정치세력에 의한 탄압을 피하기 위한 방법이기도 했지만 선전선동의 목적문학과 자신을 구별하기 위한 행위이기도 했다. 문학이 대사회에 대한 비판을 하는 경우 풍자, 알레고리 등의 기법이 자주 애용된다. 문예사조로 보면 저항문학의 경우, 현실과 실재를 강조하는 리얼리즘이 주요한 경향을 이룬다. 체제비판의 저항문학이 항상 정당성을 획득하는 것은 아니다. 획일적 독재체제나 관변문학의 억압과 폭력성을 비판하면서 저항문학의 다양성도 위축되기 쉽다. 그 결과 저항문학에서 다양한 목소리가 억압되고 단일한 목소리로 수렴된다. 결국 정치의 획일성, 폭력성, 억압성이 증가하면 할수록 이것에 대응하는 저항문학의 획일성, 단순성도 강해지는 경향이 많다. 이것은 억압적 체제의 잘못인가, 아니면 그것에 대항하는 저항문학의 잘못인가. 저항문학은 무지한 대중이나 민중들을 일깨우기 위해 위에서 아래로 향하는 계몽적 담론의 형태가 많다. 이러한 계몽적 담론은 일시적으로 유효하지만 그것이 계속 지속될 경우 또 하나의 폭력과 억압으로 작용할 가능성이 많다. 한국의 저항문학은 민족, 민중 등의 거대범주 속에 다양한 미시적 상상력들을 억압하는 오류를 범하기도 했다. 1990년대 이후 문학주의자들은 1980년대 민족민중문학이 지닌 획일적 폭력성이 문학의 다원성을 죽였다고 한 목소리로 비판한다. 그러나 앞에서도 언급했지만 저항문학의 획일성은 당대 지배체제의 폭력성과 억압성의 결과이기도 하다. 따라서 문제의 원인을 따지지 않고 나타난 결과로만 저항문학을 비판하는 것은 본말이 전도된 것이다. 저항문학의 획일성은 폭력적, 억압적 지배체제를 해체하기 위한 불가피한 측면이 분명 있다는 것이다. 다양성이 존중되어야겠지만 무조건적으로 획일성을 비판하고 공격하는 것은 다양한 측면을 고려하지 못한 성급한 처사이다.

≪창작과비평≫의 편집위원인 평론가 최원식은 「문학의 귀환」(≪창작과비평≫, 1999년 여름호)에서 동서고금을 넘나드는 비평을 통해 "문학과 문학을 넘어 문학으로! 80년대와 90년대를 가로질러 문학의 귀환을, 그 오묘한 출현을 기다린다"고 주장한다. 최원식은 어느 한쪽의 편식이 아니라 문학의 창조적 심미성과 사회성, 문학의 공리성과 쾌락성 등이 조화되는 문학을 주장했던 것이다. 이것은 과거 대사회적 문학을 중요시 했던 입장에서 후퇴한 것이라 볼 수 있다. 최원식은 「'리얼리즘'과 '모더니즘'의 회통」에서 회통론을 주장하며 다시 한번 양자의 공존을 주장한다. 최원식의 입장 변화는 정치나 사회를 중요시했던 리얼리즘의 쇠퇴를 알리는 명백한 신호이다. 1990년대 이후 문학계의 대권을 잡은 문학주의는 문학의 자율성을 내세우며 문학의 심미성을 강조했다. 이러한 문학주의의 입장은 문학이 사회변혁의 무기가 된 1980년대 문학에 대한 일종의 알레르기적 반작용이었다. 정치 과잉의 문학을 바로잡겠다는 문학주의자의 입장에 일정 부분 동의할 수 있지만 그것이 정치나 사회 부분을 완전 배제하는 것으로 이어진다면

또 하나의 독단적 도그마일 수밖에 없다. 문학주의의 기승 속에 문학의 위기가 정작 심화되고 있는 아이러니한 사실을 문학주의자들은 직시해야 한다.

4. 이문열의 레드콤플렉스와 황석영의 총대론

문학과 정치의 바람직한 결합 형태에 대한 고민을 최근에 던져준 문인으로 이문열과 황석영이 있다. 이 두 소설가는 서로 반대되는 진영을 대표하는 문인 중의 하나로서 적극적으로 현실 정치에 개입하고 있다는 점에서 주목을 요한다. 우리는 이 두 소설가의 행보를 통해 문학과 정치의 관계에 대한 실마리를 찾아볼 수 있을 것이다.

1948년생인 소설가 이문열은 한국전쟁 당시 아버지가 월북하면서 일상생활에서 고초를 겪는다. 이 과정에서 레드콤플렉스를 내면화한 이문열은 아버지와는 정반대되는 길을 걷게 된다. 1977년에 등단한 이문열은 초기에 낭만주의적 관념성과 실존주의적 자각을 유려한 문체로 풀어내어 독자의 사랑을 받았다. 이문열의 정치적 의식은 1980년대 중반부터 낭만성에서 벗어나 분단 상황과 당대현실을 구체적으로 그려내는 작업에 착수한다. 『영웅시대』(1984), 「우리들의 일그러진 영웅」(1987) 등이 이 시기에 나온 성과물이다. 이문열은 1990년대 후반 들어 작품과 발언을 통해 보수적 세계관을 본격적으로 드러내기 시작한다. 특히 2000년대부터는 적극적으로 현실 정치에 개입해 정치적 발언을 해왔다. 이문열은 「홍위병을 떠올리는 이유」(≪동아일보≫, 2001.7.9)에서 시민운동세력을 정권의 홍위병으로 표현했고, 한 강연회에서 안티조선 세력이 친북적 성향이 있다고 암시하기도 했다. 이와 같은 보수 성향의 행보 속에 일부 독자들은 '책 장례식'이라는 퍼포먼스를 통해 대응하기도 했다. 보수 본색을 드러낸 이문열은 16대 총선에서 한나라당 공천심사위원으로 활약하기도 했고, 『술 단지와 잔을 끌어다니며』(2001)·『호모 엑세쿠탄스』(2006)라는 작품을 통해 현실정치나 386운동권 진보세력에 대한 비판을 노골적으로 펼쳤다. 이문열은 반공보수정권의 수립을 위해 한나라당 대선 후보의 검증이 내전의 칼이 되어서는 안 된다고 충고하기도 했다. 다음은 『호모 엑세쿠탄스』에 나오는 서문의 일부이다.

> 『호모 엑세쿠탄스』에 투영된 작가의 정치적 견해는 용서 못할 문학적 반칙이라도 되는 것처럼 욕부터 하고 덤비는 까닭을 참으로 알 수가 없다. 아무리 몸을 낮춰 살펴보아도 그것은 문학적이지도 문화적이지도 못한 비방이요, 염치없고 상식도 갖추지 못한 정치적 시비로만 들린다. 막말로, 엎어져도 왼쪽으로 엎어져야 하고 자빠져도 진보 흉내를 내며 자빠져야 한다는 소리와 다름이 없다. 어떻게 해서 특정한 이념이나 정치적 노선에 동조해 발언하는 것은 치열한 작가 의식이요 투철한 산문정신이며, 거기 상반되는 이념이나 정치적 성향을 드러내는 것은 온당치 못한 문학이고 무책임한 정치 개입이 되는가.
>
> (이문열, 『호모 엑세쿠탄스』 1, 민음사, 2006, 8쪽)

이 글에서 이문열은 자신의 작품에 투영된 작가의 정치적 견해를 비판하는 것에 대해 문학적 반칙으로 규정하면서 강하게 반발했다. 1980년대 좌파의 민족민중문학이 지배세력을 비판하는 정치적 발언은 허용하면서도 자신의 작품에 나온 우파적 발언을 용납하지 못하는 것은 언어도단이라는 것이다. 이문열은 좌파적 이데올로기를 언급하면 괜찮고, 우파적 이데올로기를 발설하면 비판하는 문단과 일부 독자에게 강한 불만을 토로한다. 여기서 이문열이 착각하고 있는 것은 특정한 정치 이념과 정치적 성향을 드러냈다고 비판하는 것이 아니라는 점이다. 비판적 독자들이 비판하는 지점은 이문열의 작품이 객관적 거리를 확보하지 못한 채 미학적 파탄에 봉착하고 있다는 것이다. 1980년대 민족민중문학에 대해 우파의 문학주의자들은 문학을 정치 도구화했다고 강하게 비판한 바 있다. 그런데 문학의 미학성을 강조하는 우파의 대표적 문인인 이문열이 자신의 문학을 보수적 세계관을 전파하는 도구로 활용했던 것이다. 이문열은 최근 신문의 인터뷰에서 소설이란 대부분 정치 아니냐라는 반응을 보였다. 어떤 의미에서 그러한 발언을 했는지 정확하게 파악할 수 없지만 적어도 이것은 문학의 개념을 지나치게 확대한 것이라 하지 않을 수 없다. 이러할 경우 정치 아닌 것이 없게 된다. 이문열은 "80년대 이후 주류문학은 정치적이 아닌가"라는 발언도 한다. 이것은 1990년대 이후 문단의 권력을 잡은 것이 문학주의자라는 객관적 사실을 왜곡한 주장이다.

이처럼 이문열은 자신의 작품을 합리화·정당화하기 위해 객관적 사실과 진실을 서슴없이 왜곡한다. 문학은 당대의 구체적 현실을 미학적으로 재구성해 형상화한다. 이때 작가는 당대 현실에 대해 발언할 수 있지만 개별적인 사안에 대해 일일이 발언하기보다 인류적 보편성에 입각해 상징적 발언을 하는 것이다. 구체적 사안에 대해 일일이 개입하는 것은 자칫 잘못하면 미학적 거리를 유지하지 못한 채 보편성을 상실할 위험성이 크기 때문이다. 1990년대 후반 이후 이문열은 작품의 미학적 완성도의 결핍을 사회적 논란을 유발시킴으로써 은폐하는 글쓰기의 전략을 취한다. '문학이 정치 아니냐'라는 이문열의 생각이 그러했다면 1970, 80년대에 당대 사회 현실에 침묵했던 이문열의 행적은 논란이 아닐 수 없다. 문학이 정치였다면 당대의 비민주주의적 정치 현실에 대해 당연히 작가의 발언을 했어야 하지 않을까? 이런 점에서 이문열의 발언은 기회주의적 자가당착이 아닐 수 없다. 자신의 이전 문학관과 배치되는 행동을 하고자 했다면 분명한 전향 선언과 함께 하는 것이 순리일 것이다. 조정래는 최근 ≪오마이뉴스≫(2007.2.3)와의 인터뷰에서 문학이 현실정치에 대해 발언할 수 있으나 "자기의 사적 입장, 개인의 감정, 개인의 이익을 위해서 하면 안 된다. 자기에게 불이익이 오더라도 대의를 위해서 객관적으로 해야 한다. 작가들이 사회적 발언을 하기 위해서는 헌신성과 희생성을 전제로 하지 않으면 진정성이 없"다고 주장한다. 이러한 발언은 이문열에게도 시사하는 바가 크다.

이문열과 대척점에 있는 작가는 황석영이다. 1943년생 소설가 황석영은 노동문학과 분단문제 등 당대의 현실적 문제를 형상화하는 리얼리즘의 대표적 작가이다. 전태일의 죽음이 계기가 되어 창작한 「객지」(1971)는 황석영의 존재를 문단에 널리 알리는 역할을 했다. 그 후 황석영은 공장과 농촌 체험 속에 쓴 장편 『장길산』(1974~1984), 1980년 5·18광주민주항쟁을 알리는 보고서 성격의 『죽음을 넘어, 시대의 어둠을 넘어』(1985) 등을 발간했다. 1989년 조국통일의 과업을 위해 문익환 목사와 함께 동경·북경을 경유하여 평양을 방문하기도 했다. 이후 황석영은 귀국하지 못하고 독일에 체류하다가 1993년 4월 귀국하여 7년형을 받고 복역하다가 1998년 사면되었다. 출감한 황석영은 장편 『오래된 정원』(2000), 『손님』(2001), 『심청』(2003), 『바리데기』(2007) 등을 출간하며 정력적 집필 활동을 해왔다. 프랑스에 체류하다가 한국에 돌아온 황석영은 87년체제의 종언과 문학의 운동성 회복을 주장했다. 그러면서 이 시대가 요구하는 것은 진보와 보수가 아닌 중도라고 주장하면서 중도인물의 당선을 위해 현실 정치에 참여할 것임을 선언한다.

이 시대의 현실정치에서 가장 필요한 것이 중도라는 황석영의 주장은 논란거리를 제공한다. 그렇다면 중도 정당이 없었는가. 실용노선을 표방한 열린우리당은 그 동안 중도를 표방하지 않았던가. 무늬만 중도였기에 제대로 된 중도를 만들어보자는 것인가. 황석영은 이 시대에 필요한 것이 중도라고 했지만 신자유주의체제에 의한 사회 양극화, 환경 파괴, 북핵 위기 등의 문제를 해결하기 위해 진보세력은 여전히 필요하다. 그렇다면 진보적 작가로 알려진 황석영은 진보의 노선을 포기하고 중도로 전향한 것인가. 현실 정치판에 끼어들어 흙탕물이 튀더라도 이것을 감수하겠다는 황석영의 총대론이 순교자적 자세인지 아니면 현실 정치의 음모에서 나온 희생양이 될지는 좀 더 두고 볼 문제이다. 중요한 것은 어느 쪽을 지지한다는 정치적 태도보다 문학의 진정성을 현실정치의 진정성과 연결시켜 나아가는 자세와 활동이다. 현실정치에 개입하겠다고 선언했다면 자신의 견해에 대한 반박문에도 즉각적으로 대응하는 태도도 필요하다. 이것을 통해 황석영이 그리고자하는 중도의 밑그림이 정확하게 드러날 수 있기 때문이다. 그러나 아직 그의 총대론은 실체화되지 못한 채 크로키croquis 정도의 모호함으로 남아 있다.[1)]

5. 바람직한 만남의 방식은?

문학과 정치의 관계에 대한 논란은 다른 말로 '문학의 공리성

---

1) 추신 : 작가 황석영은 2009년에 이명박 대통령과 중앙아시아 2개국을 방문하는 수행원으로 참여하면 진보 진영을 비판하고 이명박 정권을 도와야 한다는 발언을 통해 변절 논란에 휩싸였다. 이문열과 대척점에 있었던 황석영도 나이가 들어서인지 아니면 노벨상 욕망 때문인지 자신의 진보적 정체성에서 후퇴하는 모습을 보이고 있다. 나이가 들수록 황석영과 이문열은 권력 욕망에 있어서는 비슷해져가고 있는 것으로 보인다.

대 유희성, 계몽주의문학 대 탈계몽주의문학, 문학주의 대 현실주의, 순수문학 대 참여문학'이라는 양자의 팽팽한 이항대립적 긴장과 갈등을 낳았다. 이러한 양자의 갈등은 아직도 충분하게 해소되지 못한 채 계속되고 있다. 그러나 이제 문학과 정치의 만남이 결코 이루어질 수 없는 사랑이라는 식의 논쟁은 소모적이다. 사회를 대상으로 형상화하는 문학은 사회적 계약의 산물인 언어를 사용하면서 현실과 직간접적으로 맞닿아 있다. 이제 우리가 고민해야 할 것은 문학과 정치의 절연이 아닌 양자의 건설적인 만남의 방식이다. 이때 유의할 것은 정치에 종속된 도구화된 문학과 체제에 아부하는 관변문학에 대한 단호한 거부이다.

문인들의 정치 참여는 우리나라만이 아니라 선진국에서도 여전히 논란거리를 제공했다. 프랑스의 작가 사르트르, 독일의 작가 귄터 그라스 등이 보여준 정치 활동은 그곳에서도 논란을 일으켰다. 이 논란의 정도는 당대 사회의 정치적, 문화적 수준을 보여준다. 그렇다면 한국의 정치적, 문화적 수준은 어느 정도일까? 아직 만족스러운 정도가 아니라는 것은 분명해 보인다. 문인도 민주 시민의 일원이기에 누구나 현실 정치에 참여할 수 있다. 문제는 문학의 진정성을 현실 참여의 진정성으로 이어가는 작업이다. 그렇지 못할 때 문학의 현실참여는 문화권력에 기반한 현실권력의 획득이라는 세속적 욕망의 발현으로 해석될 수 있다. 문학이 대사회적 영향력을 계속 유지할 수 있는 힘은 개별 정치 사안보다 세계사적 보편성의 발언으로 공감을 이끌어내는 데 있다. 이것을 간과하고 문학이 지나치게 개별 정치 사안에 대해 일희일비할 때 문학은 자신의 정체성을 상실할 위험성이 크다. 역사적으로 보면 문학은 직접적인 정치 참여보다 작품을 통한 우회적인 현실 참여가 더욱 효과적이었다. 이것을 염두에 둔다면 문인들의 직접적인 현실 정치는 제한적으로 참여하는 형태가 바람직해 보인다.

유토피아를 꿈꾸는 문인들이 현실 정치에 개입해 세계를 좀 더 나은 방향으로 이끌 수 있다면 문인들의 현실 참여는 필요해 보인다. 똥물이, 흙탕물이 튀어도 현실 정치에 참여해 세상을 구원하고자 하는 문인들의 순교자적 욕망과 자기 성찰성이 살아있는 한 문학의 현실 참여는 시대적 정당성을 확보한다. 그러나 그렇지 못할 때 문인들의 현실 정치 참여는 부메랑이 되어 돌아올 것이다. 선배 문인인 이문열과 황석영에게 묻는다. 당신들의 현실 정치 참여는 아직도 건강함을 유지하고 계십니까? 문학과 정치의 적절한 만남의 방식과 범위에 대한 고민은 시대와 상황에 따라 달라지기에 고민은 계속될 것이다.

장편 중심론과 비판적인 장편소설 읽기

김훈, 신경숙, 황석영을 중심으로

1. 장편 중심론의 허실

2007년 조용했던 문학판에 작은 논쟁의 파문이 일었다. 그것은 장편소설과 관련한 논쟁이다. 한국 최초의 근대소설은 이광수의 장편 『무정』(1917)이지만 실제로 근대문학사를 주도했던 것은 단편소설이다. 단편 중심의 경향은 해방과 한국 전쟁 이후에도 정도의 차이는 있지만 동일했다. 장편이 새삼 주목을 받은 시기는 산업화가 추진되고 그 성과가 나타나기 시작한 1970년대부터이다. 대중매체의 발달, 자본의 축적, 읽을거리에 대한 독자의 욕망 등이 상호 복합적으로 작용하면서 신문연재소설, 대하소설, 연작소설 등의 장편이 유행하기 시작했던 것이다. 이 과정에서 단편은 미학성, 장편은 대중성이라는 고정관념이 형성된다. 하지만 이러한 이분법적 도식은 일부의 진실만을 얘기할 뿐이다. 장편이라고 해서 반드시 대중성을 확보하는 것은 아니다. 난해한 실험성으로 가득한 장편소설도 얼마든지 있다.

1970년대에 월간지와 계간지는 비록 예전보다 독자가 줄었지만 나름대로 호황을 누리고 있었다. 단편을 게재하는 문학제도인 월간지와 계간지가 왕성한 생명력을 보이는 상황에서 장편 중심론은 설자리가 없었다. 문단 권력의 중심인 문예지들은 특정 문인보다 다양한 문인들을 많이 참여시킬 수 있는 단편들을 선호했던 것이다. 단편 중심의 문단 구조는 1990년대 후반 들어 월간지와 계간지의 영향력이 약화되기 시작하면서 균열하기 시작한다. 1990년대 이후 계속되었던 문학의 위기론은 달라진 시대환경 속에서 나온 문학의 비명이었다. 2000년대 들어 계간지와 월간지의 독자수는 더욱 급감되었다. '작가-문예지-출판사-독자'라는 네 개의 축에서 독자가 대거 빠지면서 기존의 문학제도는 위기에 처했던 것이다. 2007년에 등장한 장편소설 중심론도 문학 위기론의 연장선에 놓여 있다. 장편소설 중심론은 대중성이 강한 장편소설을 통한 출판 자본의 위기 해소와 문학적 영향력의 확대를 꾀하려는 일부 문인들의 욕망이 상호 결합한 것이다. 이러한 장편 중심론을 부채질 했던 것은 문화상품으로서 매력을 잃어가고 있는 문학을 질책하는 대중매체의 저널리즘 욕망이다.

장편론 논쟁의 시작은 ≪한겨레신문≫ 문학전문 기자인 최재봉이 신년 벽두에 「한국 소설, 장편으로 진화하라!」라는 칼럼을 쓰고, 업계 1위인 계간 ≪창작과비평≫이 2007년 여름호에'한국 장편소설의 미래를 열자'라는 특집을 하면서이다. 최재봉은 장편이 그 동안 근대문학의 본령이면서도 한국문학에서 중심이 되지 못한 것이 단편 중심의 문학제도(특히 단편 위주의 문예지 게재)와 작품 선정이라는 평론가의 권력 욕망을 가장 큰 요인으로 손꼽는다. 이러한 최재봉의 지적은 상당 부분 타당하지만 세부적인 면에서 나와 견해를 달리 한다. 1990년대 이후 최상의 문학권력을 행사했던 것은 편집위원인 '문학평론가'보다 '출판 자본'이다. 최재봉은 문학권력을 행사하는 주체로 문학평론가를 들고 있지만 그러한 문학권력을 누리는 것은 소수에 불과하다. 문예지의 문학평론가들은 출판 자본의 얼굴 마담이었을 뿐 문학판을 실제로 지배했던 것은 후기 자본주의의 상업적 논리이다. 출판 자본은 문학평론가와 밀월적 유착 관계 속에 자신의 영향력을 더욱 확장시킬 수 있었다.

장편소설 중심론에 대해 유력 계간지인 ≪문학과사회≫는 2007년 가을호 권두언에서 문예지의 단편 중심주의를 장편 침체의 가장 중요한 요인으로 지적하는 목소리에 이의를 제기한다. 장편소설은 그 동안 꾸준히 생산되어왔는데, 문제는 좋은 장편이 많지 않았다는 것이 ≪문학과사회≫의 공식적 입장이다. ≪문학과사회≫는 문예지의 단편 중심주의 때문에 장편이 침체된 것이 아니라 작가의 무능력에 비롯한 것이라고 일갈한다. 그러면서 ≪문학과사회≫는 "2000년대 이후의 한국문학의 중요한 갱신이 대부분 젊은 작가들의 단편소설과 새로운 시인들의 시에서 나왔다고"말하면서 장편 중심론을 공격한다. 그러나 2000년대 한국문학의 갱신이 단편소설에서 나왔다는 ≪문학과사회≫의 입장은 근거가 불분명해 보인다. 좋은 장편 작가가 많지 않았다면 ≪문학과사회≫는 그것에 걸맞은 비판적 시선도 지속적으로 던졌어야 옳다. 그러나 그러한 작업을 ≪문학과사회≫가 해왔다는 흔적을 찾기란 쉽지 않다. ≪문학과사회≫는 최근의 장편 중심론이 "출판 자본과 저널리즘의 이해관계가 접근하는 지점"에서 발원되었다고 하면서 자신들은 이것과 무관하다는 알리바이를 펼친다. 과연 그러한가. 출판 자본과 결합하여 베스트셀러 스타작가를 양산하기 위해 주례사비평이라는 거품을 양산했던 그 동안의 ≪문학과사회≫의 행적은 어떻게 설명해야 하는가. 상대방의 견해를 비판하려면 부디 앞뒤가 맞는 행동을 하기 바란다. 손바닥으로 하늘을 가릴 수는 없는 것이다.

장편은 단순하게 소설의 분량으로 결정되는 것이 아니다. 단편이 일면적·상징적 특성을 보여준다면, 장편은 총체적·서사적 특성을 강하게 드러낸다. 따라서 장편과 단편을 생성하는 조건과 방식은 전혀 다른 층위에 존재한다. 단편을 잘 썼다고 반드시 장편을 잘 쓴다는 보장도 없고, 장편을 잘 썼다고 해서 단편을 잘 쓴다는 보장도 없다. 장편은 소설 읽기를 통해 근대적 총체성에 도달하고 싶은 부르주아의 근대적 욕망이 적극적으로 나타난 장르이다. 인간과 세계에 관한 다양하고도 심층적인 접근을 보여주지 못하는 분량만의 장편은 제대로 된 장편이 아니다. 이런 이유로 장편은 단편에 비해 문학적 내공이 많은 중견작가들이 많이 써온 것이 사실이다. 그런데 한국문학의 특징 중의 하나가 문인들의 조로증이다. 이것은 중견작가의 부실을 의미하면서 동시에 장편소설 창작의 빈곤함으로 이어진다. 장편소설을 부흥시키려면 무엇보다 중견작가가 부활하고, 단편 중심의 문학제도가 청산되어야만 한다. 이러한 조건의 근본적 개선이 없는 상황에서 개별 작가의 분발만으로 장편 중심론이 정착되기는 힘들다.

이 글에서는 최근에 화제가 된 김훈·신경숙·황석영의 장편소설들을 중심으로 장편의 현재적 건강성을 검사해보고자 한다. 아무리 장편 중심론을 주장한다고 하더라도 좋은 장편이 나오지 않는다면 장편 중심론은 일종의 허황된 환상일 수밖에 없다.

2. 김훈의 역사소설과 아류

2000년대 한국문학을 이끌어가는 작가들은 국어국문학과(또는 문예창작학과) 출신이 아니거나 문학과 무관한 직업에 종사하다가 소설가로 데뷔한 서자 출신이 많다. 다양한 직장 생활을 하다가 소설가로 데뷔한 박민규, 사회학과 출신의 박현욱, 분자생물학과를 졸업한 심윤경, 시나리오 작가 출신의 천명관, 전직 신문기자 출신의 김훈과 고종석 등은 자유분방한 상상력을 통해 문학판의 새바람을 일으켰다. 특히 2000년대 역사소설의 선풍적 인기를 주도한 김훈의 활약은 눈부시다고 할 수 있다. 충무공 이순신을 형상화한 『칼의 노래』(2001), 가야금 명인인 우륵의 삶을 그린 『현의 노래』(2004), 병자호란을 형상화한 『남한산성』(2007)으로 이어지는 김훈의 역사소설 시리즈는 2000년대 문학판을 역사소설의 활황 장세로 이끈 대표적인 불쏘시개였던 것이다.

그렇다면 김훈 소설의 매력 내지 아우라는 무엇일까. 김훈 역사소설의 특징은 '불가항력적 현실, 고립무원의 처지, 생존의지의 표출'로 요약된다. 『칼의 노래』에서 이순신은 토요토미의 군대와 싸워 난국에 처한 조선의 위기를 구해야 할 임무를 지니고 있다. 이순신은 뛰어난 전략으로 연전연승하며 욱일승천하는 일본군의 진격을 저지한다. 그러나 이러한 연전연승에 따른 이순신의 명성은 반대로 이를 시기하는 내부의 적을 양산한다. 이순신의 승전가도는 반대세력에게 이순신 죽이기 프로그램을 가동시키는 요인이 된다. 이처럼 『칼의 노래』에서 이순신은 일본군과 싸워 패배해도 죽고, 일본군과 싸워 이겨도 죽을 수밖에 없는 딜레마적 처지에 봉착해 있다. 어디에도 그가 살아나갈 출구는 부재하다. 여기에서 살려고 하면 죽을 것이요, 죽을려고 하면 살 것이라는 사즉생의 역설적 논리는 이순신이 필연적으로 터득한 생존방식일 수밖에 없다. 이순신은 노량해전에서 용감하게 싸워 일본군을 궤멸시켰고, 유탄에 맞아 죽음으로써 자신을 모함한 반대세력을 만족시켰다. 그는 비록 전투중에 사망했지만 오히려 영원한 삶인 민족의 영웅의 자리에 오르게 된다. 김훈의 문체는 불가항력적 현실의 모순 속에서 거대담론에 회의적인 이순신의 내면을 섬세하게 복원함으로써 기존 소설과의 차별성을 확보한다.

김훈이 곧잘 등장시키는 딜레마적 상황은 1636년 병자호란을 배경으로 한 『남한산성』에서도 반복된다. 정묘호란을 통해 조선과 후금은 형제지국의 맹약을 한다. 만주를 석권한 후금은 명나라 북경을 공격하고, 조선에 형제지국에서 군신지의君臣之義로 고칠 것을 요구한다. 조선은 굴욕감 속에 종주국인 명나라에 대한 의리를 강조하는 명분론을 채택하고, 후금에서 청나라로 국호를 바꾼 태종은 분노하여 조선을 침공한다. 『칼의 노래』에서 이순신 개인에게 집중되었던 고립무원의 처지와 절망적 현실은 『남한산성』에서 '남한산성'이라는 공간을 통해 집단적으로 드러난다. 인조는 청나라 군대를 피해 남한산성으로 도피했지만 그 성은 고립무원의 처지이다. 성내에 있던 군사들이 절약하여 겨우 50일정도만 버틸 수 있는 식량밖에 없었고, 명나라와 타지역 조선 군대와 의병의 도움도 기대할 수 없는 절체절명의 위기에 봉착했던 것이다. 성 밖으로 나아가 10만 명의 청나라 군대와 정면 대결하는 것은 죽음을 의미했다. 그렇다고 성안에 계속 머물러 있으면 식량 부족으로 인해 죽어야 할 운명이다. 이런 딜레마적 상황에서 강경론자인 주전파主戰派 김상헌 등은 옥쇄를 각오하는 듯한 항전을 한 이후에 화친을 주장했고, 온건주의자인 주화파主和派 최명길은 어차피 패할 수밖에 없는 상황이라면 조정과 백성의 생명을 소중히 여겨야 한다는 입장이었다. 전자인 주전파의 길은 명분상으로 떳떳했지만 대다수가 죽을 수밖에 없는 사死의 길이요, 후자인 주화파의 길은 일시적으로 육체적 생명을 보존할 수는 있겠지만 도와 의리를 상실했다는 점에서 유교적 삶의 죽음을 의미하는 굴욕적인 길이다. 어느 쪽도 내키지 않는 딜레마적 상황이다.

김훈은 이 입장 중에서 어느 한쪽에 명시적으로 손을 들어주지는 않는다. 하지만 전반적인 상황을 고려해보면 김훈이 지지하고 있는 것은 일상의 삶을 소중하게 여기는 주화파의 길이다. 김훈의 소설에서 역사·민족·민중·나라 등의 거대담론은 자명한 실체가 아니라 억압적 기표이다. 이러한 입장에서 미시담론인 의식주의 일상은 중요하게 반복적으로 강조되고 있다. 김훈에게 중요한 것은 대의명분이 아니라 어떻게 해서라도 살아남아야 한다는 비루한 자의 생존 방식이다. 이것은 비루한 삶을 살게 만든 것에 대한 비판이지만 동시에 기존의 현실 변혁 가능성을 부정한 냉소적 허무주의자의 자화상이기도 하다. 그 결과 김훈의 역사소설에서는 과거형으로서의 '역사'와 '현실'은 존재하지만 미래형으로서의 '역사'와 '현실'은 없다. 김훈의 소설에서 중요한 것은 전형적 작중인물의 형상화가 아니라 고립무원에 빠진 작중인물이 불가항력적 현실 속에서 고통스럽게 삶을 확인하면서 끈질기게 살아가는 것이다.

이러한 김훈의 소설에 대한 독자들의 열광은 거대담론과 주체의 몰락, IMF구제금융이라는 깊은 역사적 상처가 짙게 드리워져 있다. 신자유주의 체제의 폭력적 질주 앞에 삶의 진정성이나 거대담론적 범주들은 힘을 제대로 쓰지 못했다. 청년실업, 사오정 세대, 빈익빈 부익부라는 경제적 화두가 우리들의 삶을 급속히 점령하면서 기존에 소중하게 여겨졌던 것들은 시대적 정당성을 상당 부분 상실했다. 자명한 것들이 더 이상 자명하지 않게 된 상황에서 김훈의 작중인물들이 보여주는 고민과 성찰, 그리고 냉소적 허무주의는 당대 독자들의 현재적 심정을 대변한다는 일체감으로 이어졌다. 김훈의 소설은 주체의 지향성을 상실한 채 불확실성의 일상 속에서 힘겹게 생존해가는 당대 사람들의 존재 방식을 긍정적으로 대변하고 있는 것이다. 문학평론가 김영찬도 「김훈 소설이 묻는 것과 묻지 않는 것」(≪창작과비평≫, 2007년 가을호)에서 "이른바 '먹고 사는 것'을 당장에 해결해야 할 지난한 과제로 맞닥뜨리는 데서 오는 불안과 비애이며, 살아남아야 한다는 비루한 생존(혹은 성공)의 욕구 밑에 다른 모든 가치를 종속시키는 정신적 빈곤의 자발적인 내면화"를 김훈 소설이 지닌 대중적 성공 요인으로 들고 있다. 이처럼 김훈의 소설은 삶의 진정성과 후기 자본주의의 생존방식 사이에서 고민하는 포즈를 통해 시대적 죄책감을 면죄 받으면서, 동시에 현실에 타협하며 살아가는 삶을 긍정하는 냉소적, 허무주의적 이데올로기를 양산한다. 이 지점에서 김훈 소설이 지닌 파괴적 위험성이 자리한다. 이래도 좋고 저래도 좋다는 이방원의 하여가식 이데올로기. 이것은 사회적·역사적 책임 의식의 방기라는 극단적 개인주의의, 허무주의의, 현실순응주의 윤리관이다. 이제 우리는 불가항력적 현실이라는 이름 아래에 은폐된 김훈 소설의 맹독성에 주목하여, 찬사보다 경계의 시선이 필요한 시점이다.

김훈 소설의 선풍적 인기 속에 이와 유사한 아류작도 생겨났다. 김경욱의 『천년의 왕국』(2007)은 17세기 조선에 표류해 살았던 네덜란드인 벨테브레(혹은 박연)의 삶을 그리고 있다. 이 소설은 이방인인 벨테브레의 삶에 대한 이야기지만 이방인이었던 그의 시선을 통해 색다른 시점에서 조선의 역사를 살펴볼 수 있는 기회를 선사한다. 문제는 이 소설이 인물 구성과 문체에 있어 김훈 소설을 거의 그대로 모방 내지 복제하고 있다는 점이다. 이것은 역사소설 분야에서 선배작가인 김훈에 대한 '영향에 대한 불안'을 김경욱이 제대로 극복하지 못한 데에서 비롯한 현상이다. 독창성이 생명인 문학작품에서 아류의 생산은 치명적이라 하지 않을 수 없다. 김훈보다 먼저 소설가로 등단한 문단 선배임에도 불구하고 다시 김훈의 문하생(?)으로 들어간 작가 김경욱의 용기에 찬사를 보낸다. 부디 베스트셀러 작가 김훈의 노하우를 제대로 습득하길 바란다. 뱁새가 황새를 따라가면 다리가 찢어지는 비극이 발생한다는 사실을 잊지 않았으면 좋겠다. 나는 『천년의 왕국』에서 김경욱표 역사소설을 원했지, 김훈표 역사소설을 원했던 것이 결코 아니다. 아류작의 운명이란 대개 망각이다.

3. 신경숙의 『리진』과 여성작가의 역사소설

1990년대의 대표적 여성작가인 신경숙은 『바이올렛』 이후 6년 만에 장편 『리진』(2007)을 발표했다. 이 소설은 구한말인 19세기에 조선의 궁녀로서 프랑스 주한공사인 콜랭의 부인이 되어 최초로 파리에 간 리진의 삶을 형상화하고 있다. 역사에서 잊혀진 존재였던 리진은 신경숙의 감성적 문장에 의해 촉촉하게 되살아난다. (작가 김탁환은 신경숙보다 먼저 리진을 형상화한 장편 『리심』을 2006년에 발표한 바 있다.) 일찍 부모를 여의고 서씨 밑에서 자란 리진은 궁에 출입하다가 다섯 살 때 왕비(명성황후, 1851~1895)를 우연히 만나 인연을 맺게 된다. 리진은 자신을 아껴주는 왕비에게서 돌아가신 어머니의 이미지를 겹쳐 보게 된다. 그 이후 왕비는 리진에게 죽은 어머니를 대신하는 절대적 기표로 자리한다. 리진은 임오군란 때 왕비를 목숨 걸고 피신시키는 역할을 수행하기도 한다. 이처럼 『리진』에서 서사의 근원적 동력은 바로 리진과 왕비 사이에 피어난 모녀적 사랑의 관계이다. 아름다운 리진을 사랑하는 남성들의 사랑은 리진과 왕비의 사랑에 덧붙여진 종속 변수일 뿐이다.

고종과 콜랭은 조선 궁중 최고의 아름다운 무희인 리진에게 매료되고, 이것을 재빨리 간파한 왕비는 리진과 연적 관계가 되는 것을 거부한다. 왕비는 리진을 콜랭에게 연결시킴으로써 문제적 소지를 사전에 차단한다. 왕비의 의도를 깨달은 리진은 왕비의 명에 따라 기꺼이 콜랭의 부인이 되어 파리로 떠난다. 리진과 명성황후의 모녀적 관계는 '리진-명성황후-고종', '리진-고종-콜랭'이라는 삼각형의 사랑 방정식을 부정했던 것이다. 조선에서 벌어졌던 삼각형의 사랑은 프랑스 파리에서도 계속된다. 프랑스에 유학온 홍종우가 리진을 사랑하게 되면서 '리진-콜랭-홍종우'라는 삼각관계가 새롭게 형성된다. 앞의 사랑이 표면에 나타난 것이라면 강연의 사랑은 숨겨진 사랑이다. 블랑 선교사를 따라온 어린 고아 강연은 자기 또래인 리진이 '여기 살어'라는 말에 끌려 운명적으로 리진과 묶여진다. 반벙어리인 강연은 리진과 함께 있고 싶어 대금을 배우고, 리진을 지켜주고 싶다는 욕망에 검술도 배운다. 그러나 이러한 강연의 사랑은 제대로 표출되지 못한다. 자신의 비루한 처지, 형제자매와 같은 관계, 능력 있는 다른 남성들의 출현 때문에 강연의 사랑은 밖으로 표출되지 못한다. 신경숙은 강연을 반벙어리로 형상화하여 인어공주처럼 자신의 사랑을 사랑하는 사람에게 제대로 전달하지 못하는 인물로 상징화한다.

"바다 건너에서 온 낯선 손님 콜랭은 리진에게 서양 문물을 일깨워주는 두꺼운 책 같은 존재"이다. 콜랭을 통해 근대문물에 접한 리진은 새로운 세상에 눈을 뜨게 된다. 리진의 서양식 옷차림은 서구의 문물을 흡수한 리진의 모습을 상징적으로 보여준다. 이 소설에서 파리에서 조선 복장을 고집한 홍종우 대 서양식 복장을 입은 리진의 옷차림은 동도서기 대 서도서기의 대립 내지 근대화된 정도의 차이를 보여준다. 작가 신경숙은 『리진』에서 루브르 박물관, 모파상, 봉마르셰 백화점, 노트르담 성당, 모르그 등의 이국 취향적 엑조티시즘을 통해 근대의 풍경을 전달한다. 신경숙은 근대 풍경과의 조우를 통해 조선 최초의 근대적 여성이라는 리진의 이미지를 만들어낸다. 그러나 리진은 서구적 근대의 세계로 계속 나아가지 못한다. 콜랭과의 육체적 관계를 통해 임신한 아기의 거듭된 유산은 동양과 서양의, 근대와 전근대의 만남이 행복하게 끝나지 않을 것임을 상징적으로 암시한다. 리진이 파리에서 발병한 향수병은 전근대와 근대의 갈등에서 파생된 것이라기보다 왕비를 보고 싶은 리진의 본능적 욕망이 초래한 것이다. 다시 말해 리진에게 전근대와 근대의 갈등, 역사적 현실은 부차적인 문제였다. 리진의 삶을 결정하는 것은 현재가 아닌 과거이고, 그 과거에는 모녀적 관계를 형성했던 왕비의 존재가 초월적 기표로 자리한다. 결국 왕비에게 집착하는 리진의 마더콤플렉스는 새로운 근대문명이나 역사적 현실 속에서 당당한 주체로 존립하는 것을 가로막는다. 리진의 삶은 시종일관 왕비에게서 사랑받기 위한 비자립적 삶이었던 것이다. 왕비가 타살되자 더 이상 왕비의 사랑을 받을 수 없는 리진은 절망감에 자살할 수밖에 없었던 것도 바로 이러한 이유에서이다.

과거에 집착하는 사랑의 방정식은 신경숙의 장편 『깊은 슬픔』과 단편 「풍금이 있던 자리」에서 이미 목격한 바 있다. 『리진』은 역사소설이라는 측면에서 신경숙의 변화를 확인할 수 있지만, 본질적 차원에서 보면 신경숙의 작품세계에서 변화는 이루어지지 않고 있다. 절대화된 사랑, 과거에 대한 집착, 순정만화의 주인공인 듯싶은 가녀린 아름다운 여성, 신파적 감상성, 당대의 삶과 유기적 관련성으로 연결되지 못한 서사의 흐름, 소녀 취향성이 여전히 붕어빵처럼 신경숙의 소설에서 반복되고 있다. 그런데 놀랍게도 문학평론가 복도훈은 「우울한 응시, 애도의 글쓰기」에서 『리진』을 매혹적이며 아름다운 작품이라 칭찬한다. "최근 한국소설에서는 드물게 완벽에 가깝도록 아름다운 주인공을 창조했기 때문에 그렇고, 독자들로 하여금 끝까지 그 형상을 사랑하지 않을 수 없도록 만들었기 때문"이라는 이유를 제시한다. 그러나 나는 복도훈의 말을 전형적인 주례사비평이라는 립서비스 이상으로 받아들이기 힘들다. 가벼운 읽을거리였던 『리진』은 풍작도 흉작도 아닌 평년작에 불과하다.

신경숙은 『리진』을 역사소설로 생각하지 않는다고 말한 바 있다. 신경숙의 언급처럼 『리진』은 역사에서 소재를 빌어 왔지만 당대 역사와 유기적 관련성이 거의 없다. 역사적 사실은 등장하지만 그것은 어디까지나 시대적 분위기를 연출하는 소도구에 불과하다. 이런 점에서 『리진』은 함량 미달의 역사소설이다, 아니 그런 점에서 역사소설이 아니다. 그런데 작가 신경숙은 소설 속에서 리진을 조선 최초의 근대적 여성으로 형상화하고, 리진의 죽음을 왕비의 죽음에서 비롯된 충격만이 아니라 동양과 서양, 전근대와 근대를 통합하지 못한 내적 균열에서 파생된 죽음이라는 역사적 의미를 덧붙인다. 신경숙은 『리진』이 역사소설이 아니라고 강변하면서도 역사적 의미를 부여하는 서사적 전략을 취하는 자기 모순을 표출했던 것이다. 신경숙이 『리진』을 역사소설이 아니라고 언급한 것은 제대로 된 역사소설을 쓰지 못한 작가의 역량 부족을 호도하기 위한 수사학에 불과하다. 『리진』이 보여준 이국 취향의 엑조티시즘도 19세기 말 영국 런던을 배경으로 한 코바야시 츠네오 감독의 애니메이션 「엠마 : 영국 사랑이야기」(2005, 2007)이나 영화에서 이미 보여주었던 풍경이다. 더욱이 리진의 시선에 비친 프랑스 파리의 풍경은 심층적으로 형상화되지 못한 채 피상적으로 나열되고 있다.

1990년대 여성작가들의 역사소설 쓰기는 신경숙 외에도 김별아, 전경린 등이 있다. 특히 김별아는 장편 『미실』(2005)에서 신라시대에 섹스를 통해 당대의 권력을 장악했던 팜므파탈의 여인 미실의 일대기를 형상화하여 대중적으로 큰 성공을 거둔다. 이 소설은 고대 신라시대의 삶을 복원하려고 했다는 점에서 의미가 있지만 소설의 대부분을 차지하고 있는 것은 순진무구한 미실이 타락한 요부로 변신하는 과정과 다양한 섹스 행각이다. 근친상간과 동성애라는 『미실』의 자극적 소재는 독자들의 말초적 감각과 흥미를 유발한다. 다시 말해 『미실』은 당대 신라의 역사적 삶이 사라진 채 모든 것이 남녀 간의 사랑 문제로 환원된 질펀한 관능의 세계를 표출한다. 이러한 『미실』은 판에 박힌 로맨스 소설을 생산하는 한국판 할리퀸 문고 시리즈라 할 수 있다. 세계일보문학상 수상작이라는 현란한 간판은 이러한 진실을 은폐하게 만들지만, 끝내 그러한 진실을 감출 수는 없다.

신경숙과 김별아의 역사소설에는 모두 '역사'가 없고 '소설'만이 존재한다. 역사는 객관화된 허구이고, 역사소설은 객관화된 허구의 허구이다. 역사소설은 모든 소설가가 쓸 수 있지만 그럴듯한 허구를 창조하기 위해 각고의 노력과 준비가 필요하다. 다시 말해 전문성이 무엇보다 요구되는 것이 역사소설이다. 역사에서 소재를 취해 작가의 상상력을 덧붙였다고 해서 모두 역사소설은 아니다. 현재의 전사前史인 역사소설은 일종의 거울처럼 성찰적 기능을 한다. 과거의 텍스트를 통해 현재를 읽고, 그리고 더 나아가 미래를 읽을 수 있게 하는 것이 바로 역사소설의 묘미이다. 신경숙과 김별아는 역사에서 소재를 취했을 뿐 역사와 무관한 채 현대물의 문법을 자의식 없이 그대로 적용한다. 문학평론가 서영채는 이것을 팩션인 '뉴에이지 역사소설'로 명명하며 시대적 정당성을 주장한다. 하지만 이러한 소설들은 역사를 사유화하고 흥밋거리로 전락시키고 있다는 점에서 심각한 문제를 안고 있다. 몸과 정신은 현대물인데 옷만 옛날 복장으로 바꿔 입은 것이 대다수 뉴에이지 역사소설인 것이다. 이런 소설의 장점은 단기간 내에 많은 역사소설을 창작할 수 있는 속도성이고, 그것은 후기 자본주의 체제가 선호하는 효율만능주의의 시스템이기도 하다. 역사소설은 객관화된 허구의 허구이지만 무엇보다도 역사의 진실을 재구성하기 위한 작가의 치열한 안간힘과 텍스트의 성찰적 역할이 함께 담보되어야 한다. 그렇지 않은 역사소설은 모두 킬링타임용 말장난에 불과하다.

4. 황석영의 『바리데기』와 탈국가적 상상력

장편소설은 전통적으로 젊은 작가보다 중견작가 이상에서 많이 쓰여져 왔다. 그것은 단편보다 장편이 문학적 내공을 많이 필요할 뿐만 아니라 단편에서 공인된 문학적 역량을 통해 장편소설 계약이나 장편을 연재할 지면을 얻을 수 있었기 때문이다. 따라서 1990년대 이전까지만 하더라도 장편소설을 쓴다는 것은 문학적 역량을 대외적으로 인정받았다는 증거로 여겨졌다. 2000년대에도 중견작가 내지 대가급 작가들인 김원일·황석영·조정래·박범신·김영현 등이 장편소설을 꾸준히 창작했다. 2000년대에 장편소설은 다양한 흐름을 보여주고 있는데 크게 보면 역사소설, 성장소설, 현실주의 소설, 상상력이 극대화된 무중력의 소설, 탈국가적 상상력의 소설 등으로 분류할 수 있다. 이 중에서 작가 황석영은 탈국가적 상상력에 기반한 『바리데기』(2007)를 최근 발간하여 또 한번 세간의 화제에 오르고 있다. 탈국가적 상상력에 기반한 장편소설은 『바리데기』 외에도 황석영의 『심청』(2003), 김영하의 『검은 꽃』(2003), 박민규의 『지구영웅전설』(2003), 천운영의 『잘 가라, 서커스』(2005), 박범신의 『나마스테』(2005), 강영숙의 『리나』(2006), 서진의 『웰컴 투 더 언더그라운드』(2007) 등이 있다.

장편 『바리데기』는 바리공주의 무속신화에서 서사적 모티브를 차용한다. 아기 때에 부모에게 버려진 바리공주는 아버지의 불사약을 구하러 저승세계를 지나 신선세계로 간다. 바리는 무장신선에게 생명수(또는 불사약)를 받는 조건으로 나무하기 3년, 물긷기 3년, 불때기 3년 등 9년 동안 일을 해주고 아들 일곱을 낳아주어 생명수를 얻는다. 하지만 집에 돌아와 보니 이미 아버지 대왕마마는 죽어 있었다. 바리는 생명수로 아버지의 생명을 되살린다. 이러한 바리공주의 신화는 이승과 저승의 세계에 대한 연결이자 지극한 자식의 효성에 관한 이야기이다. 작가 황석영은 이러한 바리공주의 신화를 차용해 현대판 바리공주의 신화를 써내려간다. 신화에서처럼 소설의 주인공인 바리는 할머니, 아버지, 어머니, 여섯 명의 언니를 둔 일곱 번째 딸이다. 가부장제 사회에서 연이어 딸로 태어난 바리는 아버지에 의해 곧 바로 버려진다. "던져라 던지데기 바려라 바리데기. 그러니까 너 이름이 바리가 된 거다." 이처럼 바리의 이름은 아버지가 버린 행위에서 연원된다. 신화에서 바리는 오랫동안 버려졌지만, 소설에서 바리는 할머니가 곧 바로 되찾아와 가족의 구성원이 된다. 이러한 바리는 장질부사 염병을 앓고 살아난 이후 무녀인 할머니처럼 신통한 능력을 갖게 된다.

김일성의 사망 이후 북한은 잦은 홍수와 미국과의 대립 속에 궁핍한 삶을 살게 된다. 이것을 견디지 못한 외삼촌이 남한으로 월남하면서 단란했던 바리의 가족은 곤경에 처한다. 바리의 가족은 공안당국의 사상검증이라는 탄압 속에 뿔뿔이 흩어지게 된다. 가족 해체의 불운 속에 할머니는 노령으로 인해 죽고, 다른 가족을 찾기 위해 집을 나간 아버지는 돌아오지 않는다. 11살의 바리는 다른 가족을 찾기 위해 북한 지역을 헤매고 다니지만 길동무였던 칠성이라는 개의 죽음 속에 다시 출발지인 국경 지역의 중국으로 되돌아오고 만다. 이처럼 바리데기 신화에서 서사적 동인은 아버지의 병듦인 데 비해, 소설에서 서사적 동인은 북한체제의 궁핍과 경직된 체제에서 비롯한다. 북한체제의 궁핍과 경직성은 탈북자라는 난민을 양산한다. 작가 황석영은 이 소설에서 "북한 난민을 세계화체제의 그늘"로 파악한다. 다시 말해 황석영은 북한의 궁핍을 내부의 구조적 모순에서 찾기보다 미국이 주도하는 후기 자본주의의 체제가 만들어낸 산물로 파악한다. 그 결과 황석영은 국가의 경계를 넘는 이주노동자 신세인 바리의 여행을 통해 후기 자본주의가 지닌 모순을 파헤치고자 한다. 이러한 작가의 의도는 바리를 영국행 밀항선에 타게 만든다.

그런데 중국에서 안마 사업이 잘 되던 샹 언니와 쩌우 형부가 갑자기 빚더미에 올라 영국행 밀항을 떠나게 되는 서사의 전개는 개연성이 상당히 부족하다. 더욱이 가족의 생사도 다 확인되지 않은 상황에서 가족과 멀리 떠나는 길을 별다른 고민 없이 선택하는 16살 바리의 모습도 서사적 개연성의 부재를 가중시킨다. 잃어버린 가족을 찾고자 했다면 바리는 계속 북중 국경 지역에서 직업을 갖고 생활하거나 중국을 떠나지 말았어야 했다. 영국으로의 밀항은 작가 황석영이 바리의 탈국가적 이동을 통해 동서양 문명의 갈등, 후기 자본주의와 제국주의 등의 문제를 다루고 싶은 과욕에서 비롯된 것이다. 탈북자를 주인공으로 한 강영숙의 『리나』처럼 『바리데기』의 탈국가적 탈주도 작가의 의도가 과도하게 서사에 개입하면서 미학적 균열을 발생시킨다. 작가 황석영은 소설 후반부에서 바리와 결혼한 파키스탄인 알리가 미국의 관따나모 수용소에 갇히고, 딸 홀리야 순이가 샹 언니의 잘못으로 사망하는 비극을 배치하여 현세의 삶을 지옥으로 비유한다. 미제국주의가 생산하는 "힘센 자의 교만과 힘없는 자의 절망이 이루어낸 지옥"같은 현세에서 생명수는 "타인과 세상에 대한 희망"이다. 소설의 결론에서 남편 알리는 수용소에서 풀려나와 집으로 돌아오고, 다시 바리는 아기라는 새로운 희망을 잉태한다. 그러나 소설의 마지막 장면에서 시가지에서 발생하는 폭탄 테러는 폭력적인 제국주의가 종식되지 않는 한 삶은 여전히 지옥일 수밖에 없음을 상징적으로 보여준다.

황석영의 『바리데기』는 각국을 넘나들며 창작활동을 계속하고 있는 황석영의 탈국가적 상상력과, 세계사적 안목이 종합된 작품이다. 많은 작가들이 역사소설이나 상상력의 극대화를 통한 무중력의 소설을 창작하는 상황에서 『바리데기』는 당면한 현실을 외면하지 않는 황석영의 저력을 보여준다. 이 소설은 1990년대 북한이 직면한 고난의 행군 시절, 탈북자 문제, 중국 내에서 위급한 처지에 있는 탈북자, 미국을 대표로 한 제국주의의 성향, 이질적 문화 사이의 갈등과 소통 문제, 이슬람 문명과 기독교 문명의 충돌 등 현재 당면하고 있는 첨예한 현실의 문제를 건드리면서 극복의 가능성을 타진한다. 바리데기신화에서 바리공주는 이질적인 양세계를 소통시키는 일종의 매개체인 무당인 '만신(무녀를 높이 이르는 말)'이다. 황석영은 바리공주의 경계선 성격을 활용해 소설 속에서 바리를 통해 이질적인 양문화의 갈등을 봉합하여 새로운 패러다임으로 나갈 필요성을 제기한다. 그러나 이 소설은 바리가 영국으로 밀항하는 서사가 전개되면서 서사적 개연성의 부족과 지나친 환상의 전면화속에 미학적 완성도가 급격하게 떨어진다. 『바리데기』는 다양한 문제를 이야기하기보다 탈북자와 북한 체제의 문제에 서사의 초점을 집중시켰다면 수작이 되었을 가능성이 높다. 『바리데기』의 미학적 미흡성은 분쟁과 대립을 넘어 21세기의 생명수를 찾고자 하는 황석영의 문학적 작업에 빨간불을 켜게 한다. 황석영은 한국문학이 지금 르네상스의 전성기라고 호기 있게 말하기에 앞서 자신의 소설을 성찰하는 작업이 필요해 보인다. 대가급 작가에게도 겸손과 반성은 잊지 않아야 할 덕목인 것이다.

5. 장편소설의 부흥을 위해

물고기는 물을 떠나 살 수 없다. 마찬가지로 독자를 배제한 문학은 존립하기 힘들다. 문학의 위기론은 적어도 독자와의 소통방식에 고민할 필요성을 문인들에게 화두의 형태로 제시했다는 점에서 의미가 있다. 대중과의 소통성 회복 차원에서 장편소설 중심론은 일면 타당성을 지닌다. 그러나 장편소설이 바로 대중성의 확보와 독자를 끌어들이는 것은 아니다. 따라서 단편소설과 장편소설은 적절한 균형감 속에 양자가 함께 발전하는 것이 무엇보다 중요하다. 다만 그 동안 상대적으로 홀대받았던 장편에 대한 구체적인 배려는 더 필요하다. 장편소설을 위한 제반 문학제도의 정비(특히 단편 위주로 게재하는 문예지의 시스템 변경), 문인들의 인식 전환, 한국문학에 대한 독자들의 관심 등이 상호적으로 결합될 때 장편 중심론은 미래형이 아닌 현재형이 될 것이다.

그런데 최근 제기된 장편소설 중심론은 문인들 내부의 자발적 성찰보다 외적인 요소에서 제기된 측면이 좀 더 강하다. 다시 말해 현재에 제기된 장편 중심론은 독자들의 감소 속에 위기에 직면한 출판 자본의 불황 타개책이라는 혐의가 강하다. 단편으로는 더 이상 출판 자본의 수지타산을 이룰 수 없다고 판단한 출판 자본이 장편소설로 문학 시장을 새롭게 재편하려는 기획의 일환이라는 것이다. 혁신적 변화가 반드시 내부적 동인에 의해서만 이루어지는 것은 아니다. 문제는 외부적 요인에 의해서만 촉발된 변화는 참다운 질적 변화를 이룩하기 힘들다는 사실이다. 이런 점에서 장편 중심론과 관련한 문학계의 비판적인 내부 논쟁은 반드시 필요해 보인다. 최근의 장편 중심론이 주장하는 핵심적 메시지는 대중성의 회복이다. 이러한 대중성의 강조 속에 정작 중요한 것이 빠져 있거나 비중 없게 처리되고 있는 것은 아닌지 따져보는 성찰이 반드시 있어야 한다. 후기 자본주의 시대의 다양한 층위를 제대로 형상화하려면 미학적으로 충분히 감당할 수 있는 장편이 무엇보다 필요하다는 내적 인식과 공감대의 형성이 필수적인 선결과제이다. 이것이 해결되지 않은 상황에서 장편을 통한 대중성 강화는 상업주의와 출판 자본의 비대화로 이어질 뿐이다.

나는 앞에서 최근의 화제작을 중심으로 장편의 건강성을 점검했다. 이것들이 2000년대 장편 모두를 대표할 수 있는 것은 분명 아니다. 그렇지만 한국문학에서 생산되는 장편의 질을 나름대로 판단할 수 있는 하나의 척도는 될 수 있을 것이다. 내가 분석 진단해본 결과, 한국문학의 장편소설은 성장가능성은 있지만 아직까지 수준 높은 작품들이 많이 창작되는 것은 아니라는 판단이다. 졸작은 많이 없지만 범작은 풍년이고, 수준작은 흉년이라는 것이 대체적인 나의 평가이다. 혹시 이것을 들어 좋은 장편이 많이 나오지 않아 장편이 홀대받았다는 식의 논거로 활용하지 말기 바란다. 그렇다면 나는 말을 바꿔 단편에서는 뛰어난 작품이 항상 나왔는가라고 신랄하게 묻지 않을 수 없다. 이 시기에 중요한 것은 장편소설의 문화를 정착시키기 위한 지속적인 지원과 관심이다. 그럼에도 불구하고 작품이 신통치 않았을 경우 비판의 칼날은 작가들 자신에게 돌려져야 할 것이다. 소설가 김연수는 작가들이 장편을 많이 쓰지 않은 이유를 문학제도의 외부적 요인 때문이라고 주장한다. 하지만 이러한 태도는 개별 작가들의 직무유기를 합리화시킬 가능성이 농후하다. 외부적 상황만을 탓해서는 장편소설의 밝은 미래는 요원한 일이다. 나는 졸속기획형의 장편이 아닌 심도 있는 장편을 욕망한다. 사랑한다. 鬪

통과제의의 성장소설과 현란한 잡담의 퍼레이드

조영아, 손홍규, 김종광의 소설에 대해

1. 2000년대의 소설 쓰기

밤하늘에 반짝이는 별을 보며 역사의 발전을 믿었던 사람들은 1990년대 들어 지향점을 잃은 채 막막한 어둠 속을 걸어가야 했다. 신자유주의 체제의 후기 자본주의가 작동하면서 상호 연대는 이완되거나 해체되었고, 민중이라는 개념은 구시대의 유물로 전락했다. 불확실성의 혼돈 속에 주체는 한없이 웅크려야 했고, 자폐적 내면의 세계에 갇힌 나르시시즘의 인간형이 소설의 주인공으로 자주 등장했다. 더 이상 꿈꿀 세계도 기댈 이념마저 사라진 시대에, 세기말의 존재들은 이 무의미한 생을 마지막으로 아름답게 장식하는 자살이 최선의 선택이라는 환멸의 서사를 노출하기도 했다. 탈주체, 탈근대라는 포스트모더니즘의 깃발을 앞세운 1990년대 이후의 문학주의는 민족민중문학론을 하야시키고 문학판을 장악하며 미시서사의 시대를 개막시켰다.

이러한 상황 속에 1990년대 문학은 돈키호테처럼 용감하게 앞으로 전진하지 못한 채 주춤거리면서 지나온 행적을 되돌아보는 시간을 갖는다. 현실 사회주의권의 붕괴, IMF 구제금융 사태, 세기말이라는 일련의 역사적 사건은 정신없이 근대화를 향해 매진하던 사람들에게 지난 시절을 되돌아보도록 하는 후일담소설을 유행시키기도 했다. 1980년대 문학은 젊은 학생이나 성인 노동자가 주인공으로 활약하던 시기이다. 하지만 1990년대 들어 주체의 위축 속에 성인들은 자신들의 목소리를 신뢰하지 못하게 된다. 전망 부재의 암담한 분위기 속에 민주화의 투사였던 성인들은 조로하거나 어린이로 퇴행한다. 주체의 조로와 퇴행은 유토피아가 사라진 시대의 우울한 그림자이다. 퇴행한 존재들은 디스토피아의 시대에 걸맞은 통과제의적 과정을 거쳐 다시 성장의 과정을 밟게 된다. 신경숙의 장편 『외딴 방』(1995), 은희경의 장편 『새의 선물』(1996) 등 일련의 성장소설들은 환멸과 허무에 중독된 1990년대와 일정한 거리를 유지한 채 과거의 풍경을 배경으로 하여 성장하는 자아의 모습을 보여준다. 유소년을 주인공으로 한 성장소설은 2000년대에도 지속적으로 발표되고 있다. 심윤경의 『나의 아름다운 정원』(2002), 박현욱의 『새는』(2003), 박범신의 『더러운 책상』(2003), 이재웅의 『그런데, 소년은 눈물을 그쳤나요』(2005), 조영아의 『여우야 여우야 뭐하니』 등의 성장소설은 세계와 직접 부딪치는 성인들보다 현실에서 다소 비켜선 어린이나 청소년을 등장시킨다. 이 중에서 성장한 어른인 '현재의 나'가 유소년 시절의 '과거의 나'를 회상하는 식의 성장소설은 과거를 성찰하여 현재적 의미를 회득하려는 서사 전략이다. 하지만 이러한 소설들은 과거를 일종의 낭만적 대상으로 삼으로써 현실의 고통에서 도피하려는 심리도 깔려 있다는 점에서 마냥 긍정적으로만 바라볼 수는 없다. 이런 점에서 과거가 아닌 현재적 시점에서 미성숙한 자아를 주인공으로 삼은 성장소설이 2000년대에 많이 등장하는 것은 주목할 만하다.

1990년 이후 계몽적 리얼리즘의 쇠퇴 속에 기존에 억압되었던 문학적 경향이 부활한다. 대표적인 것이 전근대적인 설화의 전통을 잇는 이야기형소설과 비현실적이라고 매도되었던 환상소설의 등장이다. 이야기형소설과 환상소설은 서로 분리되었다기보다 자웅동체로 상호 연관되어 있다. 묘사보다 서술 위주인 이야기형 소설을 부활시킨 선봉장은 작가 성석제이다. 그는 1990년대부터 이야기형소설을 창작해 독자들을 한없이 웃게 만든 존재였다. 성석제 이후 능청스러운 이야기꾼의 입담에 의존하는 이야기형소설들은 2000년대 들어 더욱 왕성하게 창작되고 있다. 성석제를 잇는 젊은 작가 김종광·이기호·박민규 등이 등장해 2000년대 문학판에 재미와 웃음을 선사하며 많은 독자들을 확보했던 것이다. 황당함, 어처구니없음, 기발함을 특징으로 하는 이야기형소설은 독자가 소설을 읽으면서 재미있다고 생각할 수 있다면 그것이 설사 리얼리티를 손상한다고 하더라도 서슴없이 채택한다. '현실/환상, 리얼리즘/모더니즘, 진지함/가벼움'이라는 기존의 경계선은 이야기꾼 소설가들에게 무의미하다. 이러한 이야기꾼 소설가의 등장은 문학의 공리적 기능보다 유희적 기능에 좀 더 방점을 찍은 당대의 분위기와 관련이 깊다. 이 글에서 집중적으로 다룰 젊은 작가 조영아·손홍규·김종광은 앞에서 언급한 성장소설이나 이야기형소설을 발표하여 독자에게 다가간 대표적 작가들이다.

2. 사회 양극화 현상과 유토피아 : 조영아

2005년 단편 「마네킹 24호」로 ≪대구매일신문≫ 신춘문예로 등단한 작가 조영아의 장편 『여우야 여우야 뭐하니』(2006)는 제11회

'한겨레 문학상' 수상작으로 일종의 성장소설이다. 경제적 양극화 현상과 도시 빈민의 문제를 다루고 있는 이 소설은 13살 소년 상진의 몽정으로 시작한다. 몽정夢精, night pollution이란 육체적으로 성숙한 남성이 수면 중에 성적性的 흥분을 하는 꿈을 꾸고 사정射精하는 것이다. 중학교 입학을 앞둔 상진의 몽정은 유년기 시절이 종료되고 어른으로 도약하는 준비 단계인 사춘기가 시작되었음을 알려주는 상징적 기호이다. 하지만 상진은 자신의 몽정을 인정하지 않음으로써 여전히 유년기적 상상계에 머무르고 싶은 욕망을 표출한다. 사물을 제대로 분간 못하는 정신지체아인 형 모호면도 상진처럼 상상계에 속하는 인물이다. 그러나 이러한 상상계는 서사의 진행 속에 경제적 궁핍으로 대변되는 현실의 개입 속에 위기에 봉착한다.

공사장에서 사고로 다리 병신이 되어 실직한 아버지, 포장마차를 하는 어머니, 정신지체아인 형, 초등학교 졸업예정자인 상진은 호수도 없는 삼층짜리 청운연립의 옥탑방에서 산다. 옥탑방의 호수가 없다는 것은 존재함에도 불구하고 법률적으로 존재하지 않는 소외된 빈곤층임을 의미한다. 2005년 통계청 자료에 의하면 지하방·옥탑방·판잣집에 거처하는 극빈층 인구를 68만 가구 160만 명으로 잡고 있다. 현재 한국의 인구를 4,800만 명 정도로 추산할 때, 지하방 옥탑방 판잣집 주거 인구는 전체인구의 약 3%인 셈이다. 과거 도시의 빈민 지역은 비록 경제적 궁핍으로 고통받았지만 이웃 간의 정을 통해 힘겨운 삶을 버티어나갈 수 있었다. 하지만 상진이 사는 낡은 청운연립의 사람들은 후기 자본의 공세 속에 서로 찢겨져 고립되어 있는 섬들이다. 이러한 형상화는 상호연대의 해체, 주체의 무기력, 사라진 유토피아의 꿈이라는 2000년대의 상황을 적극 반영한 것이다.

신자유주의 체제 이후 한국사회에서 빈익빈 부익부라는 사회 양극화 현상은 더욱 심해졌다. 실업자인 상진의 아버지가 지닌 꿈은 한국에서 가장 높은 빌딩인 64빌딩을 발파 해체하는 것이다. 한국에서 실제로 가장 높은 빌딩은 대한생명 63빌딩이다. 따라서 소설에서 등장하는 64빌딩은 실제적 건물이 아니라 신자유주의 체제가 지배하는 약육강식의 현실세계를 상징한다. 구세대인 상진의 아버지는 64빌딩의 해체라는 꿈을 통해 기존 세계를 부정하고 그 이후의 세계를 꿈꿨던 것이다. 이에 비해 신세대인 상진은 '은빛 여우'로 대변되는 유토피아적 꿈을 간직한다. 은빛 여우는 '십자가'와 등가의 관계로 절망적인 궁핍의 현실에서 벗어난 이상향의 세계이자 구원을 상징한다. 상진의 아버지가 기존 지배 질서의 해체를, 상진이 해체 이후의 세계인 유토피아를 꿈꾼다. 이러한 시각의 차이는 그들의 연령대에서 체험한 가난의 인식 차이가 발생시킨 현상이다.

> 아버지의 우상은 리모컨, 엄마의 우상은 중고 트럭이었다. 모호면의 우상은 모호했다. 지금부터 내 우상은 여우다. 동물원 울타리 안에 갇힌 여우가 아니라 십자가를 딛고 사라져버린, 은빛 여우다. 여우를 따라가면 뭔가 새로운 세상이 펼쳐질 것만 같았다. 지금 내가 있는 곳과 전혀 다른 곳. 아버지가 리모컨을 사수하지 않는 곳. 엄마가 트럭을 몰지않는 곳. 모호면이 더는 모호면이지 않는 곳. 이곳이 아닌 다른 곳. 여우는 분명 그런 곳을 알고 있을 것이다.
>
> (조영아, 『여우야 여우야 뭐하니』, 한겨레출판사, 2006, 40~41쪽)

꼽추인 샛별문구 여자, 정신지체아인 모호면, 한 푼도 보상받지 못한 채 옥탑방에서 쫓겨나게 된 상진네 가족 등 이 소설이 주로 다루고 있는 것은 이 시대에 소외된 타자들이다. 작가 조영아는 꼽추 여자가 기거하는 "샛별문구가 불타는 시간에 여의도에서는 우리나라에서 가장 높은 빌딩이 무너지고 있었다"라는 표현을 통해 소외된 타자의 폭력적 배제가 후기 자본주의를 해체시키는 뇌관임을 암시한다. 64빌딩의 붕괴는 중심부의 풍요와 주변부의 궁핍함이라는 사회적 양극화가 초래한 내적 폭발인 것이다. 방 빼라고 독촉하면서 상진 엄마의 포장마차를 부수는 젊은 남자를 향해 형 모호면이 칼을 휘두른 것도 극단에 내몰린 하층민의 분노와 파괴적 저항의 가능성을 암시한다. 이러한 장면들은 첨예한 빈부의 갈등이 사회를 극도로 불안하게 만들어 파국적 결말에 봉착할 것이라는 작가의 경고적 메시지인 셈이다. 작가는 상진 아버지의 목소리를 통해 기존 현실에 대한 발파와 해체가 파괴가 아니라 새로운 세계를 창조하기 위한 진통이 될 수 있음을 암시하고 있다. 낡은 질서가 파괴되지 않는 한 새로운 질서는 도래하지 않는 법이다. 이것에 도달하는 길은 내부 혁신이 아니면 민중들이 봉기하는 혁명이 될 수밖에 없다. 작가는 이 두 길의 중에서 명백하게 어떤 길을 선택하지 않는다. 조영하는 이 소설에서 새로운 질서가 필요할 수밖에 없는 비정상적 자본주의적 삶을 고발할 뿐이다.

'최소한의 인간다운 삶/그렇지 못한 삶'의 경계선에 놓여 있던 상진의 가족이 옥탑방에서 쫓겨나면서 상진은 더 이상 유년기적 상상계에 머무를 수 없게 된다. 이것을 상징적으로 보여준 것은 소연과 64빌딩에 관한 진실이다. 상진은 청운연립 1층에서 피아노를 연주한 것이 소연이가 아니라 소연이 엄마였다는 것을, 아버지가 64빌딩 도면이라고 매일 보았던 것이 청운연립 도면이었을 알게 된다. 이것은 상진이 애써 미루어두었던 상징계적 진실과 조우하는 순간이다. 비록 상진네 가족은 옥탑방에서 쫓겨나지만 작가는 이것을 부정적으로만 파악하지 않는다. 작가는 엄마 대신 운전대를 쥔 아버지의 모습을 통해 다시 힘차게 살아가려는 도시 빈민의 꿋꿋한 모습을 표현한다. 경제적 고통은 상진의 가족을 해체시키는 것이 아니라 오히려 더욱 결속시키는 촉매제였던 것이다.

조영아의 『여우야 여우야 뭐하니』는 사회적 상상력을 거창하게 풀어놓지 않는다. 13살 소년 상진의 눈높이에 맞춘 실감 나는 묘사와 사건들을 통해 도시 빈민과 경제적 양극화 현상을 구체적으로 조명한다. 불과 13살의 상진이 가족을 짓누르고 있는 경제적 궁핍의 실체를 이론적으로 파악하기는 힘들다. 이런 까닭에 작가는 가족의 경제적 상태를 세밀한 일상의 변화를 통해 끄집어낸다. 조영아는 집안의 궁핍함을 '비릿한 방안의 냄새, 재활용 빨랫비누, 알뜨랑 세숫비누, 존슨즈베이비로션' 등으로 표현했던 것이다. 이와 같은 구체적인 형상화를 통해 작가는 일상의 리얼리티를 확보하며 실감나는 도시 빈민의 삶을 포착했던 것이다. 그렇지만 이 작품에 대한 아쉬움도 있다. 불과 3달의 시간 동안 다양한 모습의 변화를 보여주는 엄마의 모습이 다소 작위적인 느낌이 들고, 소년의 시선으로 이야기가 전달되기에 심도 있는 접근을 할 수 없는 한계를 노출한다. 그럼에도 불구하고 도시 빈민의 가족이 직면한 다양한 문제들을 끄집어내는 작가의 옹골찬 추진력은 제대로 된 장편작가가 부족한 이 시대에 돋보이는 매력이 아닐 수 없다.

3. 요설체의 입담과 매너리즘 : 손홍규

거시기를 습관처럼 자주 말하는 젊은 작가 손홍규는 2005년에 첫창작집인 『사람의 신화』를 발간하고, 올해에 첫 장편인 『귀신의 시대』(2006)를 냈다. 『귀신의 시대』는 조영아의 『여우야 여우야 뭐하니』처럼 비슷한 나이 또래인 13~14살 소년이 주인공으로 등장하는 성장소설이자 이야기형소설이다. 이 소설은 대대로 머슴집안이었던 노령산맥의 선암촌 마을을 배경으로 그곳에서 살아가고 있는 평범한 사람들의 이야기를 담아내고 있다. 무엇이든지 들어오면 삼켜버리는 하나코(따식이 엄마), 동대문 칼새라 불렸던 작대기 삼촌, 욕쟁이 할매네. 쪼깐이 아저씨, 말라깽이 아줌마, 소장수 용칠이 아저씨, 간질병을 앓는 경희 누나, 삼청교육대에 다녀온 행기 아저씨, 고문을 당해 낙향한 대학생 종구형, 탈곡기에 손가락이 짤린 소년의 아버지, 특수부대 출신의 영수 아버지와 체육선생 등 다채로운 인물이 소설에 등장한다. 작중인물은 특별히 누가 주인공이고 엑스트라인지 구분하기 힘들 정도이지만 화자인 '따식이'와 소년인 '나'가 중심인물이라고 할 수 있다. "사람인지 짐승인지 알 수 없는 따식이"와 육손의 소년인 '나'는 소외된 타자를 대표하는 인물로서 마을의 진실을 외부에 알리는 이야기꾼이기도 하다. 특히 소년의 여섯 번째 손가락은 주변부 타자들의 아픔을 민감하게 포착하는 일종의 안테나 역할을 한다.

작가 손홍규가 주변부인 선암촌 마을을 배경으로 설정한 것은 역사에서 소외된 평범한 사람들을 보듬으려는 의도로 보인다. "노령산맥은 밤마다 신음을 흘렸고 계곡으로는 핏물을 흘려보냈다"는 표현에서 보듯 선암촌은 중심부에 의해 배제된 주변부의 타자를 대표하는 상징적 공간이다. 그런데 서사의 진행 속에 소외된 주변부를 끌어안겠다는 작가의 의도는 행방불명되고, 표면화된 것은 과장스러운 표현과 흥미 위주의 에피소드이다. 이야기형소설답게 텍스트는 굳이 리얼리티를 확보할 생각조차 하지 않은 채 재미를 위한 걸쭉한 입담의 퍼레이드를 펼친다. 비록 작가는 평화댐 건설 모금 사건, 김만철 월남사건, 6·10민주항쟁, 수세고지서를 불태운 농민들의 물값 시위, KAL기 폭파사건, 직선제 대통령 선거 등의 역사적 사건을 간간이 집어넣고 있지만 이것들은 현란한 입담의 향연에 가려 제 구실을 하지 못한 채 지리멸렬한다.

이 소설은 제목이 '귀신의 시대'이지만 무시무시한 공포를 유발하는 서스펜스와는 무관하다. 귀신은 오히려 웃음을 유발하게 하는 희화화된 존재이다. 이시키 마코토의 만화 〈하나다 소년사〉(2004)에서 초등학교 3학년생 하나다 이치로(한국판에서는 기동이)가 교통사고로 머리를 9바늘 꿰매면서 귀신을 볼 수 있는 능력을 지니게 된다. 이에 비해 『귀신의 시대』에서 주인공 소년은 태어날 때부터 선천적 기형인 육손이 때문에 귀신과 대화할 능력을 지니게 된다. 초등학생에서 중학생이 된 소년은 마을 사람들이 수세고지서를 불태우는 시위에 참여했을 때, 저수지의 맞은편을 향해 건너가다가 익사(?)하여 자신도 귀신이 된다. 텍스트에서 '현실/환상, 진실/거짓, 삶/죽음'의 구분은 모호한 채 서로 넘나든다. 따라서 주인공 소년의 죽음은 실제로 발생한 것일 수도 있지만 유년시절의 종료를 의미하는 통과제의적 상징으로 해석할 수 있다. 상징적 죽음 이후, 14살 소년은 얼굴도 모른 채 자신이 짝사랑했던 전화교환원이 서무과 보조직원인 벙어리였다는 사실을 알게 된다. 이 사건은 소년이 더 이상 유아적 상상계에 머무를 수 없을 정도로 성장했음을 알려주는 것이다. 그렇다면 이 소설에서 귀신의 의미는 무엇일까?

> 죽음이라는 글자의 그림자 역시 삶이었다. 그럴 때마다 나는 맑고 투명한 유리를 사이에 두고 또 다른 나와 마주 보고 있는 기분이 되었다. 유리의 맞은편에 서 있는 나를 둘러싼 풍경은 지금 나를 둘러싼 풍경과 다르지 않았다. 나는 늘 귀신과 함께 살았고, 미처 몰랐지만 나 역시 귀신이었으며 어머니와 아버지 그리고 할머니와 누이, 삼촌을 비롯해 그 모든 사람들이 또한 귀신이었다. 유리의 맞은편에 서 있는 또 다른 내가 그렇게 일러주었다.
>
> (손홍규, 『귀신의 시대』, 랜덤하우스코리아, 2006, 362쪽)

이 소설에서 '귀신'은 나도 되고 가족도 되고 이웃이기도 하고 모든 사람이기도 하다. 이것은 귀신이 중심부가 소외시킨 주변부의 삶임을 말해주는 것이다. 결국 소설의 제목인 '귀신의 시대'는 소외되었던 주변부의 삶을 역사의 중심에 다시 세우려는 작가의 메시지를 담고 있다. 그렇지만 이러한 부분이 이 소설에서 탁월하게 형상화되었다고 보기는 힘들다. 소년이 죽음이 금기를 뛰어넘어 도달한 노령산맥의 짙고 깊은 그늘이라는 아름다움의 세계는 실체가 불분명한 관념적, 추상적 세계이다. 그 결과 『귀신의 시대』에서 소외된 주변부의 삶을 온전하게 되살리고자 했던 작가의 메시지는 현란한 입담의 퍼레이드 속에 희미해져 버렸다. 요설체의 입담은 살았으되 죽은 것은 소설적 진실이라는 사실. 전근대성의 이야기 형식과 근대성의 소설을 결합시켜 서로의 결핍을 메워 새로운 소설의 가능성을 모색하고자 했던 『귀신의 시대』는 소비적 웃음을 주로 생산했다. 장편은 재미있는 에피소드를 그대로 연결했다고 훌륭한 장편이 되는 것은 아니다. 각각의 에피소드가 서사적 총체성이나 삶의 진실이라는 초점을 향해 나아가지 못할 경우, 장편은 십중팔구 미학적 균열을 표출한다. 귀신이나 소년을 등장시킨 패턴도 손홍규가 이미 첫창작집 『사람의 신화』에서 이미 보여준 바 있다. 『귀신의 시대』는 작가가 새로운 창작의 가능성을 보여준 것이 아니라, 세계에 대한 문제 의식과 자기성찰의 약화 속에 『사람의 신화』에서 선보인 기법과 내용을 재탕한 매너리즘의 산물이다. 이 작가의 성장 잠재력에 비해 첫 장편은 평년작 이상의 모습을 보여주지 못했다. 손홍규가 보여줄 다음의 장편을 기대해본다.

4. 풍자와 웃음 사이에서 : 김종광

젊은 작가 김종광의 『낙서문학사』(2006)는 『경찰서여, 안녕』(2000), 『모내기 블루스』(2002)에 이은 세 번째 창작집이다. 이 창작집에서 작가 김종광은 이전보다 우리가 살고 있는 현실에 대해 좀 더 날카로운 비판적 인식을 드러낸다. 타락한 현실세계를 비판하려는 작가 김종광은 시대의 환부를 능청스러운 입담으로 표출한다. 김종광은 김유정·이문구·성석제 등으로 이어지는 이야기꾼의 계보를 잇는 대표적 작가 중의 한 사람으로 평가받고 있다. 이러한 이야기꾼 소설가는 1990년대 이후 거대서사의 해체 속에 하나의 군을 형성할 만큼 세를 형성하고 있다. 동시대의 젊은 작가 중 김종광 외에도 이기호·박민규·천명관·손홍규·박형서 등 많은 젊은 작가들이 이야기꾼의 대열에 합류하고 있다. 이번 『낙서문학사』에서도 김종광은 기발한 상상력에 바탕을 둔 이야기로 독자의 관심을 끈다. 제주도보다 가까운 섬나라로서 가공의 나라인 '율려국'을 해외여행한 탐방기인 「율려 탐방기」, 낙서문학이라는 새로운 장르가 등장하는 「낙서문학사 창시자편」·「낙서문학사 발흥자편」, 스타크래프트라는 게임을 현실세계와 연관시킨 「단란주점 스타크래프트」, 매춘부와 혁명이 결합한 형태로 등장하는 「절멸의 날」, 공기를 판매하는 쇠북공기의 탄생과 도산을 당대의 실업 문제와 연관시킨 미래형 소설인 「쇠북공기전 망징패조편」, 엽기 매립장을 통해 지방자치의 부정적 단면을 풍자한 「조싼은 헤멘다」에서 우리는 재기발랄한 김종광의 상상력을 확인할 수 있다.

이번에 나온 『낙서문학사』에서 김종광의 관심사는 다양하지만 중점을 둔 것은 문학제도와 경제적 궁핍의 문제이다. 문학제도에 대한 작가의 날선 비판은 '낙서문학'이라는 새로운 장르를 제시하는 형태로 나타난다. 김종광은 낙서문학을 통해 자명한 것으로 생각하는 시·소설·평론·수필·희곡이라는 기존 문학제도의 고정관념에 이의를 제기한다. 문학제도는 당대가 필요한 것을 충족시키는 과정에서 생겨난 것으로 영원불변의 존재가 아니다. 시대가 변하면 기존의 장르가 해체되고 새로운 장르가 등장할 수 있는 것이다. 낙서문학을 다룬 「낙서문학사 창시자편」·「낙서문학사 발흥자편」은 『모내기 블루스』에 실린 「언론낙서백일장」의 후속편적 성격을 띠고 있다. 「낙서문학사 창시자편」에서 광부와 작부 사이에서 태어나 말라 죽어가는 풀이라는 의미의 이름을 지닌 '유사풀'이라는 작중주인공은 화장실에서 『이상 시 전집』을 발견해 읽고, 이상의 시들을 낙서문학의 선구자로 오인(?)한다. 이 부분은 이상을 20세기의 모더니스트로 떠받들며 신격화한 기성 문단에 대한 작가 김종광의 신랄한 비판이자 새로운 해석이기도 하다. 낙서문학의 창시자인 유사풀은 낙서를 문학이라고 주장하다가 세상이 알아주지 않자 절망에 빠져 자학적 삶을 살다가 25살에 요절한다. 「낙서문학사 발흥자편」에서는 유사풀의 낙서문학을 부흥시킨 '새창조 동인'을 중심으로 낙서문학의 성장 및 발전 과정이 등장한다. 기존 문학제도를 비판했던 저항과 불온의 낙서문학은 막대한 자본의 후원 속에 제도권에 진입해 성공하지만 초기의 불온함을 잃고 급속도로 상업화된다. 작가 김종광은 이러한 변모된 모습을 통해 문학의 본질적인 문제에 질문을 유쾌 통쾌하게 던진다. 유사풀 낙서문학상, 1억부나 팔리는 수상작품집 등 과장된 가공의 미래는 독자에게 웃음을 유발시키면서 현재의 문학제도를 잠시 성찰하도록 만든다.

이처럼 김종광은 『낙서문학사』에서 과장스러운 거짓말을 통해 대상을 풍자하고 독자의 웃음을 생산한다. 이때 김종광은 작가의 단일한 목소리를 통해 서사를 추동하지 않고 다양한 인물에게 발언권을 주는 다중적 화자를 등장시킨다. 하나 하나의 조각들인 다중적 화자들의 이야기는 서사의 전개 속에 서로 짜맞춰져 전체의 풍경을 구성한다. 이러한 김종광의 입장은 작품집 전체에서 특정 흐름을 강조하기보다 '첨단/전통, 진지함/가벼움, 기성세대/신세대, 남성/여성, 일상/비일상' 등이 다성적으로 공존하는 형태를 취하게 한다. 문제는 다중적 화자가 심층적으로 대상에 접근하지 못하면서 가벼운 소일거리식 이야기만을 생산한다는 것이다. 김종광의 입담은 독자의 깊은 성찰로 이어지지 못한 채 입담의 소비로 전락하고, 풍자의 칼날은 얼마 못가 녹슬어버린다. 김종광의 소설은 심층적 드라마가 되지 못한 채 개그콘서트의 운명이 되었던 것이다. 그러나 적어도 개그적 웃음을 유발시키는 능력에 있어 김종광은 소설가 이기호에 못지않은 '달인'이다.

『낙서문학사』에서 김종광이 웃음 이상의 소설 미학을 보여준 수작은 「낭만삼겹살」이다. 이 소설은 젊어서 광부였다가 다시 농사꾼의 삶을 사는 주인공 김씨의 말년기 일상을 담고 있다. 김씨는 나이가 들어 헛것인 귀신들이 자주 보이면서 오토바이로 드라이브 하는 습관을 지닌다. 이때 김씨의 '헛것'은 짧은 일생을 살아오면서 말년에 느끼는 삶의 공허감이라고 할 수 있다. 김씨의 오랜 친구로서 같은 광부였던 황씨는 비록 진폐증으로 인해 곧 죽을 운명에 처하지만 헛것을 낭만으로 환치하는 삶의 여유를 보여준다. 최백호의 「낭만에 대하여」라는 대중가요를 개사한 황씨의 18번 노래인 "밤늦은 병실에서, 그야말로 깊디깊은 갱도에서,/ 찾아줄 사람은 없을지라도, 거리의 웃는 소릴 들어보렴. / 조강지처 내 아내는 어디에서 나처럼 웃고 있을까. / 가버린 세월이 서글퍼지는, 거리의 웃는 소릴 들어보렴. / 이제 와 새삼 이 나이에, 인생의 미련이야 있겠냐마는, / 왠지 한 곳이 비어 있는, 내 가슴이 다시 못 올 곳에 대하여"라는 노래는 황씨의 한많은 인생을 압축적으로 표현하며 독자의 가슴을 적신다. 여기에서 기존 삶의 고통과 절망, 그리고 허무가 집약된 '헛것'은 오히려 삶을 윤택하게 만든 낭만으로 탈바꿈한다. 독자들은 삼겹살을 안주 삼아 소주잔을 기울이며 지나온 삶을 회고하는 두 노년의 주름살 같은 삶의 흔적을 통해 과연 삶이라는 무엇인가라는 본원적인 질문을 툭 던지게 된다.

김종광의 소설이 매력을 한껏 발산하는 것은 대개 소도시나 농촌을 배경으로 하여 충청도 사투리를 구사하는 다소 어리숙한 인물이 등장할 때이다. 이것이 작가의 한계일 수도 있겠지만 그 누구도 따라올 수 없는 그만의 매력인 것이 사실이다. 그런데 김종광은 『낙서문학사』에서 어리숙하기보다 좀 더 똑똑해진 IQ를 바탕으로 풍자의 칼날을 휘두르는 변화된 모습을 보여준다. 작가가 좀 더 똑똑해졌다는 데에 독자들이 굳이 시기심에 사로잡힐 일은 아니다. 문제는 김종광이 보여주는 똑똑함이 일반 독자들이 대부분 알고 있는 사실을 조금 낯설게 비틀어보였을 뿐 그 이상 확장되지 못하고 있다는 점이다. 기발한 입담에 의존하는 김종광의 풍자는 비판 대상을 전복시키지 못한 채 일종의 유희적 언어의 배설로 대개 소모된다. 안타깝게도 이 창작집은 「낭만삼겹살」을 제외하고는 전반적으로 가벼운 잽만을 날리다가 서사가 끝나버렸다. 치밀한 형상화와 촌철살인의 풍자가 뒷받침 되지 않는 입담만으로는 한계에 부딪칠 수밖에 없다. 작가는 『낙서문학사』에 수록된 많은 단편들이 미완의 소품 같은 인상을 지울 수 없었던 이유를 숙고해봐야 한다. 김종광은 이제 소품이 아니라 한 인간의, 사회의 진실을 끝까지 파고드는 장편을 구상할 시점이라고 본다. 김종광이 존경하는 작가 이문구가 『우리동네』와 『관촌수필』 같은 뛰어난 장편을 썼다는 사실을 부디 기억하기 바란다.

5. 창조적 지혜의 필요성

근대문학의 종언이 이야기되는 2000년대에 요즘의 젊은 작가들은 문학의 진정성을 지키면서도 대중에게 좀 더 가까이 다가가기 위한 고민을 거듭하고 있다. 성장소설과 이야기형소설은 문학의 고립이 심화되는 상황에서 독자들과 소통하면서 문학을 생존시키는 역할을 대표적으로 수행하고 있다. 대부분의 소설들이 초판도 소화하지 못해 허덕이고 있는 상황에서 성장소설과 이야기형소설들은 상대적으로 손쉽게 대중들과 만나고 있다. 이 만남이 지속적으로 유지되려면 성장소설을 통해 통과제의적 성숙을 경험하거나 유쾌한 웃음을 주어야만 가능하다. 그러나 이 조건을 작가들이 충족시키는 것이 결코 쉬운 일이 아니다.

성장소설은 무지하거나 미성숙한 자아가 일련의 시련을 통해 성숙한 인간으로 변모하는 모습을 그린다. 이러한 성장소설은 일종의 교양소설로서 문학이 본래 지닌 성찰적 사유성과 재미를 함께 갖춘 형식이다. 1990년대부터 최근까지 유행하고 있는 성장소설은 무기력한 주체의 정체성 찾기와 맞물려 독자들의 많은 호응을 얻고 있다. 작가 조영아의 『여우야 여우야 뭐하니』는 13살 소년의 시선을 통해 2000년대를, 손홍규의 『귀신의 시대』는 14살 소년의 시선을 통해 1980년대 후반을 그리고 있다. 이들이 다루고 있는 시대는 각기 다르지만 자아정체성을 찾기 위한 머나 먼 여행을 하고 있다는 점에서 동일하다. 성장소설은 어느 시대에나 필요한 양식이다. 중요한 것은 당대가 요구하는 성장의 형식을 제공하는 것이자 깊이 있는 내면의 성장이 동반되어야 한다는 것이다. 조영아의 『여우야 여우야 뭐하니』는 적어도 2000년대 성장소설이 지녀야 할 품격을 성실하게 보여주고 있다.

김종광의 창작집 『낙서문학사』는 의표를 찌르는 기발한 상상력으로 대상을 풍자하는 이야기형소설이 많이 실려 있다. 사소한 일상을 과장스러운 언어로 재미있게 표현하는 김종광의 소설은 진지함 대신 가벼움으로 독자와 승부한다. 소설은 가벼운 읽을거리면 족하다는 새로운 세대의 소설관을 일정 부분 반영한 김종광의 소설은 문학의 유희성에 중점을 두면서도 문학의 공리성을 포기하지 않는 형태를 취한다. 이러한 서사 전략은 손홍규의 『귀신의 시대』도 마찬가지이다. 손홍규와 김종광의 이야기형소설은 대상을 희화화하고 과장된 표현을 사용하는 점에서 비슷한 종족이다. 다만 손홍규의 『귀신의 시대』가 생산하는 웃음에는 작가의 연민과 동정의 시선이 깔려 있다면, 김종광의 『낙서문학사』에서는 대상에 대한 냉소와 조소가 담겨 있다. 이것은 작가의 입장 차이에서 기인한다기보다 그들이 다루고 있는 대상의 차이에서 기인한다. 선암촌 마을 사람과 타락한 현실세계라는 대상의 차이가 웃음을 생산하는 방식에 있어서도 차별화를 낳았던 것이다. 문제는 이들이 생산하는 웃음이 웃음 이상의 인생의 깊은 맛을 함께 전달하는 데에 일정 정도 실패하고 있다는 점이다. 근무 중 이상무가 아니라 이상이 있다는 것. 웃음만이 아니라 삶의 깊이도 함께 전달해야 한다는 과제가 바로 이야기꾼 소설가가 풀어야 할 숙제이다. 이런 점에서 선배작가인 김유정과 이문구는 이들의 소설이 가야 할 길을 일정 부분 제시하고 있다. 손홍규와 김종광이 김유정과 이문구를 넘어 자신만의 소설적 길을 개척해나가기를 진심으로 바란다.

문학의 위기는 이제 더 이상 낯선 이야기 아니라 상식이 되었다. 문학의 위기는 일시적인 것이 아니라 구조적이다. 배타적 엘리트주의를 통해 일반 독자를 무시하는 고립적 작가주의로 위기는 타개되기 힘들다. 흥미 위주의 문학 작품은 일시적으로 판매 부수를 증가시킬 수 있지만 그것도 한계가 있다. 문학의 진정성을 살해하는 거대한 상업주의의 물결 속에서 문학의 생존을 위해 문학계의 체질 변화는 불가피해 보인다. 이 시대의 소설에 요구되는 덕목은 바로 이러한 변화를 수용하면서도 문학의 진정성을 보존하는 창조적 지혜이다. 그런데 불행하게도 이것을 찾는 것이 쉽지 않다. 문학의 위기를 명쾌하게 해결할 수 있는 단 하나의 정답은 없다. 각자의 자리에서 치열하게 고민하는 과정에서 아마도 우리는 그 정답을 찾을 수 있을 것이다. 그럼에도 불구하고 혹시 당신이 그 정답을 알고 있다면 나는 커닝하고 싶은 욕망을 억누를 수 없다. 나는 지금 삶을, 텍스트를 들춰보며 그 커닝을 시도한다.

3. 네 명의 여성작가를 만나다

팜므파탈과 공주병을 넘어 타자에게로

공지영론

1. 당신에게 보내는 편지

안녕하세요. 당신의 체취를 처음 느낀 것은 1990년대 초였던 것으로 기억합니다. '무소의 뿔처럼 혼자서 가라'고 당당히 외쳤던 당신의 목소리는 저에게 하나의 충격이었습니다. 그 이후 당신의 소설 텍스트를 고정적으로 읽는 독자가 되었습니다. 물론 저는 당신의 모든 것을 사랑한 열성 팬은 아니었습니다. 술좌석에서 당신의 소설에 대해 신랄한 비판을 던지거나 질투에 빠지기도 했던 애독자(?)에 가까웠습니다. 이것에 대해 섭섭하셨다면 너그러이 용서하기를 바랍니다. 그러나 당신의 텍스트를 읽는 열정은 순수했다는 것을 말하고 싶습니다. 이 과정에서 느낀 단상들을 신춘문예에 보낸 적도 있었으나 낙방을 하여 끝내 배달되지 못했습니다. 그 후 등단하고서도 당신께 편지를 보낼 기회를 갖지 못하다가 2007년 여름에 비로소 그 기회를 얻었습니다. 40대 초반의 이 나이에 당신에게 편지를 쓴다는 것. 너무 늦은 것은 아닌지 모르겠습니다. 당신의·텍스트를 미시적으로 꼼꼼하게 분석하는 것은 다른 이들도 해왔기에 이 자리에서까지 하고 싶지는 않습니다. 저는 이 글에서 당신의 텍스트를 관류하고 있는 본질적 측면과 '공지영의 신화'를 만든 메커니즘에 대해 말하고자 합니다. 그러나 주변머리 없는 제가 당신을 제대로 진맥할 수 있을지 심히 우려됩니다.

사람들이 공지영 하면 몇 개의 언어를 떠올립니다. 운동권문학, 페미니스트, 신파적 통속성과 감상성, 미모의 작가, 세 번의 결혼과 세 번의 이혼, 성공한 여성, 베스트셀러 작가 등의 이미지가 단골메뉴입니다. 이러한 각기 다른 언어들이 모여 형성하는 것은 불행하게도 '팜므파탈femme fatale'의 이미지입니다. 팜므파탈은 숙명적으로 남성을 성적으로 유혹해 죽음이나 고통 등 극한의 상황으로 치닫게 만드는 '치명적 여성'을 뜻합니다. 요부나 악녀 이미지로까지 말해지는 팜므파탈이라는 이미지는 마치 좀비처럼 당신에게 달라붙어 신음합니다. 성경에서 헤롯에게 세례자 요한의 목을 달라고 요청한 살로메는 팜므파탈의 대표적 상징입니다. 이 외에도 메두사, 유디트, 이브, 헬레네, 카르멘, 세이렌, 클레오파트라, 양귀비, 마릴린 먼로 등이 대표적인 팜므파탈로 통용됩니다. 이러한 목록에 당신도 당당히 등재되어 있다는 것. 그러나 분명 기분 좋은 일이 아닐 것입니다.

공지영의 문학은 크게 운동권문학 내지 후일담문학, 페미니즘문학, 중간문학(또는 대중문학)으로 구성되어 있습니다. 당신의 문학에 대한 평가는 극과 극으로 갈리는 경우가 많습니다. 일반 대중이 비교적 당신의 텍스트에 호의적 시선을 보내는 반면 전문가인 평론가들(또는 문인들)은 당신에 대해 인색한 평가를 많이 내립니다. 이것을 어떻게 이해해야 할까요? 당신은 자신의 작품을 비판하는 평론가에 대한 재비판 속에 자신만의 길을 가겠다고 선언한 바 있습니다. 그럼에도 불구하고 저는 당신의 말 속에서 자신의 텍스트를 제대로 인정받고 싶은 욕망을 역으로 발견합니다. 당신은 대중적 인기를 끌었음에도 중요 문학상 수상자가 되지 못한 불운을 겪었습니다. 한국의 문학계에서 어느 정도의 문학성을 가진 작가가 대중성을 지녔을 경우 중요 문학상 수상자가 되는 것이 일종의 관례라는 것을 상기한다면 당신께서 억울하다는 생각을 가질 법도 합니다. 그러나 당신에 대한 비판을 근거 없는 질투 내지 악의로만 돌린다면 문제가 아닐까요.

당신의 텍스트 속에는 격동의 역사를 살아온 386세대의 자화상이 묻어 있습니다. 이 편지를 작성하게 된 것도 당신과 유사한 시대를 살아왔다는 이유에서인지도 모르겠습니다. 당신을 통해 나의 흘러간 청춘을 회상하고 싶었다는 것. 그렇습니다. 당신의 텍스트는 저를 기억의 배낭여행으로 몰아세우는 마술을 부립니다. 이제 편지를 본격적으로 써보려고 합니다. 존칭은 생략합니다.

2. 공지영의 콤플렉스와 아름다운 세계 추구

공지영이 위장 취업 대학생을 주인공으로 한 「동트는 새벽」(1988)으로 문단에 얼굴을 내밀던 시기는 1987년의 6월 민주항쟁으로 형식적 민주화가 이루어지고 있던 무렵이다. 등단작 이후 공지영은 운동권 대학생을 주인공으로 한 장편 성장소설인 『더 이상 아름다운 방황은 없다』(1989), 『그리고, 그들의 아름다운 시작』(1991)을 발표한다. 이러한 운동권 소설은 현실 사회주의권의 몰락과 거대담론의 위축 속에 주체의 상실과 환멸의 서사가 펴져가는 상황에 대한 도전과 저항의 성격을 띠고 있다. 공지영은 1980년대 운동권 문학이 쇠퇴할 징후를 보이는 시점에 오히려 혁명적 열정의 정당성을 주장한다. 이것은 뒤늦게 운동권에 합류해 상대적으로 깊은 정신적 내상을 입지 않았기 때문에 가능한 것이었다. 이러한 공지영의 문학은 1980년대 민중문학의 혁명적 낭만주의를 계승하고 있다.

공지영은 대학을 다니던 1980년대 초반에 학생 운동권의 핵심 인물이 아니라 대다수의 다른 대학생처럼 동조자였다. 그녀는 졸업 후 자유실천문인협의회에서 일을 도와주기도 했으나 여전히 중산층이라는 자신의 계급적 한계에 갇혀 있었고, 그것은 대학원 진학으로 이어진다. 그러나 공지영은 뒤늦게 역사적 소명의식에 눈 떠 1년간의 '재교육'을 거쳐 1987년 공장에 위장 취업한다. 하지만 한 달 만에 탄로나 강제 퇴사 당한다. 그 후 공지영은 노동 운동의 최전선에서 이탈해 후방에서 글쓰기에 매달린다. 공지영의 문학에는 대학 시절 적극적이지 못했던 자신의 미흡한 투쟁성과 졸업 이후 현장에서 탈영병처럼 이탈해야 했던 자신에 대한 부끄러움과 죄책감이 일종의 콤플렉스처럼 짙게 드리워져 있다. 공지영이 운동권 대학생을 그린 소설을 썼던 것도 시대에 대한 부끄러움과 죄책감, 시대적 열등감에서 벗어나기 위한 안간힘이었던 것이다. 공지영이 2007년 ≪한국일보≫와의 인터뷰에서 언급한 다음과 같은 말들에서 나는 공지영을 지배했던 콤플렉스의 흔적을 확인하게 된다.

_'운동'은 왜 했어요?

"나 진~짜 운동하기 싫었어요. 안 하려고 엄청 애썼고. 그런데 왜 하필 나랑 친한 애들은 다 운동하고, 잡혀가고, 죽고 그러는지. 난 무섭고 귀찮고 싫고 피하고 싶었는데 운동하는 사람들이 너무 예쁜 거예요. 내가 생각하는 인간의 이상을 가장 근접해 실현하고 있었어요. 사람을 좋아하다 보니 이쪽으로 따라갔죠. 또 하나는 안 하고 있으면 너무 괴로워서 견딜 수가 없는 거예요. 그것이 오늘날의 저를 만드는 데 상당한 기여를 했죠. 만약 이 과정이 없었다면 저는 정말로 재수 없는 부르주아 여성이 됐을 거예요. 전두환이라는 사람이 나를 사람 만들어줬죠."

(≪한국일보≫, 2007.1.2.)

공지영은 1980년대 운동권 문학을 복권시키기 위해 1990년대에도 변혁적 열정의 필요성을 독자에게 부각시켜야 했다. 그래서 공지영은 1980년대를 고민하고 살았던 386세대의 뒷이야기를 1990년대 공간에 호출한다. 이것이 문학평론가 김윤식에 의해 '후일담소설'로 규정된다. '90년대에 무엇을 할 것인가'라는 물음 속에 '절망을 건너는 법'을 모색한 후일담소설은 기본적으로 "약삭빠르게 일찍 빠져나온 우리들만 이렇게 무사하"(「무엇을 할 것인가」)다는 부끄러움과 그 어려웠던 시절을 투쟁으로 소비했던 삶이 여전히 가치 있다는 인식에서 출발한다. 이것은 「인간에 대한 예의」에서 뉴욕에서 그림공부를 한 개인적 인간인 이민자보다 민주화 문제로 감옥에 이십 년 동안 갇혀야 했던 사회적 인간인 권오규의 삶을 작가 공지영이 옹호하는 형태로 나타난다. 공지영은 작품에서 "절망하지 않는 사람들도 있어요. 잊지 않는 사람들, 죽어간 친구와 미쳐간 친구와 그런 사람들을 기억하는 이들"(「고등어」)이 여전히 존재하고 있음을 "90년대라는 금 밖에 서서"(「꿈」) 보여준다. 1980년대 민족민중문학을 비판하는 문학주의자들은 공지영의 후일담문학을 시대에 뒤떨어진 동어반복의 유행가로 간주해 싸잡아 비판했고, 일부 386운동권은 공지영의 후일담문학이 치열한 삶을 살아왔던 자신들을 상품화하고 오도했다고 비판하기도 했다. 그러나 적어도 공지영의 후일담소설은 "현실을 타파하기 위해 아무것도 하지 않"거나 "순간적으로 포착한 절망을 아득하고 영원한 것으로 믿고 있"(「절망을 건너는 법」)는 허무주의적 분위기에 따가운 일침을 가한다. 공지영 등에 의해 촉발된 1990년대 후일담소설은 문학의 상업주의와 환멸의 서사를 일정 부분 저지하는 게릴라로서의 역할을 담당했던 것이다.

공지영의 후일담소설은 1980년대 과거가 아름답다는 식의 신파적 감상성과 결합하여 낭만적인 아름다움의 세계를 추구한다. 신자유주의 체제가 지배하는 1990년대는 공지영에게 자본주의적 가속도와 물신화에 의해 '아름다움'이 훼손된 시대이다. 공지영은 후일담소설을 통해 아름다움의 세계를 회복하고자 한다. 이 '아름다움의 세계'는 논리적, 이론적으로 파악할 수 있는 대상이 아니라 낭만적 환상을 통해 발견할 수 있는 대상이다. 그것은 '현재'보다 '과거'에 방점이 찍혀 있다. '후일담소설'은 환멸의 서사가 지배하는 현재를 떠나 과거를 기억함으로써만 존재하는 '복고의 미학'인 것이다. 후일담소설에서 '현재의 나(90년대)'는 '과거의 나(80년대)'에 종속되는 일종의 퇴행성마저도 보인다. '현재의 나'는 '과거의 나'로 돌아갈 수 없다는 절망감 속에 자기연민을 불러낸다. 이때 조미료처럼 등장하는 것이 신파조의 감상적 눈물이다. '존재는 눈물을 흘린다'라는 명제는 데카르트의 '나는 생각한다. 고로 존재한다'라는 것처럼 공지영을 존립시키는 기본적 조건이다. 극단적 갈등 구조와 비극성 속에 신파조의 눈물은 현재를 무력화하고 과거를 아름답게 치장한다. 신파조의 눈물은 작중인물과의 동일시를 한층 강화시켜 독자의 비판적 시선을 무력화시키는 최면제이기도 하다. 공지영의 소설이 생산하는 눈물은 작가, 작중인물, 독자 모두를 허구가 만들어낸 아름다운 환상의 과거 세계로 초대한다. 하지만 눈물이 말라버리면 이 세계는 사막의 신기루처럼 이내 소멸해버린다. 눈물은 자기연민에 기반한 위안의 서사를 제공하지만 새로운 세계를 가져다주지는 못한다.

공지영의 대표적 후일담소설인 장편 『고등어』(1994)는 은림과 명우의 가슴 아픈 사랑을 애잔하게 그리고 있다. 이 소설에서 주인공 은림은 1980년대에 비합리적이라는 이유로 따가운 비판을 받는 운동권의 열등생이었지만 계속 민중 노동운동에 매진한다. 이에 비해 사회과학적 합리성으로 무장했던 운동권의 우등생인 명우는 1990년대 들어 운동을 포기하고 현실과 타협한다. 공지영은 이러한 대조적 장면 설정을 통해 비합리성의 낭만적 환상을 정당화하고, 동시에 후일담소설을 통해 변혁적 열정을 계속 강조하는 공지영 자신을 특권화한다. 공지영은 후일담소설을 통해 시대에 대한 자신의 부채감과 부끄러움, 열등감을 해소했던 것이다. 그리고 더 나아가 현실에 타협한 과거 운동권 인사들보다 자신이 도덕적으로 현재 우월한 지위에 있다는 것을 드러낸다. 공지영은 「꿈」에서 독자의 입이라는 마스크를 빌려 "당신의 책은 내게, 내가 그런 사실을 잊고 살아가고 있다는 바로 그런 걸 깨닫게 해주었습니다"라는 자화자찬의 수사학을 간접 동원하기도 한다. 이처럼 후일담소설은 공지영의 공주병이 생성 발현되는 시발점이다. 공지영이 소설 후기에서 자주 표출했던 진보성의 발언들은 타인에게 자신이 아름다운 삶을 살아가고 있다는 것을 인정받고 싶은 욕망이 숨어 있다.

공지영의 후일담소설이 기본적으로 생산하는 것은 통속적인 복고의 미학이다. 신파적 감상성을 깔고 있는 통속적 진부함은 공지영의 미학에서 혐오 대상이 아니라 사랑하는 연인이다. 공지영이 보여준 '후일담문학'은 1980년대의 이야기를 1990년대의 상황에서 재현한 복고의 미학이다. 이러한 복고의 미학이 전달하는 것은 1980년대 386세대의 지배적인 가치관이다. 공지영의 후일담소설은 자본주의의 포로가 된 현재의 모습에 죄책감과 부끄러움을 느끼는 386세대들을 일차적 포섭의 대상으로 삼는다. 그것은 간헐적으로 타락한 현재를 비판하는 성찰의 서사를 보여준다.

공지영의 후일담문학은 역사적 전망을 찾을 수 없었던 상황에서 과거를 재현해 실존적 의미를 찾고자 했던 386세대들의 집단적 욕망이 낳은 산물이다. 후일담소설이 제공하는 추억의 회상을 통해 망각되었던 1980년대는 중요한 의미로 부활한다. 이때 공지영의 후일담소설은 1990년대에 1980년대의 치열했던 삶이 의미가 있었다는 위안의 서사를 386세대 독자들에게 전달한다. 이처럼 공지영의 후일담소설은 성찰과 위안의 서사를 동시에 보여준다. 그렇지만 성찰보다는 위안의 서사에 좀 더 방점이 찍혀 있다.

공지영의 후일담소설은 투쟁의 촉구나 반성은 보이지만 당면한 현재적 모순에 대한 구체적 모색이 거의 보이지 않는다. 추상적, 관념적인 공지영의 후일담소설은 꽃씨, 씨앗으로 상징되는 역사적 발전에 대한 낙관적 희망을 피력하지만 그 이상은 보여주지 못한다. 환부는 구체적으로 보이지 않는데 요란하게 수술의 필요성만을 제기했던 것이 공지영의 후일담소설인 것이다. 그 결과 공지영의 후일담소설은 독자들의 삶을 근본적으로 전복시키지 못한 채 적당한 반성을 촉구하면서 안정된 일상으로 원대복귀시킨다. 공지영의 후일담소설이 위안의 서사를, 좀 더 많이 생산하면서 그렇게 불온하지 않다는 사실. 이것이 아이러니하게도 386세대와 중산층의 많은 독자들을 공지영의 소설로 인도하게 한 중요 이유로 작용한다. 반대로 1980년대 운동권에서 주도적 역할을 했던 사람에게 공지영의 소설은 외면당하고 만다. 공지영의 후일담소설은 시간이 지나면서 당위론적 주장의 반복을 넘어서지 못한 채 일종의 수사학적 포즈로 추락한다. 공지영이 지속적으로 생산하는 후일담소설은 1990년대 말부터 점차 습관화되면서 약간의 반성은 타성으로 변질한다. 2004년에 발표한 공지영의 창작집 『별들의 들판』은 기존 후일담소설의 한계를 극복하지 못한 흔적들을 고스란히 보여주고 있다. 이 창작집에서 나는 더 이상 새로운 쓸거리를 발견하지 못한 채 자기 위안의 서사를 생산하는 공지영의 애처로운 모습을 발견한다. 2000년대 들어 공지영의 후일담문학은 사망신고서를 제출했던 것이다.

3. 주체의 과잉 의식과 공주병

공지영은 자의식이 아주 강한 작가이다. 공지영의 소설을 읽다 보면 작중인물, 내포저자 등 다양한 층위에서 확고한 주체 의식을 감지하게 된다. 남성은 이성·역사·합리성·우월이고, 여성은 감성·일상·비합리성·열등 등으로 분류하는 주인과 노예의 서열 체계는 공지영이 도저히 용납 못할 지배담론이다. 공지영은 가부장적 지배담론에 포섭되기보다 여성도 남성과 같은 일을 할 수 있다는 것을 보여주고자 한다. 공지영의 자의식이 내면으로 침잠하여 나르시시즘적 주체에 깊게 빠지지 않은 것도 가부장적 지배담론에 대한 비판적, 저항적 인식에서 비롯한다. 공지영이 운동권문학에서 역사와 현실을 끊임없이 강조하는 것도 결코 남성에 뒤지지 않겠다는 여성적 의지의 표출로 볼 수 있다. 이러한 공지영의 여성적 주체 의식은 운동권 대학생을 그린 소설에서 남성에 못지않게 운동권 투사인 여성인물을 적극 형상화하는 형태로 등장한다.

대학생을 주인공으로 한 운동권문학을 통해 남성적 주체의 모방에 성공한 공지영은 여성적 주체를 확보하는 페미니스트의 길로 나아간다. 공지영의 전투적 페미니즘소설은 단지 여성으로 태어났다는 이유만으로 억압받고 불이익을 당하는 여성들에게 일종의 복음처럼 인식된다. 정치권력만이 아니라 가부장의 독재 권력에 억압받은 여성들에게 공지영이 보여준 페미니즘의 실체는 부차적인 문제였다. 1990년대 여성독자들은 페미니즘을 통해 하나의 인간으로서 대접받을 수 있다는 희망의 촉발만으로도 만족했던 것이다. 공지영의 페미니즘은 남성과 여성은 다르다는 기존의 지배적 인식을 공격하는 것에 집중된다. "남자는 달라. 마음이 없어도 여자를 만나고 이빨을 쑤시고 그리고 잠을 잘 수 있어…… 그럴 때 남자들은 다 좋은 줄 알아? 남자도 괴롭다구…… 하지만 그게 남자야. 여자들은 그럴 수 없지…… 그게 남녀의 차이야."(「사랑하는 당신께」)란 대목에서 보듯 공지영은 남녀의 차이점을 만들어내는 고정화된 가부장제 이데올로기를 매섭게 비판한다. 이것을 통해 공지영은 남성과 여성의 동등한 권리를 주장한다. 이와 같은 입장이 급진적으로 표출된 작품은 『무소의 뿔처럼 혼자서 가라』(1993)이다. 이 소설에서 고등학교 동창인 현실변혁형인 혜완은 '절대로', 현실순응형인 경혜는 '어차피', 현실개량형인 영선은 '그래도'라는 이미지로 등장한다. 이 중에서 영선의 비극적 자살은 현실 개량의 실패와 가부장적 남성의 위선을 극대화시키는 역할을 한다. 영선의 죽음은 남성들과 타협할 여지를 소멸시키며, 무소의 뿔처럼 혼자서 가야 하는 여성의 외로운 처지를 극적으로 강조하는 역할을 수행한다.

이처럼 공지영의 소설에 등장하는 여성들은 대개 남성 때문에 불행해진 인물이다. 반면에 중요 남성인물은 여성의 불행을 초래하게 하는 악인형의 인물로 보통 등장한다. 물론 공지영의 페미니즘소설에서 남성인물이 모두 악인형은 아니다. 『무소의 뿔처럼 혼자서 가라』의 선우, 『착한 여자』의 명수는 여성의 권익을 생각하는 가슴이 따스한 존재이다. 하지만 그들은 수적으로 희귀하다. 공지영의 소설에서 선과 악으로 극단화된 남성인물의 형상화는 작가가 남성을, 세계를 바라보는 시각이 편협한 이분법에 기초해 있음을 보여준다. 이러한 이분법은 다시 통속성으로 이어진다. 공지영의 과잉된 주체 의식은 타자의 섬세한 차이를 포착하지 못하고 단순화, 배제화의 위험성에 빠졌던 것이다. 남근주의자인 이문열이 장편 『선택』(1997)에서 조선조의 정부인 장씨를 등장시켜 권리만 주장하는 현대 여성을 질타한 것이나, 이분법적 선악의 구도 속에 전개된 공지영의 페미니즘소설은 색깔은 달랐지만 한쪽 면만을 보았다는 점에서 똑같았다고 볼 수 있다.

많은 사람들이 알고 있듯이(물론 모를 수도 있다) 미모의 작가 공지영은 아름다운 공주이다. 공지영의 공주병은 과잉된 주체 의식의 산물이다. 신데렐라 콤플렉스가 남자(타인)에게 의지해 성공을 바란다면, 공주병은 자신의 능력으로 성공하겠다는 차이점을 보인다. 공주병의 자기과대망상증은 문제가 있지만 강력한 자기 긍정의 태도로 나타난다면 바람직하다고 볼 수 있다. 공지영의 공주병은 가부장적 세계에 맞서 페미니즘의 주체를, 비민주화 세력에 저항하는 운동권의 주체를 성립시켰다는 점에서 긍정적 부분이 존재한다. 문제는 공지영의 공주병이 점차 선민의식으로 발전하거나 주변에 대한 섬세한 성찰의 부재로 이어져 공지영 문학의 성장가능성을 잠식했다는 점이다. 공지영의 소설은 타자의 고통을 이야기하지만 중산층의 계급적 지반을 떠나 타자인 하층의 세계로 생동감 있게 녹아들어가지 못한다. 공지영은 『봉순이 언니』(1998)에서 식모였던 봉순이 언니를 형상화하고 있지만, 봉순이 언니는 중산층 여성의 시선에 비친 타자의 풍경으로만 존재한다. 공지영의 공주병은 타자와 합일하지 못한 채 늘 일정한 거리에서 대상과 조우하게 만들었던 것이다. 이것은 똑똑한 엘리트 여성이 곧잘 빠지는 색맹의 함정에 공지영도 포박되었다는 것을 의미한다.

따라서 공지영의 페미니즘소설이 좀 더 성장하려면 과잉된 주체의식을 자제하고 자신을 둘러싼 타자에 대한 섬세한 시선을 갖는 것이 필요하다. 여성을 바라보는 시각인 '차이와 다양성'은 남성을 바라보는 시선에도 똑같이 적용되어야 한다. '매 맞는 아내' 만을 무조건적으로 옹호하고, '매 맞는 남편'의 존재에 대해 애써 눈감을 때 가부장제의 모순 극복은 요원한 일이다. 이것을 위해 계층적 한계를 넘어서야 하고, 적으로 규정된 남성들을 이해하고 동조자로 규합하려는 포용적 시선이 요구된다. 이제 공지영은 '남성과 여성은 같다'에서 '남성과 여성은 다르기도 하다'라는 패러다임으로 발상의 전환이 요구된다. 이런 자신감 있는 태도가 뒷받침될 때 그녀의 페미니즘은 더욱 건강한 목소리를 생산할 수 있지 않을까. 페미니즘이 궁극적으로 겨냥하는 것은 남성과 여성의 적대적 관계가 아니라 손을 맞잡고 나아가야 할 동반자 관계인 것이다.

4. 문학적 상상력의 한계와 자기 연민의 감상성

공지영의 소설이 발군의 실력을 발휘하는 것은 상호 대립적인 갈등을 통해 비판적 문제 의식을 드러낼 경우이다. 이러한 공지영의 기질은 초반 문제제기를 하는 시점에서는 유효하지만 내실을 다지는 데에 한계점을 갖고 있다. 공지영은 후일담소설과 페미니즘소설을 통해 1990년대 문학의 존재 방식을 질문했지만 지속적으로 이끌고 나갈 뒷심이 부족했다. 이것은 특정 요인의 문제가 아니라 공지영이 지닌 구조적 모순의 총량에서 발생한다. 따라서 공지영 소설의 문제점으로 지적되는 통속성, 계몽성, 도식성, 신파적 감상성 등은 구조적 개혁이 수반되지 않는 한 고쳐지기 힘들뿐더러 가능하지도 않다. 공지영의 소설에서는 전위적인 형식 실험이나 기존 가치관을 전복시키는 일탈적 행동을 찾기 힘들다. 하다못해 기존 지배질서에 어긋나는 성적 일탈인 동성애, 새도매저키즘 등 자극적인 장면도 찾을 수 없다. 공지영은 역사와 사회 현실의 강조, 민주주의 가치의 옹호 등 일반 사람들이면 누구나 공감하고 준수하는 도덕적 테두리를 결코 넘어서지 않는다. 불온한 진보 담론을 생산하는 진보주의자들에게 공지영의 소설은 중산층의 이데올로기를 재현하고 있는 것으로 평가된다. 이것은 공지영이 사회의 초자아를 준수하는 보수적 가치관의 작가라는 것을 뜻한다. 그럼에도 불구하고 독자들이 공지영의 소설에서 진보적 이미지를 느끼는 것은 비판적 의제의 설정과 수사학, 작품 외적인 요소가 결합하여 상승 작용한 것에서 기인한다.

1990년대 초반 페미니즘의 깃발을 든 공지영은 최근까지 세 번의 결혼과 세 번의 이혼을 경험한다. 이것은 가부장적 이데올로기의 입장에서는 혹독한 비판의 대상이지만 페미니즘의 입장에서는 이 시대의 대표적인 자유로운 여성을 상징한다. 중산층 여성들은 경제적 능력의 확보 속에 1990년대 들어 자기 목소리를 내기 시작한다. 공지영의 페미니즘소설은 급성장하는 중산층 여성의 평등 욕망을 대변하면서 사회의 민주화를 가정의 민주화와 연결시킨다. 이렇게 페미니즘의 대중화에 앞장 선 공지영은 최근 자전소설이자 가족소설인 『즐거운 나의 집』(2007)을 중앙일보에 연재했다. 공지영의 세 번째 전 남편인 이모 씨는 사생활 침해라는 이유로 아직 연재도 되지 않은 이 소설을 게재 반포하지 못하게 해달라는 가처분 신청을 내기도 했다. 법원은 이 신청을 기각했으나, 이 사건은 작가의 표현 범위에 대한 논란거리를 제공했다. 이러한 논란은 공지영의 문학적 상상력을 일정 부분 억압하는 효과를 낳았지만, 동시에 소설의 상품성을 증가시켰다. 대중소설에서 논란은 악재가 아니라 상품성 증대를 위한 필수 요건이기 때문이다. 소설은 있음직했던 일을 만들어낸 허구의 사건이지만, 자전소설의 경우 작가의 생활 체험이 상당 부분 반영되어 있다. 『즐거운 나의 집』은 첫째 딸인 여고생 위녕의 시선으로 이야기가 전개된다. 이것은 작가 공지영이라는 화자를 중심으로 이야기되었을 때 발생할 수 있는 현실적 난관을 극복하기 위한 미학적 장치로 보여진다. 이 소설은 세 번의 결혼과 이혼, 성이 각기 다른 세 남매, 베스트셀러작가인 엄마, 논리 관련 책을 쓴 첫 번째 남편, 영화감독이었던 두 번째 남편 등 공지영의 사적 생활 체험이 그대로 등장한다. 현실과 허구의 경계선이 어디인가에 대한 논란이 필연적으로 발생할 수밖에 없는 것이다.

공지영은 『즐거운 나의 집』에서 세 번의 결혼과 세 번의 이혼을 한 베스트셀러 작가 엄마에 대한 비판적 목소리를 등장시킨다. 하지만 정작 중요한 것은 각기 성이 다른 자식들(특히 장녀)이 엄마의 삶을 이해하고 적극 옹호하고 있다는 점이다. 『즐거운 나의 집』은 작가 공지영이 겪은 이혼의 고통을 감상적 자기 연민의 형태로 바라보면서, 독자도 함께 감상적 자기 연민의 자장 속으로 끌고 들어간다. 그러면서 공지영의 이혼은 정당성을 확보한다. 공지영은 이 소설에서 베스트셀러 작가 엄마라는 아바타를 통해 자신이 이혼한 사람의 대표선수로 뽑혔다고 언급한다. 이것은 작가 자신의 사적 문제를 이혼한 여성 모두의 문제로 교묘하게 결부시키는 서사의 전략이다. 공지영이 가족과 이혼 문제를 정면으로 다루고 싶었다면 자전적 사소설의 형태가 아닌 다른 방식이어야 했다. 혹시 이것은 문학적 상상력의 빈곤함이 초래한 어쩔 수 없는 선택은 아니었는지 묻지 않을 수 없다. 서사성이 강하다는 평가를 받는 공지영이 『사랑후에 오는 것들』에서 보여준 빈약한 서사성의 노출은 이러한 의구심을 더욱 부채질한다. 공지영은 이미지를 조합해서 작품을 만드는 작가가 아니라 기본적으로 체험과 취재를 통해 문학적 상상력을 발동하는 작가이다. 따라서 후일담문학이나 페미니즘문학이 한계에 봉착했을 때 다작의 작가인 공지영이 선택할 수 있는 카드는 자신의 사적 생활을 활용하는 자전적 사소설의 형태가 아니었을까. 『즐거운 나의 집』은 공지영이 지닌 문학적 상상력의 빈곤을 드러내는 지표일 수 있다.

이혼 체험까지도 상품화한다는 일부의 비판적 시선은 공지영의 팜므파탈의 이미지를 더욱 부각시킨다. 공지영의 팜므파탈의 이미지는 페미니즘소설만이 아니라 작가의 사적 생활이 결부되어 완성된 것이다. 팜므파탈의 이미지를 갖게 된 공지영의 이력은 한국의 페미니즘문학에도 적지 않은 부담이 되고 있다. 공지영의 페미니즘소설은 여성의 권리를 신장시키는 역할을 했지만 동시에 똑똑한 여성은 이혼한다는 기존의 가부장적 편견을 강화시킨다. 남근주의자들은 페미니즘을 주장하는 똑똑한 중산층 여성의 '자유연애-자유 결혼-가정불화-이혼'으로 이어지는 도식적 편견을 선전해 페미니즘을 공격한다. 공지영이 소설에서 끊임없이 윤리적 태도를 보이는 것도 현실 생활에서 이룩하지 못한 욕망의 결핍을 채우려는 일종의 반동형성反動形成으로 보인다. 이때 공지영이 보여주는 자기 연민의 미학은 독자를 겨냥한 것이면서 동시에 공주병과 팜므파탈이라는 부정적 이미지로 통용되는 자신을 위한 나르시시즘의 연금술이다.

5. 중간문학의 선두 주자와 타자에 대한 관심

문학성과 상품성이 결합된 공지영의 소설은 적당한 고민과 적당한 위안을 함께 찾는 독자들을 대단히 만족시켜 준다. 독자들은 공지영의 소설을 통해 위안의 서사와 성찰의 서사를 한번에 맛볼 수 있다. 여기에 공지영 문학의 '마력'이 숨어 있다. 공지영이 겨냥하는 독자층은 소수의 전문 독자가 아닌 다수 대중들이다. 공지영이 본격적으로 활동하기 시작한 1990년대는 계급적 민중의 쇠퇴 속에 소비적 대중이 다시 전면에 등장한 시대이다. 단문형의 명료한 문장, 도식화된 작중인물, 통속적 사랑으로 대변되는 사건 전개, 시대에 대한 적당한 비판 등은 공지영 소설의 대중적 성격을 말해준다. 특히 공지영의 소설에 자주 등장하는 통속적, 신파적 사랑은 낭만적 복고의 미학을 구축하면서 독자를 빨아들이는 일등 공신이다. 현실 생활에서 사랑의 실패를 경험한 공지영이지만 소설 속에서 사랑은 아름다운 보석처럼 빛난다. 공지영이 창조해낸 지고지순한 순정파의 작중인물들은 사랑의 아름다움을 신봉하는 신도들이다. 현실에서 작가가 체험한 사랑의 실패는 소설 속에서 사랑에 대한 환멸 대신 순수한 사랑의 추구로 나타난다. 이러한 공지영 문학의 대중성은 작가의 엘리트적 공주병을 떠올린다면 상당히 아이러니라 하지 않을 수 없다. 이 의문은 공주가 자신을 알아주는 많은 시종들과 국민들이 필요하다는 설명으로 해소될지 모르겠다.

문학평론가 정문순은 "공지영의 소설이 경쟁사회에서 지친 영혼들을 가볍게 위무하는 차원 이상을 바라지 않는 한, 운동권 출신이나 가정부, 폭력 피해 여성, 사형수 등의 절박한 삶과 무관한 독자들은 그녀의 소설을 통해 절실하지 않은 잉여의 감정을 소비하는 데 그칠 뿐이다"라고 혹독하게 비판한 바 있다. 나는 공지영 문학에 대한 정문순의 평가에 대해 일단 동의한다. 다만 정문순과 달리 문학은 성찰의 서사만이 아니라 위안의 서사도 필요하다는 견해를 덧붙이고 싶다. 또한 공지영의 소설은 위안의 서사만이 아니라 일정량의 성찰의 서사도 함께 갖추고 있다. 문학이 반드시 깊은 성찰의 서사만을 제공해야 한다는 것은 하나의 편견이다. 소수 독자를 겨냥한 본격문학과 일반 대중을 상대로 하는 중간문학을 동일한 잣대로 평가해서는 곤란하다. 한국문학의 중요 문제점의 하나는 본격문학이라는 단일한 잣대로 작가를 서열화하여 문학의 다양성을 해쳤다는 점이다. 문학은 기본적으로 다양한 메뉴로 구성되어 있어야 한다. 공지영이 보여준 문학은 본격문학과 상업주의 문학과의 사이에서 문학성과 상품성을 결합한 중간문학(또는 대중문학)의 형태이다. 그 동안 중간문학은 엄숙주의에 휩싸인 본격문학과 노골적인 상업주의 문학의 협공 속에 제자리를 찾지 못한 채 방황해야 했다. 건강한 중간문학의 활성화는 본격문학의 독자층을 형성하게 하는 밑거름이다. 공지영은 자신의 소설이 본격문학 중심의 기존 틀과 다른 소설임을 인터뷰에서 고백한 바 있다. 이 자리에서 공지영은 자신의 소설을 높게 평가하지 않는 문단 주류에 대한 비판과 함께 자신의 길을 가겠다는 의지를 드러낸다.

> "내 문학의 프레임과 기존문단의 낡은 프레임은 완전히 달라요. 내가 거기에 끼워 맞출 필요는 없다고 봐요. 난 그래서 이렇게 말하고 싶어요. 당신들이 칭찬해주지 않아서 난 성장했다. 이렇게요"
>
> (≪대산문화≫, 2007년 봄호)

공지영은 장편 『우리들의 행복한 시간』(2005)과 『사랑후에 오는 것들』(2005)을 통해 과거의 문학과 결별했음을 보여준다. 『사랑후에 오는 것들』의 후기에서 작가 공지영은 "이제껏 내 문학이 등에 지고 가야 한다고 생각하던 짐을 조금 내려놓고 쉬었"다고 고백한다. 이것에서 보듯 공지영은 역사, 현실이 주는 강박관념에서 벗어나 이전과 다른 문학을 보여주겠다는 선언을 한 것이다. 이것은 중간문학을 향한 행보를 강화하겠다는 의지의 표출로 볼 수 있다. 『사랑후에 오는 것들』은 어학연수를 위해 일본 도쿄에 간 최홍(베니)이 공원에서 만난 일본인 준고와 운명적 사랑에 빠지는 이야기를 담고 있다. 양국 간의 이질적 문화 경험에 의해 헤어졌던 두 연인들은 기적적으로 서울에서 다시 만나 사랑을 이룬다. 공지영의 이 소설이 한국인 여성 최홍의 시선에 의해 전개된다면, 일본인 유명작가 츠지 히토나리의 『사랑후에 오는 것들』은 일본인 남성 준고의 시선에 전개된다. 이 소설은 한일 우호 증진이라는 기획 아래 남녀 간의 결합을 통해 양국의 우호 증진을 겨냥하고 있다. 공지영의 『사랑 후에 오는 것들』이 보여주는 두 남녀의 사랑은 그 동안 공지영이 보여준 신파적 사랑의 공식을 그대로 따르지만 서사는 비교적 가볍게 전개된다. 이 소설은 가벼움을 지향한 공지영의 변화를 보여주고 있다는 점에서 의미가 있을지 모르지만 작품 자체로 보았을 때는 졸작이다. 작위적인 인물 설정, 뻔한 사건 전개, 신파적 눈물, 해피엔딩으로 점철된 『사랑 후에 오는 것들』은 마치 일일 연속극 내지 미니시리즈를 보는 느낌을 준다. 이 소설은 공지영의 약점이라고 흔히 불렸던 것들이 모두 집합해 미학적 균열을 발생시킨다. 이 소설을 읽은 독자들은 대략난감일 수밖에 없다.

2000년대 들어 대중들에게 점차 잊혀지기 시작했던 공지영은 사형수 정윤수와 현직 교수인 문유정과의 애틋한 사랑을 그린 장편 『우리들의 행복한 시간』으로 부활한다. 인간 생명의 존엄성과 용서라는 기독교적 세계관에 밑바탕을 둔 이 소설은 공지영이 역사적 현실과 사회에서 벗어나 보편적 문제로 관심의 초점이 이동하고 있음을 보여준다. 사형수 윤수와 전직 여가수이자 현직 교수인 문유정과의 사랑은 현실에서 결코 이루어지기 힘든 사랑이다. 죽음을 끊임없이 의식할 수 없는 이들의 비극적 사랑은 눈물을 짜내는 신파성에서 출발해 신파성으로 종료된다. 이처럼 이 소설은 그 동안 보여준 공지영의 문제점인 통속성, 신파성, 도식성을 거의 그대로 반복한다. 이 소설에서 개연적 리얼리티는 중요하지 않다. 중요한 것은 강간 피해자인 문유정과 불우한 유소년 시절을 보내야 했던 윤수가 죽음의 언저리에서 보여주는 애틋한 사랑의 감정이다. 물론 이 소설은 억울한 누명 속에 사형수가 된 윤수의 처지를 통해 사형제도의 문제점을 비판하고 있지만 이것은 어디까지나 부차적이다. 이 소설은 공지영의 기존 소설이 보여준 공식을 그대로 보여주고 있지만 작가가 직접 발로 뛰면서 취재한 사형수 관련 자료들이 구체적 형상화에 힘을 불어넣는다. 독자들은 안타까운 처지에 빠진 사형수의 아픔을 자기 것으로 하려는 작가의 노력을 소설 곳곳에서 확인할 수 있다. 작가의 성실한 취재와 사회적 문제 의식이 빛을 발하면서 이 소설은 공지영의 부활을 세상에 확인시켜 주었다.

공지영은 천부적으로 대중들이 욕망하고 있는 지점을 본능적으로 잡아낸다. 후일담소설과 페미니즘소설만이 아니라 『우리들의 행복한 시간』도 유영철의 엽기적인 연쇄 살인행각과 사형제도의 폐지 논란이라는 사회적 배경 속에서 나온 것이다. 최근 중앙일보에 연재되는 『즐거운 나의 집』은 세 번의 결혼과 세 번의 이혼을 한 베스트셀러 작가 공지영의 사생활을 엿보고 싶은 독자들의 욕망을 충족시켜 준다. 청각장애인학교 '자애학원'에서 발생한 성폭력을 형상화한 『도가니』(2009)는 아동 성폭력 문제에 대한 사회적 관심이 증가되고 있는 상황에 시의적절하게 대응하고 있다. 이처럼 공지영은 당대 대중들이 요구하는 것들을 포착해 형상화하는 데에 탁월한 재능을 보여준다. 반면에 상당수의 문인들은 기존의 본격문학 틀에 갇혀 제때에 대응하지 못했다. 1990년대 이후 '고급문학=본격문학, 저급문학=대중문학'이라는 기존의 편견과 고정관념은 해체되고 있다. 공지영만이 아니라 신경숙, 은희경, 박민규 등의 소설도 더 이상 본격문학의 틀로서만 이야기될 수 없다. 그들의 작품도 엄연히 중간문학의 범주에 포함될 수 있는 것이다. 따라서 공지영의 소설에만 유독 많은 비판이 집중되는 것은 부당하다고 볼 수 있다. 물론 그것은 베스트셀러 작가가 짊어져야 할 숙명이기도 하다.

6. 주체 과잉의 공주에서 타자의 상담자로

공지영 씨, 시대의 미트를 향해 운동권문학과 페미니즘문학이란 강속구를 던지며 압도적 구위를 선보였던 당신의 모습을 요새 보기 힘듭니다. 세월이 그만큼 흐른 것이겠죠. 장편 『즐거운 나의 집』이라는 자전소설은 당신의 시대에 대한 부채감이 이혼이라는 개인적 콤플렉스로 새롭게 대체되었음을 알려줍니다. 이러한 콤플렉스의 교체를 즐겁게 받아들일 수만 없는 것은 『즐거운 나의 집』이 보여주는 자기 연민이라는 합리화와 미학적 형상화의 미흡에서 기인합니다. 이 소설은 현대인의 가족문제 형상화보다 당신의 이혼에 대한 대중들의 동의와 지지를 구하려는 사적 욕망이 더 느껴집니다. 2000년대 발표된 당신의 소설 중 제가 관심 있게 읽은 것은 장편 『우리들의 행복한 시간』과 『도가니』입니다. 특히 사회적 약자인 장애인에게 가해진 폭력의 양상들을 들추어낸 『도가니』에 대해 독자로서 박수갈채를 보냅니다. 1990년대 당신의 후일담소설과 페미니즘소설이 대개 주체의 과잉 의식에서 파생되었다면, 사회적 약자인 사형수와 장애인을 다룬 2000년대의 소설에서 보듯 당신의 소설이 이제 주체보다 타자로 관심의 초점을 이동시키고 있음을 확인할 수 있습니다. 이러한 변화는 기존의 공지영 소설을 한 단계 질적으로 상승시키고 있습니다. 그 동안 당신을 내내 괴롭히면서 동시에 당신만의 색깔을 내도록 했던 주체 과잉의 공주병. 2000년대 중반에서 당신은 그것과 결별하고 타자의 상담자로 변신하는 성장을 보여주고 있습니다. 저는 이전의 소설도 나름대로 좋았지만 타자를 배려하는 당신의 최근 소설에서 좀 더 애정을 느낍니다.

공지영 문학을 평가하는 부분에 있어 반드시 생각해야 할 부분은 신파적 감상성과 복고적 낭만성을 부정적인 것으로만 보아야 하는 문제입니다. 사상의 혼돈 속에 전망을 찾을 수 없었던 1990년대에 당신의 신파적 감상성과 복고적 낭만성은 당대인의 아픔과 공허감을 위로하는 일종의 씻김굿은 아니었을까요. 이러한 씻김굿을 통해 사람들은 당대를 살아나갈 작은 희망을 얻었다고 봅니다. 비록 그것이 오래 못가는 인스턴트 보약이라고 하더라도 그것마저 없었다면 그 시대는 더 힘들지 않았을까요. 다시 말해 1990년대에 많은 사람들은 신파적 감상성과 복고적 낭만성을 열망했고, 당신은 이것들을 지속적으로 공급해주면서 베스트셀러 작가가 되었습니다. 물론 당신의 신파적 감상성과 복고적 낭만성이 독자들을 새로운 시대로 이끌지 못한 것은 분명 사실입니다. 특히 2000년대를 전후한 당신의 후일담소설은 관습적 성찰과 매너리즘이라는 함정에서 벗어나지 못했습니다. 후일담소설이 생산하는 신파적 감상성과 복고적 낭만성만으로는 더 이상 당대 독자들의 욕망을 만족시킬 수 없었던 것입니다.

공지영 씨, 1990년대부터 저는 분명 당신 소설의 애독자였습니다. 그렇지만 당신의 소설에 온전하게 공감할 수 없는 부분이 분명 존재합니다. 특히 주체 과잉의 공주병이 선과 악이라는 단순한 이분법적 서사 구조와 연결되었을 경우 미학적 균열을 드러내었습니다. 당신의 작품을 비판하거나 폄훼한 문단 주류나 평론가들이 당신의 작품이 지닌 문학성을 과소평가했던 것도 사실입니다. 이 부분에 있어서는 그들도 분명 반성을 해야 한다고 봅니다.

그러나 그것은 공지영 작가에게도 필요한 항목입니다. 베스트셀러가 반드시 명작은 아닙니다. 하지만 당신은 양적인 것을 기준으로 자신의 소설을 변호하려는 안쓰러운 자의식을 보여주었습니다. 물론 이것은 문단 주류와 문학평론가에 대한 피해의식이 낳은 산물이기도 합니다. 그렇지만 이러한 태도는 공지영 문학의 지속적 성장을 가로막는 자살골이 될 수 있습니다. 거울아, 거울아. 누가 이 세상에서 가장 아름다우냐! 그것은 공지영이 아니라 백설공주라고 말할 수 있는 진실의 거울이 반드시 필요합니다. 이러한 거울은 페미니즘소설과 사생활, 그리고 공주병이 결합해 빚어낸 '공지영=팜므파탈'이라는 허구적 이미지를 해체시키는 열쇠입니다. 공주병과 팜므파탈의 이미지는 당신 소설에 대한 안티팬과 비판적 목소리를 발생시키는 주요 동인입니다. 당신께서 주체보다 타자에 초점을 맞추는 서사의 행보를 지속적으로 보여준다면 이러한 허구적 이미지도 언제가 완전히 박멸될 것이라고 생각합니다.

쓰다 보니 글이 길어졌습니다. 혹, 제 글이 당신의 마음을 아프게 했다면 죄송합니다. 문인들에게 가장 두려운 것은 독자의 비판이 아니라 무관심이라는 말을 떠올리며, 당신의 소설이 진정 한국문학의 미래형이 되기를 열망합니다. 언제 볼지 모르겠으나 건강에 유의하시고, 지나친 음주는 건강에 해롭다는 말을 끝으로 글을 끝내야겠습니다. 안녕히, 안녕히 계십시오. 당신의 애독자(?)로부터.

불안은 문명을 잠식한다

편혜영론

1. 죽음의 본능과 불안 의식의 표출

1972년생의 작가 편혜영의 소설은 현대문명과 근대성(또는 모더니티)에 대한 우울한 묵시록의 보고서이다. 그녀의 소설은 모호하다. 작중인물이나 서사는 명료한 형태로 모아지기보다 끊임없이 산란한다. 구체적 지명과 인명은 등장하지 않은 채 영문 이니셜, 보통명사, 인칭대명사로 호명될 뿐이다. 자신의 고유한 이름을 갖지 못한 작중인물과 사물들은 현대 도시 속에서 익명화되고 소외된 타자들을 상징한다. 개별 고유 이름의 부재 속에 편혜영의 소설에서 모든 것은 불확실하다. 확실한 것은 현대문명이 반드시 인간에게 유익하지 않다는 사실이다. 편혜영이 보여주는 불확실성은 계몽적 거대담론의 위축과 주체의 상실이라는 포스트모더니즘의 문법의 반영이다. 편혜영의 창작집 『아오이가든』(2005)과 『사육장 쪽으로』(2007)는 현대문명에 대해 현대인들이 느끼는 불안감을 기반으로 해 서사를 전개한다. 이러한 불안 의식은 공허감과 냉소를 띤 그로테스크한 괴담의 형태로 자주 등장한다. 문학평론가 이광호는 이러한 편혜영의 소설을 하드고어hardgore의 서사라고 명명한 바 있다.

편혜영의 소설은 더럽고 추하고 공포스러운 풍경이 자주 등장하지만 그렇다고 오싹할 정도의 서스펜스를 유발하지는 않는다. 이것은 편혜영의 소설이 리얼리즘 문법에 기반한 사실 재현이 아니라 엽기적 알레고리로 재구성된 것이기 때문이다. 현대 도시문명의 부정적 특성을 콜라쥬하듯 짜깁기해 알레고리화한 것이 바로 편혜영의 소설이다. 알레고리란 대상에 대한 직접적 표현보다 다른 대상을 통해 비판하는 간접 방식이다. 독자들은 편혜영의 소설에 시체와 악취가 진동하지만 그것이 현실 자체가 아니라는 것을 잘 알고 있다. 편혜영 소설의 새로움은 현대인의 불안 의식을 공포문학의 장르문법을 차용해 효과적으로 보여주었다는 점이다. 공포소설은 독자에게 충격과 공포, 혐오와 반감을 불러일으키는 서사 양식이다. 그 동안 본격소설은 공포소설을 격이 낮은 3류 문학으로 취급해 소외시켜왔다. 그런데 1990년대부터 불기 시작한 탈장르의 흐름 속에서 편혜영은 본격문학과 장르문학을 결합시켜 낯설게 표출한다. 장르문학인 공포소설은 대중적 양식이지만 편혜영의 소설은 고도의 시적 상징성을 활용해 문명 비판을 시도하는 탓에 독자들이 쉽게 접근하기 힘들다. 편혜영은 공포문학의 장르문법을 창조적으로 전유한 것이다.

편혜영은 2000년 「이슬털기」로 서울 신춘문예에 당선이 되어 작품 활동을 시작했다. 등단 초기에 보여준 작품세계는 전통적 수법에 충실한 편이었고, 하드고어의 서사와는 일정한 거리가 있었다. 편혜영은 폭력과 죽음이라는 코드를 차용한 「누가 올 아메리칸 걸을 죽였나」(2000)를 창작했지만 주전공은 아니었다. 그러나 문학적 주목을 받지 못하는 무명의 시절이 계속 되면서 편혜영은 삶의 본능인 '에로스'보다 파괴하고 싶은 죽음의 본능인 '타나토스'에 끌리게 된다. 이러한 타나토스는 작가의 인정욕망과 구별짓기 욕망의 합작품으로서 틀에 박힌 서사의 골격을 해체시킨 주범이다. 이때 작가의 타나토스는 현대문명과 근대성을 비판하는 모체의 역할을 수행한다. 문학 모범생이었던 편혜영의 소설은 시체, 구더기, 개구리, 악취, 피 등이 낭자한 하드고어의 서사로 변신했던 것이다. 편혜영의 소설에서 "바깥은 무섭고 두려운 역병의 기운이 감도는 곳"이다. 그렇다면 방안은 "온통 구물거리는 구더기 천지"이다. 편혜영의 소설은 어디를 둘러봐도 희망이 보이지 않는다. 작가는 소설보다 당면한 현실이 더욱 잔혹하다고 말하면서 자신의 소설이 표출하고 있는 잔혹함의 이미지는 과잉이 아니라고 항변한다. 이러한 편혜영의 소설은 전망 부재 시대의 디스토피아 현실에 대한 문학적 대응이라고 볼 수 있다.

2. 시체와 동물적 상상력

편혜영의 소설에는 안개가 자주 등장한다. 안개란 대기 중의 수증기가 응결하여 지표 가까이에 작은 물방울이 떠 있는 현상으로 가시거리를 급격하게 축소시킨다. 편혜영의 소설에서 안개는 미래에 대한 전망을 상실한 존재의 불확실성을 보여주는 상징적 장치이다. 안개 속에서 편혜영의 작중인물들은 자신의 좌표를 상실한 채 방황한다. 그들은 계급(또는 계층), 성별, 연령, 지역 등의 개별적 특성보다 도시문명에서 살아가는 보편성이 강조된다. 이런 까닭에 편혜영의 소설은 생동감 있는 인물의 구체적 표정을 전달하는 데에 취약하다. 개별 작중인물들은 작품이 달라도 이미지가 서로 닮아 있다. 차별화된 것은 작중인물보다 다른 시각에서 보여지는 현대문명과 근대성의 환부이다. 안개에 갇힌 것은 작중인물만이 아니다. 작가 편혜영도 안개에 갇혀 있기에 총체적 시각과 전망을 보여주지 못한다. 「시체들」과 「첫번째 기념일」에서 작중인물이 온전한 통일적 신체로 존재하지 못하는 것도 분열된 자아와 파괴된 총체성을 드러내는 것이다. 편혜영의 소설이 보여주는 것은 특정 부위에 대한 근접 촬영식 서사이다. 이때 애용되는 것은 알레고리의 이미지들이다. 이러한 이미지들은 소설적 구체성보다 시적 상징성의 형태를 띤다. 미래의 전망을 볼 수 있는 눈은 안개에 의해 차단되어 있기에 보여줄 수 있는 것은 특정 지역 내지 부위일 뿐이다. 편혜영은 총체적 시선을 상실한 채 국부적 현상에 집착할 수밖에 없는 것이다. 편혜영은 미시서사의 환부를 통해 거대 서사라는 근대성의 폐해를 드러낸다.

편혜영은 타나토스에 지배받으면서 소설 속에서 대거 시체들이 등장한다. 이런 죽음의 일상화는 인간이 인간으로 대접받지 못하면서 생긴 현상이다. 인간이 소중한 생명으로 취급받지 못하는 상황에서 인간은 하나의 소모품에 불과하다. 비록 호흡을 하고 있지만 살아있다는 실존적 존재감을 느낄 수 없는 상황이라면 죽은 것과 별 다른 차이를 가질 수 없다. 「저수지」에서 엄마에게 버려진 아이들, 「아오이가든」에서 역병에 걸린 도시인, 「맨홀」에서 가출소녀 C와 C가 출산한 아기, 「문득,」과 「시체들」에서 익사한 여자, 「마술 피리」에서 단백질 결핍의 실험쥐 등의 시체가 등장한다. 이처럼 편혜영의 소설에서 죽음과 시체는 너무나 흔한 일상의 존재들이다. '일상=죽음=시체'라는 항목의 동거는 현대 도시문명의 병리적 현상과 구조적 모순을 말한다. 죽여도 죽여도 살아나는 좀비처럼 편혜영의 첫 창작집 『아오이가든』은 죽음과 시체를 떠나 존재하지 못한다. 「서쪽 숲」에서는 아예 도시 한 복판에 무덤들이 있고, 도시는 이 무덤들을 관광상품으로 활용해 생존해간다. 편혜영의 소설에서 삶과 죽음의, 현실과 환상의 경계선은 타나토스가 지배하면서 해체되거나 이완되어 있다. 시체들은 낯선 존재가 아니라 일상화된 존재이자 바로 현재의, 그리고 미래의 자신이기도 하다. 현대인들은 살아 있는 시체들인 것이다.

편혜영의 소설에서 시체들은 어떤 경로로 출현할까. 시체들은 역병·굶주림·사고사·실험사 등 다양한 원인에 의해 생산된다. 이때 시체들은 침묵하는 타자가 아니라 진실을 이야기하는 주체이다. 시체들은 자신의 사망 원인이 무엇인지 객관적으로 증언한다. 부검의들은 시체를 분석해 많은 정보를 얻어낼 수 있다. 우리들도 편혜영의 소설에 등장하는 시체들을 통해 많은 것들을 알 수 있다. 편혜영의 소설에 등장하는 시체들은 현대문명의 소외와 근대의 폭력성을 보여주는 상징적 기호이다. 근대 문명은 가급적 죽음의 기운을 멀리 보내고, 도시의 중심에는 삶의 본능인 에로스가 충만하도록 배치했다. 도시의 공동묘지들은 일상인의 눈에 띄지 않도록 도시의 외곽으로 밀려났던 것이다. 현대 문명은 불안과 공포를 유발하는 죽음을 망각하도록 기획한다. '죽음=혐오스러운 것'으로 취급되었던 것이다. 그런데 편혜영의 소설에는 망각되거나 외곽에 은폐시켰던 '죽음=시체들'이 대거 등장한다. 이러한 일종의 시체 애호증은 작가를 지배하는 타나토스의 욕망과 근대성 비판의 인식이 함께 작동한 결과이다. 편혜영의 소설에서 시체만이 아니라 붉은 피와 내장, 구더기, 부패, 악취 등이 단골 메뉴처럼 대거 출현한다. 한 마디로 편혜영의 소설은 혐오스러운 것들의 화려한 전시장인 셈이다. 편혜영의 소설은 특히 첫 번째 창작집인 『아오이가든』에서 추함, 악함, 더러움을 추구한 세기말적 악마주의의 독특한 아우라를 생산한다.

편혜영의 소설에서 인간은 인간으로 대접받지 못한 채 사물화,

상품화된 일회용품으로 등장한다. 인간들은 '문명화된 우월적 인간'이라는 타이틀을 홍보하지만 실상은 동물과 다를 바 없다. 아니, 어떤 면에서 인간은 동물 이하의 속성을 보여주기도 한다. 이처럼 근대성에 기반한 인간중심주의에 대한 작가의 비판적 인식은 편혜영의 소설에서 동물적 상상력을 발동시킨다. 편혜영의 소설에서 고양이·쥐·코끼리 등이 자주 출현하는 것도 이런 논리의 연장선이다. 동물적 상상력은 인간 세계에 대한 작가의 성찰적 자기모멸의식이 반영되어 있다. '인간'이 '비인간'으로 추락하는 일상적 현실은 인간 세계를 동물원으로 격하시킨다. 「만국박람회」에서 "삼촌에게서는 늘 짐승의 냄새가 났다"라는 지문은 인간이 문명의 인간답지 못한 현실에 대한 날카로운 작가의 비판이다. 이렇게 인간이 동물로 격하된 것은 아이러니하게도 인간중심주의를 내세운 인간 자신이 선택한 결과이다.

근대성은 '인간=문명=안전/비인간=동물=야만=위험'으로 분류해 상호 적대적 관계로 규정한다. 근대성은 끊임없이 적을 만들어 내는 이분법적 체계를 자랑한다. 상대할 적이 없다면 적은 발명되어 고안된다. 「동물원의 탄생」에서 도시의 안전을 위협하는 존재로 등장하는 것은 시베리아산 '늑대'이다. 동물원에서 한 마리 늑대가 사라지면서 사람들은 늑대에 대한 불안과 공포에 시달린다. 이러한 늑대의 존재는 건전한 도시의 문명을 위협하는 존재로 부각된다. 따라서 늑대를 없애기 위한 '사냥꾼'의 존재가 합법화된다. 처음에 낯설고 이질적으로 느껴졌던 사냥꾼의 총질은 시간이 지나감에 따라 사람들에게 익숙해진다. 늑대 사냥꾼이 많이 등장하지만 늑대는 여전히 오리무중이다. 늑대가 사로잡히면 사냥꾼의 존재는 불필요해진다. 사냥꾼의 존재를 위해 늑대는 잡히면 결코 안된다. 늑대는 사냥꾼의 존재 증명서인 셈이다. 평범한 보험회사 사무원인 '사내'도 늑대를 잡는 일에 동참해 삶의 의미를 찾고자 한다. 사내는 총을 발사해 '늑대'를 잡지만, 알고 보니 털가죽옷을 입은 사내이다. 털가죽옷이라는 기표는 늑대라는 내용의 기의를 담보하지 못하고 있는 것이다. 이 와중에 늑대옷을 입은 사내는 사냥꾼의 총에 의해 죽어간다. 그러나 이러한 죽음은 망각된다. 소설 초반에 동물원은 특정 지역을 지칭했지만 서사가 진행되면서 무한정 확대되어 인간 세계가 동물원의 세계로 변질된다. 그래서 이 소설은 '동물원의 탄생'이라는 표제를 달았던 것이다.

「퍼레이드」는 U공원의 코끼리 퍼레이드와 그곳에서 일하는 네 명의 남자에 대한 이야기이다. U공원에서 브레맨 음악대 차림으로 퍼레이드를 하는 K는 당나귀, E는 고양이, P는 개, S는 수탉의 옷을 입는다. 이 넷은 서로의 이름을 부르지 않고 당나귀, 고양이, 개, 수탉이라고 부른다. 퍼레이드의 단장은 단원들에게 웃는 얼굴과 과장된 동작을 끊임없이 요구한다. 이때 소설 속에서 단장은 개별 존재를 구속하는 획일적인 근대성의 시스템을 상징한다. 코끼리들이 난동을 부리고 사라지면서 퍼레이드는 중단된다. 넷은 흩어져 드라큘라, 공원 청소부, 검표원 등으로 변신한다. 그러나 S는 "자신이 누구에게나 상냥하고, 심지어 아이들을 볼 때면 양손을 좌우로 흔들며 무릎을 살짝 구부리기까지 한다는 걸 알았다. 그럴 때면 자신이 검표원의 탈을 쓰고 퍼레이드를 하는 중이라고 생각하기로 했다. S에게 세상은 언제나 퍼레이드 중이었다." S는 검표원으로 변신했지만 여전히 브레맨 음악대의 수탉이다. 이러한 장면을 통해 작가는 근대라는 원형감옥 시스템인 파놉티콘의 시선에 종속되어 자유롭지 못한 현대적 삶을 풍자했던 것이다. 이 소설에서는 인간이 바로 동물이다. 작가의 자기모멸의식과 냉소주의는 근대성이 표방한 인간중심주의에 대한 신랄한 야유와 조롱을 보냈던 것이다. 이러한 편혜영의 소설세계는

1950년대의 작가 손창섭이 보여준 세계와 유사하다.

3. 괴물과 근대성의 불행한 만남

18세기의 산업혁명 이후 근대성은 우리의 삶을 지배하는 일종의 유사종교였다. 근대성은 여러 가지 얼굴을 지니고 있지만 대표적인 것이 계몽성·합리성·이성·민족국가·자본주의이다. 이 항목들은 끊임없이 주체의 자기동일화라는 운동 속에 확장한다. 근대성의 범주에 소속되지 못한 것들은 타자로 명명되어 배제되고 차별된다. 이처럼 근대성은 배제와 차별을 통해 자기동일성을 확보해갔던 것이다. 근대성의 주체는 서구 '인간=문명'이었고, 이것에 포함되지 못한 것들은 '비인간=동물=야만'으로 간주되었다. 이것은 '인간=우월, 비인간=열등'이라는 우승열패의 진화론과 맞물리면서 제국주의적 침략을 합리화한다. 일본의 사회사상가 이마무라 히토시는 『근대성의 구조』에서 '인간/비인간'이라는 이데올로기의 구획선이 그어져 버리면 '비인간'에는 다양한 것들이 포함되면서 그 경계선이 확장한다고 말한다. '비인간'의 범주에 소속되는 대표적인 것은 비이성과 광기를 지닌 자, 장애자, 여성, 동성애, 무수한 소수 민족, 비문명적이라고 딱지 붙은 민족들과 국민, 종교적 관계에서는 이교로 치부되는 종교들이다.

이렇게 근대성의 범주에 속하지 못하는 것들은 편혜영의 소설에서 그로테스크한 타자로 등장한다. 편혜영의 소설에서 아오이가든, 습지, 저수지, 서쪽 숲, 계곡, 사육장 등은 근대성의 타자들이다. 홍콩의 사스 전염병에서 힌트를 얻은 단편 「아오이가든」은 사스 감염자가 집단적으로 발견된 아파트의 이름인 '아오이가든'에서 따온 것이다. 근대성은 자신의 입맛에 맞는 것을 끊임없이 먹어치우면서 맛 없다고 판명된 것들은 재빨리 버린다. 근대성은 이것을 합리적 효율성이라고 명명한 바 있다. 맛 없는 것으로 판명된 역병의 도시 아오이가든은 다른 도시와 격리된 채 희생양으로 전락한다. 편혜영은 「맨홀」에서는 지하세계를 설정해 근대성의 초자아가 외면한 부분에 대해 이야기한다. C는 눈을 안대로 가리고도 사물을 볼 수 있는 능력을 지닌 존재이다. 하지만 이러한 능력은 아버지로 대표되는 이성적 근대성의 세계 앞에서 '거짓말'을 일삼는 사기꾼으로 매도된다. 언제 어디서나 객관적으로 증명되지 못한 것들은 근대성의 세계에서 보편성을 획득하지 못한다. 근대성의 엄격한 기준을 충족시키지 못하는 타자들은 배제되거나 차별된다.

인간은 자신들의 경제적 목적을 위해 동물들의 번식과 자유를 통제한다. 도시 외곽에 자리한 대규모의 개 사육장은 보신탕용 개들을 주로 기르는 곳이다. 이들은 좁은 평수의 철조망 속에 갇혀 근수가 많이 나가도록 번식된다. 좁은 우리에 갇혀 성장하는 개들은 인간에 대해 증오와 파괴적 욕망을 갖게 된다. 「사육장 쪽으로」에서 척박한 사육장에서 탈출한 개들은 집 울타리를 넘은 아이를 잔인하게 물어버린다. 개들의 입장에서 보면 자신들을 가둔 인간들을 향한 정당한 복수일 것이다. 이렇게 아이를 개들이 물어도 다른 이웃들은 도울 생각을 하지 않는다. 사람들은 서로 고립되어 있다. 아이의 아빠인 '그'는 아이를 데리고 병원을 찾아 돌아다니지만 병원으로 대변되는 구원은 쉽게 발견되지 않는다. 병원은 사육장 쪽에 있는 것으로 나타난다. 병원이 사육장 쪽에 있다는 것은 사육장의 문제를 해결해야만 구원이 있다는 것을 의미한다. '그'는 병원이 있다는 사육장 쪽으로 가기 위해 자동차의 속도를 높이지만 그곳은 쉽게 보이지 않는다. 「사육장 쪽으로」 외에도 찾기의 모티브가 등장하는 작품은 W시를 찾아가는 「소풍」, 잃어버린 서류가방을 찾는 「분실물」, 죽은 여학생을 찾는 「저수지」, 죽은 아내의 시신을 찾는 「시체들」 등이 있다. 편혜영의 소설에서 작중인물들은 잃어버린 것을 찾아 헤매지만 그것은 쉽게 발견되지 않는다. 찾기의 서사 욕망은 만족이 지연되고 지루한 일상의 결핍은 계속된다.

편혜영은 동물적 상상력의 애용 속에 다리 병신(「아오이가든」, 「누가 올 아메리칸 걸을 죽였나」)이나 난쟁이(「만국 박람회」) 등 비정상적 인물이나 병자를 등장시킨다. 비정상으로 규정된 것들은 주체의 기준을 만족시키지 못해 주변으로 내몰린 존재들이다. 동물로도 호명되지 못하거나 이성으로 이해할 수 없는 비정상의 존재들은 '괴물'이라는 이미지로 규정된다. 현대 도시 문명에 의해 주변부로 추방된 타자들은 괴물로 변신해 자신을 버린 인간과 대립 관계를 형성한다. 이처럼 편혜영의 소설에서는 '인간/괴물, 문명/야생, 도시/시골'의 대립 구도 속에 현대문명과 근대성의 존재 방식에 성찰을 촉구한다. 「저수지」에서 호수에 사는 괴물, 「맨홀」에서 눈을 감고서도 사물을 볼 수 있다는 C도 일종의 괴물이다. 이러한 괴물들은 근대성의 범주에 들지 않는 존재들이기에 근대성의 세계에서 배제된다. 그러나 이렇게 배제한다고 해서 근대성의 타자인 괴물은 사라지는 것일까?

> 저런다고 괴물이 잡힐까?
>
> 첫째가 말했다.
>
> 어림없어.
>
> 둘째가 이불 속에서 대답했다.
>
> 맞아. 잡히면 괴물이 아니야.
>
> 셋째가 맞장구쳤다. 괴물은 면도날 같은 발톱을 가졌고, 피에 굶주려 있었다. 적외선 감지 장치로 인간을 쉽사리 찾아낼 수 있었다. 인간의 따뜻한 피

를 열로 감지하는 것이다. 갑자기 나타나서 누군가를 집어삼키고 아무런 흔적 없이 사라지는 게 특징이었다. 괴물은 괴물답게 재빨리 몸을 숨길 것이다.

(「저수지」, 27쪽)

「저수지」에서 인간들이 죽은 여학생의 시체를 찾는다고 저수지의 물을 거대한 기계인 양수기로 퍼올린다. 물을 퍼낼수록 괴물의 크기는 점점 작아진다. 그러나 이러한 상황은 폭우가 쏟아지면서 원상복구된다. 아니 저수지의 물은 이전보다 더 불어나면서 괴물의 크기도 이에 비례하여 더욱 커진다. 경찰은 저수지의 물을 칠십 퍼센트 가까이 뺐지만 끝내 죽은 여학생의 시체를 발견하지 못하고, 그 대신 발견한 것은 사람들이 버린 엄청난 양의 쓰레기이다. 저수지는 폭우가 내리면서 다시 더러운 물로 채워진다. 이것에서 보듯 근대성의 타자인 괴물의 정체를 밝히거나 존재 자체를 말살하는 것은 불가능하다. 그것은 근대성의 타자를 만든 것이 바로 인간 자신들이기 때문이다. 저수지에 각종 쓰레기와 오염 물질을 투척해 더러운 저수지를 만든 당사자도 인간들이었던 것이다. 이것에서 보듯 괴물은 근대의 도구적 이성이 자행한 폭압의 흔적들을 증언하는 상징적 기호이다.

편혜영은 「만국 박람회」에서 진보와 발전을 추구하는 근대성을 상징하는 '만국 박람회장'에 빗줄기를 쏟아부어 잠겨버리게 한다. 도시 전체를 홍수에 잠겨버리게 만든 장면은 노아가 등장하는 구약성서의 홍수신화를 떠올리게 한다. 이 홍수신화는 인간의 타락상을 경고하고, 새로운 삶의 필요성을 제기하고 있다. 「아오이가든」에서도 고양이 자궁의 절제 수술, 어머니의 월경과 폐경의 징후, 누이의 임신한 배속에서 쏟아져 나온 수십 마리의 붉은 개구리들은 이분법적 근대성의 위험성을 알리는 알레고리적 상징들이다. 편혜영의 알레고리 서사는 이분법적 획일화로 치달았던 근대성에 이의를 제기하면서 다양성의 차이가 존중받는 탈근대성의 기치를 내건다. 문제는 편혜영의 소설에는 근대성에 대한 비판적 인식은 보이지만 탈근대의 지점에 대한 모색과 고민이 빠져 있다는 점이다.

4. 일상성의 강화와 알레고리의 이미지

디스토피아의 현실에서 가족은 끈끈한 애정으로 묶여진 공동체라기보다 서로가 서로에게 폭력을 행사하는 균열된 공동체로 표현된다. 가족 구성원은 타인에 대한 무관심 속에 일상화된 폭력과 소외에 무방비로 노출되어 있다. 어머니들은 도시에서 돈을 벌어온다는 핑계를 대고 아이들을 유기하거나 특별한 이유 없이 아이들을 구타한다. 폭력적인 남편은 역시 약자인 아내를 이유 없이 때리고, 아이들은 부모 세대와의 소통단절 속에 가출하고 만다. 소설 속 가족 구성원들은 부모와 자식 간에 각별한 애정이 없다. 그들을 이어주고 있는 것은 혈육이라는 제도적, 본능적 관성일 뿐이다. 이처럼 편혜영의 소설에서 전통적 가족상은 해체되어 있다. 편혜영의 「만국박람회」, 「누가 올 아메리칸 걸을 죽였나」, 「맨홀」, 「문득」, 「밤의 공사」, 「마술 피리」란 단편은 이러한 양상이 잘 드러나 있다. 이 중에서 「누가 올 아메리칸 걸을 죽였나」는 일상화된 폭력 체험과 광기를 살인 행위와 연결시켜 형상화한다. 인간적 대접을 받지 못한 채 병신 취급당하며 성장한 세탁소집 아들은 세탁비 문제로 여자 고객과 옥신각신하다가 우발적 폭력을 휘둘러 살인을 저지르게 된다. 작가 편혜영은 존 더글러스, 마크 올셰이커의 추리소설 『마음의 사냥꾼』의 지문을 인용하면서 과연 누가 그 여자를 죽인 살인자인지 질문한다. 1차적인 살인자가 세탁소집 아들이라면, 2차적 살인자는 일상화된 폭력 속에서 아들을 키운 부모이다. 또한 이러한 폭력적 부모들을 만들어내고 용인한 당대 사회도 공범이라고 할 수 있다.

폭력이 폭력을 낳는 전염 과정 속에 가족 공동체만이 아니라 이웃의 사회적 관계도 균열한다. 편혜영의 소설에서 타인과의 관계는 주로 이해타산의 방식으로만 존재한다. 이러한 자본주의적 관계 속에 남녀 간의 애틋한 낭만적 사랑의 환상이 끼어들 틈이 없다. 편혜영의 소설은 신파적 감상주의와 결별한 채 하드보일드한 간결체로 무미건조한 현대의 일상을 해부한다. 「금요일의 안부인사」에서 일상의 현실에서 소외된 세 명의 남자는 우연히 치킨집에서 만난 것을 계기로 금요일 밤만 되면 김의 집에 모여 카드게임을 한다. 기업체 과정이었다가 구조조정으로 밀려나 치킨집을 차린 조, 사고로 아내가 죽은 후 고등학생 딸과 단 둘이 사는 사십대 중반의 중소기업 부장인 김, 자식과 아내를 외국에 보낸 기러기 아빠이자 은행원인 박. 서로의 연락처도 모르는 이들은 친구가 아니라 '아는 동네 사람'일 뿐이다. 이들의 관계는 지루하고 고통스러운 일상을 견디기 위한 도피처이다. 하지만 이들의 모임은 특별한 일이 발생하지 않는 한 계속될 것이다. 지루하고 고통스러운 디스토피아의 일상도 계속될 것이기 때문이다.

인간이 인간으로 대접받지 못하는 주객전도의 현실 속에서 인간은 사물화되어 간다. 「분실물」에서 평범한 회사원인 박은 반복되는 일상 속에 자신의 정체성을 상실해 간다. 평사원인 박은 회사에서 성실했지만 뛰어난 능력은 없는 사람이다. 어느 날 직장상사인 송이 박을 불러 서류 정리를 은밀히 부탁하고 그에 대한 대가로 승진을 암시한다. 박은 열심히 서류를 준비하지만 지하철에서 서류가 든 가방을 분실한다. 그 후 승진 경쟁에서 한참 뒤쳐진 박은 다른 사람들의 얼굴을 잘 기억하지 못한 채 "점차 말투

나 안경테의 모양, 머리술, 냄새 같은 것으로 사람을 알아보게" 된다. 「서쪽 숲」에서 등장하는 약국에서 일하는 여자는 무슨 서류인지도 모른 채 소장의 의뢰인에게 서류를 전달하는 일을 하고 있다. 봉투를 뜯어 안의 내용물을 보는 것은 금지되었다. 여자는 자신이 배달할 물건이 무엇인지 전혀 모르는 상태로서 노동의 과정에서 소외되어 있는 것이다. 어느 날 궁금증에 휩싸인 여자는 소장에게 전화를 해 무턱대고 서류를 준비해달라고 부탁한다. 여기에서 여자는 중간 매개자인 서류 배달꾼이 아니라 서류를 부탁해 주문하는 고객으로 자리 이동한다. '고객/배달꾼'의 역할 전도는 주객전도의 현실을 바로잡으려는 여자의 몸부림이다. 이것은 분리된 소외자에서 벗어나 전체적인 것을 파악하고자 하는 주체의 반성적 성찰이라고 볼 수 있다.

작가 편혜영의 소설은 기본적으로 알레고리의 서사이다. 아버지를 잃고 가난에 시달리는 한 가족을 그린 「마술 피리」는 편혜영의 소설이 지닌 알레고리의 성격을 잘 보여준다. 5살의 미아는 단백질 부족으로 발이 붓고, 머리통은 하얗게 부스럼이 일고 있다. 도시 외곽의 여자 대학 식품영양학과에 다니는 나는 영양사 시험을 핑계로 아르바이트도 하지 않는다. '나'와 미아는 오래전부터 단백질이 들어 있는 음식을 먹지 못했다. '나'는 학교의 실험과제로 루루라는 쥐에게 단백질이 들어 있지 않은 사료만을 주고 있다. 여기서 루루라는 쥐의 모습은 현재 가족이 처한 모습을 상기시키는 환유적 기호이다. "엄마도 나도 그렇다. 루루도 마찬가지다. 그런 점에서 우리는 모두 닮았다. 그중에서도 미아는 나와 꼭 닮았다. 그것은 자매 이상이다. 그것 때문에 가끔 미아를 향해 참을 수 없는 살의가 느껴진다." 루루라는 쥐는 한 달을 채우지 못하고 죽어버린다. 5살의 미아도 온몸이 열에 휩싸여 신음한다. 작가 편혜영은 미아의 운명이 루루와 유사할 것임을 강렬하게 암시한다. 미아를 업은 '나'의 휘파람 소리에 지구상에 퍼져 있던 쥐들이 모두 나타나 밤의 도시를 뒤덮는 엽기적 풍경이 연출된다. 이처럼 이 소설은 현실적 개연성보다 알레고리적 이미지의 부각에 중점을 두고 있다.

편혜영이 구사하는 알레고리는 어떤 사건이나 사물에 빗대어 표현하는 환유의 방식이다. 이 환유의 방식은 알레고리의 형태로 등장해 현대문명과 근대성에 대한 비판을 수행한다. 편혜영의 형상화는 실제 체험보다 인터넷이나 뉴스 등의 소재를 가공하여 나온 것이다. 현대문명과 근대성 비판을 수행하는 편혜영의 알레고리 이미지는 현실과의 연결고리가 미약한 면이 많다. 이것은 실제 체험의 부족, 예리한 문제 의식, 작가의 형상화 미흡이 복합되어 발생한 현상이다. 작가 편혜영의 소설이 미학적 깊이를 더 확보하려면 촌철살인적인 알레고리의 모습을 보여주어야 한다. 다시 말해 알레고리의 추상성을 뛰어 넘어 삶의 구체성을 환기시키는 지점까지 독자를 인도해야 한다. 그렇지 못할 때 편혜영이 보여준 알레고리의 서사는 동어반복의 매너리즘에 빠질 가능성이 많다. 기괴한 이미지를 풍기는 그녀의 소설은 이미 독자에게 익숙해져 있는 것이다.

5. 진화와 퇴화의 사이에서

타나토스에 지배되는 편혜영의 소설은 잔뜩 흐린 잿빛 날씨이거나 칙칙한 어둠이다. 소통의 몸짓과 희망은 편혜영의 소설에서 삭제되어 있다. 어디를 둘러봐도 '브룩클린으로 가는 비상구'는 부재하다. 희망은 절망에 빠진 자들을 북돋울 수 있는 힘을 지녔지만, 그 희망이 가짜라는 것이 판명되었을 때 절망은 더욱 커지는 법이다. 편혜영은 헛된 희망보다 차라리 절망 속을 걸어간다. 편혜영의 소설은 타나토스가 만들어낸 디스토피아 시대 속에서 오히려 쾌감과 실존감을 체험한다. 절망을 고통스럽게 확인하면서 자신의 살아있음을 느끼는 편혜영의 생존 방식은 섬뜩하기까지 하다.

첫 창작집 『아오이가든』에서는 비일상성 부분을 중심으로 시체, 구더기 등 그로테스크한 괴담의 모더니즘이 전면화되었다. 이에 비해 두 번째 창작집인 『사육장 쪽으로』에서는 미학적 세련 속에 일상성이 강화되고 시체나 피와 같은 엽기적 상상력은 위축되어 있다. 편혜영은 일상성의 강화 속에 개연적 현실과 소통할 계기를 확보했던 것이다. 편혜영의 소설은 기본적으로 환유에 기반한 알레고리의 서사이다. 알레고리의 이미지는 현대 도시문명과 근대성을 비판적으로 전유한다. 시적 상징성을 띠는 편혜영의 소설은 구체적이라기보다 추상성을 띤다. 편혜영의 소설은 「첫번째 기념일」에서 남자 주인공이 자신의 이력서 사진을 여러 사진에서 따와 붙이듯이 현대문명과 근대성 비판이라는 이미지를 여기저기에서 따와 모자이크한 것이다. 이러한 서사 전략은 독자에게 신선한 충격을 준 것이 사실이다. 그러나 알레고리 이미지 중심인 편혜영의 소설은 구체성의 미흡 속에 독자의 감동도 일정한 한계를 갖는다. 편혜영의 소설은 현대 도시문명과 근대성의 환부를 다양하게 비추고 있지만 다 읽고 나면 그래서 어쨌다는 말인가라는 의문이 머릿속을 떠나지 않는다.

작가 편혜영은 문학적 명성을 조금 얻게 되면서 무명작가 시절에 느꼈던 타나토스의 욕망도 약화되고 있다. 이러한 변화는 소설 속에서 일상성의 강화와 악마주의적 성향의 약화로 나타난다. 현대문명과 근대성에 대한 알레고리적 비판은 이전부터 있어왔다. 편혜영이 이것들과 차별성을 확보했던 것은 세기말적 악마주의를 연상시키는 기괴한 이미지의 미학 때문이다. 한국문학사에서 악마주의적 미학을 극한까지 보여준 작가는 아직까지 없다. 이런 점에서 편혜영의 소설은 주목할 만하다. 그렇지만 편혜영의 소설은 악마주의의 정점에 도달했다고 볼 수는 없다. 그런데 문학적 명성의 획득 속에 편혜영은 안정된 일상의 미학으로 선회하고 있는 것처럼 보인다. 일상성의 강화가 현실 개연성과 구체성을 높였다는 점에서는 긍정적이지만 자신만의 독특한 미학을 상실할 가능성도 그만큼 높아졌다고 볼 수 있다. 이러한 딜레마 속에서 편혜영은 불량아가 아니라 모범생이 되려고 하고 있는 것이다. 혹시 그녀가 보여준 악마주의적 미학은 편혜영의 문학적 정체성이 아니라 단순히 포즈에 불과했던 것인가?

나는 개인적으로 편혜영이 보여준 불온한 악마주의적 성향이 제대로 꽃필 수 있게 되기를 바란다. 왜 우리들에게는 보들레르와 같은 존재가 없을까. 편혜영의 소설이 지향할 지점은 『아오이가든』의 불온한 기괴함과 『사육장 쪽으로』의 구체성이 변증법적으로 결합하는 형태가 아닐까. 편혜영이 작가로서 좀 더 성장하려면 촌철살인적인 풍자 정신, 단편에서 장편 체질로의 확대, 구체적 체험의 강화 등이 필수적으로 이루어져야 한다. 소설의 진화는 각고의 노력이 수반되어야 한다. 현재 편혜영의 소설에 대해 쏟아지는 일부의 찬사에 혹하지 말고 자신의 부족한 점을 보강하는 몸부림이 요구된다. 편혜영은 현재 진화하고 있는가, 아니면 퇴화하고 있는가. 이 질문에 대한 답변은 편혜영이 감당해야 할 몫이다.

'응시'의 미학, 숨은 그림을 찾아

하성란론

1. 반전도형인 '루빈의 술잔'과 경계선의 시선

하성란河成蘭의 소설은 수다스럽지 않다. 아니, 오히려 적막할 정도의 침묵과 여백으로 가득하다. 무표정한 목소리로 현대의 일상을 촘촘히 해부하는 그녀의 언어는 푸른 정맥이 드러나 보일 정도로 미세하다. 조각난 퍼즐의 수수께끼를 풀려는 작가의 촘촘한 시선은 하성란표 '아우라'를 발산한다. 그래서인지 하성란의 소설을 읽다보면 예전에 TV에서 보았던 '형사 콜롬보'가 떠오른다. 늘 후줄근한 바바리코트에 평범한 소시민의 모습을 한 콜롬보. 그는 엉뚱한 사람이 범인으로 지목된 상황에서 놀라운 추리력으로 사건을 반전시킨다. 하성란도 조커란 비장의 카드로 독자의 예상을 뛰어넘는다.

1996년 「풀」로 등단한 하성란은 창작집 『루빈의 술잔』(1997)과 『옆집 여자』(1999)로 21세기를 선도할 작가로 주목받아왔다. 윤대녕이 시원성으로 회귀하는 개인적 내밀함을, 공선옥이 망각되어가는 역사적 상처와 사회적 모순을 되새김질했다면 하성란은 양자를 동시에 호출한다. 그녀는 미시적 일상을 재구성하여 거시적 차원을 함께 아우르고자 했던 것이다. 물론 이러한 시도는 그녀가 처음은 아니다. 그렇다면 그녀는 다른 작가와 어떤 차별성을 지닌 채 소설적 형상화에 접근했던 것일까. 보는 각도에 따라 다른 그림으로 보이는 반전도형인 '루빈의 술잔'은 하성란의 소설에서 중요한 자리를 차지한다. '루빈의 술잔'은 같은 이야기를 하더라도 좀 더 색다르게 전달하려는 작가의 욕망을 고스란히 대변하는 상징물이다. 그녀의 서사 전략은 변죽을 쳐 복판이 울도록 하는 시적 '낯설게 하기'와 연결된다. 작가가 보기에 "깡통 따개는 중심에서 가장 먼 거리인 통조림의 가장자리를 돌지만 그것은 결국 깡통 뚜껑을 열기 위한 최선의 방법"(「루빈의 술잔」)이다.

소설의 전통적 영역에 얽매이지 않는 작가의 퓨전적 상상력 속에 독자의 타성화된 인식회로는 일순 혼란에 빠진다. 이것은 일상의 현상을 무의미하게 바라보는 익숙한 '시선'들을 해체하는 과정이기도 하다. 이제 익숙한 것들은 낯설어지고, 낯선 것들이 익숙해지는 전복 속에 시선의 탈주가 시작된다. 독자들이 하성란의 소설에서 자주 영화적 체취를 느끼는 것도 바로 이 시선을 중심으로 서사가 배치되고 있기 때문이다. 하성란의 소설은 '응시'에서 발원되어 '응시'로 종료되고 있는 것이다. 응시는 단순하게 세계를 드러내는 것이 아니라 세계를 바라보는 작가의 세계관이자 욕망의 표현이다. 롤랑 바르뜨Roland Barthes도 『이미지와 글쓰기』에서 "시선은 기호는 아니지만 그럼에도 불구하고 그것은 의미한다"라고 언급한 바 있다.

응시의 미학을 선보이는 하성란은 대상을 바라볼 때 늘 일정한 거리를 유지한다. '응시의 주체'와 '응시의 타자' 사이에 생성된 틈새는 상호 합일할 수 없는 현대인의 소외성을 말하는 것이자 하성란의 독특한 미학이 빛을 발하는 지점이다. 그녀는 이 틈새에 '루빈의 술잔'을 결합하여 대상을 낯설게 만드는 데에 적극 활용한다. 이때 작가는 일상과 비일상의, 의식과 무의식의, 실험성과 전통성의 경계선에 위태롭게 자리한다. 이 중립적 지점에서 하성란은 후기 자본주의의 발호 속에 철저히 감추어진 일상의 진실을 힘겹게 찾아나선다. 따라서 삶의 진실을 발견하고 싶은 독자는 형사 콜롬보가 되어 난관을 헤치고 나아가야 한다. 다행히 그녀는 작품 곳곳에 실마리를 놓아두고 있다.

2. 시선의 해체와 전복적 상상력

하성란은 3인칭 시점과 느린 호흡의 문장을 활용하여 일상의 풍경을 꼼꼼히 관찰한다. 높은 곳이나 먼 곳에서 응시하는 듯한 롱숏의 장면에서 작중인물은 무미건조한 배경에 묻혀 침묵한다. 일거수 일투족을 응시하는 클로즈업의 시선에서도 작중인물은 도드라져 보이지 않는다. 이처럼 하성란은 작중 주인공을 중심으로 시선을 배치하지 않는다. 이것은 계몽적 거대담론의 몰락과 주체성 상실이라는 시대적 상황을 반영한 것이다. 작가는 카메라, 백미러, 거울, 유리, 고층 광고탑 등의 소도구를 등장시켜 시각적 이미지에 포위당한 현대인의 왜소한 모습을 차갑게 조명한다.

18세기에 제리미 벤담Jeremy Bentham은 일망감시체계인 원형감옥 파놉티콘Panopticon이란 모델을 제시한 적 있다. 미셸 푸코Michel Foucault는 벤담의 모델을 이용하여 근대의 문명을 감시와 억압의 체계로 설명한다. 하성란의 소설에서 작중인물들은 바로 이 파놉티콘의 시선에 갇혀 있다. 우월한 위치에서 열등한 존재를 내려다보는 일방향성의 시선에 의해 그녀의 작중인물은 행동 반경이 제한된다. 어둠 속에 감춰진 비대칭적 감시의 시선은 빛에 환히 노출된 일상인을 옥죄는 심리적 기제로 작용하여 군림하고 있는 것이다. 시선의 불평등성은 곧 권력의 차이와 억압의 발생을 뜻한다. 이런 상황에서 기존 지배질서에서 일탈하려는 반오이디푸스의 탈주는 거세 위협 속에 일상에 순응하도록 채찍질 당한다. 하성란의 작중인물들은 보이지 않는 규율적 시선이 요구하는 질서를 내면화하여 재생산하도록 훈육되었던 것이다. 사람들은 자유롭게 활보하고 있는 듯이 보이지만 파놉티콘의 시선을 결코 벗어난 것이 아니다.

두 남녀의 평범한 일상을 그린 단편 「꿈의 극장」은 작가가 가진 시선의 성격을 예리하게 드러낸다. 이 작품에서 작중인물들은 자신의 주체적 욕망이 아니라 타자의 욕망에 의해 삶을 살아간다. 피팅모델인 여자는 날씬한 몸매를 선호하는 현대문명에 맞추어 자신의 몸무게를 조절한다. 그녀의 다이어트에 대한 강박관념은 적정 몸무게의 초과가 아니라 오히려 미달로 나타나 결국 회사에서 해고된다. 자유기고가인 남자는 잡지사의 청탁으로 원하지 않음에도 불구하고 수면용 안대를 끼고 장님 생활을 한다. 장님 체험의 장소는 아이러니하게도 시각적 이미지가 지배하는 '극장'이다. 이러한 극장에 들어가기 위해 꼭 거쳐야 할 곳은 일종의 검문소인 매표소이다. 극장의 매표소에서 손님들은 여종업원의 얼굴을 보지 못하지만, 여종업원은 손님을 자세히 관찰할 수 있다. 이러한 불평등한 시선의 교차는 감시와 억압이라는 근대적 시공간의 성격을 함축적으로 드러낸다. 매표소를 지나쳐 그냥 들어가는 사람을 향해 '입술'로 명명된 여종업원이 어김없이 경고의 메시지를 보내는 데에서 우리는 시선의 강제성과 권력을 확인할 수 있다.

유리창으로 된 매표소 위에는 영화 포스터들이 빼곡히 붙어 있어 여종업원의 얼굴은 보이지 않는다. 요금 3,000원이라고 쓰인 글자들 사이, 금과 3 사이의 조그만 틈으로 과자나 껌을 질겅거리는 입술이 얼핏얼핏 비친다. 붉은 립스틱을 입술선 밖으로 과장되게 내어 그린 그 입술은 숫자 0자 중의 하나처럼 보이기도 한다. 맨 처음 극장에 온 날 남자는 그 여종업원에게 '입술'이라는 이름을 붙여주었다. 입술은 매표구 밖은 물론 매점 가판대까지도 쉴 새없이 눈을 굴리며 관찰한다. 매표구를 지나쳐 그냥 들어가는 사람을 향해 말 대신 매표구 밖으로 반쯤 내놓은 손가락을 신경질적으로 탁탁거린다.

(「꿈의 극장」, 『루빈의 술잔』, 문학동네, 1997, 125쪽)

영화를 상영하는 극장은 스펙터클한 환영을 만끽할 수 있는 공간이다. 영화가 처음 등장했을 때 사람들은 실재 사물을 그대로 옮겨놓은 듯한 놀라운 광경에 충격을 받았다. 하지만 시간이 흐르자 사람들은 영화가 실재 사물을 모사했을 뿐 실재 그 자체가 아니라는 것을 알게 되었다. 영화는 실재와 무관한 시각적 환영의 이미지를 화려하게 공급할 뿐이다. 그런데 장님 체험을 하는 남자는 수면용 안대를 끼고 앉아 영화를 관람한다. 이때 그는 시각적 환영이 펼쳐지는 극장이 아니라 "볼 수 있는 사람이 못 보는 것도 있고 보이지 않는 사람에게 보이는" '꿈의 극장'으로 잠시 이동한다. 이것은 장님 생활의 불편함과 정상인의 시각에 대한 찬사를 기대했던 잡지사의 의도와 상치되는 진정성의 몸짓이다. 이러한 남자의 태도는 시각적 환영의 소비성을 중시하는 근대문명에 대한 딴죽걸기일 수밖에 없다. 꿈의 극장에 대해 쓴 남자의 원고가 잡지사에 의해 폐기 처분되는 과정은 파놉티콘의 시선을 거부하는 역逆파놉티콘의 시선이 아직은 잠재적 가능성의 형태로만 사회에 존재함을 말해준다.

하성란의 소설에서 파놉티콘은 빅브러더Big Brother처럼 단일한 존재가 아니다. 그것은 미시적 일상의 곳곳에 스며든 복수적複數的 존재이다. 은행, 아파트, 슈퍼마켓, 백화점, 회사 등등 우리가 흔히 접하는 일상의 시공간에서 파놉티콘의 시선은 음험하게 작동하고 있다. 하성란은 시선의 규율에 갇힌 도시의 일상을 소설에서 '수족관' '통조림' '상습정체지역' '사출성형기' '뻔한 이야기' '종합병동' 등으로 비유한다. 이렇게 박제된 일상에서 남편을 사고로 잃은 주부, 마네킹 역할을 하는 피팅모델, 묘혈 체험을 한 자유기고가, 불면증에 시달리는 화물차 운전사, 잡지사 여직원, 자동차 쎄일즈맨, 실직한 은행원 등은 '그림자 인간'으로 살아간다. 이들은 대개 원룸이나 아파트에 혼자 살면서 자신의 삶을 조금씩 살해한다. 작품 곳곳에 등장하는 구토의 장면은 이러한 현실에 적응하지 못하는 존재의 거부반응이다. 하성란은 구토의 "토사물처럼 정직한 것도 없다"(「양파」)란 모토 아래 남들이 흔히 외면하는 부분에 오히려 세심한 눈길을 던진다. 그 결과 도시적 일상에서 마이너리그로 분류되던 쓰레기봉투, 냉장고, 씽크대 개수구, 삼류 다방, 옥상 등이 소생의 숨결을 힘겹게 내쉰다. 이것은 파놉티콘의 시선에 의해 '중심/주변'으로 분리된 이분법적 도식에 대한 저항이자 억압된 타자를 복원하려는 움직임이다.

이러한 하성란의 전복적 상상력이 가장 탁월하게 드러난 수작은 동인문학상 수상작인 단편 「곰팡이꽃」이다. 이 작품에서 동료 여직원을 짝사랑한 남자는 다른 사람과 결혼하여 사는 그녀의 아파트로 이사해 남몰래 쓰레기봉투를 뒤진다. 그녀가 버린 쓰레기봉투를 찾음으로써 남자는 간접적인 관계를 유지하고 싶었던 것이다. 우연히 밖으로 나온 그 여자를 아파트 놀이터 등에서 관찰하여 어떤 쓰레기를 버릴지 알아내려고 애쓰는 남자의 모습은 한마디로 병적인 사랑의 풍경이다. 여자의 채취를 발견하기 위해 아파트의 모든 쓰레기를 열심히 뒤지는 남자는 "쓰레기는 거짓말을 하지 않는다. 쓰레기야말로 숨은 그림 찾기의 모범답안"이라고 생각한다. 실제로 남자는 쓰레기를 통해 직접 접촉에서 얻는 정보보다 더 많은 것을 얻어낸다. 인간은 죽어 있고, 오히려 쓰레기들이 생생한 생명의 활력을 전달하는 주객전도의 현실. 이것은 정상적 소통체계가 원활하게 작동하지 않는 현대의 암울한 모습이기도 하다.

똑같은 출입문, 똑같은 평수의 아파트는 규격화된 삶을 요구한다. 그것에서 삶의 다양한 표정을 발견하기는 힘들다. 하성란은 붕어빵 얼굴 대신 아파트에서 소비되어 버려지는 다양한 쓰레기에서 개별적인 인간의 냄새를 추출한다. 이처럼 직접화법보다 간접화법을 애용하는 하성란의 글쓰기는 인간소외 현상을 오히려 더 효과적으로 독자에게 전달한다. 쓰레기장을 조사하여 그 지역에 사는 사람들의 생활 실태를 알아보는 것은 '가볼러지garbology'라는 사회학의 수법이다. 하성란은 쓰레기 봉투를 뒤지는 남자의 개인적 행위를 통해 아파트에서 고독하게 살아가는 사람들의 모습을 확장하여 드러낸다. 하성란이 신경숙申京淑과 같은 현미경적 묘사력을 가지면서도 차별성을 보이는 것은 바로 이러한 부분에서이다. 그녀는 미시서사에 거대서사를 적극적으로 투영해 세계를 확대한다.

하성란의 소설에서는 작중인물이 꿈꾸는 이상향의 세계도 시각적 이미지에 의해 규정된다. 자본주의의 첨병인 광고는 일상의 탈출구로 '바다' '하와이' '저 푸른 초원' 등을 끊임없이 선전한다. 하지만 그것은 후기 자본주의의 메커니즘이 살포한 기만적 환상이기에 현대인은 탈출구라는 이미지만을 소비할 따름이다. 단편 「치약」에서 남자는 서해 바다를 바라볼 수 있다는 광고에 매혹되어 집을 구입하지만 고층아파트 때문에 시야가 막혀 보이지 않고, 「저 푸른 초원 위에」에서 부부는 완벽한 전원생활을 꿈꾸며

교외의 집을 얻지만 잡종견과 아이의 실종은 그것이 허망한 환상임을 보여준다. 삶의 안식처를 찾는 몸부림은 대개 추락하는 '이카로스Icaros의 촛농 날개'로 귀결된다. 소설에서 다양한 병자들이 대거 등장하는 것도 이것과 무관하지 않다. 이 중에서 특히 폭식증(『식사의 즐거움』「별 모양의 얼룩」)은 존재의 내면에 자리한 허기를, 끊임없이 중얼거리는 음송증(「옆집 여자」)은 자기 자신과 대화하려는 나르씨시스트의 몸짓을, 기억의 단속적 상실이라는 건망증(「풀」「옆집 여자」)은 일상에서 의미를 잃어가는 존재의 정체성을 날카롭게 환기한다.

그렇다면 우리들은 도시적 일상이라는 보호막에 안주해야 할까. 문제는 현대적 일상이 그리 안전하지 못하다는 점이다. 첨단문명이 이룩한 일상의 견고성은 우연한 교통사고(「시즈오카 현의 한 호텔은 후지산이 보이는 날만 숙박료를 받는다」·「올콩」·「양파」·「개망초」·『삿뽀로 여인숙』), 건물 붕괴(「루빈의 술잔」), 익사(「내 가슴속의 부표」), 화재(「별 모양의 얼룩」), 실종(「내가 사랑한 것은 그녀의 등허리였을까」·「두 개의 다우징」·「와이셔츠」·「처 푸른 초원 위에」), 과실치사(「즐거운 소풍」), 추락(「촛농 날개」), 총기 오발(「밤의 밀렵」)등 다양한 돌발사고에 의해 허무하게 무너진다. 안전하다고 선전한 도시적 일상이 오히려 위험하다는 사실 앞에서 현대인은 마냥 불안할 수밖에 없다. 현대인은 숙명적으로 불안이란 바위를 짊어지고 사는 시지푸스Sisyphos인 것이다.

하성란은 공동체에 대한 기억이 부재한 인물을 등장시켜 일상의 소외적 풍경을 개성적으로 그려낸다. 작가의 전복적 시선으로 벙어리이던 타자의 풍경은 비로소 자신의 목소리를 되찾는다. 인물의 내면세계가 언급되지 않음에도 풍경은 소외된 내면의 무늬를 나지막하게 속삭인다. 아쉬운 점은 작중인물의 계층적 변별성이 효과적으로 드러나 있지 않다는 것이다. 예를 들어 장편 『식사의 즐거움』(현대문학, 1998)에서 남자 주인공이 공장노동자로 등장함에도 불구하고 독자들은 그 인물에게서 노동자의 체취를 발견하기 힘들다. 이것은 작가가 중산층 여성의 이데올로기에서 자유롭지 못한 처지임을 암시한다.

3. 이중구조, 失明에서 實名으로

하성란의 소설은 겹구조로 정교하게 짜여진 일종의 '매직아이magiceye'이다. 바깥과 안쪽이 전혀 다른 그림으로 구성된 이중성은 작가가 세계를 바라보는 태도를 반영한다. 세계의 진실은 철저히 감추어져 있기에 숨겨진 그림을 보고 싶은 자들은 탐색 여행을 떠나야 한다. 잡지사 직원인 여자는 '탐探'자를(「풀」), 조각가인 남자는 실종된 여자 K를(「내가 사랑한 것은 그녀의 등허리였을까」), 보험조사원은 사고로 숨진 박기철을(「밤의 밀렵」), 여자는 자신이 잉태한 아기의 아버지를(「기쁘다 구주 오셨네」) 찾아 이리저리 헤맨다. 작중인물로 보험 조사원과 경찰이 등장하거나 소도구로 수맥 찾는 다우징과 열쇠 등이 애용되는 것도 감춰진 진실 찾기와 연관성이 깊다. 이처럼 그녀의 소설은 진실을 발견하려는 '찾기의 서사'와 감추려는 '은폐의 서사'가 맞부딪쳐 팽팽한 긴장감을 조성한다.

하성란의 작중인물들은 대개 이름이 없다. 그래서 찾기의 서사는 주춤거릴 수밖에 없다. 작중인물들은 고유명사 대신 '남자' '여자' '덩치' '입술' 등 보통명사로 호명된다. 이름이 삶의 정체성을 암시한다는 점에서 실명失名은 개별 주체의 죽음을 의미한다. 이러한 양상은 「옆집 여자」에서 아들의 이름을 잊거나 사물에 인간의 이름을 붙여 대화하는 주부의 모습으로까지 심화된다. 실명

失名의 작중인물은 소외감으로 인해 고통스러워하지만 동시에 익명성의 우산 아래에서 편안하다. 그러나 그것은 삶의 주체성을 포기한 자기기만적 도피이기에 실명失名의 작중인물은 우연성을 매개로 잃어버린 실명實名을 찾고자 한다. 이것은 응시의 주체가 주변부로 내몰린 응시의 타자를 발견하는 과정이기도 하다. 실명失名은 자신과 유사한 또 다른 실명失名을 자아성찰의 거울로 삼아 실명實名과의 거리를 좁히고자 한다. 하성란이 비슷한 작중인물, 쌍둥이나 자매, 똑같은 이름이나 지명 등을 자주 등장시킨 것도 거울 모티프와 관련이 깊다.

중편 「루빈의 술잔」은 동사무소의 실수로 똑같은 주민등록번호를 지니게 된 두 명의 여성을 상호 대비한다. 동일하면서도 동일하지 않은 두 여자는 조우하지만 매번 엇갈림으로써 평행적 관계에서 벗어나지 못한다. 이 평행적 거리가 선사하는 객관성을 바탕으로 하여 남편을 사고로 잃은 '여자'는 은행원인 송미경을 엿본다. 절름발이인 송미경의 처지는 실명實名이 밝혀짐에도 불구하고 실명失名의 처지와 다름이 없다. 귄터 그라스Gunter Grass의 『양철북』에서 보듯 일상인과 다른 신체적 특징은 현존 세계와의 불화를 상징적으로 보여주는 기호인 것이다. 여자는 송미경을 통해 일상에서 소외된 자신의 진면목을 발견하고 실명實名에 접근한다.

하성란의 이중적 서사는 작중인물의 심리 상태와 사건 전개를 암시하는 객관적 상관물을 복선으로 활용해 작품의 후반부에서 극적 반전을 이끌어낸다. 이 지점에서 작중인물이나 독자는 심화된 분규 속에 감춰진 진실을 발견한다. 송미경의 아파트를 무단으로 이용하는 여자의 은밀한 이중생활은 송미경이 우연히 뜨개점을 방문함으로써 위기를 맞이한다. 여자는 그곳에서 송미경의 이름으로 등록해 뜨개질을 배웠기에 정체가 노출될 위험성이 있었던 것이다. 그렇지만 하성란의 소설에서 시선은 일방향성으로 흐르기에 진실은 여전히 가려진다. 송미경은 자신의 이름으로 등록된 것을 친구의 소행으로 여기며 어떤 문제도 제기하지 않은 채 넘어간다. 또한 여자도 새로운 주민등록번호와 여권을 부여받음으로써 송미경과의 연결고리를 상실한다. '은폐/찾기'의 서사는 다시 엇갈려 평행선으로 복귀한다. 그래서 여자의 실명實名은 끝내 밝혀지지 않은 채 미완결의 과제로 남는다. 하성란의 소설에서 찾기의 서사는 은폐의 서사와 OK목장의 결투를 벌이지만 그 싸움은 대개 패배로 끝난다.

> 어머, 벌써 회원에 드셨잖아요. 화면 위로 떠오른 개인 신상명세서를 들여다보던 주인 여자의 목소리가 높아진다. 아뇨, 전 처음인데요. 송미경씨. 맞죠? 생년월일이 68년 2월 29일. 지금 모티프를 뜨고 계시는 중이잖아요. 한동안 왜 안 오시나 했죠. 여자는 핸드백 속에서 꽃 모양의 모티프 조각을 꺼내든다. 그래요. 바로 그거예요. 주인 여자가 손등으로 두 눈을 문지르며 여자를 쳐다본다. 아, 그에는 제 친구예요. 제 이름을 댄 모양이네요.
>
> (「루빈의 술잔」, 『루빈의 술잔』, 65~66쪽)

하성란이 즐겨 사용하는 이중적 서사구조와 극적 반전은 '미스터리 소설'의 문법에서 일부분을 빌려온 것이다. 이브 뢰떼르Yves Reuter에 의하면 극적 반전의 미스터리 소설은 범죄가 발생한 과거의 시점에서 서술되는 이야기와 그것의 진실을 찾아 거슬러 올라가는 현재의 이야기가 긴박하게 대립한다. 과거와 현재의 이야기가 만나는 것은 어둠 속에 가려진 진범이 누구인지 밝혀지는 극적 순간에서이다. 하성란이 즐겨 사용하는 현재형의 문장은 과거에 발생한 사건이 현재에 종료된 것이 아니라 현재 진행형으로 계속되고 있음을 강하게 환기시킨다. 미스터리 소설은 결론 부분에서 진범의 정체와 범죄의 발생원인이 밝혀진다. 이에 비해 미스터리 소설의 문법을 약간 변주한 하성란의 소설은 진범, 즉 일상의 진실을 부분적으로 노출할 뿐이다. 그래서 찾기의 서사는 은폐의 서사와 합일하지 못한 채 또다시 멀어지면서 'to be continued'라는 자막으로 처리된다. 모든 탐색의 행위는 원점으로 회귀하고 견고한 일상은 난공불락의 성채를 자랑한다. 이처럼 하성란은 소설을 해피엔딩으로 끝내기보다 비극적 결말로 끝냄으로써 세계와 쉽게 타협하지 않는 비순응성을 보여준다.

하성란의 소설에서 복선을 적절히 활용한 우연성은 은폐된 일상의 진실을 폭로한다. 이때 우연성은 예측하지 못한 극적 반전과 맞물려 견고한 일상의 질서를 해체하는 전위대 역할을 톡톡히 수행한다. 이러한 우연성은 삶의 불확실성과 주체의 몰락이라는 탈근대적 인식의 반영이다. 평범한 남자의 하루를 그린 단편 「올콩」에서 우연성은 돌발사고인 번개로 비유된다. 우연성의 개입 속에 계몽적 합리주의가 자랑하는 안정된 일상이라는 허구적 신화는 동요한다. 맑스도 "견고한 모든 것은 대기 속에 녹아버린다"(「공산당 선언」)고 하지 않았던가. 이 소설에서 데이트를 위해 자동차를 몰고 나선 남자는 우연적 사건의 연속 속에 약속시간을 이겨 끝내 여자에게 차이기까지 한다. 빈틈없이 짜여진 남자의 일상이 우연성의 개입에 의해 와르르 허물어진 것이다.

그런데 최근에 나온 창작집 『푸른수염의 첫 번째 아내』(창작과비평사, 2002)에서 우연성은 탈근대적 인식의 소산보다 흥미 위주의 극적 반전을 끌어내기 위한 수단으로 전락한 면이 있다. 「와이셔츠」에서 실종된 남편을 찾아 예전에 살던 아파트 5층 옥상에 올라간 은옥은 남편의 와이셔츠를 우연히 발견하고, 「밤의 밀렵」에서 죽은 박기철의 사인을 조사하는 보험조사원은 박기철이 처했던 위험한 순간을 우연히 똑같이 경험하고, 「기쁘다 구주 오셨네」에서 여자인 '나'는 술에 취해 잠들었다가 애인과 애인 친구들이 과거에 저질렀던 집단강간 사건을 우연히 엿듣게 될 뿐만 아니라 자신도 똑같이 강간을 당한다. 복선의 위축 속에 소설적 개연성과 무관한 우연성의 남용은 작가가 직면한 상상력의 위기가 깊은 함수관계를 형성한다. 하성란의 여러 단편소설 중 바람난 아버지를 그린 「두 개의 다우징」과 「오, 아버지」, 피팅모델 경력의 여자가 등장하는 「꿈의 극장」과 「지구와 가까운 소행성과의 랑데부」, 광고모델이 등장하는 「깃발」과 「치약」은 동일한 모티프가 조금씩 달리 나타난 경우이다. 이것은 질적 변화가 수반되지 못한 소재의 반복 변주라 할 수 있다. 또한 「푸른수염의 첫 번째 아내」에서 뉴질랜드 교포인 체이슨의 동성애를, 「당신의 백미러」에서 트랜스젠더transgender인 최순애를 다루고 있는데 심도 있게 접근하지 못하고 있다. 인물의 심층적 내면 갈등과 사회적 맥락을 충분히 보여주지 못한 금기의 형상화는 오히려 독자에게 작가가 왜 이 문제를 말하려고 했는지 의문이 들게 한다. 치열한 산문정신은 단지 새로운 소재를 발굴하는 데서 그치는 것이 아니라 그것과 고투하는 자세에서 발현한다.

작가 하성란은 당면한 상상력의 위기를 환상성으로 돌파하고자 한다. 특히 1999년에 발생한 씨랜드 화재사건을 소설화한 단편 「별 모양의 얼룩」에서 환상성은 현실과의 상호작용 속에 그 빛을 한껏 발한다. 잘 해주지도 못한 채 유치원생 아이를 하늘나라에 보낸 어머니. 그녀의 자책감은 가겟집 남자가 보았던, 아이의 가슴에 달린 '별 모양의 브로치'를 '별 모양의 얼룩'으로 절묘하게 환치시킨다. 이것을 통해 삶과 죽음으로 분리된 어머니와 자식 사이의 거리는 좁혀진다. 이러한 환상성은 느닷없이 출현한 돌연변이가 아니다. 하성란의 소설에 등장한 환상성은 우연성이란 어머니에게서 태어난 불온한 자식이다. 우연성과 환상성의 결합 속에 서사는 비선형적 흐름을 더욱 가속화시키며 탈근대적 풍경을 그려낸다. 그러나 하성란의 환상성은 택시운전사가 갑자기 마술사로 변신하여 놀라운 능력을 발휘하는 「새끼 손가락」에서 보듯 아직까지 제자리를 찾았다고 보기 힘들다. 특히 그녀의 환상성은 현실의 음영을 효과적으로 투영하지 못할 경우 대부분 미학적 균열로 이어진다. 글쓰기의 진퇴를 거듭하는 하성란은 현재 일종의 과도기적 단계에 있는 것으로 보인다.

4. 엿보기 욕망과 서사성의 빈곤

일상의 단면을 정밀하게 관찰하는 하성란의 시선은 일종의 엿보기 욕망에 기초해 있다. 이 엿보기 욕망은 "모든 현상들이 말을 하게 되어 있는 것"(「내가 사랑한 것은 그녀의 등허리였을까」)이라는 명제 아래 작동한다. 도시적 일상은 사람과 사람 사이에 벽을 쌓으며 급속도로 성장해왔다. 우리는 벽 너머에서 사람들이 어떻게 살아가는지 도무지 알 수가 없다. 도시문명의 확산 속에 텔레비전의 보급이 빠르게 이루어진 것도 타자의 삶을 알고 싶은 욕망의 간접적 표현이다. 이런 점에서 다른 존재에 대한 관심의 표현인 엿보기 욕망은 세계와 자아를 확장하는 유효한 수단이 될 수 있다. 하지만 하성란의 작중인물들은 대개 왜곡된 '엿보기 욕망'의 포로가 된다. 엿보는 주체와 엿보이는 타자 사이에 교감은 부재하다. 그래서 엿보기 시선은 출구를 찾지 못한 채 갇혀 버린 존재의 수음手淫 행위로 전락한다. 하성란은 이러한 작중인물의 삶을 엿보면서 서사를 전개한다. 물고 물리는 엿보기 관계. 독자도 이 대열에 슬쩍 동참한다.

하성란의 소설에서 아버지의 역할은 대개 희미하거나 부정적 모습으로 등장한다. 이것은 기존 지배질서를 상징하는 아버지에 대한 작가의 거부감을 보여준다. 하성란의 『식사의 즐거움』은 엿보기 모티프를 통해 현대인의 아비 부재의식과 소외 현상을 함께 드러낸 장편이다. 이 소설에서 남자는 신생아실에서 간호사의 실수로 자신이 다른 부모에게 보내진 것을 기억해낸다. 이 기억은 물론 남자가 만들어낸 가짜 기억으로서 폭력적 아버지의 존재를 '부정'하려는 욕망의 변형물이다. 남자는 살부殺父의 충동을 교묘히 변용해 인자한 친부모가 따로 존재할 것이라고 상상함으로써 오이디푸스의 위기를 벗어나려고 한다. 그는 자신이 상상한 대로 감나무와 사자머리 손잡이가 있는 친부모의 집을 우연히 발견해 엿보기 시작한다. 남자는 친부모라고 생각하는 사람에게 직접 찾아가 자신이 28년 전 신생아실에서 뒤바뀐 친아들임을 밝히지 않고 주위를 맴돈다. 이것은 친부모로 생각한 사람들이 자신을 아들로 인정하지 않는 상황에 직면하는 것을 피하려는 심리적 방어기제의 산물이다. 그래서 남자와 친부모로 생각한 사람들과의 만남은 계속 연기되고, 엿보기 욕망은 계속된다.

> 당분간 이 모든 것은 비밀에 부쳐두기로 했다. 놀란 부모님들은 남자가 찾아내지 못하는 곳으로 잠적해버릴 수도 있었다. 소독은 한달에 한번 있었고 지금 당장으로는 한달에 한번 부모님을 볼 수 있다는 것에 만족하기로 했다. 생전 처음으로 이 직업을 물려준 아버지에게 고마움을 느꼈다.
>
> (『식사의 즐거움』, 현대문학, 1998, 181쪽)

아버지 대 아들이 빚어내는 오이디푸스 갈등은 인류가 시작한 이래 계속되어온 고전적 문제이다. 작가는 이 갈등을 반듯한 포마이카 밥상에서 '식사의 즐거움'을 향유하려는 작은 소망으로 대체해 표현한다. 여기에서 오이디푸스 문제는 낯익은 주제임에도 불구하고 새롭게 다가온다. 그렇지만 하성란은 낯설게 하기로 문제를 새롭게 드러낼 뿐 그 이상의 모습은 보여주지 않는다. 작가는 폭력적 아버지를 뇌졸중에 의한 사망으로 처리하여 부자간의 갈등을 임시 봉합하는 것이다. 문제의 해결은 아버지가 왜 폭력적 가장으로 변했는지에 대한 구조적 천착에서 출발한다. 이 부분을 소홀히 처리한 것은 아쉬움을 남긴다.

엿보기 시선은 타인이 감춘 비밀을 감지하는 데 요긴하지만 자칫 잘못하면 관음증적 중독과 표피적 현상에 고착될 가능성도 많다. 응시 주체는 응시 대상의 경험을 직접적으로 소유할 수 없다는 태생적 한계가 있는 것이다. 하성란이 타락한 일상세계를 비판하기 위해 자주 쓰는 아이러니 기법의 파괴력이 일정 수준을 넘지 못하는 것도 엿보기 시선의 한계성과 관련이 있다. 상습 정체 구간 대 지상의 낙원 하와이(「깃발」), 악마의 유혹에 넘어간 파우스트 대 반가운 구세주로서의 태아(「기쁘다 구주 오셨네」), 이상적 공간인 저 푸른 초원 대 잡종견과 아이의 실종(「저 푸른 초원 위에」), 시끄러운 이웃 대 고요한 밤(「고요한 밤」) 등의 상반된 모습이 연출하는 아이러니는 현실의 문제점을 대개 슬쩍 들추어낼 뿐 그 이상의 세계를 보여주지 않는다. 엿보기 욕망은 작가를 세상과 연결하지만 동시에 심층적 접근을 차단하는 족쇄로 작용하는 것이다. 더욱이 경계선에 자리한 작가의 위치가 때로는 삶을 깊이 있게 파악하는 데 방해물로 작용한다. 이런 점에서 상황에 따라 위치를 바꿀 수 있는 작가의 유연한 자세가 필요하다.

하성란은 엿보기 시선이 지닌 수박 겉핥기 식의 한계를 극복하기 위해 후각적 이미지를 끌어온다. 그녀의 소설에는 젤라틴처럼 굳어 있는 우유에서 나오는 코를 쏘는 악취, 다방에서 나는 썩는 냄새, 개수대에서 풍기는 쉰내, 썩은 배추와 생선 내장을 한데 버무린 듯한 극장의 냄새, 옷에서 나는 매캐한 먼지냄새, 아파트 안에서 풍겨나오는 덜 마른 생선냄새, 전철 출입구에서 발산하는 시큼한 땀냄새 등 다양한 냄새가 넘실거린다. 기분 좋은 향기 대신 악취로 표현할 수 있는 냄새들은 일상이 부패하고 있다는 징후이다. 동시에 우리는 각기 다양한 냄새를 통해 나이·직업·계층 등이 다른 일상인의 개별적 모습을 발견하기도 한다. 후각적 이미지는, 흔히 클로즈업으로 묘사됨으로써 대상을 일별하고 훌쩍 이동하는 시각적 이미지의 속도성에 브레이크를 건다. 하성란은 엿보기 시선으로 포착할 수 없는 사각지대의 진실을 후각적 이미지의 보조적 활용으로 극복하려고 하는 것이다.

하성란은 짧은 기간 동안 적지 않은 소설을 발표해왔다. 우리는 이것에서 정력적으로 활동하는 작가의 듬직한 모습을 확인한다. 하지만 분량의 많음이 작품의 질을 보장하는 것은 결코 아니다. 하성란의 소설은 단편에 비해 장편에서 상대적으로 취약성을 노출한다. 단편이 하성란 특유의 정밀한 묘사력과 실험성에 의해 대체적으로 미학적 긴장감을 유지한다면, 장편은 상투성과 서사성의 빈곤 속에 종종 통속성과 신파조의 낭만성으로 추락한다. 쌍둥이 동생인 선명의 죽음을 소재로 하여 진명의 성장사를 그린 장편 『삿뽀로 여인숙』(2000), 세 명의 여고생인 상숙·재희·송미와 수학선생인 수혁이 학교를 뛰쳐나오면서 겪는 일을 그린 장편 『내 영화의 주인공』(2001), 고등학생인 영미·민선·소현이가 요양원에 있는 친구 명희를 만나러 가면서 겪는 3일 동안의 사건을 그린 경장편 「여름방학」(『눈물의 이중주』, 2001) 등은 이렇다 할 미학적 성취를 거두지 못하고 있다. 이것은 세계를 총체적으로 그려낼 시선을 충분히 확보하지 못한 상태에서 성급하게 장편에 뛰어든 결과이다.

현대에 있어 소설의 본령이 장편이라 할 때, 하성란이 장편의 취약성을 서둘러 극복하지 못할 경우 21세기 문학을 선도한다는 일부의 평가는 한낱 수사로 종결될지 모른다. 물론 서사성의 빈곤 현상은 하성란에게만 해당하는 것은 아니다. 거대담론의 몰락과 포스트모더니즘의 영향을 직·간접적으로 받은 1990년대에 등장한 신세대 작가들에게서 공통적으로 나타나는 현상인 것이다. 그렇다고 해서 이것이 면죄부가 될 수 있는 것은 아니다. 언제나 시대를 앞서가는 위대한 작가는 열악한 제반 상황을 뛰어넘어 놀라운 문학세계를 보여주지 않았던가.

5. 새로운 문학적 지평을 기대하며

하성란은 물신적 후기 자본주의, 디지털의 속도문화, 폭력적 가부장제로 대변되는 도시적 일상을 현미경적 시선으로 무미건조하게 드러낸다. 그녀의 소설은 개인주의가 극단화되어 연대의 고리가 소멸한 시대의 서글픈 자화상이다. '빠블로프의 개'가 되기를 거부하는 작가의 전복적 시선은 '지킬 박사의 숨겨진 얼굴인 하이드'를 잠시 동안 포착한다. 이것은 억압적인 파놉티콘의 시선에 의해 분열된 자아의, 단절된 소통체계의 복원이기도 하다. 그렇지만 기본적으로 하성란의 소설은 잿빛 색채로 가득하다. 희망이나 장밋빛 미래를 찾기 힘든 그녀의 비극적 소설세계는 세계와의 불화를 통해 삶의 진정성을 지키려는 안간힘을 보여준다. 이때 그녀는 대상을 냉정하게 응시하는 것처럼 보이지만 그 누구보다도 타자의 아픔에 가슴아파한다. 이런 점에서 하성란의 글쓰기는 마치 죽음에 임박한 병자를 간호하는 호스피스hospice와 같다. 그녀는 끊임없이 사랑과 관심의 회복이 전망 부재의 소외적 현실을 극복하는 원동력이라고 낮은 목소리로 소곤거린다.

하성란은 같은 소재라고 하더라도 이를 독특하게 형상화하는 데에 탁월한 장기를 발휘한다. 결코 평범하게 얘기하지 않겠다는 작가의 미적 자의식은 독자를 깜짝 놀라게 하는 데 많은 힘을 쏟게 한다. 그녀가 미스터리 소설의 문법을 차용해 '은폐/찾기'의 이중적 서사구조를 애용한 것도 이러한 생각의 연장선에서 나온 것이다. 3인칭 시점, 더딘 걸음의 현재형 문장, 우연성, 극적 반전도 독자에게 신선한 충격을 주는 데에 일조한다. 이처럼 그녀의 전복적 상상력은 미술가 마르쎌 뒤샹이 화장실 변기를 미술전에 출품해 일상품과 예술품의 고정관념을 허물어뜨린 것처럼 일상과 비일상이라는 경계선을 해체한다. 하성란은 틀에 박힌 일상의 풍경을 색다른 시각으로 복원함으로써 새로운 숨결을 불어넣었던 것이다. 이것은 파놉티콘의 시선을 내면화하여 갇혀 버린 일상인에 대한 따가운 비판이자 존재의 비상구를 찾으려는 모색이기도 하다. 이러한 작가의 참신한 도발 속에 우리는 한동안 행복했던 것이 사실이다.

그러나 새로운 미학은 얼마 못 가 곧 기성의 지배적 전통이 된다. 그것은 더 이상 독자에게 처음과 같은 신선한 충격을 안겨주지 못한다. 특히 글쓰기의 '무엇'보다 '어떻게'에 관심의 초점을 집중한 작가에게 이것은 더욱 심하다고 할 수 있다. 변신의 필요성을 직감한 하성란은 장편 『삿뽀로 여인숙』과 창작집 『푸른수염의 첫 번째 아내』 등을 전후하여 변화의 징후를 노출한다. 긴 호흡의 묘사체에서 짧은 호흡의 서술체로, 사실성에서 환상성으로, 3인칭 시점에서 1인칭 시점의 도입으로, 비극적 결말에서 해피엔딩이 조금씩 등장하는 방향으로 변화하고 있는 것이다. 그렇지만 침묵의 미학에서 대화 및 문장의 속도감을 증가하는 방향으로의 변신은 아직까지 만족스럽다고 볼 수 없다. 그럼에도 불구하고 그 동안 보여준 하성란의 문학적 에너지는 이 당면한 난관을 극복할 것이라는 신뢰를 안겨준다. 현재 그녀가 보여주는 미학적 완결성과 파탄이라는 상반된 색깔은 새로운 미학을 산출하기 위한 호된 진통을 암시한다. 우리는 인내를 가지고 그녀의 행보를 지켜볼 것이다. 하성란이 언제 독자의 뒤통수를 치며 새로운 문학적 지평을 열어보일 것인지. 작가의 분투를 바란다. 䦨

억압된 금기적 욕망과 쌍생아적 상상력

신경숙론

1. 녹색광선과 글쓰기

당신은 석양이 빚어내는 '녹색광선'의 장관을 본 적이 있는가. 태양의 적광赤光이 수평선 너머로 사라질 무렵, 하늘과 바다가 맞닿은 지점에 푸르스름한 광선의 띠가 잠시 연출하는 아름다운 광경. 만일 사랑하는 연인들이 함께 손잡고 그 장관을 볼 수 있다면, 불연속적 존재의 경계선을 허물고 하나의 연속성으로 연결될 수 있다는 전설(?)이 있다. 에릭 로메르가 감독한 「녹색광선」(1986)에서 델핀은 영화 내내 녹색광선을 함께 볼 존재를 찾아 헤매다가 간신히 만난다. 해변에서 서로 기댄 두 남녀. 점점 어두워져 가는 화면과 함께 녹색광선은 섬광처럼 빛나며 소멸하는데 델핀은 하염없이 눈물을 흘린다. 그 행복한 순간에 왜 델핀은 울음을 그칠 수 없었을까.

신경숙의 소설을 읽으면 바로 이 '델핀'이란 여성이 매번 겹쳐져 연상된다. 둘의 차이가 있다면 델핀은 사랑하는 사람을 만났지만 신경숙의 작중인물들은 홀로 그 녹색광선을 보며 서럽게 운다는 점이다. 어둠이 속삭이는 유한한 존재의 소멸 앞에서 꼬리에 꼬리를 물고 번져나가는 울음. 이처럼 그녀의 글에서 연상되는 깊은 슬픔의 숨결은 삶과 죽음의, 빛과 어둠의 경계선에서 흔히 발생한다. 이 지점에서 신경숙은 연민의 시선으로 소멸할 수밖에 없었던 존재들의 흔적을 붙잡으려고 한다. 그녀의 손길에 의해 '말해질 수 없는 것들'이 부활의 몸짓을 퍼득인다.

그런데 우리는 그녀의 소설에서 점점 짙은 피로감을 느낀다. 거대서사에 의해 억압된 미시서사의 속살을 호출하여 독자의 무딘 신경을 치료했던 신경숙의 마력. 그것이 생명력을 다한 것일까. 이것은 근본적으로 그녀의 상상력이 새로운 지평을 보여주지 못한 채 동어반복을 거듭한 결과이다. 그녀의 물빛 문체는 어떤 이야기가 주어지더라도 맛갈스러운 텍스트를 생산할 수 있는 힘을 여전히 보유하고 있다. 그렇지만 그것으로서 작가 신경숙이 당면한 문학적 위기를 은폐할 수는 없다. 신경숙의 글쓰기는 보다 근본적인 지점에서 재검토가 이루어지지 않는 한 조만간 암초에 부딪쳐 좌초할지도 모른다.

신경숙의 소설이 지닌 상상력의 원천은 앞에서 말한 삶과 죽음이 교차하는 경계선의 체험이다. 문제는 그 체험이 새롭게 재해석되어 도약의 발판대로 이용되기보다 점차 화석화된 틀로 신경숙을 옥죄고 있다는 것이다. 처음 존재론적 불안은 그녀의 글쓰기를 촉발시킨 원동력이었지만 그 불안이 타성화되면서 낯익은 풍경의 연출로 이어진다. 불안을 유발할 가능성이 높은 금기적 욕망들도 무의식의 창고에 감금되면서 신경숙의 문학적 상상력은 성장을 멈춘다. 이 글은 금기적 욕망의 억압과 한계점에 도달한 상상력을 함께 연관시켜 작가 신경숙이 지닌 문제점을 점검하고자 한다. 특히 동성애적 욕망을 중심으로 그녀의 문학을 조명할 것이다. 이러한 작업은 궁극적으로 작가 신경숙의 새로운 비상을 열망하는 몸짓이다.

2. 거세불안과 위축된 음화陰畵

인간에게 최초의 고향은 아마도 어머니의 자궁일 것이다. 그 속에서 경험한 연속성의 체험은 출산과 함께 파괴되지만 그 충만한 느낌은 무의식에 깊이 각인된다. 우리들이 꿈꾼 유토피아의 청사진은 바로 이러한 자궁의 이미지에서 발원되어 형성된 것이다. 현실의 고통이 심하면 심할수록 인간들은 바로 자신들의 발원점인 자궁으로 회귀하고 싶은 욕망에 휩싸인다. 신경숙의 작중인물들은 불안의 자각 속에 자궁을 끊임없이 그리워한다. '이슬어지'(『깊은 슬픔』), '아름다운 호수'(「그가 모르는 장소」), '미나리 군락지'(『바이올렛』) 등의 공간은 바로 이 자궁의 이미지가 스며든 정겨운 고향이다. 하지만 그 고향들은 산업화와 도시화의 물결 속에 삶의 주변부로 내몰려 소멸한다. 이제 고향은 기억의 저편에서만 숨쉬고 있을 뿐이다. 자식들의 영원한 안식처의 상징인 어머니도 고향이나 집에 늘 존재하는 것이 아니다. 『깊은 슬픔』에서 은서의 어머니, 『바이올렛』에서 산이 어머니는 자식을 버리고 집을 나가버린다. 더 이상 어머니의 자궁은 불안을 막아줄 안전한 장소가 아닌 것이다. 이런 상황에서 신경숙의 작중인물들은 부모 부재의 고아의식을 끊임없이 의식하며 살아간다.

오이디푸스콤플렉스는 자식이 어머니의 자궁과 합일할 수 없음을 알려주는 정전正典이다. 기존 지배질서인 '아버지의 이름'으로 선포된 근친상간의 금지. 자식은 계속 어머니의 자궁을 향한 욕망을 표출하다가는 아버지에 의해 어느 날 자신의 상징적 성기인 팰러스phallus가 거세될지도 모른다는 불안을 느낀다. 라캉이 언급한 팰러스는 남성의 물질적 성기라기보다 남성이 지닌 권위와 권력을 표상하는 상징적 기호이다. 신경숙의 소설에서 아버지에 의한 거세불안은 죽음에 대한 불안이 변용되어 나타난 것이다. 게다가 어머니가 욕망하는 것은 자식이 아니라 팰러스를 소유한 아버지이다. 어머니는 팰러스의 소유를 통해 자신의 결핍을 해소하고자 했던 것이다. 자족적 충만이라고 생각했던 어머니의 자궁도 결핍이라는 사실. 안정된 시공간을 열망하는 신경숙의 작중인물들은 오이디푸스콤플렉스가 생산하는 질서에 순종하는 수밖에 없다.

가부장적 지배질서를 내면화한 신경숙의 여성인물은 팰러스를 소유한 남성에 대해 두려움을 간직한다. 남성들이 언제 팰러스를 휘둘러 자신에게 위해를 가할지도 모른다는 불안감. 신경숙의 작중인물들이 공통적으로 지닌 '세상과 관계맺기의 두려움'은 바로 여기에서 비롯한다. '소름 끼치게 흉한 몰꼴로 원희를 겁탈하는 곰배발이'(「지붕과 고양이」), 출세를 위해 은서를 버리는 '완'(『깊은 슬픔』), 희재 언니에게 낙태를 권유한 양장점 남자(『외딴방』), 오산이를 강간하는 최(『바이올렛』) 등의 모습은 여성이 남성에 대해 가진 두려움의 반영물이다. 새디즘적 폭력을 휘두르는 남성에 의해 여성들의 삶은 불행의 색채로 온통 물들여진다. 순정만화에 등장할 듯싶은 가녀린 여성인물들은 저항 한번 제대로 하지 못한 채 자신의 운명을 남성의 손에 맡겨버린다. 이러한 매저키즘적 순응성은 남성의 부당한 폭력을 묵묵히 수용함으로써 거세불안에서 도망치려는 소극적 전술의 산물이다. 그것은 일시적으로 남성이 발산하는 거세위협에서 벗어날 수 있을지 모르지만 필연적으로 다시 남성의 폭력에 직면할 수밖에 없다. 신경숙은 공지영의 전투적 페미니즘은 아닐지라도 다른 출구를 모색해야 되지 않을까.

신경숙이 생각해낸 비장의 무기는 전통적 가족주의와 낭만적 이성애이다. 신경숙의 소설에서 동생을 걱정하는 자상한 오빠와 가슴 설레게 하는 이성적 남성은 불안을 초래하기보다 오히려 험한 바깥세상의 위협으로부터 자신을 든든히 보호해줄 보디가드로 자리매김된다. 여기서 가부장제는 여성을 구속하는 억압적 제도가 아니라 약자인 여성을 보호해주는 일종의 보호막으로 인식된다. 보호의 대가로 신경숙의 여성인물은 착한 여자나 지고지순한 순애보적 사랑을 하는 여성이 된다. 신경숙의 중요 작중인물들은 남근중심주의에 반기를 들기보다 고분고분 순종하는 전통적 여인의 길을 선택했던 것이다. 이제 이성애적 사랑은 초월적 기표로 자리하면서 서사를 이끌어가는 주요 동력원이 된다. 남녀간의 사랑이 절대화된 세계에서 이성애적 사랑을 하지 못한 존재들은 소외감을 경험한다. 사랑의 신화 속에 생산되는 상대적 박탈감. 모든 사람들은 사랑의 신화에 도달하기 위해 사랑에 맹목적으로 매달릴 수밖에 없다. 공격적 남성상과 수비적 여성상이 만나 이루어지는 한편의 아름다운 사랑의 로맨스. 이때 남자의 사랑을 얻지 못한 신경숙의 여주인공들은 삶의 결핍을 확인하며 대개 자살이라는 비극으로 치닫는다. 『깊은 슬픔』에서 은서, 『외딴 방』에서 희재 언니, 『바이올렛』에서 산이 등의 작중인물들은 사랑 아니면 죽음이라는 극단적 선택을 하여 스스로 가부장제의 신전에 바치는 화려한 제물이 된다.

그렇다면 신경숙은 당대 사회의 가부장적 지배담론이 요구하는 욕망의 풍경만을 전적으로 노출하는가. 물론 그것은 아니다. 가부장적 지배질서를 순종하는 욕망의 순종성이 양화陽畵라면, 길들여지지 않은 불온한 욕망의 꿈틀거림은 음화陰畵이다. 신경숙의 문학이 지닌 미학적 낯설음은 바로 이 음화가 주변부에서 중심부인 양화를 촉촉하게 감싸 안음으로써 배태된다. 독자들은 장편 『깊은 슬픔』(1994)을 방송스크립터인 은서, 미술교사인 세, 회사원인 완이 그려내는 운명적 사랑의 이야기로 읽었을 것이다. 여자는 한 남자만을 사랑해야 행복에 이를 수 있다는 일부일처제의 논리. 이러한 이유로 두 남자를 사랑했던 은서는 죽음으로서 단죄된다.

이러한 양화적 시각이 아니라 음화적 시각에서 보면 전혀 다른 풍경을 접할 수 있다. 이 소설에 잠시 등장하는 화연은 화재로 인해 부모를 잃고 이모집에서 살다가, 남자 사촌과 눈이 맞아 사생아를 출생시킨 현대판 오이디푸스이다. 사회적 금기를 위반한 화연은 모든 것을 빼앗긴 채 이모집에서 쫓겨난다. 가부장제 사회는 금기 파괴의 사랑을 철저하게 응징했던 것이다. 남성으로 인해 불행해졌던 은서와 화연은 서로의 상처를 핥아주며 따스한 평화의 안식을 경험한다. 그것은 남성의 팰러스가 없었음에도 불구하고 경험하는 충만의 느낌이다. 이것은 이성애 중심주의로 무장한 가부장제에 또 다른 위협이다. 남근중심주의는 또 한번 개입해 작중인물을 파멸로 인도한다. 화연의 자살은 지배질서에서 이탈한 금기적 욕망에 대한 마지막 응징인 것이다. 이러한 서사의 전개는 작가 신경숙이 금기적 욕망과 가부장적 지배질서와의 싸움에서 패배한 결과이다. 음화적인 관점에서 보면 은서의 자살도 남성과의 사랑에서 희망을 찾을 수 없다는 인식의 산물이다. 따라서 은서의 죽음은 남녀 간의 사랑이 빚어낸 비극이 아니라 가부장제를 유지하기 위한 희생양이었다는 새로운 해석이 산출된다.

신경숙의 소설에서 음화는 양화의 언저리에서 잠깐 욕망을 드러내었다가 다시 제자리로 돌아간다. 독자들은 억압된 욕망의 그림자를 언뜻 보는 것으로 만족해야 한다. 이때 그 음화를 통해 드러난 금기 파괴의 욕망들은 과거의 영역에 속하기에 현재를 결코 난처하게 만들지 않는다. 그녀의 글쓰기는 미래보다 과거에 고착된 '뒤돌아보기'이자 '어제 캐내기'이기 때문이다. 이것은 불온한 욕망의 몸짓이 한때의 불장난이었고 현재의 자신은 그렇지 않다라는 고백성사인 것이다. 또한 과거 회상조의 서사는 복고풍주의를 양산하며 과거를 아름다운 '추억'으로 자리매김한다. 여기에 작가나 독자의 비판적 목소리가 끼어들 여지가 없다. 그럼에도 불구하고 우리들은 양화에 가려진 음화에서 새로운 상상력의 가능성을 발견한다. 물론 그 가능성은 신경숙에게 아직 활짝 열려있지 못하다.

신경숙은 거대서사에 억압된 미시서사를 복원해 독자에게 새로운 미학적 울림을 전달했다. "변화로서의 문학보다는 정서적 환기력으로서의 문학"을 지향한 그녀의 섬세한 현미경적 문체. 그것은 남성작가들이 포착하기 힘들었던 미묘한 시선의 드러냄이다. 그러나 아쉽게도 욕망의 억압 속에 상상력의 제약이 뒤따르면서 그녀가 지닌 섬세함이 확대되지 못한 채 제 자리를 맴돈다. 세상 속으로 뛰어들지 못하고 매번 질겁해 도망치는 여성인물들. 그들이 보여줄 수 있었던 것은 과도한 감성의 눈물과 신파조의 과장된 행동이 연출하는 비극이었을 뿐이다. 이러한 전망부재의 서사는 작가가 스스로 설정한 틀 안에서 상상력을 작동시킨 데에서 비롯한다.

3. 동성애와 자기기만적 수사학

2001년 8월 1일. 많은 사람들이 이 날짜가 의미하는 바를 모르고 그냥 지나쳤을 것이다. 하지만 오랫동안 어둠 속에서 웅크리며 신음하고 있던 동성애자들은 이 날짜를 똑똑히 기억한다. 이 날은 독일에서 동성 간의 결혼을 합법화시킨 법령이 발효되면서 적어도 그 나라에서 동성애는 더 이상 법의 사각지대가 아니다. 생물학적 성별 때문에 호모나 레즈비언으로 불리우며 음지에서 살아야 했던 연인들은 부부라는 합법적 성곽에서 밝은 미래를 설계할 기초적 토대를 마련한 것이다. 비록 유럽의 한 국가에서 동성애의 합법적 결혼이 허용되었지만 이것은 동성애 문제에 있어 희망적 징조가 아닐 수 없다. 그러나 세계의 대다수는 여전히 가부장제에 기초한 이성애 중심주의를 신봉하며 동성애를 타자화한다. 이성애자들은 '동성연애자=에이즈=비정상=악'이라는 등식의 성립 속에 동성애자들의 인권을 탄압했던 것이다. 동성애자가 된다는 것은 사회의 편견과 탄압을 고스란히 감내해야 하는 고역의 길이다. 우리와 성적 코드가 다른 소수파라는 이유만으로 동성애자들은 멸시와 천대 속에 주변부로 내쫓겨야 했던 것이다.

신경숙은 폭력적 남성보다 여리고 순수한 동성同性에게 호의적 시선을 보낸다. 그래서 작가는 「멀리, 끝없는 길위에」에서 '나'와 '이숙', 『깊은 슬픔』에서 은서와 화연, 『외딴방』에서 '나'와 '희재언니', 「딸기밭」에서 '처녀와 유', 『바이올렛』에서 '오산이와 수애' 등에서 보듯 양자적 동성 관계를 흔히 등장시켜 폭력적 불안과 대처한다. 남성으로 대변되는 세계의 폭력성이 강하면 강할수록 동성 간의 결합력도 그만큼 비례하여 일정 부분 상승한다. 물론 이 둘의 관계에서 동성애적 성향은 극도로 억압되어 있다. 불안을 극복하고자 한 결합이 오히려 거세불안의 원천이 될지도 모른다는 위험성. 이것 때문에 신경숙의 텍스트는 의식에서 이성애를, 무의식에서 동성애를 보여주는 양면성 위에 위태롭게 존재한다. 그 불안한 만남이 유발하는 긴장과 낯섦은 신경숙 문학의 독특한 미학을 발생시킨다.

억압된 신경숙의 동성애적 욕망은 단편 「딸기밭」(1999)에 와서야 비로소 지상으로 얼굴을 잠시 내민다. 이 소설은 23살의 주인공 처녀를 중심으로 '유'와 그 남자와의 사이에 펼쳐진 삼각관계의 사랑 이야기가 중심이다. 아버지의 부재 속에 홀어머니 품에서 성장했던 처녀는 팰러스의 부재 속에 불행을 경험한다. 처녀가 성장해서 '유와 그 남자'에게 보낸 뜨거운 욕망의 싹은 어린 시절에 경험한 결핍의 체험에서 잉태된다. '처녀'가 '그 남자'와 만나 운명적으로 사랑에 빠진 것도 아버지와의 유사성 때문이다. 양자의 닮은꼴 관계가 성립하면서 처녀는 '그 남자'와 성 관계를 가짐으로써 아버지의 팰러스를 간접적으로 소유한다. 이런 점에서 처녀의 욕망은 오이디푸스 콤플렉스의 자연스러운 극복 과정이다. 다만 그것이 혼전 정사였다는 점에서 금기 일탈이었을 뿐이다.

이에 비해 처녀가 유와 벌였던 동성애는 가부장제 사회에 더욱 파괴적 의미로 다가온다. 남녀의 성적 결합을 통한 재생산에서 가부장제의 기틀이 마련되었다고 보았을 때, 동성애는 바로 이러한 근간을 뒤흔드는 것이기 때문이다. 처녀와 그 남자의 양자적 사랑은 '유'가 본격적으로 처녀의 마음에 끼어들면서부터 균열하기 시작한다. 아버지는 그리움의 대상이지만 동시에 자신과 어머니를 버리고 떠난 미움의 대상이기도 하다. 이것은 남성에 대한 그리움 못지않게 불신의 뿌리가 그녀의 마음에 깊게 자리하고 있음을 보여준다. 언제가 그 남자가 아버지처럼 자신을 버리고 떠날지도 모른다는 불안감. 이에 비해 어머니로 상징되는 여성은 늘 자신과 함께 동고동락을 해온 따스한 존재이다. "어렸을 적부터 자매들을 동경했다"는 표현에서 알 수 있듯이 처녀는 동성에 대해 우호적이었던 것이다. 그렇지만 동성애는 금기시되었기에 처녀의 욕망은 '유'를 만나기 전까지 의식의 표층으로 발산되지 못한다.

이 소설에서 '유'는 삶의 비애도, 고통도, 결핍도, 불가능도 없는 모습으로 나타난다. 이에 비해 처녀는 그 반대편에 초라하게 존재한다. 이러한 변별적 차이는 처녀가 순수성의 아름다움을 내뿜는 유를 욕망하도록 자극한다. '유'의 존재는 그 남자의 팰러스를 소유하면서도 끝내 채울 수 없었던 욕망의 결핍을 채워주는 것이다. 처녀는 자신을 기다리는 그 남자에게 가지 않고 '딸기밭'에 '유'와 함께 감으로써 이성애 대신 동성애를 선택한다. 금기적 욕망의 심연에는 죽음의 그림자가 어른거린다. 그래서 처녀는 자신도 모르게 깊은 살의 속에 유의 목을 조른다. 그것은 자신에게 부재한 모든 것을 소유한 대상에 대한 질투심이자 동시에 유에 대한 견딜 수 없는 끌림에 대한 저항 현상이다. 그렇지만 그녀의 살의는 오히려 동성애적 욕망을 더욱 부추기는 촉매제로 작용한다. 이 작품에서 '빨간 딸기'는 주인공의 무의식에 자리한 금기적 욕망인 동성애를 상징한다. 따라서 유와 처녀가 서로 상대방에게 딸기를 문질러 묻히며 애무하는 모습에서 감금되었던 욕망의 폭발을 감지할 수 있다.

> 유의 살빛은 투명하다. 발육은 조화롭다. 비틀리지 않았다. 억압받지 않는다. 처녀는 유의 밝은 귓볼에 혀를 갖다 댄다. 유의 흰 목덜미에 처녀의 손자국이 빨긋하다. 처녀는 유의 목에 나 있는 자신의 손자국을 따라 유를 애무한다. 유의 천진함. 처녀가 유의 약간 벌어진 입 속에 혀를 밀어넣을 때까지도 유는 저항하지 않는다. 나직하다. 평화롭다. 적의가 없다. 처녀가 유의 목구멍 깊숙이 혀를 집어넣었을 때다.
>
> (신경숙, 「딸기밭」, 『딸기밭』, 문학과지성사, 2000, 82쪽)

그런데 처녀는 딸기밭에서 돌아온 이후, 어떤 이유에서인지 결코 금지된 것들 근처에 가지 않는다. 이러한 사건의 전개는 동성애적 욕망을 단죄하는 가부장적 거세위협이 발생했음을 뜻한다. 처녀는 보이지 않는 곳에서 죄어오는 거세위협에 굴복해 과거와 단절했던 것이다. 물론 그 밑바탕에는 그 남자에 대한 죄의식도 포함되어 있다. 그 후 '처녀'에게 남은 것은 잠시 금기를 위반했던 추억과 독신의 삶이다. 처녀는 금기를 생의 불가능성이라 간주하고 스스로를 망각의 늪에 유폐시켰던 것이다. 처녀와 동성애적 사랑을 벌인 '유'도 겨우 27세의 나이에 낯선 이국 땅의 개울에서 미끄러져 받은 충격으로 물에 빠져 숨진다. 결국 금기 위반의 사랑을 했던 자들에 대한 사회적 처벌이 정도의 차이는 있지만 실현된 것이다.

그러나 이러한 사건 결말은 다소 작위적일 뿐만 아니라 구태연스럽다. 금기시 된 사랑을 가까이 하면 불행이고, 그것과 멀어지면 행복이라는 이분법적 결론은 이성애자의 논리를 그대로 재생산한 것에 불과하다. 작가 신경숙이 편협한 이성애주의와 한판 붙어볼 전투적 의지가 있었다면 갑작스러운 처녀의 욕망 금지나 '유'의 어이없는 죽음이 발생하도록 서사를 전개하지 않았을 것이다. 하지만 견고한 지배질서에 저항하기에 작가 신경숙은 너무 여리다. 그녀는 욕망을 해방시키면서 파생되는 거세위협을 견뎌낼 어떠한 의지나 신념도 가지고 있지 못하다. 작가가 텍스트에서 '서술하는 나'와 '경험하는 나'를 분리시켜 과거 회상조의 소설을 즐겨 쓰는 것도 혹시라도 들이닥칠지 모르는 거세위협에서 안정적 거리를 확보하기 위한 미학적 장치이다. 그녀가 금기적 욕망인 동성애를 서둘러 다시 지하에 봉인하면서 동시에 작가의 상상력 지평도 닫혀 버린다. 이런 점에서 그녀의 소설에서 음화의, 과거의 사건으로 등장했던 욕망의 분출은 또 다른 억압을 자행하기 위한 자기기만적 수사학으로 전락했던 것이다.

4. 구속된 상상력과 텍스트의 근친상간

한 작가는 자신이 말하고 싶은 지점을 향해 텍스트를 지속적으로 생산한다. 비록 작가들이 다른 제목의 작품을 생산하더라도 그것은 동일한 관심사의 변형에 불과하다. 아마도 위대한 작가란 같은 내용을 '다르게' 꾸며내는 능숙한 거짓말쟁이인지 모른다. 모리스 블랑쇼는 작가가 비슷한 애기를 끊임없이 다르게 생산하는 현상을 '무의식적 반복작용'이라 지칭한다. 이 현상은 작가의 개성 구축과 직간접적으로 연결되어 있다. 무의식적 반복작용 속에 그 작가만이 가진 체취인 '아우라aura'가 독자에게 물씬 전달되기 때문이다. 따라서 이 현상 자체를 부정적으로 바라볼 필요는 없을 것이다.

신경숙도 이 무의식적 반복작용의 정도가 유달리 강한 편이다. 그녀는 불안에 노출된 가녀린 여성의 심리 상황을 소재와 제목은 다르지만 지속적으로 펼쳐보인다. 게다가 그녀는 이숙이 등장하는 단편 「밤길」과 「멀리, 끝없는 길 위에」, 희재 언니가 출현하는 단편 「외딴방」과 장편 『외딴방』, 꽃집 여자의 사랑 이야기를 그린 「배드민턴 치는 여자」와 장편 『바이올렛』 등에서 보듯 동일한 소재를 좀 더 보강하여 단편이나 장편 형식으로 펴내는 데에 탁월한(?) 능력을 발휘한다. 이외에도 제목은 다르지만 「모여 있는 불빛」, 「깊은 숨을 쉴 때마다」, 「어떤 여자」, 장편 『외딴 방』 등에 출현하는 소설가는 어딘가 닮아 있다. 이러한 유사성의 반복은 작가가 앞에 한 이야기가 미진한 까닭에 좀 더 충실히 재현하려는 욕망의 발현일 수 있다. 이때 전제조건은 그것이 앞서의 작품과 다른 질적 차이의 확보이다.

신경숙의 무의식적 반복작용이 가장 성공적으로 나타난 것은 단편 「외딴방」과 장편 『외딴 방』(1995)에서이다. 단편 「외딴방」은

10대 후반 주인공인 '내'가 서울에 상경해 희재 언니와 만나면서 겪었던 아픈 기억의 회상이다. 공장에서 힘들게 일하며 산업체 야간 특별학급에 다녔던 나와 희재 언니. 둘이 드러누우면 차렷 자세로 자야 했던 희재 언니의 작은 외딴 방. 소박한 꿈을 향해 나름대로 열심히 버둥거렸던 희재 언니는 재단사와 얽힌 사랑의 굴레 속에 자살하고 만다. 이러한 그녀의 죽음은 독자에게 개인사적 비극으로 읽혀진다. 이에 비해 장편 『외딴 방』은 희재 언니의 자살이라는 중심 골격에 새로운 살과 뼈가 붙으면서 단편 「외딴 방」과 비슷하면서도 다른 작품이 된다. 특히 1970년대의 산업화와 유신상황이 맞물려 전개되면서 희재 언니의 죽음은 개인적 사건에서 확대되어 생생한 시대의 아픔으로 읽혀진다. 장편 『외딴 방』은 유사한 내용이 반복되었음에도 불구하고 아름다운 향기를 발산했던 것이다.

그러나 그 이외의 작품은 대개 앞선 작품의 질을 뛰어넘지 못한 채 단순한 에피소드 추가에 머문다. 작가 신경숙의 무의식적 반복작용은 상상력의 빈곤과 소재의 한계가 맞물리면서 총체적 위기에 봉착했던 것이다. 단편 「배드민턴 치는 여자」를 확대한 최신작인 장편 『바이올렛』(2001)은 작가가 처한 현재적 상황을 잘 대변한다. 이 소설에 전면 배치된 것은 사진기자란 남자를 그리워하는 꽃집여자의 순애보적 사랑이다. 그 밑바탕에는 산이와 남애로 대표되는 동성애적 욕망이 숨어 있다. 『바이올렛』에서 주인공 '산이'는 아버지의 부재 속에 홀어머니의 품에서 자란 결손 가정의 자녀이다. 어린 시절, 그녀의 유일한 친구인 '남애'도 어머니를 일찍 여위었다는 점에서 결핍이라는 공통점을 지닌다. 두 여자애는 고향 마을의 냇가에서 목욕하며 서로의 결핍을 메워주는 동성애적 희열을 경험한다.

하지만 황홀한 순간 이후, '남애'는 마음의 문을 걸어 잠그고

'산이'와의 소통을 거부한다. 이런 점에서 『바이올렛』은 「딸기밭」과 사촌지간이다. 아버지가 부재한 산이에 비해 아버지가 존재하는 남애는 동성애를 배척하는 가부장제의 금기를 강하게 느꼈던 것이다. 남애의 배신은 산이에게 동성애적 욕망의 금지와 이성애적 사랑의 허용이라는 기호를 각인시킨다. 아버지에게 버림받은 어머니는 새로운 남성의 팰러스를 찾아 매번 떠나고, 언제나 집에 혼자 남아야 했던 산이. 그녀도 성장하여 어머니처럼 우연히 만난 사진기자의 팰러스를 욕망한다. 이때 욕망의 대상인 사진기자의 모습은 산이에 의해 부풀려지거나 어머니의 욕망을 모방해 만들어낸 환상의 남성상이다. 산이의 욕망은 허구적이기에 대상과 합일하지 못한 채 계속 미끄러질 수밖에 없다. 자크 데리다가 언급한 기표와 기의의 어긋남에서 발생하는 차연差延 현상이 발생하고 있는 것이다. 그렇지만 산이에게 다른 비상구가 없다. 꽃집 종업원인 산이가 동료 수애와 형성한 친밀한 관계는 앞서 겪었던 남애와의 사건처럼 파탄으로 종결될 수밖에 없기 때문이다. 다른 가능성의 부재 속에 절망하는 산이의 모습은 팰러스의 부재가 곧 불행이라는 가부장적 가치에 대한 찬미가이다. 이제 이성애적 사랑의 성취는 행복의 필수 조건이라는 신화가 탄생한다.

신경숙은 작가 후기에서 「배드민턴 치는 여자」의 여주인공이 빚어지지 못한 채 자신의 마음속에 십여 년 동안 있었다고 고백한다. 이것은 거세불안을 의식한 작가가 동성애라는 금기적 욕망을 다루는 데에 상당히 힘들어 했음을 암시한다. 그렇다면 십여 년 후에 나온 『바이올렛』은 「배드민턴 치는 여자」에 비해 좀 더 진전된 면모를 보여주었을까. 앞에서 살펴보았듯이 신경숙이 보여준 욕망의 해방성은 오히려 「딸기밭」보다 후퇴한다. 이것은 작가의 상상력이 확장되기보다 답보 상태이거나 후퇴하고 있음을 보여준다. 불안과 정면으로 맞서지 못하는 신경숙의 소설에서 극단으로 치닫는 불온한 탈선은 존재하지 어렵다. 잠시의 탈선은 곧 복귀할 지배질서의 공고성을 예고하는 전주곡에 불과하다. 이런 상황에서 '무의식적 반복작용'은 작가의 일관된 미학을 보여주기보다 벽에 갇혀 버린 상상력의 비명으로 변질된다. 금기적 욕망의 작위적 억압은 서사를 음화의 위축과 양화의 확장이란 고정된 패턴을 양산하도록 만든 주요 요인이었던 것이다. 작가도 이러한 상태를 명확히는 아닐지 모르지만 어렴풋이 짐작한다. 그래서 환상이나 여행 등의 낯선 것들과의 만남을 통해 상상력의 부활을 시도하기도 한다.

> 내가 답답한 건 내가 쓰는 글이다. 나는 내 이름을 가려도 내가 쓴 것 같은 느낌을 주는 글, 가보지 않은 곳에 발을 디뎌보는 것 같은 새로움이 느껴지는 글을 쓰고 싶다. 그러나 써 놓고 보면 늘 어디서 본 듯했다.
>
> (신경숙, 「깊은 숨을 쉴 때마다」, 『오래전 집을 떠날 때』, 창작과비평사, 1996, 266쪽)

그러나 신경숙의 무의식적 반복작용이 독자에게 주로 보여주었던 부분은 능숙한 문체에 의해 단편을 언제든지 장편으로 만들 수 있다는 것이다. 단편과 장편은 단지 분량의 많고 적음으로 판명되는 것이 아니다. 인간과 세계의 단면을 드러내는 단편은 처음부터 끝까지 서정적 감성을 노출시켜 서사를 전개할 수 있다. 하지만 장편은 인간과 세계의 총체적 면을 보여주는 것이기에 감성만으로 작품을 만들어낼 수 없다. 그럼에도 불구하고 신경숙은 『바이올렛』을 시종일관 감성 과잉 상태로 끌고 간다. 이러한 모습은 우리가 이미 『깊은 슬픔』에서 지겹도록 보지 않았던가. 특히 사랑에 실패한 산이가 공사장 포크레인에 올라가 눈물을 흘리며 글을 쓰는 마지막 장면은 소설의 개연성보다 작위성이 강하게 드러난다. 작가는 중병에 걸린 상상력의 문제점을 신파적 통속성과 감상성이라는 그녀의 전매특허로 은폐하려고 했던 혐의에서 결코 자유롭지 못한 것이다.

신경숙의 글쓰기는 말할 수 없는 것들, 소멸해버린 기억들을 다시 부활하는 작업이다. 그것은 궁극적으로 "왜 내가 지금 여기에 있는지를 알기 위해서, 지금 내가 여기에서 무얼 하려고 하는지 알기 위해서."(『외딴 방』)이다. 이것을 위해 작가는 질겁하면서도 불안이라는 대상과 마주할 수밖에 없다. 그녀가 불안과의 만남을 끊어버리지 못하는 것은 불안의 체험 속에 삶이 더욱 생생한 빛깔을 발산하기 때문이다. 그녀의 소설은 약자인 여성이 삶을 살아가면서 느낀 불안의 결을 사적 고백체의 문장으로 그려내는 데에서 진가를 발휘했던 것이다.

그러나 언제부터인가 신경숙은 그 불안을 정형화, 규격화시킨다. 불안은 더 이상 불안이 아닌 익숙한 풍경으로 추락하면서 텍스트의 근친상간성이 필연적으로 발생한다. 이러할 때 신경숙의 글쓰기가 지닌 성장 가능성은 사망신고서를 제출할 수밖에 없다. 따라서 그녀가 현재 당면한 위기의 극복은 존재의 불안을 다시 야생의 상태로 돌려놓는 일이다. 이것은 불안을 유발하는 금기적 욕망의 해방에서 실마리를 찾을 수 있다. 그렇다고 욕망의 해방이 반드시 동성애적 욕망이나 근친상간 등과 같은 금기 파괴적 탈주일 필요는 없다. 신경숙이 장정일이 될 필요는 없는 것이다. 우리가 그녀에게 열망하는 것은 고유한 색깔을 유지하면서도 결코 안주하지 않는 상상력의 비상이기 때문이다.

5. 발상의 커밍아웃을 기대하며

신경숙의 글은 투명하다 못해 창백하다. 그 투명함에 비치는 소스라치는 여성인물의 떨림. 그 떨림은 죽음이 환기하는 불안과의 만남이자 회피이다. 존재론적 불안은 사회의 거세불안으로 변용되면서 신경숙의 반사회적 일탈 욕망은 억압된다. 『외딴 방』에 등장했던 현실의 음영은 얼마 못가 사라지고 개인간의 갈등과 긴장이 전면을 가득메운다. 텍스트의 주변에 위치한 억압된 욕망인 음화가 촉촉한 물기로 중심에 자리잡은 지배질서인 양화를 감싸안으며 소멸해버린 것들의 개인적 목소리가 소생한다. 이것은 글쓰기를 통해 죽음이 유발한 불안과의 만남을 끊임없이 지연하려는 에로스적 욕망의 발현이다. 이런 상황에서 소설의 마침표는 서사의 죽음이자 불안과의 대면이기에, 신경숙은 환유적 자리바꿈으로 대상을 교체해 네버엔딩스토리를 계속 만들어낸다. 그녀의 소설에서 끊임없이 등장하는 글쓰기에 대한 자각증은 이러한 심리의 반응인 것이다. 이 지점에서 죽음을, 불안을 연기하려는 작가의 '무의식적 반복작용'이 자연스럽게 생성된다. 결국 신경숙은 죽음을 목전에 두고 왕에게 천일야화를 들려준 현대판 세헤라자드인 셈이다.

그런데 언제부터인가 죽음이, 불안이 낯익어지면서 신경숙의 글은 새로운 상상력의 결을 보여주지 못한 채 일란성 쌍생아적 글쓰기를 선보인다. 전통적 가족주의, 사적 고백체의 문장, 약자인 여성과 강자인 남성, 소녀 취향성, 이성애적 사랑의 이데올로기, 과잉된 감성의 노출, 회상조의 복고풍주의, 현실과 유리된 환상, 자기연민에서 발생한 신파조의 눈물 등의 단골 메뉴는 신경숙의 무의식적 반복작용이 낳은 현상이지만 동시에 한계에 달한 상상력의 왜소증인 것이다. 녹색광선의 아름다움은 사라진 채 질적 변화가 담보되지 못한 비슷한 내용의 대량생산은 아우라의 죽음이자 매너리즘의 탄생이다. 신경숙은 이런 상황에서 동성애로 대표되는 금기적 욕망을 끌어와 상상력의 위기를 극복하고자 한다. 동성애를 그린 「딸기밭」은 작가의 새로운 문학적 변화를 위한 몸부림이 잔잔하게 스며 있다.

그러나 신경숙의 시도는 『바이올렛』에서 보듯 제대로 꽃피지도 못한 채 움츠려든다. 사회의 거세위협 속에 자기 검열기제가 작동하면서 작가는 '정상/비정상'이라는 이분법적 도식에 갇혀버린다. 그녀에게 아직까지 반오이디푸스의 깃발은 낯선 이방인인 것이다. 금기는 절대적 진리가 아니라 사회적 상황과 조건이 만들어낸 규칙일 뿐이다. 따라서 '금기 파괴자=악'이라는 이항대립체계는 자명한 불변의 진리일 수 없다. 우리가 신경숙에게 바라는 것은 금기적 욕망의 형상화보다 작가 스스로 설정한 금기의 영역에 대한 비판적 성찰이다. 이것을 위해 무엇보다 시급히 필요한 것은 발상의 커밍아웃coming out이다.

신경숙의 텍스트는 짧은 미니스커트보다 긴 플레어스커트를 애용한다. 감춤이 드러냄보다 더욱 미덕인 그녀의 문학세계. 문제는 그것이 상상력의 빈곤에도 그대로 적용되어 신경숙의 한계점도 감추어버린다는 점에 있다. 이것이 가능할 수 있었던 것은 마력적인 그녀의 문체에서 기인한다. 그러나 일시적으로 작가의 한계점을 감추어버릴 수는 있겠지만 문제의 해결일 수는 없다. 라인홀트 메스너란 산악인이 두려움의 눈물을 흘리면서도 고산에 오르는 것처럼 신경숙도 익숙한 대상과 결별하고 좀 더 높은 곳을 향한 발걸음을 재촉해야 한다. 그것은 과거보다 현재나 미래에 상상력의 시선을 던질 때 가능하지 않을까. 그렇지 못할 때 문화적 권력으로까지 표현될 정도로 일반 독자에게 막강한 영향력을 행사하는 신경숙의 위치는 허상일 수밖에 없다. 그녀의 글에서 짧은 미니스커트를 볼 수 있게 될 날을 오매불망 기다린다, 갈망한다.

4. 텍스트를 가로지르다

문학상의 양극화 현상을 고발한다

2005년의 화려한 문학상 잔치가 끝났다. 그리고 다시 2006년의 문학상 잔치가 시작하고 있다. 그러나 이 잔치에 주빈으로 초대받지 못한 변두리(?) 문인들은 여전히 그러할 것이다. 물론 예외는 존재한다. '황순원 문학상' 제3회 수상자였던 작가 '방현석'이 좋은 예이다. 그러나 이러한 물타기 사례는 한두번으로 족할 뿐이다. 문학상이라는 잔치는 거의 매번 문단 주류가 인정한 작가들이 1등으로 선정되는 배타적인 행사인 것이다. 문단 주류의 뿌리는 순수문학을 지향한 문협 정통파에서 발원하여, 이것을 부분적으로 갱신한 문학주의를 내세운 ≪문학과사회≫, ≪문학동네≫로 적통이 이어져왔다. 이때 권력 이양의 매개물로 사용된 것은 문학상이다. 문학상의 역사와 전통은 문단 주류가 장기 집권한 흔적을 말해주는 자랑스러운(?) 징표이다.

문학상은 좋은 작품이나 작가를 선별하여 칭찬함으로써 창작을 후원한다. 중요 문학상을 수상한 작가나 그것을 수여한 심사위원과 주관사들은 자연스럽게 문학적 권위를 인정받게 된다.

1955년에 '현대문학신인상'과 '동인문학상'이 생긴 이래 문학상은 문학의 정전을 주기적으로 생산하는 핵심 공장의 역할을 수행해왔다. 이러한 문학상을 문단 주류의 보수적 문인들이 대부분 나눠먹기식으로 수상하면서 문단의 패권을 장악해왔다. 문학상은 문학권력의 생산, 분배, 소비의 상징적 과정이 압축적으로 나타난 문단 주류의 핵심적 문학제도인 것이다.

문학상은 언제부터인가 추문과 뗄래야 뗄 수 없는 끈끈한 연인관계(?)를 형성한다. 승자독식주의의 문학상이 존속하는 한 추문은 아마도 계속될 것이다. 어떤 면에서 문학상은 추문을 먹고 성장한다. 문학상이 추문을 성찰적 계기로 삼는다면 추문은 독약이 아닌 보약이다. 문제는 한국의 많은 문학상들이 자기 성찰성을 반납하면서 부실채권을 생산하고 있다는 점이다. 물론 문학상은 심사의 공정성과 합리성을 여전히 내세우고 있다. 하지만 그것은 대부분 허울뿐인 경우가 많다.

문학상에 대한 기존 비판은 개별 문학상의 차별성 상실, 유명 문인의 타이틀을 내건 문학상들이 보여주는 문학상 이름 작가와 별 상관없는 작품들의 수상, 학연이나 에콜과 결탁한 패거리주의, 상업주의와 공모한 단편 선호 현상, 심사위원의 고정화와 문학권력의 확대 재생산, 심사의 공정성과 객관성 미비, 자사 문예지에 게재된 작품을 선호하는 편파성 등으로 요약된다. 2005년 11월에 권지예의 '동인문학상' 수상작의 표절 논란 사건은 중병에 걸린 문학상의 현주소를 단적으로 보여준 사례이다. 문학평론가 전정구는 타락한 문학상을 제도적 사기로 규정한다. 타락한 문학상은 권위보다 일방향성의 권위주의를 생산한다. 문학상의 건강성을 확보하려면 먼저 개별 문학상의 고유한 색깔 확보와 공정하고 객관적인 심사 시스템의 확립이다. 이처럼 문학상이 지닌 문제점에 대한 진단과 처방은 어느 정도 나와 있다. 문제는 문학상 주관사와 심사위원들의 강력한 개혁의지의 실종이다. 좋은 게 좋은 거라는 보신주의와 기득권 유지 전략은 건강한 문학상의 정착을 방해하는 대표적인 걸림돌인 것이다.

나는 올해 초 2005년 문예지에 발표되었던 소설을 훑어볼 기회를 가졌다. 이때 공선옥의 「명랑한 밤길」과 김종광의 「낭만삼겹살」이라는 작품을 새삼 주목하게 되었다. 이들 작품들은 기존 문학상 수상작에 비해 전혀 뒤떨어지지 않는, 아니 오히려 월등한 문학적 공력을 자랑하는 수작들이다. 그런데 이들 작품들은 중요 문학상 어디에서도 후보작으로조차 거론되지 못했다. 이것은 소설이 함량미달이었다기보다 이들의 중요 활동 무대가 문학주의 진영이 아닌 ≪창작과비평≫과 ≪실천문학≫, 민족문학작가회의였기 때문이다. 문단 주류들은 진영 개념의 해체를 주장하며 지면 제공에 비교적 넉넉한 인심을 발휘하지만 정작 문학상에 있어서는 편파적 애정을 숨기지 않는 이중적 태도를 노출한다.

근자에 중요 문학상을 수상한 문인을 보면 김훈(황순원문학상), 권지예(동인문학상), 정이현(현대문학상), 정미경(이상문학상), 김애란(한국일보문학상), 윤순례(오늘의 작가상), 김원일(만해문학상), 김연수(대산문학상), 이장욱(문학수첩작가상), 박현욱(세계일보문학상), 박진규(문학동네소설상), 조두진(한겨레문학상), 함민복(김수영문학상), 박주택(소월시문학상), 정과리(김환태 평론문학상, 대산문학상), 서영채(팔봉비평문학상, 소천비평문학상, 올해의 예술상), 황종연(현대문학상) 등이다.

이 명단을 살펴보면 바로 알 수 있는 것이 소위 문학주의 계열의 문인들이 압도적 다수를 차지하고 있다는 사실이다. 특히 한국의 3대 문학상인 '현대문학상, 동인문학상, 이상문학상'에서 이러한 경향은 더욱 심하다. 결국 한국의 문학상은 부익부 빈익빈이라는 양극화 현상을 초래하며 문학주의를 전파하는 견인차 역할을 수행한다. 이것은 중요 문학상을 수상하려면 '문학주의'를 신봉하는 충실한 교도가 되어야 한다는 것을 의미한다. 문학상이 일종의 이데올로기적 기구로 활용되고 있다는 것은 문단 주류가 문학상을 문단 통제의 도구로 활용하고 있다는 것을 뜻한다. 한마디로 고분고분하지 않은 작가들은 수상 기회에서 배제되고 있는 것이다.

문학상 수상자 선별 작업에서 가장 악질적인 것은 뽑지도 않을 진보적 문인들을 후보로 올려놓고 정작 수상자는 다른 사람을 뽑는 행태이다. 이외에도 간혹 가다가 진보적 문인들을 뽑아줌으로써 자신들의 수구적 보수주의를 희석시킬 목적으로 뽑아주는 경우이다. 이러한 들러리에 대해 황석영, 공선옥을 비롯한 몇몇 불온한 작가들은 단호하게 이의를 제기한 바 있다. 그 덕에 공선옥은 문단 주류에 의해 미운 털이 단단히 박힌 미운 오리 새끼가 되어 문학상에서 배제되었다. 문학상이 문인들의 자발적인 순응성을 유도하면서 불온성을 원초적으로 제거하고 있는 현실은 불행이 아닐 수 없다. 문인들도 기득권에 안주하려고 눈치 보지 말고 자신의 문학적 색깔을 유지하려는 불온한 자세가 요구된다. 물론 이것은 약자인 문인의 입장에서 결코 쉬운 일은 아니다.

문단 주류는 문학상만이 아니라 문인을 등단시키는 신춘문예나 각종 문예지 신인상 심사위원에서도 다수를 차지하고 있다. 그 결과 1990년대 이후 문학판은 보수화의 바람 속에 문학주의가 점령하게 된다. 그러면서 문학상은 상업주의라는 독극물에 의해 또 다시 유린된다. 파벌주의(또는 패거리주의)는 상업주의와 야합함으로써 문단의 영구집권화를 겨냥했던 것이다. 이상문학상 운영위원회는 이상문학상이 "중·단편소설을 시상 대상으로 하는 까닭은 문학의 중심이 장편소설에서 점차 중·단편소설로 이행하는 추세를 감안"한 것이라는 이상한 주장을 한 바 있다. 많은 사람들은 문학의 중심이 단편에서 장편으로 이동했다고 생각하고 있다. 그런데 이상문학상 운영위원회는 정 반대의 목소리를 내고 있는 것이다. 이것은 중단편을 수상작으로 선정함으로써 수상집의 판매를 촉진하려는 상업주의적 의도에서 나온 발언이다.

상업주의적 의도는 주례사비평이라는 거품을 대량으로 양산시킨다. 한 작품에 대해 객관적인 평가를 하려면 수개월 전에 발표된 작품을 대상으로 하기보다 좀 더 시간이 흐른 뒤에 하는 것이 옳다. 하지만 이것이 실행되지 못하는 것은 수상집을 상품 마케팅 차원에서 활용하고 있기 때문이다. 올해 이상문학상 수상작인 정미경의 「밤이여, 나뉘어라」는 ≪문학사상≫ 2005년 12월호에 실리고, 2006년 1월에 수상작으로 결정되는 초스피드의 평가를 받았다. 이러한 시간적 간격의 짧음은 대상 작품에 대한 객관적 평가를 어렵게 하거나 문단의 평가를 전혀 반영시킬 수 없게 한다. 심사위원들의 일차적 평가가 문학상의 최종 평가와 동일하게 되버린 것이다. 이 작품에 대한 문제제기는 자칫 잘못하면 원로나 중견급의 심사위원들의 권위에 대한 도전으로 비추어지기에 많은 문인들은 침묵의 늪에 빠질 수밖에 없다. 그러면서 문학상의 구조적 모순은 계속 재생산된다.

문학상이 상업주의 논리에 감염되면 작품의 질도 함께 하락할 가능성이 많다. 또한 스타작가로 평가되는 이들이 수상하게 되는 경우가 많아지는 것도 상업주의적 논리와 무관하지 않다. 문학주의 진영에서 비평적 조명을 집중적으로 받은 스타작가들이 멀지 않은 시기에 문학상을 수상할 것이라는 사실을 대부분의 독자들은 이미 다 알고 있다. 최근에 이것의 대표적인 예가 '현대문학상'을 수상한 정이현이다. 나는 개인적으로 현대문학상 수상작인 정이현의 「삼풍백화점」이 앞서 언급한 공선옥과 김종광의 작품에 비해 뛰어나다고 결코 생각하지 않는다.

예전에 유명 문학상 수상집이라고 하면 무조건 구입했던 독자들도 이러한 진실에 눈을 뜨면서 수상집들은 예전과 같은 호황을 누리지 못한다. 수작이 아님에도 불구하고 수작이라고 홍보하며 팔아먹었던 사기 행위에 대한 시장의, 일반 독자의 복수가 현재 진행되고 있는 것이다. 문학상의 체질 개선을 위해 무엇보다 문학주의 진영 문인들에게 문학상을 몰아주는 편파적 태도에 대한 깊은 반성이 있어야 한다. 작품을 위주로 평가한다고 하면서도 정작 진보적 문인들의 수작을 문학상 수상작으로 뽑지 않는 이중적 행태는 마땅히 비판받아야 한다. 문학상이 파벌주의와 상업주의에 점령될 때 문학상의 존립 근거는 더 이상 정당성을 확보할 수 없다는 사실을 문단 주류는 명심해야 한다.

2006년의 문학상 잔치가 시작하고 있다. 이번에도 '역시나' 하는 말이 나오지 않기를 진심으로 바란다. 문학상의 양극화 현상이 적절하게 해소되지 않는 한 문학의 미래는 그리 밝지 못하다. 문학상이 악취가 아니라 향기를 발산할 때, 비로소 문학상은 문학의 희망이 될 수 있을 것이다. 나는 문학상에서 배제된 변두리 문인들의 글쓰기에서 오히려 한국문학의 밝은 미래를 발견한다. 현란한 문학상에 현혹되지 않는 불온한 그들의 당당한 글쓰기를 계속 기대해 본다.

2000년대 새로운 문학 패러다임

계간지들이 앞 다투어 겨울호를 내는 계절이 왔다. 각 잡지들의 공들인 특집 기획과 문학 작품들이 독자의 시린 가슴을 조금이나마 따스하게 해주었으면 좋겠다. 이번 겨울호에서 눈에 띄는 문학 특집은 ≪실천문학≫이 25주년을 기념하는 '한국문학, 새로움의 저 밑자리'이다. 이 기획은 단순히 ≪실천문학≫의 창간 기념호라는 자축의 의미에 머무르지 않고, ≪실천문학≫이 창간하면서 지금까지 형성해온 담론과 쟁점들을 성찰해 새로운 문학 패러다임을 생산하려는 치열한 고투의 열기를 뿜어낸다. 이 기획에서 ≪실천문학≫은 민족문제, 민중·노동문제, 리얼리즘론이라는 항목을 전반적으로 재검토하면서 이 시대에 정작 필요한 문학 담론이 무엇인지 묻고 있다.

1990년을 전후한 시기에 불어닥친 현실 사회주의권의 몰락 속에 거대담론은 주변부로 축출되었다. 1980년대의 민족민중문학론은 1990년대에 기를 펴지 못한 채 텍스트 중심주의, 다원주의 등을 내세운 문학주의의 공세 속에 무기력증을 노출하며 지리멸렬

했던 것이다. 1990년대 초반의 리얼리즘 논쟁은 거대담론의 위축 속에서도 민족민중문학론을 수호할 수 있다는 자신감과 결의로 가득했다. 하지만 1990년대 후반의 리얼리즘 논쟁은 민족민중문학론의 위기의식과 불안감이 짙게 배어 있다. 혼돈의 시대인 1990년대는 문학과 현실의 긴밀한 상호 작용을 강조했던 민족민중문학 진영에게 기나긴 고통과 좌절의 시대였던 셈이다. 반면에 포스트모더니즘 깃발을 앞세운 문학주의는 일상, 욕망, 개인을 강조하며 탈계몽주의의 회귀를 축하했다. 1990년대 중반에 프랜시스 후쿠야마는 시장경제와 자유민주주의의 건강한 결합으로 역사는 끝났다고 선언해 의도하지 않았지만 문학주의에 힘을 보태주는 발언을 하기도 한다. 이 와중에도 역사는, 삶은 계속되고 있었다. 신자유주의로 대변되는 자본의 전지구적 확장 속에 일상인들은 우승열패의 무한경쟁으로 내몰리면서 불안의 상습화에 직면해야 했다. 특히 1997년 IMF 구제금융 이후, 한국에서 평생직장의 신화는 붕괴되었고 청년 실업과 조기 퇴출은 부익부 빈익빈이라는 경제의 양극화를 양산했다. 자본주의가 승리했음에도 불구하고 세계는 더욱 살벌한 생존경쟁의 각축장으로 변모되었던 것이다. 대다수 사람들의 삶은 이전보다 더욱 빈곤해지고 힘들어졌다.

그런데 1990년대 이후의 주류 문학은 당대 현실의 구조적 모순을 반영하지 못한 채 미시서사에 대한 과도한 편집증을 보이며 지리멸렬 했다. 문학이 사회에서 담당해야 할 최소한의 몫마저도 직무유기하면서 독자들의 이탈은 가속화되었다. 요새 문학계에서 문제작이 빈곤한 것도 당대의 사회적 욕망을 작가들이 제대로 읽어내어 형상화하지 못한 것에서 기인한다. 1980년대의 삶을 회상하는 1990년대의 후일담문학도 문학주의의 기세에 눌려 자기연민의 감상성에 빠져 허우적거렸다. 진보적인 민족민중문학론을 대체하고자 했던 생태주의 문학론은 자연회귀의 서정성이라는 틀로 회귀하면서 무기력했고, 남여 평등을 부르짖었던 페미니즘문학론은 실천적 운동성이 약화된 채 여성 문인들의 입지를 확보하기 위한 육체적 기표로 전락하는 한계점을 노출했다. 결국 1990년대 이후의 진보적 문학은 출구를 찾지 못한 채 깊은 침체의 늪에 빠졌던 것이다.

1990년대 이후의 문학주의는 1980년대의 계몽주의 담론을 폭력적 억압성·위계성·획일성으로 명명한다. 그러면서 문학주의는 텍스트 중심주의를 표방하면서 다양성이라는 이름 아래 가치판단을 유보하거나 포기한다. 이러한 문학주의는 얼마 못가 출판상업주의와 은밀하게 결탁하여 문학의 질적 하락을 부채질하는 악수惡手를 두었다. 게다가 문학주의는 열린 다원성을 표방했지만 정치적, 사회적 상상력에 대해서는 침묵하거나 외면하는 역편향성을 노출했다. 다원성이라면 마땅히 정치적, 사회적 상상력에도 동일한 권리를 주었어야 했다. 이런 점에서 문학주의가 내세운 다원성은 정치적, 사회적 상상력을 거세하기 위한 기만적 담론이었던 것이다. 계몽주의 담론의 탈신비화를 주장했던 문학주의자들이 오히려 자신의 문학주의를 신비화시켜 타자의 비판적 시선마저도 소멸시켰던 것이다. 문학평론가 김명인은 1980년대 소설이 정치 과잉이 문제가 된 것이 아니라 그 정치가 도식화되고 스테레오타입화된 것이 문제였다고 하면서 정치적 상상력의 복원을 주장한다. 문학주의의 악영향은 문학제도만이 아니라 작가들에게도 큰 영향을 미쳤다. 탈계몽적인 문학주의의 득세 속에 작가들은 계몽적 거대담론의 형상화를 기피하거나 방기하는 일을 자연스럽게 내면화했던 것이다. 문학주의는 1980년대의 민족민중문학론이 일상, 개인, 욕망을 주변으로 내몬 것과 이름은 다를지언정 똑같은 배제의 폭력을 행사했던 것이다. 이 부분에 대해 문학평론가 오창은은 "최근 작가들은 '계몽에 대한 저항'이라는 모호한 입장을 개진하면서 시대적 과제에 대한 문제 설정 작업을 회피하고 있다"고 비판한다.

이제 우리에게 필요한 것은 계몽과 탈계몽이 지닌 각각의 한계점을 극복할 새로운 문학 패러다임이다. ≪실천문학≫의 특집 기획이 중요한 의미를 차지할 수 있는 것은 바로 이러한 시대적 요청을 적극적으로 수용하여 새로운 변화의 물꼬를 트기 위한 몸부림을 보여주고 있다는 점이다. 이것은 물론 ≪실천문학≫의 단독 행보는 결코 아니다. ≪창작과비평≫, ≪문학수첩≫, ≪문학과경계≫, ≪시작≫, ≪리토피아≫, ≪내일을 여는 작가≫, ≪비평과전망≫, ≪작가와비평≫, ≪오늘의 문예비평≫ 등 많은 잡지들이 사회적 상상력의 회복을 통해 편향된 문학주의를 비판하고 반성하면서 새로운 문학 패러다임을 창출하기 위한 분투를 계속하고 있다. 이때 중요한 것은 1980년대와 1990년대처럼 어느 일방의 독주가 아닌 '전체/부분, 역사/일상, 사회/개인, 이성/욕망' 등 상호 대립적 것들을 변증법적으로 종합 통일시키는 것이다. 문학이 단일한 목표를 설정하여 시대를 단독으로 이끌던 시대는 지났다. 문학 부문에 과도하게 주어졌던 시대적 소명은 다양한 매체의 성장과 민주화의 진전 속에 시효 만료 되었던 것이다. 이제 문학은 문자매체가 지닌 깊은 성찰성과 언어의 미학을 무기로 하여 우리의 삶을 왜곡시키는 다양한 기제와 싸우며 새로운 지향점을 찾도록 도와주는 역할을 담당해야 한다. 이것을 위해 ≪실천문학≫ 특집에서 제시되었던 것은 '창조적인 민족문학운동(고명철), 비평의 부정정신의 회복(고영직), 예술의 창조적 힘과 작가적 지성'(오창은) 등이다.

나는 2000년대의 문학 패러다임을 계몽과 탈계몽이 상호 긴장 속에 공존하는 것이라고 믿는다. 문학이란 우리가 살고 있는 세계를 날카롭게 재미있게 그린다. 따라서 미시서사나 거대서사가 중요한 것이 아니라 우리가 살아가고 있는 세계에서 정작 필요한 것들을 외면하지 않고 형상화하는 작가의 상상력과 의지이다. 어느 한쪽에 대한 편식은 필연적으로 병을 유발하게 마련이다. ≪문학동네≫ 2005년 겨울호에 실린 「비평의 조건」이라는 서문에서, 편집위원 남진우의 목소리는 여전히 문학주의만을 편식하는 퇴행적인 수준을 반복하고 있어 안타깝기 그지없다. 그것은 새로운 문학 패러다임의 출현을 거스르려는 기득권의 반발로 비춰질 수밖에 없다. 이러한 수구보수의 모습은 문학주의의 몰락을 부채질하는 자충수일 뿐이다.

나는 소장평론가의 비판적 목소리와 새로운 젊은 작가의 출현 속에 2000년대 문학판이 새롭게 변할 것임을, 아니 변하고 있음을 체감한다. 무엇보다 중요한 것은 문학 담론을 떠받치고 있는 문학에 대한 순수한 열정이다. 그것이 어떤 유혹에도 굴하지 않고 새로운 문학 패러다임을 생성시킬 수 있는 근원적 동력이기 때문이다. 당신의 열정은 아직도 순수한가, 아직도 활활 타오르고 있는가. 겨울이다. 문학에 대한 '지독한' 열정이 혹한 추위 속에서도 당신의 가슴을 훈훈하게 해줄 수 있을 것이라는 사실. 우리가 고집스럽게 믿는 것은 그것뿐이다. 단지 그것뿐이다.

통속적 일상과 희망의 불씨

공선옥의 『명랑한 밤길』론

1

작가 공선옥이 기존의 현실성에 낭만성과 통속성을 조미료로 새로 첨가한 『명랑한 밤길』(2007)을 들고 우리 곁으로 다시 왔다. 1991년 ≪창작과비평≫으로 등단한 공선옥의 네 번째 소설집인 『명랑한 밤길』은 2002년부터 2007년까지 문예지에 발표한 12편의 단편이 실려 있다. 특히 이 소설집은 중년 여성이 직면한 일상의 다양한 현실을 싱싱한 언어로 표현하고 있다. 『명랑한 밤길』은 40대 중년에 도달한 1963년생 작가 공선옥의 현주소를 가감없이 보여주고 있는 것이다. 현진건의 「운수 좋은 날」(1924)과 천운영의 『명랑』(2004)처럼 공선옥의 『명랑한 밤길』은 결코 명랑하지 않은 삶의 환부가 조목조목 드러난다.

1990년대 공선옥의 소설에서는 5·18민중항쟁에 대한 부채감 속에 당대 역사와 현실을 작품에 적극 반영시킨다. 이에 비해 2000년대에 공선옥의 소설은 거시적 문제보다 소소한 일상의 단면을 드러내는 리얼리즘으로 선회한다. 공선옥은 미시서사에 거대서사를 투영하는 일상의 리얼리즘으로 진화했던 것이다. 『명랑한 밤길』에서 단편 「영희는 언제 우는가」·「언덕 너머 눈구름」·「비오는 달밤」·「폐경 전야」가 좋은 예들이다. 작가 공선옥의 주요 관심사는 가부장제에 의해 소외된 여성, 경제적 궁핍, 서울이라는 초거대도시megalopolis의 변방인 중소도시나 시골의 일상적 풍경이다. 이 책에서 보여주는 일상은 작가의 생활 체험과 언어 미학이 결합하여 구체적 리얼리티를 자연스럽게 확보한다. 공선옥의 생동감 있는 입담은 주변부에서 고통 받고 있는 하층 여성과 소외된 이들의 아픔을 드러내는 데에 발군의 실력을 발휘한다. 공선옥의 소설에 종종 등장하는 두통, 절름발이, 뇌성마비. 치매 등의 병은 냉혹한 현실에 적응하지 못하거나 소외된 현대인을 표상한다.

2

공선옥은 『명랑한 밤길』에서 가족의 문제를 중심으로 당대 사회의 병리적 현상에 우회적으로 접근한다. 전통적 가족상은 이혼과 별거(「꽃 진 자리」·「영희는 언제 우는가」·「도넛과 토마토」·「폐경전야」·「별이 총총한 언덕」), 남편의 죽음으로 인한 사별(「아무도 모르는 가을」·「지독한 우정」), 재혼(「79년의 아이」) 등으로 인해 해체된다. 사랑으로 충만한 행복한 가족의 풍경은 공선옥의 소설에서 거의 등장하지 않는다. 후기 자본주의가 지배하는 세계에서 가족 구성원들은 원활한 소통 관계를 구축하지 못한 채 서로에게 고립되어 있다. 특히 가족의 중심인 부부는 가해자인 남편(악인형)과 피해자인 여성(선인형)이라는 이원적 대립 구도로서 별거나 이혼 상태인 경우가 많다. 그것이 아니면 남편은 요절해 있다.

이러한 상황에서 여성들은 가난과 고독에 시달린다. 요구르트 배달원인 문희와 전남편의 아내인 필리핀 여자 토넷(「도넛과 토마토」), 폭우와 홍수에 남편을 잃은 절름발이 인자(「아무도 모르는 가을」), 이혼녀인 향이(「빗속에서」), 남편과 별거하고 할인점 계산원·학습지교사·글쓰기 과외선생으로 전전하는 윤자 등이 바로 그러하다. 이들은 열심히 일해 가난의 굴레를 벗어나려고 하지만 오히려 더 깊은 나락으로 추락하는 경우가 많다. 경제적 궁핍은 단순하게 생계 차원의 문제만이 아니라 인간성의 근원마저 파괴한다. 「별이 총총한 언덕」에서 상배는 IMF 때 다니던 회사의 부도로 실직자가 되면서 아내 윤자를 괴롭히는 파렴치한으로 변신한다. "돈 없으면, 마 바르게 살고 싶어도 바를 수가 없는 게 우리 인생이야, 마, 바르게 살자? 웃기지 마라, 그래라, 마……"라는 상배의 항변은 인간을 타락시키는 현실에 대한 냉소적 야유이다. 전통적 가족의 붕괴 속에 사랑의 보살핌으로 성장해야 할 아이들은 담배를 피거나(「꽃 진 자리」), 미혼모가 되거나(「79년의 아이」), 오토바이 절도범(「빗속에서」) 등 비행청소년으로 전락한다.

시간은 붙잡으려고 해도 붙잡을 수 없다. 후회한다는 것은 이미 그 시간이 지나버렸음을 의미한다. 일회성의 삶, 원 웨이 티켓 One Way Ticket이 바로 우리의 삶이다. 『명랑한 밤길』에서 갈비탕을 먹다가 이빨이 빠지는 중년여성, 첫사랑 남자를 20년 만에 만난 슬기엄마의 가슴 떨림, 노인의 자연사와 송아지의 탄생, 남편의 요절 등은 인간의 유한한 삶을 상기시킨다. 예를 들어 「꽃 진 자리」에서 40대의 이혼 여성은 새로운 남자를 만나 처녀적 낭만과 생기를 되찾는다. 시들었던 고목에 다시 잎이 나려는 순간, 그녀는 음식을 맛있게 먹다가 어이없게도 이빨이 빠진다. 여기서 이빨은 그녀의 찬란했던 젊음을 상징한다. 꽃 피자 꽃 진다는 말은 인생의 무상함을 말해준다. 하지만 인생의 늙음은 끝이 아니라 새로운 삶의 시작이다. 그녀의 호주머니에 있는 남자의 집 열쇠는 새로운 미래가 펼쳐질 수 있는 가능성을 암시한다. 「비오는 달밤」에서 달, 「영희는 언제 우는가」에서 마당의 화톳불, 「도넛과 토마토」에서 포마이카 장롱과 토마토밭, 「지독한 우정」에서 뇌성마비 장애인의 사랑 등도 절망에서 피어난 희망의 불씨이다.

3

공선옥은 『명랑한 밤길』에서 유한한 시간성의 자각 속에 상처받고 고통스러워하는 사람들에 대해 따스한 모성애적 시선을 던진다. 작가는 「영희는 언제 오는가」·「명랑한 밤길」처럼 동심 어린 눈물이 흐르는 신파적 낭만성과 통속성을 자주 표출한다. 이것은 현실도피나 패배주의가 아닌 새로운 희망을 위한 몸부림이다. 「명랑한 밤길」에서 실연한 젊은 여성이 떨어뜨린 무공해 채소는 그것을 주운 외국인 노동자들에게 작은 행운으로 바뀐다. 그러면서 작품의 서사 구조는 젊은 여성의 슬픔(비극)이라는 신파적 통속성이 외국인 노동자의 웃음(희극)이라는 희망으로 환치된다. 이러한 전화위복轉禍爲福은 냉혹한 세상과 마주 대하면서 살아가는 작가의 생존 방식이자 소설 전략이다.

『명랑한 밤길』은 진솔한 공선옥이 바라본 일상적 세상의 풍경을 담아내고 있다. 작가의 자전적 체험에 기반한 일상은 독자에게 친근감 있게 다가온다. 작가는 높은 목소리로 이야기하지 않으면서도 폭력적 현실을 넘어 또 다른 이상향의 세계를 꿈꾸게 한다. 그것은 초거대도시에서 포착하기 어려운 소박한 진정성의 세계이다. 영악하지도 섹시하지도 부유하지도 않는 평범한 공선옥의 작중인물들은 자잘한 일상의 감춰진 진실을 드러낸다. 이때 공선옥의 소설은 청승과 촌스러움이 덕지덕지 묻어나는 '지랄양광'의 매력을 한껏 발산한다. 그러나 아쉬움도 있다. 공선옥은 자전적 체험에 포박되어 작중인물과 소재는 다르지만 개별 작품들이 서로 엇비슷하다. 계층의 차별적 특성을 형상화하는 부분은 도식성과 상투성의 혐의에서 자유롭지 못하다. 작가의 시선이 미학적 긴장감을 상실하면 공선옥의 소설은 통속적 세태소설로 격하될 위험성이 있는 것이다. 공선옥에게 무리한 주문일지 모르겠지만 성장하기 위해 좀 더 필요한 것은 통속적 일상을 횡단하는 상상력의 도발이다. 공선옥의 소설은 너무 순박하다는 것. 이것은 공선옥 소설의 장점이면서도 동시에 단점이다. 도발하라, 도발하라! 공선옥은 자신의 야성을 확인시켜 줄 상상력의 댄스홀을 허하라!

결핍된 욕망과 좌절된 꿈

박민규의 「굿바이, 제플린」론

1

최강민 : 안녕하세요, 박민규 씨. 먼저 『2007 '작가'가 선정한 오늘의 소설』에 「굿바이, 제플린」이 선정되신 것을 축하드립니다.

박민규 : 아, 예.

최강민 : 비행선을 소재로 한 「굿바이, 제플린」은 독자에게 참신한 느낌으로 다가옵니다. 이 소설의 창작 동기가 있다면 무엇입니까?

박민규 : 참신하지... 않습니다. 그냥 쓴 겁니다. 「카스테라」에서 밝혔지만 단편은... 가까운 지인에게 선물하기 위해 우, 우 하고 씁니다. 역시나 그렇습니다.

최강민 : 그럼, 이번 「굿바이, 제플린」은 누구에게 줄 선물인가요?

박민규 : 다음에 밝히겠습니다.

최강민 : 이 소설을 읽으면서 다른 작가와 틀리는 박민규 씨의 기

발한 상상력을 다시 한번 확인할 수 있었습니다. 문단의 이단아 내지 괴짜로 불리는 박민규표 기발한 상상력의 원천은 무엇입니까? 독자분들에게 노하우를 공개 좀 하시죠. 고등학교 때 내신이 최하 등급이었고, 중앙대 문창과도 커닝으로 들어왔다고 당당히 밝히는 철면피적 뻔뻔함(?)에서 기발한 상상력이 발동되는 것입니까.

박민규 : 기발하지... 않습니다. 원천... 발동... 아무렴 어때, 라고 생각합니다.

최강민 : 이 소설의 핵심어는 '꿈'이라고 생각합니다. '꿈'은 곧 이루어질 수 없는 소망들이 모여 생성된 것이라고 생각합니다. 즉각적으로 욕망이 해소되는 것들은 '꿈'이라고 하기 어렵습니다. 이런 점에서 꿈은 인간의 욕망이 결핍되고 지연된 시공간에서 태어나는 아름다운 환상의 꽃이라고 생각합니다. 유소년 시절과 젊은 시절, 박민규 씨의 꿈은 무엇이었나요. 어느 신문 기사에서 보니 '히피'가 되는 것이 꿈이었다고 하는데.

박민규 : 꿈은... 이제 추상명사가 아닙니다. 관념이 아니죠. 물질로 대체된 지 꽤나 시간이 흘렀습니다. 좋은 세상이죠 뭐. 곰곰히 생각해보니 젊은 시절 제 꿈도 실은 이런저런 무늬로 위장된 '돈 많이 벌자'였습니다. 그렇다고 생각합니다. 한 마디로... 쓰레기죠 뭐.

최강민 : 「굿바이, 제플린」이라는 제목에서 제플린은 20세기 초 독일의 제플린 백작에 의해 실용화된 경식 비행선과 1968년에 탄생한 전설적인 락그룹 '레드제플린'을 떠올리게 합니다. 이 소설에서 중의적인 의미로 사용된 '제플린'을 작가 박민규씨는 어떤 상징적 의미로 사용했는지 궁금하네요. 혹시 레드제플린을 굉장히 좋아하시나요.

박민규 : 꿈과 마찬가지, Lead Balloon 역시 ad balloon으로 대체 되었습니다. 소설 속의 제플린은 실은 비행선이 아니라 ad balloon이죠. 아무리 좋아해도 이제 Led Zeppelin은 없습니다. 모두 다 Ad Zeppelin이죠. 만세, 만만세입니다.

최강민 : 짧은 시간 동안 인터뷰 해주셔서 감사합니다.

박민규 : 별 말씀을.

2

박민규의 소설은 진지함의 공간인 '서재'가 아니라 온갖 야리꾸리한 냄새가 풍기는 '화장실'에서 발원한다. 독자들이 자신의 소설을 졸라게 재미있어 하면 그저 고마울 뿐이라는 박민규의 가벼움은 2000년대 소설의 새로운 징후라고 해도 과언이 아니다. 박민규의 소설은 소재 선택에 있어 편식을 하지 않고, 독자들이 관심을 둘만한 것은 모두 가져오는 개그적 콜라쥬를 통해 소설의 넝마주이를 실현한다. 대중문화적, 만화적, 지구적 상상력으로 호명되는 그의 기발한 상상력은 철저하게 비주류였다는 주변부적 체험과 인식에서 나온 것이다. 자신이 이 사회에서 왕따였다는 것. 그러나 그는 이것을 좌절과 절망으로 인식하지 않고 오히려 희화적 즐거움의 미학으로 치환시킨다. 이러한 역발상의 전략을 통해 박민규는 자신의 주변부적 위치를 새로운 중심부로 승화시킨다. 고글 안경과 펑크식 헤어스타일로 무장한 채 히피가 되고 싶었다고 고백하는 박민규는 분명 이 시대의 새로운 소설가의 아이콘이다.

「굿바이, 제플린」은 박민규표 소설 문법에서 다소 비켜나 있다. 싫어하는 모든 것을 냉장고에 집어넣는 식의 황당무계한 설정은 이 소설에서 찾을 수 없다. 이 소설에서 박민규가 말하고자 하는 것은 이 시대에 꿈의 존재 방식과 가치론이다. 박민규는 「굿바이, 제플린」에서 단문형의 속도적 문체로 2000년대 꿈의 신상명세서를 우리에게 툭 내던지고 있는 것이다. 꿈을 잃어버린 기성세대나 아직 꿈을 간직하고 있는 신세대, 아니면 꿈을 경멸하는 독설가들에게 이 소설은 경쾌하게, 경박하게, 그리고 쿨하게 내뱉는다. 꿈 깨! 일어날 시간이야! 그래 우리는 꿈을 깨기 위해, 꿈에서 일어나기 위해 박민규의 소설과 만나고자 한다. 미팅이다.

3

「굿바이, 제플린」의 첫장면은 정의의 용사인 가면라이더 파이즈가 등장하는 것으로 시작된다. 초능력자가 등장하는 애니메이션이나 영화는 현실에서 이루어지기 힘든 것들을 화면을 통해 실현시키는 욕망의 판타지이다. 기획사 직원인 김 실장이 분장한 가면라이더 파이즈는 "정의는 언제나 승리한다는 사실을. 언제나 꿈과 희망을 잃지 않고 공부 열심히 하세요!"라고 외친다. 그러나 과연 현실은 그러할까? 현실에서 오히려 정의는 배신당한 채 꿈과 희망은 좌절과 절망으로 대체되는 것이 진실이 아닐까. 작가 박민규는 쉬는 시간에 딸기우유를 먹는 초라한 모습의 가면라이더 파이즈를 코찔찔이 아이들이 포착하게 함으로써 비현실의 세계를 현실의 세계에서 추방시킨다. 이처럼 이 소설은 '현실/비현실, 현실/꿈, 실재/환상'의 세계를 대비적으로 교차시켜 냉혹한 현실에서 좌초되는 꿈의 세계를 드러낸다.

「굿바이, 제플린」의 주요 작중인물들은 꿈의 실현을 위해 노력하는 존재들이다. 중소도시에서 대형 할인마트를 차린 드림마트의 회장은 이름 그대로 사업에 성공해 국회의원이나 시장에 출마하려는 용꿈을 가지고 있다. 소규모인 기획사를 운영하는 천 사장은 드림마트의 회장을 도와 나중에 정계에 진출할 커다란 꿈을 간직하고 있다. 천 사장의 부하직원인 김 실장도 같은 기획사 직원인 미려와 결혼하고 변리사가 될 꿈을 가지고 있다. 이것을 위해 김 실장은 미려 몰래 아파트 당첨을 위한 청약적금까지 붓고 있다. 이들의 꿈들은 모두 "딸기우유처럼 달콤한 꿈"들이다.

소설의 서사는 "꿈의 쇼핑 드림마트 해피 해피 드림마트"가 되기 위한 홍보용으로 비행선 모양의 애드벌룬을 띄우기로 하면서 본격적으로 전개된다. 기획사는 어렵게 서울에서 구한 제플린 비행선을 시험 삼아 허허벌판에서 띄운다. 20세기 초 독일에서 처음 상용화된 제플린 비행선은 그 거대한 크기로 인해 대중들을 압도했다. 200미터가 넘는 거대한 비행선이 하늘을 나는 모습을 보고 당시 사람들은 인간의 무한한 능력과 과학기술의 발전에 매혹되었던 것이다. 1차 세계대전에서 제플린 비행선은 영국 런던을 폭격하면서 매혹의 대상에서 공포의 대상으로 변신하기도 한다. 이러한 이력을 지닌 거대한 크기의 비행선이 애드벌룬의 형태로 21세기 초에 다시 등장한 것이다. 제플린이 거대한 고래처럼 날아오르는 모습에 압도된 김 실장은 "그것은 마치 〈꿈〉과 같은 느낌이었다. 누구라도 쳐다보지 않을 수 없는 어떤 무엇, 변리사가 된 나의 인생이 한껏 부푼 모습으로 창공에 투영된 기분이었다"라고 느낀다. 여기에서 제플린 비행선이 작중인물의 꿈을 상징하는 상징적 등가물임을 알 수 있다. 거대한 크기에 압도되어 제이슨이 메인 로프를 놓치면서 제플린 비행선은 저 멀리 날아가 버린다. 야심 찬 홍보전을 기획했던 기획사의 희망찬 미래는 이내 '캄캄한 하늘'로 변질된다. 그러면서 곧 도달할 것만 같았던 꿈의 세계와도 멀어진다. 꿈을 상징하는 비행선이 시야에서 멀어지면서 오히려 욕망의 대상에 다가가기 위한 존재의 욕망은 증폭된다. 기획사 직원인 김 실장과 제이슨은 죽기 살기로 비행선을 좇아가는 대장정의 길에 올랐던 것이다.

'비행선=꿈'을 붙잡으려는 김 실장과 제이슨의 노력은 훼방꾼이 등장하면서 대상과의 합일이 자꾸만 지연된다. 이 소설에서 욕망의 훼방꾼은 대기업의 할인마트, 하늘길과 대비되는 땅의 길, 비비탄을 쏘는 아이들, 엽총을 든 중년사내, 노래방 사장 등 다양한 형태로 등장한다. 시간의 경과 속에 가스가 빠지면서 눈에 띄게 고도가 낮아진 제플린 비행선. 이때 빠져나가는 가스는 꿈을 좇아가는 주체의 열정 소진과 점점 상실되어가는 젊음을 상기시킨다. 아이들이 쏜 비비탄에 맞아 눈물을 흘리는 김 실장과 제이슨의 모습은 꿈을 좇아가지만 꿈의 실현에 실패한 평범한 일상의 존재들이 흘리는 눈물이기도 하다. 김 실장은 동거녀인 미려가 실수로 노래방 사장과 하룻밤을 보낸 사실을 확인하면서 또 한 번 절망에 빠진다. 이것은 미려와 결혼하여 행복한 삶을 살겠다는 김 실장의 꿈을 좌절시키는 중요한 사건이다. "제플린을 찾으면 좋아지겠지, 변리사가 되면 모든 게 좋아지겠지"라는 김 실장의 독백은 자신이 처한 냉혹한 현실에 대한 부정이자 좀 더 나은 세계를 꿈꾸는 소망의 발현이다.

'비행선=꿈'을 붙잡겠다는 욕망은 중년 사내들의 엽총에 맞아 제플린 비행선이 추락하면서 종료되고 만다. 원형 그대로가 아닌 엽총에 맞아 양로원 마당에 추락한 제플린 비행선의 모습은 현실세계에서 꿈의 실현을 위해 몸부림치다가 실패한 다수의 서글픈 자화상이기도 하다. 김 실장이 추락한 제플린 비행선에서 죽어가는 고래의 눈동자를 발견하는 모습에서, 나는 배창호 감독의 「고래사냥」(1984)을 떠올렸다. 송창식이 부른 주제가인 "간밤에 꾸었던 꿈의 세계는/아침에 일어나면 잊혀지지만/그래도 생각나는 내

꿈 하나는/조그만 예쁜 고래 한마리//자 떠나자 동해바다로/신화처럼 숨을 쉬는 고래 잡으러.” 박민규는 1980년대에 꿈을 상징했던 고래를 2000년대에 비행선의 형태로 재등장시켰지만 꿈의 실현은 또 다시 미루어진다. 15년 전 미국에서 아메리칸드림을 꿈꾸며 오파상 하다가 망한 채 한국에 돌아와 성인오락실을 전전하며 대박을 기대하는 제이슨의 궁색한 모습은 김 실장의 미래의 모습이다. 그래서 김 실장은 제이슨이라는 거울을 싫어할 수밖에 없다.

4

1937년 5월 9일 당시 세계 최대의 크기인 248미터의 비행선인 힌덴부르크호가 폭발하면서 비행선의 시대는 막을 내린다. 거대한 비행선으로 대변되는 세계의 발전에 대한 낙관적 전망과 매혹은 불안과 공포로 대체된다. 「굿바이, 제플린」에서 엽총에 맞아 땅으로 곤두박질친 제플린 비행선의 모습은 현실 세계에서 꿈이 실현되기 힘든 암담한 현재와 미래를 상징한다. 거대한 위용을 자랑했던 제플린 비행선과 쪼그라들어 추락한 비행선의 대비적 풍경은 효과적으로 현실 세계에서 한없이 위축된 꿈의 세계를 생생하게 대변한다. 현실 세계에서 꿈의 부재 내지 위축은 역으로 꿈의 끈질긴 생존을 도와주는 역설을 생산한다. 인간이 살아있는 한 꿈은 결코 사라질 수 없는 아름다운 환상이기 때문이다. 지금은 고인이 된 문학평론가 김현은 “문학은 꿈이다”라는 명제를 제시하기도 했다. 문제는 꿈의 실현보다 꿈의 내용물이다. 우리가 꿈꾸고 있는 것들은 진정 우리들이 원하는 것들이었을까? 혹시 그것은 자본주의라는 타자의 욕망이 개입하여 만들어낸 기만적 가짜 욕망은 아니었을까. 그렇다면 꿈은 살벌한 현실을 망각하기 위한 일종의 마약으로 전락할 수밖에 없다.

박민규는 이러한 의문들에 대해 명백한 해답을 제시하기보다 능청스럽게 자동차에 태운 할머니의 행방을 묻는다. 이때 할머니는 가스가 빠져나간 채 쪼그라든 비행선과 등가물의 존재이다. 대체 "어디로 가신 걸까?" 할머니는, 우리들의 꿈은. 이제 우리는 박민규의 소설이 제시한 질문의 해답을 찾기 위한 또 하나의 대항해 시대를 열어야 한다. 가짜의 꿈은 구별해 처단해야겠지만 진정한 꿈이란 존재를 고양시키는 소중한 원동력이다. 설사 꿈이 현실에서 성취되지 못하더라도 꿈이 있기에 우리는 잠시 행복할 수 있다. 꿈이란 그것으로 족할지도 모르겠다. 꿈은 결핍이 만연한 세상에 그것이 충족될 수도 있을 가능성을 열어둔 일종의 복음이다. 꿈이 있는 한 존재는 청춘이다. 꿈은 회춘의 명약인 것이다. 박민규가 우리에게 주고자 했던 것은 현실 세계에서 좌절된 꿈이 아니라 꿈을 향한 젊음의 열정이 아니었을까. 그것이 우리의 마지막 희망인 것이다. 저기 보이지 않는가? 거대한 크기의 제플린 비행선이 다시 비상하는 모습을. 그대 아직도 보이지 않다면 필히 안경을 쓰도록 적극 권한다.

비평의 자유로움과 경계를 넘는 망명객

권성우의 『횡단과 경계』론

1. 성찰하는 골수 자유주의자

1963년생인 권성우는 1987년 ≪서울신문≫ 신춘문예에 당선하여 문학평론가로 활동하기 시작한다. 그는 불과 24살에 비평계에 발을 들여놓은 조숙한 천재였다고 할 수 있다. 권성우는 유려한 문장과 섬세한 텍스트 읽기를 통해 1990년대 비평계의 총아로 자리매김한다. 대학교와 대학원 시절 그의 글을 읽으면서 나는 절망했고, 감탄했고, 그리고 시기했다. 그래서 권성우는 나의 작은 우상이자 언젠가 극복해야 할 산이었다. 이러한 감정은 나만의 것은 아니었다. 비평을 공부하는 문청들이라며 나와 유사한 감정을 느꼈으리라! 우리 동세대들은 권성우가 가장 주목받는 젊은 평론가 중의 한 사람으로 문단의 중심에서 활동할 것을 믿어 의심치 않았다.

그러나 이것은 나의 오판이었다. 1990년대 후반 권성우는 많은 사람들이 예측한 안정된 길을 거부하고 가파른 험로에 들어선다.

서울대 국문과 출신으로서 문단 주류의 안락한 신분이 보장되었음에도 불구하고 그는 스스로 그 길을 박차고 나와 비주류의 배고픈 길을 택한다. 그것은 멍청한 바보의 길이었고, 문단 주류와 인연을 끊는 고립의 길이었다. 문단의 황태자에서 하루아침에 야인으로 추락하면서 그는 많은 것을 잃어야 했다. 대표적인 것이 문학상이다. 동세대의 문학평론가 우찬제와 이광호 등이 중요 문학상을 수상했을 때, 그는 혼자 손가락이나 빨아야 하는 처량한 신세(?)가 되었던 것이다. 문단 주류의 문학권력과 문학적 스승인 김현을 비판하면서 그는 자신의 기득권을 포기해야 했고, 자신의 둥지인 '문학과사회' 에콜에서도 떠나야 했다. 이것은 4·19세대의 선두주자인 문학평론가 김현처럼 과도한 인정욕망이 낳은 돌출 행동이었을까.

이것에 대한 대답은 1990년대에 63빌딩을 배경으로 찍은 맥스웰 캔커피의 광고 문구에서 찾을 수 있다. "뭐가 보이는가?", "자유가 보인다!" 나는 문학평론가 권성우를 떠올리면 이 CF가 발산하는 핵심 문구의 이미지가 자연스럽게 연상된다. 권성우는 자유의, 자유를 위한, 자유에 의한 세계를 신봉하는 골수 자유주의자이다. 그에게 있어 '자유'는 관념적 차원의 유희가 아니라, '자유'를 위해서라면 기꺼이 성전도 마다하지 않을 절대적 명제이다. 부조리한 억압과 구속을 거부하는'자유'는 권성우 비평의 출발점이자 완결점이다. 권성우는 문단 주류의 길을 포기하여'문학권력'을 잃지만 그 대신에 무한한'자유'를 얻는다. 그가 처음부터 '자유'를 지키기 위한 투쟁에 나선 것은 아니다. 권성우는 현장 비평활동을 하면서 타락한 문학제도와 비합리적 관행의 압력 속에 비평의 자유가 훼손되는 현실을 직접 체험한다. 권성우는 이런 현실에 순응하지 않고 맞서 싸우면서 그의 '자유'는 담금질되어 구체적, 실천적 힘으로 재탄생한다. 시인 김수영이 4·19체험을 통해 발견한 자유의 소중함을 그는 1990년대의 현장 비평 활동을 통해 체득했던 것이다. 자유를 강조하며 끊임없이 성찰하는 권성우의 강렬한 자의식은 필연적으로 문학의 순결성과 진정성을 지키기 위한 성전으로 내몬다. 권성우는 비평의 '매혹'을 잠시 유보하고 '비판'으로 공간 이동해 비합리적인 문학권력과 대립각을 세운다. 그는 문학적 자유를 수호하기 위해 기득권의 문학제도, 인맥, 학맥, 에콜 등과 투쟁한다. 권성우는 2000년대 전후하여 강준만·이명원 등과 함께 비판적 글쓰기를 통해 문학권력 논쟁의 중심에 섰던 것이다. 권성우는 자신의 글에서 문학과 비평이 무엇인지 끊임없이 질문을 던진다. 이 같은 원론적인 질문이 많은 것은 부단한 성찰을 통해 올바른 문학의 길을 가기 위한 자기 모색과 고민이 적극 반영된 탓이다.

> 비평의 매혹에서 비판적 글쓰기로 내 관심이 이동하는 과정에서도 '비평에 대한 자의식'과 독자적인 예술로서의 비평에 대한 생각은 변하지 않았다. 어떻게 보면, '매혹'과 '비판'은 비평적 자의식이라는 동일한 뿌리에서 생성된 두 가지 비평적 자세일 것이다. 비평에 대한 자의식이 존재하는 한, 나는 끝끝내 비평의 존재방식에 대한 집요한 질문들을 던질 수밖에 없을 것이다. 그 길이 바로 비평가로서의 내 존재이유가 될 것이다.
>
> (권성우, 『비평과 권력』, 소명출판, 2001, 6쪽)

권성우는 첨예한 비평 논쟁의 길에 들어서면서 많이 상처 받았고, 그 상처는 문학적 스승인 김현과 김윤식의 그늘에서 벗어나 독자적 평론가로서 권성우를 탄생시키는 밑거름이 된다. 권성우는 논쟁하면서 많은 절망을 겪었지만 결코 희망을 포기하지 않았다. 이러한 그의 낙관적 자세는 문학에 대한 순정한 믿음이 항상 존재했었기 때문이다. 그런데 문학상과 인연이 영영 없을 것이라고 생각했던 권성우가 드디어 제19회 김환태평론문학상을 받게 되었다. 세상이 미친 것인가, 아니면 이제 제대로 돌아온 것인가? 아쉬운 것은 수상작인 『횡단과 경계』(2008, 소명출판)가 현장 비평보다 연구서 성격의 글이라는 점이다. 그럼에도 불구하고 이 책은 문학평론가 권성우의 비평적 지향점이 고스란히 드러나 있어 아쉬움을 달래준다.

2. 유목민적 언어로 경계를 횡단하라!

문학평론가 권성우의 문학적 매력은 무엇일까? 첫째, 강한 문학적 자의식이 낳은 유려한 문장의 아름다움이다. 서간문 형식의 비평문을 포함하여 그는 비평 대상과 교감하기 위해 다양한 문체를 구사한다. 특히 감성적이면서도 논리적으로 명증한 권성우의 문장은 이 시대 비평 문체의 교본이라고 할 만하다. 둘째, 자유로운 영혼의 비판적 균형의식이다. 어디에 소속되기보다 자유로워지기를 꿈꾼 권성우는 아군과 적군을 가리지 않고 그것이 가진 문제점에 대해 이야기한다. 패거리주의, 정실주의, 조직보호 논리를 넘어 포청천같은 비판적 시선은 자신을 둘러싼 대상만이 아니라 자신에게도 해당된다. 그의 엄정한 비판적 시선은 특정 세력을 대변하지 않고 공정하게 대상의 문제점을 지적하는 균형의식을 드러낸다. 셋째, 문학과 시대의 환부를 정확하게 꿰뚫는 예리한 문제 의식이다. 이것은 그의 비평적 성실성과 날카로운 비평의 불온함을 말해주는 것이다. 넷째, 문학과 삶의 진정성을 향한 뜨거운 열정의 비평가이다. 그는 누구보다 문학을 사랑하는 열정을 갖고 있다. 이 열정은 자신의 소중한 것을 지키기 위한 투쟁에 나서도록 하는 원동력이 된다. 다섯째, 주체와 타자를 함께 끌어안고자 하는 낙관적 다원론주의자이다. 권성우는 불합리한 타자에 대해 비판을 하지만 그것은 궁극적으로 주체와 타자가 함께 어울리는 다원성의 유토피아를 만들려는 모색이다. 이러한 다섯 개의 항목들은 권성우의 이미지를 '반성하고 투쟁하는 자유주의자'로 만든다.

권성우의 비평세계는 평론집을 기준으로 크게 3기로 나눌 수 있다. 제1기는 대상 텍스트에 대한 매혹과 다원주의를 강조한 첫 번째 평론집 『비평의 매혹』(1993)이다. 이때 그는 대상 텍스트와 교감하는 밀월여행을 하면서 문학을 통해 세계를 바라보던 20대의 시절을 보낸다. 이 시기에 자유주의자 권성우는 역사와 현실을 강조하는 민족문학의 도식성을 비판하는 입장에 선다. 제2기는 대상 텍스트에 대한 매혹을 넘어 문단의 불합리한 것들과 투쟁하고 싸우는 비판적 글쓰기가 등장하는 『비평과 권력』(2001), 『비평의 희망』(2001), 『논쟁과 상처』(2006)이다. "어떤 제도적 억압이나 간섭으로부터도 문학적 자존을 지키고, 어떠한 문화적 편견과 선입견으로부터도 정신의 자유로움을 유지하도록 노력할 것이다"라는 『비평과 권력』의 서문은 이 시기에 권성우의 입장을 대변한다. 제3기는 당대의 첨예한 논쟁을 끝내고 비평의 본질에 대해 과거를 거슬러가거나 아니면 경계를 넘어 다양하게 사고하면서 새로운 길을 모색하는 『횡단과 경계』(2008), 『낭만적 망명』(2008)이다.

김환태평론문학상 수상작인 『횡단과 경계』의 제1부는 일제식민지 시대와 해방기에 많은 활동을 한 문학평론가 임화에 대한 연구이다. 권성우는 고인이 된 임화의 글을 검토하면서 현재 문단에서 논의되고 있는 문제점들에 대해 이미 발언한 임화를 놀랍게 발견한다. 이 책에서 권성우는 임화의 글들이 과거에 유폐된 죽은 언어가 아니라 2000년대 문학에서도 여전히 살아있는 현장의 언어임을 드러낸다. 권성우의 글에서 임화의 비평 담론은 현재의 풍경을 되비추는 반사경으로 승격한다.

> 1940년을 전후한 시기에 발표된 임화의 메타비평에는 이 시대 중요한 비평적 쟁점의 대부분이 담겨 있다. 이를테면, 비평의 위기를 둘러싼 제반 논의, 비평의 가치 평가와 해석 비평의 문제, 작품에 지나치게 수동적으로 밀착한 해설 비평의 문제, 비평적 정론성과 역사성을 상실한 제도화된 비평의 문제, 미디어에 종속된 문학과 비평의 위상, 문화적 획일주의에 대한 저항 등등은 임화가 비평적으로 고투했던 1930년대 중반부터 1940년대 초반에 이르는 시대뿐만 아니라 바로 이 시대비평의 핵심적인 논점이자 아젠다이기도 하다. 이처럼 임화의 비평 담론에는 지금 이 시대 비평의 풍경을 되비추는 반사경을 다양하게 가지고 있다.
>
> (권성우, 「임화의 메타비평과 비평적 자의식」, 『횡단과 경계』, 소명출판, 2008, 83~84쪽)

개별 글인 「문학미디어 비판과 문화산업에 대한 성찰」과 「임화, 혹은 세 가지 저항의 방식」은 기존 임화의 연구가 시, 비평에 집중되었던 것에 문제를 제기하면서 임화의 에세이와 산문에 초점을 맞추어 논지를 전개한다. 권성우가 보기에 임화는 일제의 군국주의 파시즘이 압도적인 시대에 해석과 설명에 치중한 순수문학 내지 문학주의 비평의 한계점을 지적하며 역사의식과 문학정신을 강조한 평론가이다. 권성우는 이러한 임화를 통해 당대 사회현실과의 연관성을 상실한 채 미시적 텍스트주의에 중독된 현재의 비평계를 우회적으로 비판한다. 「임화의 메타비평과 비평적 자의식」에서는 일제 말기에 보여준 임화의 글이 비록 친일적인 글도 있지만 당대 시국과 정치의 장이 허용하는 한도 내에서 일제에 이론적, 비평적 저항을 소극적이나마 수행했다고 평가한다. 이 부분에서는 그 기준에 대해 좀 더 논리적으로 보충할 필요가 있어 보인다. 자칫 잘못하면 친일문학에 면죄부를 남발할 수 있기 때문이다. 결국 권성우는 이 책을 통해 비평사에서 상대적으로 소외되었던 임화를 적극적으로 긍정하면서 복권시킨다. '자유'를 강조한 권성우가 '평등'을 강조한 임화를 긍정적으로 평가하는 모습은 비평적 균형의식과 비판적 글쓰기의 산물이다.

제2부는 이태준과 김남천의 에세이를 중심으로 이들 작가에 대해 새롭게 접근한다. 권성우는 기존의 연구들이 시와 소설 등의 중심 장르에 치우쳤다면서, 기행문·수필·일기 등 주변 장르를 고찰하여 새로운 시각과 내용을 확보해야 한다고 주장한다. 장르의 구분은 선험적으로 존재하는 것이 아니라 당대의 문학장과 관습에 의해 한시적으로 규정된 개념일 뿐이라는 것이다. 이렇게 문학제도의 틀에 의해 정해진 장르의 경계선을 파괴하고 넘나드는 것은 자유를 지향하는 권성우의 문학적 입장이 자연스럽게 반영된 것이다. 권성우는 이태준의 기행문과 수필, 김남천의 수필을 통해 작가의 새로운 면에 다가선다. 그는 해방 전에 보여준 이태준의 기행문은 단아한 선비정신과 비평정신을 보여주었는데, 해방 후에 사회주의라는 새로운 이념을 만나면서 실종되었다고 평가한다. 이것은 "탁월한 스타일리스트도 거대한 역사적·정치적 세계로부터 결코 자유로울 수 없었던 한국 근대문학사의 상처와 굴곡을 그 자체로 보여주는 "것이라고 권성우는 평한다. 제2부에서 권성우가 주안점을 둔 것은 장르의 경계선을 넘어 주변장르를 통해 새롭게 대상 텍스트에 다가가는 것이다.

제3부는 1920년대 내용·형식논쟁, 한국현대비평사의 기원 역할을 하는 1960년대 비평의 성과와 의미, 해방 이후 현대문학비평연구사, 현대소설 연구와 자생적 이론의 가능성에 대해 탐색한다. 이 중에서 「한국 현대비평사의 기원」이 주목을 요한다. 권성우는 1960년대 비평의 다양한 목소리를 소개하면서 4·19세대가 중심이 된 ≪창작과비평≫과 ≪문학과지성≫과 같은 에콜이 확고한 영향력을 확보하면서 비평사적 평가가 지나치게 양자에 비중을 두고 서술하는 경향이 있다고 문제를 제기한다. 권성우는 4·

19세대 비평가들의 세대론적 인정투쟁의 전략이 지닌 문제점을 언급하면서, 그 동안 비평사에서 소홀히 했던 동인지나 잡지인 ≪비평작업≫, ≪청맥≫, ≪한양≫, ≪상황≫ 등의 중요성을 주장한다. 권성우는 4·19세대의 과도한 인정욕망을 비판하면서도 그들 세대가 성취한 비평사적 공적에 대해서는 긍정적 평가를 내린다. 권성우는 4·19세대가 약진한 1960년대를 한국 현대비평사에서 진정한 의미의 비평적 모더니티가 본격적으로 형성된 기원이라고 비평사적 의미를 부여한다.

권성우는 『횡단과 경계』에서 기존 연구가 보여주지 못한 틈새부분을 다원성의 입장에서 공략한다. 이 책에서 권성우는 임화의 1940년 전후의 행적을 일제세력에 대한 굴종과 협력이 아닌 창조적 저항으로 파악했고, 이태준을 '보수/진보·고전/현대·문학적 장인성/감각적 스타일·딜레탕티즘/민중성' 사이의 경계에서 방황하고 모색하는 존재로, 김남천을 복합적인 자의식·이중성·균열의 모습으로 파악한다. 그에게 텍스트는 자명하게 고정된 것이 아니라 상호모순적인 것을 안고 있는 역동적인 텍스트이다. 이것은 권성우가 비평 초기에 견지했던 매혹의 비평이라는 기본 입장이 여전히 살아 있음을 의미한다. 그러나 사회주의 이념의 비평가인 임화를 적극적으로 긍정하는 모습에서 독자들은 미시서사만이 아닌 거대서사를 함께 생각하는 성장한 권성우를 반갑게 만나게 된다.

3. 망명의 비평을 향해

내가 개인적으로 만나본 바에 의하면, 권성우는 성품상 싸우기를 즐겨하는 싸움닭이 결코 아니다. 부조리한 문단 현실과 낡은 문학적 관행이 그를 비평의 논쟁으로 내몰았을 뿐 기본적으로 그는 텍스트에 공감하는 비평을 쓸 때에 가장 행복을 느끼는 평론가이다. 그러나 중요한 것은 그는 문학이, 비평이 위기에 봉착했을 때 이것을 외면하지 않고 성실하게 비평적 대응을 했다는 점이다. 권성우는 20대에 공감하는 매혹의 비평을, 30대에 치열한 비평 논쟁을 하며 언제나 당대 문학의 중심에 있었다. 이렇게 정열적인 글쓰기를 했던 권성우도 어느 새 나이가 들어 40대 중반의 중견 평론가가 되었다. 비록 그의 얼굴은 20대와 같은 풋풋함이 사라졌지만 문학에 대한 열정만은 아직도 소중하게 간직하고 있다. 글을 쓸 때마다 매번 초심을 떠올리는 권성우에게서 우리는 비평의 밝은 미래를 기대한다. 『횡단과 경계』는 초심을 잃지 않고 묵묵히 자신의 길을 걷는 권성우의 자취를 발견할 수 있다는 점에서 독자의 기대를 배반하지 않는다.

권성우의 비평은 매력적인 아우라를 발산하지만 아직도 해결해야 할 과제가 남아 있다. 그는 비합리적 문학제도를 비판했지만 문학을 둘러싼 현실 세계에 대한 발언은 여전히 취약하다. 자유로운 개인을 감금시키는 당대의 지배담론과 체제, 그리고 소외된 계층을 향한 비평적 시선이 권성우에게 좀 더 요구된다. 문학이라는 틀을 넘는 상상력의 횡단이 필요한 것이다. 자유주의자인 권성우는 상대적으로 '평등'이라는 항목에 대해 많은 관심을 보여주지 못했다. 그의 날선 비평에 공감하면서도 때로 관념적인 것으로 느껴졌던 것도 당대 사회의 현실이 제대로 드러나지 않기 때문이다. 권성우가 '평등'이라는 항목을 적절하게 보듬지 않으면 그의 비평적 균형성도 공허해질 위험성이 있다. 그의 비평적 균형의식은 완결형이 아니라 현재 진행형이다. 이러한 결과는 그가 엘리트적, 관념적 틀에서 완전히 벗어나지 못했음을 의미한다. 권성우가 『횡단과 경계』에서 임화라는 비평가에 대해 관심을 보인 것도 임화를 통해 '평등'의 항목에 상대적으로 소홀한 자신의 결핍을 메우고자 했기 때문이다. 이런 점에서 그는 자신의 한계를 극복하려고 끊임없이 노력하는 평론가이다.

권성우가 현재 고민하고 있는 문제는 무엇일까? 『횡단과 경계』는 그것에 대한 실마리를 보여준다. 권성우가 이 책에서 자신을 살펴볼 거울로 주로 활용한 텍스트는 식민지 시대의 대표적인 평론가 임화이다. 올해에 출간될 『낭만적 망명』이란 평론집에는 임화 외에도 팔레스타인 출신 미국의 비평가 에드워드 사이드, 일본의 대표적인 비평가 가라타니 고진, 재일조선인 산문가인 서경식에 대한 글이 실려 있다. 권성우가 『횡단과 경계』와 『망명의 비평』에서 공통적으로 추구하는 것은 무엇일까? 다음 지문을 읽어보자.

> 상징적인 차원에서 모든 곳에 대한 애착과 사랑을 끊어버린 사람, 모든 곳을 낯설게 느끼는 비평가만이 한 시대의 시스템, 자민족중심주의, 거대 미디어의 네트워크, 주류문단에 거리를 두고, 궁극적으로 작품 자체를 낯설게 느끼면서 독립적인 비평을 수행할 수 있는 것 아닐까. 역설적인 맥락에서 그러한 냉철한 태도에 한 시대와 그 시대가 산출한 문학작품에 대한 진정한 애정과 존중이 배어 있는 것이 아닐까. 임화·에드워드 사이드·가라타니 고진이 보여준 각기 다른 방식의 망명으로서의 비평은 우리에게 되묻고 있는 것처럼 보인다. 이 시대의 비평가는 어떻게 살아야 하는지에 대해서…….
>
> (권성우, 「망명의 비평」, 『낭만적 망명』, 소명출판, 2008, 47쪽)

이것에서 보듯 권성우는 억압적인 '문학제도, 에콜, 학맥, 인맥' 등만이 아니라 '국가와 민족'이라는 거시적 틀에서도 자유로운 '망명의 비평'을 추구한다. 비평의 매혹에서 비판적 글쓰기의 논쟁으로 이어지는 흔적들은 이것의 심화 과정이다. '망명의 비평'

은 기존의 낡고 병든 것을 부정하고 떠나지만 그것은 현실도피가 아니다. 베르톨트 브레히트가 주장한 '소격효과'처럼 텍스트에 대해 낯설게하기를 통해 공정한 비평을 하려는 객관적 거리두기이다. 따라서 '망명의 비평'은 떠난 곳으로의 귀환을 전제로 한다. 권성우는 2000년대 중반에 잠시 ≪문학수첩≫의 편집위원을 역임했지만 기본적으로 어디에 소속된 붙박이보다 유목민적 자유인을 꿈꾼다. 권성우는 최근 들어 과거의 임화와 현재의 가라타니 고진·에드워드 사이드·서경식 등을 비판적 거울로 삼아 자유의 극단을 추구한다. 그는 완전한 자유를 위해 '상징적인 망명의 길'을 시도했던 것이다. 그의 '망명의 비평'이 현실과의 팽팽한 긴장 속에 항상 존재하면서 활동한다면, 권성우의 모색과 선택은 새로운 문학 패러다임을 창출하기 위한 불온한 몸부림일 수 있다.

재야에서 무관의 제왕으로 불리었던 권성우는 드디어 비평상을 수상했다. 이제 그는 더 이상 그 명칭으로 불려질 수 없을 것이다. 이러한 위상의 변화는 한편으로 당연한 것처럼 느껴지지만, 또 한편으로 걱정이 된다. 문학상 수상이 야인 생활을 청산하고 그가 비판했던 문학제도의 성곽으로 들어간다고 볼 수 있기 때문이다. 비주류인 아웃사이더로서 주류의 문제점을 신랄하게 비판했던 그의 비판 정신이 여전히 유지되기를 기도하는 것은 나만의 생각일까. 이번에 그의 비평상 수상이 비평의 정도正道에 좀 더 충실하라는 채찍질로 받아들여지기를 바라마지 않는다. 권성우의 김환태평론문학상 수상을 축하드린다! 鬪

유연한 비평의 언어, 카니발적 축제를 향해

이경수의 『불온한 상상의 축제』론

1. '지금, 여기'라는 거울

불온하다.

이 불온한 것에 값하는 글쓰기를 후기 자본주의 시대에 찾기 힘든 것이 오늘의 세태이다. 시인 김수영이 유행시킨 이 불온하다는 말의 비극은 그래서 더더욱 우울하게 다가오는지 모르겠다. 불온한 것에 불온한 것이 없는 이 가짜의 시대에 오랜만에 불온함이라는 제목에 값하는 평론집 『불온한 상상의 축제』(2004)를 만난다. 이 책은 1999년 ≪문화일보≫ 신춘문예로 등단한 문학평론가 이경수의 첫 평론집이다. 크게 3부로 구성된 이 책은 1부에서 주로 현대시를 주제론적 시각으로, 2부에서 불온한 언어를 노래한 시인에 대한 섬세한 분석으로, 3부에서 문학 전반에 관한 비판적 시각의 메타비평으로 구성되어 있다.

이경수는 여성 평론가임에도 불구하고 페미니즘적 색채를 강하게 내뿜지도, 동시대의 다른 젊은 평론가들처럼 텍스트에 치우친 편집증적 글쓰기를 보여주지도 않는다. 이것은 어느 한 쪽에 집착하지 않고 균형적 시각을 견지하려는 문학평론가로서의 자의식이 낳은 산물이다. 저자의 글쓰기 근저에는 깊은 외로움이 숨어 있다. 그 외로움은 존재론적 자각을 불러일으키는 터전이자 삶의 윤리를 생성시키는 지점이다. 유한한 삶을 의미 있게 만들려는 저자의 자각은 시인 백석이 형상화한 갈매나무를 동경하게 만들고, 김수영이 주장한 불온한 정신의 자유와 만나게 한다.

『불온한 상상의 축제』라는 책을 여는 주문은 '열려라 참깨'가 아니라, '지금, 여기'이다. 평론집 곳곳에서 약방의 감초처럼 등장하는 이 주문은 저자가 견지하는 비평적 세계관의 속살을 드러내는 키워드이다. '지금, 여기'라는 거울을 수시로 언급하는 것은 현실도피적, 탐미적 욕망이라는 사슬을 단호하게 거부하고, 현존 시공간에 최선을 다하려는 몸짓이다. 이때 이경수의 비평 언어는 직선보다 곡선의 형태를 띤다. 이러한 곡선의 비평 언어는 대상을 비판하면서도 함께 끌어안는 이중적 울림을 생산한다. 이것은 저자의 비평이 '중심/주변, 남성/여성, 순수/참여, 문명/자연' 등의 편협한 이분법적 위계질서를 해체하는 카니발적 상상력에서 발원하기 때문이다. 현학적 언어를 거부하고 차분하게 문학을 이야기하는 저자의 목소리는 비록 높지 않지만 이상하게 멀리까지 들리는 괴력을 발휘한다.

2. 불온한 아방가르드와 새로운 노동시를 꿈꾸며

저자는 이 책 전체를 관통하는 '불온함'이라는 화두를 아방가르드의 불꽃으로 먼저 점화시킨다. 20세기 초 다다이즘, 초현실주의라는 이름으로 등장한 아방가르드는 문예사적으로 이미 죽은 유령이다. 하지만 저자는 「아방가르드, 영원한 탈주자의 이름으로」라는 글에서 낯익은 것을 낯설게 만드는 아방가르드의 도전적 실험정신이 새로운 21세기에 여전히 유효하다고 판단한다. "더 이상 새로울 것이 없다는 이 시대에 새로움을 포기하지 않는 정신의 강렬도에 나는 우리 시의 미래를 걸고 싶다"라는 저자의 고백은 불온한 아방가르드에 대한 깊은 애정을 짐작하게 한다. 이경수는 고정된 것들을 거부하고 다양한 층위의 실험을 하는 전위 시인으로 김행숙·노혜경·이대흠·이수명·송재학 등을 언급한다. 그러면서 이미 문학사의 정전으로 인정된 작가 이상과 김수영은 용납해도 현재 진행형인 이들의 불온함을 용납할 수 없다는 태도는 불온한 정신의 진정한 계승 내지 용인이 아니라고 주장한다.

아방가르드는 전통의 영속성을 비판하면서 생명력을 얻고, 그 비판이 정전이 되어 영속될 조짐이 보이는 순간 붕괴한다. 이 자멸의 순환은 또 다른 새로움을 잉태하는 아방가르드의 자궁이다. 이경수는 아방가르드가 과거처럼 형식의 새로움만으로 실존을 드러내고자 한다면 그 한계는 명백하다고 비판한다. 새로운 형식은 제도문학, 사회 등에 대해서도 자기비판의 기능을 담당할 때만이 진정한 아방가르드로 거듭날 수 있다. 이런 입장에서 저자는 「과정의 시학」과 「순수문학의 구축 과정과 배제의 논리」라는 글을 통해 사회 내지 역사와 단절한 '순수시'에 대해 비판한다. 이경수는 '순수시'를 " 순수하지 못한 불순한 의도를 감추고 싶어 하는 허영이 만들어낸 욕망의 그림자"로 규정한다. 결국 순수시는 분단 모순과 반공이데올로기가 만들어낸 또 다른 극단의 불순한 가면이었던 것이다.

저자는 「과정의 시학」에서 불온한 아방가르드의 대표적 시인으로 오규원을 주목한다. 오규원의 시들은 "고정된 실체나 고정된 의미의 이중성을 끊임없이 폭로하면서 기존의 의미와 대립되는 다른 의미를" 병치시켜 혼돈을 유발한다. 이것은 시인이 끊임없이 경계를 지우고 모호하게 만들려는 전략의 일환이다. 저자는 이 "모호성이야말로 자유를 추구하는 정신이며 새로운 시를 향해 끊임없이 모색하는 시인의 창조 정신"이라고 높게 평가한다. 이 지점에서 우리들은 1990년대의 탈중심적 담론에 영향을 받은 이경수의 비평적 세계관을 감지한다. 저자는 이 글에서 오규원의 시가 현실 혹은 역사와 관련한 것들을 언어의 문제로 환치시켰다고 말한다. 하지만 이 부분이 명쾌하게 진술되지 못한 채 '모호하게' 처리되어 있다. 다시 말해 오규원 시인이 진정한 아방가르드를 제대로 성취하고 있는지의 여부가 다소 불투명하다는 것이다. 혹자는 오규원의 시가 언어 실험에 치우쳐서 사회적, 역사적 맥락을 제대로 드러내지 못하는 오류를 범했다고 비판하기도 한다. 이런 점에서 저자가 이 부분을 충분하게 진술했으면 공감의 폭도 더 넓어지지 않았을까.

제1부에서 아방가르드로 불온함을 작동시켰다면, 제2부는 사회적, 역사적, 민족적, 계급적 모순과 대결했던 시인들을 조명하면서 또 다른 불온함의 세계를 추구한다. 이때 비평 대상을 바라보는 이경수의 입장은 우파적 민족주의나 좌파적 민중주의가 아니다. 문학주의에 대한 오매불망의 그리움을 간직한 춘향이도 아니다. 저자는 고정된 해석의 정전을 거부하고 새로운 제3의 길을 모색하는 아웃사이더 비평가의 길을 걷는다. 이것은 주류의 비평에서 소외된 노동자 시인인 백무산·이대흠 등을 집중적으로 부각시키려는 노력에서 더욱 도드라지게 드러난다. 그들의 시적 작업이 외로울 것이라는 생각. 그것은 저자의 내부에 자리한 외로움이 공명하면서 느낀 연민의 정이자 문학적 진정성을 향한 발걸음이다. 후기 자본주의 사회에서 자본가와 노동자 사이에 모순이 존재하는 한 노동과 관련한 시들은 계속 창작될 수밖에 없다. 물론 이때의 시들은 계급적, 이데올로기적 편향의 1980년대 노동시

와는 질적으로 달라야 할 것이다.

저자는 백무산과 이대흠의 시에서 경직된 노동시를 벗어날 가능성을 발견한다. 1980년대 중반부터 활동한 백무산은 『인간의 시간』(1996)에서 달라진 시대 조건에 충실한 문학적 대응을 한 것으로 저자는 평가한다. "시인은 노동자의 시각을 포기하지 않으면서 과거 자신의 꿈이었던 '노동 해방'의 꿈을 인간과 모든 생명체가 조화롭게 살아가는 세상을 향한 꿈으로 확장해 간다." 백무산의 서정성은 자연 회귀를 통해 사회적 문제에 대해 관심을 끊는 기존의 서정시와 차별성을 보여준다. 이러한 저자의 인식은 백무산의 서정성 회복을 인간 자체의 문제를 돌아봄으로써 노동의 새로운 모습을 포착하려는 성실한 시적 대응이었다고 평하게 한다. 백무산에 비해 이대흠은 1990년대 중반부터 활동하면서 노동시의 가능성을 열고 있는 새로운 세대의 노동자 시인이다. 저자는 「몸으로 쓰는 시, 새로운 수사학의 힘」에서 이대흠의 시가 자연 현상, 삶의 현장, 노동 체험 등의 시적 대상을 몸의 언어로 감지한다고 분석한다. 특히 저자는 이대흠의 시들이 노동을 일상 그 자체로 끌어들여 노래하고 있는 점을 높이 산다. 이대흠은 "일상에서 나날이 깨어나는 것이야말로 작은 혁명임을" 보여주고 있는 것이다. 여기에서 이대흠은 기존의 박노해와 백무산과 다른 색깔을 발산한다. 그것은 경직된 이분법에서 벗어나 경계에서 바라보는 새로운 노동시의 풍경이다.

이처럼 『불온한 상상의 축제』에서 저자는 잊혀져가는 노동자 시인들의 고독한 작업을 부각시킴으로써 노동의 문제가 여전히 중요한 사회적 문제임을 환기시킨다. 현실 사회주의권의 몰락 속에 전지구적으로 확산된 신자유주의 체제는 1980년대와 다른 노동 조건을 양산했다. 더욱이 1997년 IMF 금융 위기 이후 밀어닥친 경제 불황 속에 노동자의 생존권은 지속적으로 위협받고 있다. 현재 구조적으로 정착화된 청년실업, '삼팔선'(38세 퇴출)과 '사오정'(45세 정년)으로 대변되는 조기 퇴출의 바람은 이 땅의 노동자 삶이 더욱 각박해져가고 있음을 의미한다. 그럼에도 불구하고 이러한 노동 조건의 열악함을 전달하는 시들이 설 자리를 점점 잃어버리는 문학 세태는 안타깝기 그지없다. 이경수는 『불온한 상상의 축제』에서 잊혀져가는 노동자 시인을 조명함으로써 이러한 흐름을 바로잡으려고 했던 것이다. 연대의 열정은 사그라든 것이 아니라 잠시 휴식하고 있을 뿐이다. 저자의 비평 언어들은 이러한 믿음을 꿋꿋하게 보여준다.

3. 탈중심의 모호성과 새로운 지평을 향해

이경수는 이 책에서 시종일관 고정된 이미지를 구축하는 순수문학, 리얼리즘, 서정성, 생태주의, 여성주의, 탈식민주의 등에 대해 비판의 칼날을 들이댄다. 예를 들어 이씨는 전복의 정신으로서 리얼리즘이라면 리얼리즘 용어에 집착할 필요는 없다고 주장한다. 이 점에서 저자는 『자명한 것들과의 결별』(2004)이라는 평론집을 낸 평론가 김명인의 생각과 유사하다. 저자가 생각하는 진정한 리얼리즘은 "리얼리즘의 '외부'를 사유할 수 있게 해 주는 리얼리즘, 그것이야말로 전복의 리얼리즘이자 좀 더 자유롭고 다양한 리얼리즘"이다. 이것은 획일적이고 경직된 단성적 목소리를 거부하는 다성적 리얼리즘으로 요약된다.

> "아무리 좋은 의도에서 제시된 선이라도 고정된 '얼굴'이 되면 그에 상반되는 악을 필요로 하게 마련이다. 그것은 이분법적인 폭력의 논리를 낳을 가능성을 항시 안고 있다."(96쪽)

> 기성의 것을 복제하거나 답습하는 태도, 기성의 틀에 적당히 안주하는 태도로는 문학의 자유, 새로움의 정신을 추구할 수 없다. 마찬가지로 다양성을 용인하지 못하는 획일적이고 경직된 사고 아래서는 문학은 질식하기 쉽다. 기성의 틀을 깨는 불온함이야말로 문학이 결코 잃어버려서는 안 되는 정신이며 시대마다 작가마다 새롭게 추구되어야 할 정신이다. (121~122쪽)

『불온한 상상의 축제』에서 저자가 견지하는 다원적(또는 다성적) 비평 세계관을 상징적으로 드러내고 있는 것은 '아라베스크 무늬'이다. 기하학적 대칭을 이루는 아라베스크 무늬는 끝없이 반복되는 규칙성을 보이면서 다양성의 아름다움을 보여준다. 탈중심성을 지향하는 '차이의 반복'. 이것이 이경수가 민족민중문학 진영의 시인을 주로 다루면서도 1980년대 평자와 확연하게 갈라서는 지점이다. 이경수는 「아사녀의 행방」이라는 글에서 제국주의를 민족주의 시각에서 비판한 신동엽 시인을 긍정하면서도, 신동엽이 지닌 민족주의가 '침략자/수탈자, 지배자/피지배자, 제국/식민'의 이분법에 갇혀 파시즘이 될 위험성이 있다고 날카롭게 지적한 것도 이러한 시각의 연장선에서 나온 것이다. 저자는 비평의 시선을 기존의 타성에 젖어 본래의 정체성을 상실해가고 있는 문학제도를 향해 던지기도 한다. 「시 문학상이라는 제도의 안과 밖」이라는 글은 김수영문학상과 소월시문학상을 중심으로 나눠먹기식으로 전락한 문학상 제도를 정면으로 비판한 글이다. 이것은"비판의 시선을 근본적으로 차단해 온 성역에 비판의 시선을 돌리는 일은 비평가들의 몫"이라고 생각한 저자의 굳건한 신념에서 나온 것이다.

이 책은 우리들이 평소 관심 두지 않았던 사각지대를 묵묵히 조명하는 저자의 고민과 열정이 풍성하게 담긴 책이다. 아방가르드와 노동시를 종횡으로 누비는 저자의 시선은 길들여지지 않은 야성의 눈빛을 반짝인다. 지적 교만에 휩싸여 목소리를 높이지도 않고 차분하게 비평의 대상과 대화하고자 하는 저자의 열린 시선은 비평의 진정성을 향해 나아가고 있다. 이러한 매력에도 불구하고 이 책에서 아쉬운 점은 있다. 비평 대상이나 내용이 일부 중복되어 있고, 비평 대상이 1960년대생 시인이거나 그 이전의 시인들에게 집중되어 동시대의 젊은 시인들에 대한 관심이 상대적으로 미흡하다. 비평 대상이 변해도 변함없는 차분한 목소리는 매력적이지만 때로는 대상에 따라 변신하는 색다른 맛도 더 좋지 않았을까. 또한 저자의 탈중심적 비평 언어는 시종일관 고정되어 있는 것들을 명료하게 비판하지만, 비평 태도의 모호성으로 인해 아이러니하게도 심층적 비판이나 대안 제시가 뚜렷하게 부각되지 않는 경우가 있다. 저자의 목소리가 가끔 동어반복 되고 있다고 느껴지는 것도 바로 이러한 이유에서이다. 모호성은 대상을 다양하게 바라보도록 하는 열린 시각을 제공하지만. 동시에 그 모호성이 '지금, 여기'라는 거울을 먼지 끼게 하는 것은 아닌지 생각해볼 문제이다. 고정된 것을 전복시키는 곡선적 모호성도 좋지만, 때로는 직선적 비평의 목소리를 들려줄 필요도 있다. 모호성을 기반으로 한 명료한 비평의 언어들은 저자가 늘 경계하는 획일적이고 경직된 이분법의 세계를 뛰어넘을 것이다.

"전위에 서는 자는 늘 죽음을 각오하고 앞으로 나서야 한다." 저자의 이 비장한 말에서 나는 자신의 한계를 극복하고 새로운 비평의 세계를 보여줄 것이라는 믿음을 갖는다. 문제는 여전히 불온함이다. 불온한 상상의 축제를 개최한 저자와 그것에 기꺼이 동참한 독자를 포함한 모든 이들이 바로 새로운 문학의 시대를 열게 만들 것이다. 다음에 개최될 축제를 손꼽아 기다린다.